U0878570

法学系列精品教材

法学系列精品教材
编委会名单

实用法律基础

（第二版）

SHIYONG FALÜ JICHU

主　编　俞　丹
副主编　邓立强　龙　燕　张　辉

国家开放大学出版社·北京

图书在版编目（CIP）数据

实用法律基础/俞丹主编. —2 版. —北京：国家开放大学出版社，2024. 1（2024.1重印）
ISBN 978-7-304-11956-0

Ⅰ. ①实… Ⅱ. ①俞… Ⅲ. ①法律-基本知识-中国
Ⅳ. ①D920. 4

中国国家版本馆 CIP 数据核字（2023）第 190270 号

实用法律基础（第二版）
SHIYONG FALÜ JICHU
主　编　俞　丹
副主编　邓立强　龙　燕　张　辉

出版·发行：国家开放大学出版社
电话：营销中心 010-68180820　　总编室 010-68182524
网址：http://www.crtvup.com.cn
地址：北京市海淀区西四环中路 45 号　　**邮编**：100039
经销：新华书店北京发行所

策划编辑：张孚安　　**版式设计**：何智杰
责任编辑：张倩颖　　**责任校对**：吕昀谿
责任印制：武　鹏　马　严

印刷：河北鑫兆源印刷有限公司
版本：2024 年 1 月第 2 版　　2024 年 1 月第 2 次印刷
开本：787mm×1092mm　1/16　　**印张**：20. 75　　**字数**：452 千字

书号：ISBN 978-7-304-11956-0
定价：53. 00 元

（如有缺页或倒装，本社负责退换）
意见及建议：OUCP_ZYJY@ouchn. edu. cn

Preface

第二版前言

《实用法律基础》(第一版）教材自出版以来，得到了广大师生的大力支持和鼓励，在此表示衷心的感谢！

《实用法律基础》(第二版）保留原教材“基础篇+专题篇”的体例与“基础性和延展性统一、凸显实用性、注重思想性”的特色，本次修改主要包括三个方面：

第一，系统融入党的二十大精神。党的二十大报告首次把依法治国作为专章论断和部署，是坚持全面依法治国，推进法治中国建设的政治宣言。本教材坚持以习近平法治思想为指导，主要通过二维码“知识链接”或“案例链接”的形式，引导学生在学习法学专业知识过程中加深对习近平新时代中国特色社会主义思想和党的二十大精神的理解与认同。

第二，及时修改过时法律。2020 年 12 月 26 日，《中华人民共和国刑法修正案（十一）》公布，并于 2021 年 3 月 1 日起施行；2020 年 12 月 29 日，《最高人民法院关于审理民间借贷案件适用法律若干问题的规定（2020 第二次修正）》公布，并于 2021 年 1 月 1 日起施行；2021 年 1 月 22 日，《中华人民共和国行政处罚法》修订；2021 年 12 月 24 日，《中华人民共和国民事诉讼法》第四次修正。本教材相关内容都作了相应修改调整。本教材特别设计了“扫一扫看变化”二维码，以便学生及时了解有关立法变化的最新情况和教材勘误信息。

扫一扫看变化

第三，明确编者分工。本教材（第二版）由俞丹任主编，邓立强、龙燕、张辉任副主编，具体分工如下。

俞　丹：基础篇、专题篇（专题四、专题八、专题十）

邓立强：专题篇（专题二、专题三、专题六）

龙　燕：专题篇（专题五、专题六、专题七、专题九）

张　辉：专题篇（专题一）

本教材的编写与出版，得到了浙江开放大学张建飞教授的悉心指导和全力支持，在此表示衷心的感谢！由于编者水平有限，疏漏或不妥之处在所难免，敬请读者批评指正。

编　者

2023 年 5 月

Preface 第一版前言

法治教育是国民教育体系的重要部分，也是坚持全面依法治国、推进法治中国建设的必然要求。为了普及法律知识，培养学生的法治观念和法治思维能力，使尊法、守法、用法成为学生的共同追求和自觉行动，我们编写了本教材。

本教材分为基础篇和专题篇。其中，基础篇旨在使学生掌握法学的基本原理和我国法律体系的基本制度规定，包括法的基础知识、宪法、行政法、刑法、民法、经济法、国际法、程序法八章；专题篇主要解答人们在现实生活中常见的法律疑难问题，旨在使学生明辨是非，包括婚姻家庭纠纷、房产纠纷、合同纠纷、民间借贷纠纷、交通事故处理、消费者权益保护、劳动法律风险防范、犯罪与刑罚、公权力运作与救济、证据裁判十个专题。

本教材的特色体现为以下三个方面：

（1）基础性和延展性统一。在基础篇的各章中都穿插了“知识链接”或“案例链接”二维码内容，不仅增加了趣味性，而且能满足学有余力的学生进行深入学习的需求；在各章之后都设置了“阅读与思考”和“自我测试”，便于学生进行互动讨论和自我评价。

（2）凸显实用性。实用是法律的特色，也是很多学生的学习动机和兴趣所在。在专题篇的每个专题中，我们都精心设计了五个大问题，每个大问题中又设计了五个小问题，使用通俗的语言，深入浅出地解答了人们在现实生活中常见的法律疑难问题。

（3）注重思想性。本教材遵循习近平法治思想，在介绍法律知识和阐释法律问题时，不局限于现行法律字面规定，同时还解释前因后果，引导学生以法治思维和方式维护合法权益、参与社会公共事务、处理矛盾纠纷。

本教材适合作为开放教育、网络继续教育、普通高校、职业院校（包括公安、警察学院）等学历教育专业公共选修课教材，也适合作为培训机构的非学历教育教材及对法律有兴趣的广大社会学员自学教材。

在本教材的编写过程中，虽然编者付出了很大的努力，但是由于水平有限，书中难免有疏漏或不足之处，敬请学界同行和读者批评指正。

编　者

2020 年 4 月

目录

Contents

基础篇

专 题 篇

基 础 篇

第一章 法的基础知识

第一节 法的概述

一、法的概念

知识链接：古今中外，学者对法的定义

关于“什么是法（或法律）”这一问题，古今中外，众说纷纭，但几乎所有的阐释都是从应然的价值角度和实然的事实角度来展开的。从应然的价值角度来把握法的概念，它通常是指抽象的正义原则和道德律令，重在分析法与自由、公平、秩序、道德等价值之间的互动关系，探求的是“法应当是怎样的”问题；从实然的事实角度来把握法的概念，它通常是指国家制定和颁布的具体规范，重在分析法的具体存在形态、运行规律及其在社会生活中的实际作用和地位，观察的是“法实际上是怎样的”问题。

按照马克思主义关于法律和国家社会体制的论断，法是指由国家立法机关依照法定程序创制的、反映国家意志的、以权利和义务为内容与调整机制，并通过国家强制力保障实施的行为规范。

法的概念涵盖了法律的概念，法律是法中最为明晰的组成部分。法律有广义和狭义之分。广义的法律是指法律规范性文件的总和，包括宪法、基本法律、行政法规、地方性法规、行政规章、民族自治地方的自治条例和单行条例、特别行政区的法律，以及国际条约等一切规范性法律文件。狭义的法律专指由特定的、有法律创制权的国家机关依照法定程序创制的规范性文件。在我国，法律是指由全国人民代表大会（简称全国人大）制定的基本法律，以及由全国人民代表大会常务委员会（简称全国人大常委会）制定的除基本法律以外的法律。比如，由全国人大制定的《中华人民共和国刑法》（简称《刑法》）、《中华人民共和国民法典》(简称《民法典》)、《中华人民共和国行政诉讼法》(简称《行政诉讼法》) 等是基本法律，由全国人大常委会制定的《中华人民共和国未成年人保护法》(简称《未成年人保护法》)、《中华人民共和国消费者权益保护法》(简称《消费者权益保护法》)、《中华人民共和国治安管理处罚法》(简称《治安管理处罚法》) 等是除基本法律以外的法律，它们都是狭义的法律。由国务院制定的《行政机关公务员处分条例》《公安机关组织管理条例》和《中华人民共和国政府信息公开条例》(简称《政府信息公开条例》) 等不是狭义的法律，而是广义的法律。

知识链接：汉字“法”古体为“灋”

二、法律的特征

（一）法律是调整行为关系的规范

法律作为一种社会规范，与道德、宗教、政治等其他社会规范一样，是以规范的形式来调整社会关系的。但法律是针对行为而设立的规则，它首先调整的是社会关系中最为直观和重要的行为关系。虽然在人类历史上出现过法律对思想的直接控制，如我国古代的“腹诽罪”，但现代法律规范把调整对象限定在行为关系上。由此，法律也作为最明确和有效的社会规范得到广泛应用。

（二）法律由国家立法机关创制

从本质上讲，法律的创制是国家权力的体现。广义的法律创制主要有制定、认可和解释三种形式。在我国，狭义的法律由全国人大及其常委会制定，行政法规由国务院制定，地方性法规由省、自治区、直辖市、设区的市的人大及其常委会制定，行政规章由国务院的各部委、省、自治区、直辖市、设区的市的人民政府制定，最高人民法院和最高人民检察院有权作出司法解释。

（三）法律的内容体现了国家意志性

一般来讲，任何法律都是国家意志的反映，是掌握国家政权的阶级或社会集团的意志和利益的体现。因此，法律具有鲜明的阶级性。但作为阶级统治和社会管理的手段，法律是阶级性和共同性的统一。比如，不同性质的国家，或者同一国家在不同的历史阶段所制定的某些法律都具有一定的相同性或相似性，统治阶级制定的法律对被统治阶级同样有利。随着国家在环境保护、交通安全、医疗健康等社会公共事务管理方面职能的强化和国际交往的日益频繁，法律的这种阶级性和共同性的统一越来越明显。

（四）法律以权利和义务双向规定为调整机制

法律通过设定权利和义务实现对社会关系的调整与控制，它明确地告诉人们可以有什么样的行为、不该有什么样的行为、必须有什么样的行为，人们能够根据法律预见行为的后果、了解法律的态度。法律是权利和义务的统一，权利以其特有的利益导向和激励机制作用于人的行为，使人们利己的动机转化为合法的行为，并产生有利于社会的后果；义务则以其特有的约束机制和强制机制作用于人的行为，使人们不做法律禁止和最终不利于自己的事情。

（五）法律由国家强制力保证实施

法律规范必须通过国家强制力的保证，对违反法律的行为予以制裁，才能使法所体现的国家意志得以实现和贯彻，法律才能具有统一性和权威性。这是法律规范区别于其他社会规范的一个重要特征。国家强制力是指国家的军队、警察、法庭、监狱等有组织的国家暴力。但法律的强制力并不等于纯粹的暴力，法律是由专门的国家机关依照法定权限和程序来实施的。当然，法律实施的保证力量并不是只有国家强制力，经济、文化、法律意识等都是影响法律实施的因素。

知识链接：习近平法治思想的核心要义

第二节 法的发展

一、法的产生

法并不是从来就有的，它是人类社会发展到一定历史阶段的产物。法是随着生产力的发展、私有制的出现、阶级的形成和国家的产生而产生的，经历了由习惯到习惯法，再到成文法的漫长过程。

二、法的历史类型

法的历史类型是指按照历史上法的阶级本质和其所依赖的经济基础对法所进行的基本分类。据此，法律发展史上先后产生了四种类型的法律制度：奴隶制法、封建制法、资本主义法和社会主义法。其中，奴隶制法、封建制法和资本主义法都是建立在私有制经济基础之上的，体现剥削阶级的意志，都属于剥削阶级类型的法。

知识链接：四类法律制度的特征

三、法的传统差异

法律传统是指经过历史沉淀，并沿传至今的关于法律的社会态度、信仰、习惯和制度。我国和西方国家在法律传统方面存在诸多差异，这直接影响了中西方法的现状、发展趋势及路径。

比较研究各国在法的历史传统方面的共性和差异时，西方法学家首先提出了“法系”的概念。法系是指根据若干国家和地区基于法的历史传统等原因，在法律意识和法律实践等方面所具有的共性而进行的法律分类，它是这些具有共同历史传统或共性的法律的总称。目前，世界上公认的法系主要是大陆法系和英美法系。

知识链接：中西方法律的传统差异

（一）大陆法系

大陆法系是指以罗马法为历史渊源和基础、以《法国民法典》和《德国民法典》为主要标志或与其有继受关系，因而具有某些相似性、不变性的各国家和地区的法律的总称。大陆法系因其在罗马法的基础上发展而来，所以，被称为罗马法系；因其以民法为主要标志，所以，被称为民法法系；因其具有法典化特征，所以，被称为法典法系；因其融合了日耳曼法的内容，所以，被称为罗马—日耳曼法系。大陆法系起源于古代罗马法，经过中世纪罗马法的复兴、近代法典化运动和欧洲大陆国家的殖民扩张，最终发展为主要以欧洲大陆为中心，包括拉丁美洲、亚洲和非洲的许多国家和地区的世界性法系。我国清朝末年的法律改革主要借鉴的也是大陆法系国家的法律制度。一般来讲，我国也属于大陆法系国家。

（二）英美法系

英美法系通常是指以英国中世纪以来的普通法为基础、以判例法为主要标志，并与其存在继受关系，因而具有某些相似性、不变性的各国家和地区的法律的总称。英美法系因其以英国的普通法为基础，所以，被称为英国法系或普通法法系；因其以判例法为主要的法律渊源，所以，被称为判例法法系。随着英国的殖民扩张，到 19 世纪，英美法系发展成另一个世界性法系。目前，英美法系主要存在英国法和美国法两大支流。

虽然两大法系的相互借鉴和融合成为当今世界法律发展的一个总趋势，但是由于各自确立的基础和发展过程有很大的区别，所以，两者在法律历史传统方面具有较大的差别。

（1）从法律渊源传统来看，大陆法系具有制定法的传统，制定法为其主要的法律渊源，判例法一般不作为正式法律渊源，对法院审判也无约束力；而英美法系具有判例法的传统，判例法为其正式法律渊源，即上级法院的判例对下级法院在审理类似案件时有约束力。

（2）从法典编纂传统来看，大陆法系的基本法律一般采用系统的法典形式，逻辑严谨；而英美法系一般不倾向于法典形式，其制定法一般是单行的法律和法规，强调根据具体经验解决具体问题，具有较强的针对性和灵活性。

（3）从法律结构传统来看，大陆法系的基本结构是在公法与私法的分类基础上建立的；而英美法系的基本结构是在普通法与衡平法的分类基础上建立的。从历史上看，普通法代表立法机关（议会）的法律；衡平法主要代表审判机关（法官）的“法律”（判例法），是对普通法的补充规则。

（4）从法律适用传统来看，大陆法系的法官在确定事实之后，首先考虑制定法的规定，而且十分重视法律解释，以求制定法的完整性和适应性；而英美法系的法官在确定事实之后，首先考虑以往类似案件的判例，将本案与判例加以比较，从中找到适用于本案的法律规则或原则。

（5）从诉讼程序传统来看，大陆法系倾向于职权主义，即法官在诉讼中起积极主动的作用；而英美法系倾向于当事人主义，即控辩双方进行对抗式辩论，法官的作用是消极、中立的。

四、法的发展规律

法的发展与其产生一样，是由社会物质生活条件所决定的，法律的历史是一个从低级向高级不断进化的过程。法律不断进步的规律表现为它从自然经济的法向商品经济的法、从义务本位的法向权利本位的法、从专制的法向民主的法的发展。换言之，它从野蛮、愚昧发展到文明、科学，从摧残人发展到尊重人，从不平等发展到平等，从身份的法律给予人束缚发展到契约的法律使人得以解放，从“神权”的法律迷信发展到“人权”的法律科学等，这是不以任何人的意志为转移的。法的发展途径主要有法律继承、法律移植和法制改革三种。

知识链接：法的发展途径

第三节　法的分类

一、公法与私法

公法与私法的划分是由罗马法学家最先提出的，在近代资本主义国家得以确立，并且只在大陆法系国家得到明确肯定的一种法律分类。这种分类不仅在标准上众说纷纭，而且在其分类意义上有颇多争议，但主流的观点还是充分肯定了这种法律分类的意义，尤其是在具有浓厚的公法文化传统、正在进行法治现代化建设的我国，公法与私法的划分具有重大的理论价值和现实意义。

现代公法的本质在于限制权力，正所谓“法无赋权不可为”。一般认为，从内容上看，现代公法包括宪法、行政法、刑法、诉讼法等法律部门；从调整对象上看，现代公法调整国家与公民、法人以及其他市场主体之间的关系，尤其是国家机构之间的关系；从调整方法上看，现代公法主要在于合理组织公共权力，强行调节社会关系。

现代私法的本质在于保护权利，特别强调当事人的意思自治，正所谓“法不禁止皆自由”。现代私法主要调整市场主体及个人之间的关系。在内容上，现代私法以民商法为主，包括公司法、票据法、合同法、继承法、证券交易法等。市场经济是在市场主体局部利益的驱动下运行的，市场主体追逐自身利益的行为需要得到国家和社会的认可及保障，现代私法的职能即在于此。因此，民商法也称为市场经济的基本法。

二、实体法与程序法

根据法律的内容及其功能的不同，法可以分为实体法与程序法。实体法与程序法是一个国家的法律体系中不可缺少的两个组成部分，两者相互联系、相互依存，不可偏废。我国有“重实体，轻程序”的传统，正确认识两者之间的关系，特别是重视程序法的价值，在我国的法治建设中显得尤为重要。

实体法是规定法律关系主体在实体上享有的权利、承担的义务以及相应的法律后果的法律。在一个国家的法律体系中，刑法、民法、行政法、商法、经济法、社会保障法等都是实体法。比如，民法规定的是平等主体在民事关系中的一系列权利（如财产权、人身权等）和相应的义务，一旦这些权利受到侵犯或者相应的义务没有履行，就会产生相应的民事法律责任。

程序法是实现实体法规定内容的步骤、方法与手续的法律。程序法不仅包括三大诉讼法（刑事诉讼法、民事诉讼法、行政诉讼法），而且包括仲裁、调解、行政复议等程序法规范。程序法是规定如何实现实体权利和义务的方法和手段的法律，同时，程序法本身也具有独立于实体法的价值，程序法规定的程序性权利和义务对主体同样具有关键性的意义。比如，刑事诉讼法规定了犯罪嫌疑人、被告人有知晓被指控罪名、辩护、提起上诉等一系列程序性的权利。

知识链接：程序正义制度的三种类型

三、根本法与普通法

根据法的地位、内容、效力，以及制定和修改程序的不同，法可以分为根本法与普通法。

根本法即宪法，也称根本大法，规定了国家制度和社会制度的基本原则，具有最高的法律效力，其制定和修改通常需要经过较为严格的程序。世界各国的宪法在存在形式上有成文宪法和不成文宪法之分。根本法与普通法的分类对于具有成文宪法的国家至关重要，对于具有不成文宪法的国家却不那么重要。比如，英国实行“议会至上”原则，议会制定的法律被认为是最高级别的。但总体而言，对于一个国家来说，其根本法的地位和效力是宪法的一个基本特征。

普通法是指宪法以外的其他法律，它以根本法为根据，并服从于根本法，其内容主要是对宪法规定的事项进行具体化，其效力低于宪法。就一个国家的法律体系而言，在宪法统领之下的所有法律部类、法律部门都是普通法。需要特别注意的是，“普通法”这个概念通常还在其他两个地方出现：一是在英国法中与“衡平法”相对，是由法官依据严格的令状制度和程序规则通过判决形式逐渐形成的、适用于英国的一种判例法；二是与“特别法”相对，“普通法”实际上是指“一般法”。

四、一般法与特别法

根据法律的效力范围的不同，法可以分为一般法与特别法。这种分类的最大意义在于它为我国提供了一种法律适用原则，即“特别法优于一般法”。

一般法是指在一个国家的任何地方，对任何人、任何事项都适用的法律。而特别法是指在一个国家内，对特定的区域、特定的人、特定的事项有效的法律。具体来讲，两者的划分有以下三种情况：一是根据地域标准划分的一般法与特别法，如《刑法》适用于全国，为一般法；而民族自治地方就某方面的犯罪问题实施的单行条例是特别法。二是根据对人的效力标准划分的一般法与特别法，如《刑法》《民法典》适用于全国所有公民，为一般法；而如《中华人民共和国妇女权益保障法》(简称《妇女权益保障法》)、《未成年人保护法》仅对部分人有效的法律称为特别法。三是根据对事项的效力范围划分的一般法与特别法，如《民法典》在民事法律领域是一般法；而《中华人民共和国公司法》(简称《公司法》)、《中华人民共和国票据法》(简称《票据法》)、《中华人民共和国保险法》(简称《保险法》)等均为特别法。

五、国内法与国际法

根据法的适用主体和适用范围不同，法可以分为国内法与国际法。

国内法是由国家制定的，用以调整国内法律关系的，在该国领域内生效的法律规范的总和。比如，宪法、民法、行政法、刑法等都是我国的国内法。国际法是在国际交往过程中形成的，用以调整国际关系（主要是国家间关系）的有法律约束力的原则、规则和制度的总称。国际法主要表现为国际条约和国际惯例，国际条约对缔约国都有约束力，国际惯例是被各国接受为法律的通例。

严格来讲，国际法是指国际公法，其实施一般是以国家集体的公信力和国际舆论的强制力为保证的。而国际私法和国际经济法不仅表现为国际条约和国际惯例，而且表现为一系列国内法规范，所以，其具有国际法和国内法的双重性质。

第四节　法律关系

一、法律关系的概念与特征

法律关系是法律规范调整人们行为形成的、以权利和义务为内容的特殊的社会关系。它与其他一般的社会关系相比，具有以下三个主要特征：一是以法律规范为前提而形成的社会关系；二是以法律上的权利和义务为纽带而形成的社会关系；三是以国家强制力为保障手段而形成的社会关系。

二、法律关系的构成要素

（一）法律关系的主体

法律关系的主体是指法律关系的参加者，即在法律关系中权利的享有者和义务的承担者，通常分别称为权利主体和义务主体。权利主体和义务主体也就是由法律对其行为加以调整的人。法律上所使用的“人”的概念主要包括自然人和法人，还包括不具备法人资格的其他组织。在特殊情况下，国家也可以成为法律关系的主体。

自然人是指有生命和具有法律人格的个人，是权利主体或义务主体最基本的形态，包括公民、外国人和无国籍人。自然人是一个法律概念，以有生命和具有法律人格为充分必要条件。法人是自然人的对称，又称为拟制主体，是指具有法律人格，能够以自己的名义独立享有权利或承担义务的团体。主体参加任何法律关系都必须具有权利能力，参加某些特定类型的法律关系，除了要具有权利能力，还必须具有行为能力。

1. 权利能力

权利能力是指由法律所确认的享有权利或承担义务的资格，是参加任何法律关系都必须具备的前提条件。在自然人的权利能力问题上，公民的权利能力分为一般权利能力和特殊权利能力两类。一般权利能力为所有公民普遍享有，始于出生，终于死亡，如人身不受侵犯的权利能力、继承遗产的权利能力等。特殊权利能力以一定的法律事实出现为条件才能享有，如参加选举的权利能力须以达到法定年龄为条件。法人的权利能力始于法人依法成立，终于法人解散或撤销。法人权利能力的内容和范围与法人成立的目的直接相关，并由有关法律和法人组织的章程加以规定。

2. 行为能力

行为能力是指法律所承认的，由法律关系的主体通过自己的行为行使权利和履行义务的能力。具有行为能力意味着法律允许权利主体和义务主体独立地以自己的名义参加法律关系，行使自己的权利或履行自己的义务。自然人的行为能力主要取决于年龄和健康状况两个因素。自然人一般分为完全行为能力人、限制行为能力人、无行为能力人三种。与行为能力直接相关的是责任能力，责任能力即对自己的行为承担法律责任的能力。完全行为能力人即完全责任能力人，限制行为能力人即限制责任能力人，无行为能力人即无责任能力人。对于划分自然人行为能力的年龄标准，民事和刑事上并不相同。

法人自成立到终止，始终具有完全行为能力，其行为能力与权利能力是一致的。但任何法人的权利能力和行为能力都是有限的，对于企业法人来说，它的经营权要受其法定经营范围的限制。

（二）法律关系的内容

任何法律关系都是在法律关系主体之间形成的权利和义务关系，因此，权利和义务构成了法律关系的内容。一般认为，法律权利是法律规范规定或确认的，可以进行要求的利益；法律义务是法律规范规定或确认的，必须予以承担的负担。法律权利与法律义务是一种对立、统一的关系，法律权利对法律义务具有引导作用，法律义务的履行有助于法律权利的实现，两者相互依存，没有无义务的权利，也没有无权利的义务。

（三）法律关系的客体

法律关系的客体是法律关系主体的权利和义务所共同指向的对象，又称为权利客体和义务客体。它是将法律关系主体之间的权利与义务联系在一起的中介。在我国，法律关系的客体一般包括以下四种：

（1）物，即可被人们控制和利用的一切物质财富，是一种最基本的客体。

（2）行为，即法律关系主体意思表示的客观形态，分为作为和不作为。

（3）智力成果，即人们在智力活动中所创造的精神财富，是知识产权所指向的对象，如著作、商标、专利、商业秘密等。

（4）人身利益，包括人格利益和身份利益，是人格权和身份权的客体。特别要注意的是，在现代法治社会，人是法律关系的主体，而非客体。这里的“人”是指作为整体的人，人的活动和人身利益都可以称为法律关系的客体，“人才市场”上交易的也不是人本身，而是人的特殊技能或劳动力。

三、法律关系的产生、变更和消灭

由于社会生活本身是不断变化的，具体的法律关系就不能不具有某种流动性，从而表现为一个产生、变更和消灭的过程。引起法律关系产生、变更和消灭的直接原因是法律规范所规定的法律事实的出现。

（一）法律事实的概念

法律事实是由法律规定的，能够引起法律关系产生、变更和消灭的各种事实的总称。法律事实与一般意义上的事实的根本区别在于法律事实是法律规定的。比如，签约行为是一个法律事实，因为法律规定，合同一旦签订成立，双方当事人就产生了合同法上的债权债务关系，但对于签约时当事人的微笑、握手等动作，法律并没有作出相关规定，所以，它们不是法律事实。

（二）法律事实的种类

法律事实是多种多样的。按照是否以当事人的意志为转移，法律事实基本上可以分为法律事件和法律行为两大类。

1. 法律事件

法律事件是指法律规定的，与当事人的意志无关的，能够引起法律关系产生、变更和消灭的事实。法律事件分为自然事件和人为事件。自然事件是指不以人的意志为转移而出现的客观事实，如人的出生和死亡、地震、洪灾等；人为事件是指由当事人以外的人所引起的事件，如战争、社会革命等。

2. 法律行为

法律行为是指由法律规定或调整的，与当事人的意志有关的，能够引起法律关系产生、变更和消灭的作为和不作为。它与法律事件的不同之处在于，当事人的主观因素成为引发此种事实的原因，如故意杀人、订立合同、交通违章等。对于法律行为，还可以按照是否合法，进一步分为合法行为与非法行为。

在某些情况下，有些法律关系的产生、变更和消灭必须同时具有两个或两个以上的法律事实，在这些法律事实之间就形成了一个法律事实的综合，法律上称为事实构成。比如，关于房屋的买卖，双方当事人除了需要签订房屋买卖合同，还须到房管部门办理过户登记手续。

第五节　法律责任

一、法律责任的概念

法律责任是指由损害法律上的义务关系所产生的对于相关主体所应当承担的法定强制的

不利后果。承担或追究不利后果的方式是由法律规定的，通常分为补偿性方式和制裁性方式两类。法律责任的追究和执行是由国家强制力实施或者潜在保证的。

二、法律责任的构成要件

法律责任的构成要件通常包括主体、过错、违法行为、损害事实和因果关系。值得注意的是，在不同的法律领域，法律对不同法律责任的构成要件可能有不同的要求。

（一）主体

法律责任的主体必须是具有行为能力或责任能力的自然人或法人。就自然人而言，法律责任的主体必须是达到责任年龄且具备正常精神状态的人。对于不能判断和控制自己行为的精神病人，不能让其承担法律责任；但是对于间歇性的精神病人，需要让其承担在不发病期间的违法行为所应负的法律责任。特别要注意的是，法律责任主体与违法主体是两个概念，违法主体是指违反法律义务的人，不受年龄和精神状态的限制。对于无行为能力人或者限制行为能力人的违法行为，现代法律通常要求其监护人承担民事责任。

（二）过错

法律通常要求违法者有一定的主观恶性，对于没有过错和不以人的意志为转移的不可抗力或意外事件，法律一般不要求承担法律责任。在刑事领域，法律对违法者的主观恶性尤为看重，把主观罪过分为故意和过失两种。《刑法》规定，故意犯罪的，应当负刑事责任；对于过失犯罪，法律有规定的才负刑事责任。在民事领域，过错责任是主要的法律责任形式，但某些民事责任的形式也不以行为人是否有过错为前提。比如，关于环境污染，即使行为人没有过错，也要对环境污染的损害事实承担赔偿责任。

（三）违法行为

法律责任一般以存在违法行为（包括违约行为）为前提，没有违法行为，一般就不需承担法律责任。在刑事领域，犯罪行为是承担刑事责任的必备要件，而犯罪行为是严重的违法行为。但在民事领域，公平责任的法律责任形式并不以违法行为为构成要件。比如，《民法典》第 183 条规定：“因保护他人民事权益使自己受到损害的，由侵权人承担民事责任，受益人可以给予适当补偿。没有侵权人、侵权人逃逸或者无力承担民事责任，受害人请求补偿的，受益人应当给予适当补偿。”这不仅是对见义勇为者受到损害后的民事救济，也是公平责任原则的体现，符合社会主义核心价值观的要求。

（四）损害事实

损害事实必须客观存在，既可以是人身性的、财产性的，也可以是精神性的。需要注意的是，损害事实不同于损害结果。在刑事领域，故意犯罪的犯罪未遂、犯罪中止和犯罪预备中都没有发生行为人希望的损害结果，即使是犯罪既遂，也存在危险犯的情形。比如，甲在公用的水井中投毒，但被及时发现，没有人被毒死，行为人希望发生的损害结果并没有发生，但投毒这种行为本身就对社会公共安全造成了危害或损害，故损害事实是存在的。在民事领域，人们对某一违法行为是否造成了实际损害的理解可能会不一致。比如，在是否造成精神损害这一点上，人们经常会发生争议。

（五）因果关系

法律责任的承担仅有违法行为和损害事实还不够，在违法行为和损害事实之间必须存在确定的因果关系。这一点主要基于现实生活中违法行为和损害事实之间存在多种复杂的关系形态。比如，甲同时受到多人伤害，其中一个人的伤害行为是致命的，这时确定哪个人实施了这个伤害行为就非常重要，因为这直接关系到每个侵害人责任大小的问题。在实践中，这种因果关系的判断往往会比较困难，法律只能让责任人为其行为造成的损害后果承担相应的责任。

三、法律责任的分类

根据违法行为所违反的法律规范的性质不同，法律责任可以分为民事责任、行政责任、刑事责任、诉讼责任、违宪责任。

（一）民事责任

民事责任是指因违约、违反民事法律义务而应承担的不利后果。民事责任的主要表现形式，即民事补偿或赔偿，具体包括停止侵害、排除妨害、消除危险、返还财产、恢复原状、修理、重作、更换、继续履行、赔偿损失、支付违约金、消除影响、恢复名誉和赔礼道歉等。

（二）行政责任

行政责任是指因违反行政法上的义务而应承担的不利后果，包括行政主体及其工作人员的行政责任和行政相对人的行政责任。行政责任主要体现为行政惩罚、行政赔偿和补偿、行政行为效力的否定。

（三）刑事责任

刑事责任是指因违反刑事法律而应承担的不利后果，是一种惩罚性的责任，是最严厉的法律责任。刑事责任最主要的体现就是刑罚，是对犯罪人自由、生命、资格和财产的剥夺。

（四）诉讼责任

诉讼责任是指诉讼关系主体在各类诉讼活动中违反诉讼法而引起的不利后果。诉讼责任主要体现为诉讼惩罚、诉讼补偿、诉讼行为效力的否定。

（五）违宪责任

违宪责任又称宪法责任，是指有关国家机关由于所制定的某种规范性法律文件或者所作出的具体权力行为与宪法相抵触，从而应承担的法律责任。宪法是一个国家的根本大法，所有与宪法相违背的行为和规范性文件都是无效的。

需要特别注意以下两个问题：其一，一种行为可能产生多种法律责任，所以，任何一个规范性文件都可能规定多种性质的法律责任。比如，《中华人民共和国道路交通安全法》（简称《道路交通安全法》）就交通肇事问题作了多种法律责任的规定，交通肇事可能产生赔偿损失的民事责任，也可能产生吊销驾驶执照、罚款等行政责任，如果情节或后果严重，还可能构成犯罪，产生相应的刑事责任。其二，不同种类的法律责任所采用的具体责任方式可能是相同的。比如，罚款既可能是一种行政责任方式，也可能是一种诉讼责任方式，同样是支付一定数量的罚金却是一种刑事责任方式。

第六节　法律体系

一、法律体系的概念

法律体系是指一个国家现行的全部法律规范按照一定的结构和层次组织起来的统一整体。一个国家的法律体系是该国各个法律部门相互联系和协调统一的有机整体。

法律体系的形成是由客观经济规律和经济关系决定的，但是从法律关系的形成过程来看，它离不开人的意志、主观能动性、意识形态、文化传统等的作用，由此使世界各国的法律体系呈现出不同的模式和形态。

知识链接：完善以宪法为核心的中国特色社会主义法律体系

中国特色社会主义法律体系是一个立足中国国情和实际、适应改革开放和社会主义现代化建设需要、集中体现中国共产党和中国人民意志，以宪法为统帅，以宪法相关法、民商法等多个法律部门的法律为主干，由法律、行政法规、地方性法规等多个层次法律规范构成的有机统一整体。

二、法律部门的概念及划分标准

（一）法律部门的概念

法律部门是指根据一定的标准和原则，按照法律调整社会关系的不同领域和不同方法等划分的同类法律规范的总称。法律部门是法律体系的主干和基本成分，各个不同的法律部门相互交叉、相互影响所结成的有机统一体便成为一个国家的法律体系。

（二）法律部门的划分标准

对法律部门的划分具有一定的相对性，一个法律部门往往又是由若干子部门组成的体系。比如，民法部门由物权法、债权法、侵权责任法、知识产权法等部门组成。一般认为，划分法律部门的主要标准是法律规范的调整对象和调整方法。

1. 调整对象

法律规范所调整的社会关系，即法律规范的调整对象。法律调整的一般对象是社会关系，包括经济关系、政治关系、人身关系、行政关系、文化关系等各个方面。这些不同种类的社会关系有其共同属性和一般特征，但是它们在性质、内容、结构和形式等方面也有很大的差异。法律部门是以法所调整的社会关系的内容作为依据来划分一部法律属于哪一部门的。比如，调整平等主体之间的财产关系和人身关系的法律规范属于民法部门，而调整行政关系的法律规范属于行政法部门。

2. 调整方法

法律规范所调整的社会关系与法律部门之间并非简单的对应关系，即并不是每类社会关系都应当由一类法律规范或者只能由一类法律规范来调整。比如，法律对经济关系的调整，不仅有民事法律规范，而且有行政法律规范，还有刑事法律规范。可见，仅仅以法律规范的调整对象不同来划分法律部门是不够的，还需要将法律规范的调整方法作为划分法律部门的次要标准。法律规范的调整方法是指法律规范调整社会关系的手段和方式。比如，凡属于以刑罚制裁方法为特征的法律规范都可划归为刑法部门，以承担民事责任方式为特征的法律规范可划归为民法部门，等等。

三、构成我国法律体系的主要法律部门

（一）宪法

宪法是国家的根本大法，不仅规定了国家的各种根本制度、基本原则、方针，还规定了

国家机关的组织和活动的基本原则，以及公民的基本权利和义务等。所以，它在整个法律体系中占主导和中心地位。最基本的宪法规范集中在《中华人民共和国宪法》(简称《宪法》)和《中华人民共和国宪法修正案》(简称《宪法修正案》)中。此外，宪法性规范还通过其他宪法性文件得以表现，如《中华人民共和国立法法》(简称《立法法》)、《中华人民共和国全国人民代表大会和地方各级人民代表大会选举法》(简称《全国人民代表大会和地方各级人民代表大会选举法》)、《中华人民共和国地方各级人民代表大会和地方各级人民政府组织法》(简称《地方各级人民代表大会和地方各级人民政府组织法》)、《中华人民共和国国籍法》(简称《国籍法》)等。

（二）行政法

行政法是有关国家行政管理活动的法律规范的总和，旨在规范行政机关的行为，保障行政权力的合法、正当行使，维护相对人的合法权益。由于国家行政管理活动具有广泛性和复杂性，很难制定一部统一的行政法典。行政法部门由许多单行的法律、法规及规范性文件等构成，包括《中华人民共和国公务员法》(简称《公务员法》)、《中华人民共和国行政处罚法》(简称《行政处罚法》)、《中华人民共和国行政许可法》(简称《行政许可法》)、《中华人民共和国行政强制法》(简称《行政强制法》)、《中华人民共和国行政复议法》(简称《行政复议法》)、《行政诉讼法》等一般行政法，以及调整各类专门行政职能部门管理活动的专门行政法，如《治安管理处罚法》《中华人民共和国药品管理法》(简称《药品管理法》)等。

（三）刑法

刑法是关于犯罪、刑事责任和刑罚的法律规范的总和。从调整对象上看，刑法涉及的领域相当广泛，它适用于具有严重社会危害性、触犯刑事法律规范并应受刑罚处罚的行为。从调整方法上看，刑法采用的是最严厉的法律制裁方法，即刑罚的方法，可以说，刑法是其他法律的最后保障法。目前，刑事实体法主要体现在《刑法》及其 11 部《中华人民共和国刑法修正案》(简称《刑法修正案》)中。

（四）民法

广义的民法是调整一定范围内平等主体之间的民事法律关系和商事法律关系的法律规范的总和，具体包括物权、债权、婚姻家庭继承、侵权责任、知识产权、公司、票据、保险等内容。现行的民法规范主要体现为《民法典》《公司法》《票据法》《保险法》《中华人民共和国商标法》(简称《商标法》)、《中华人民共和国专利法》(简称《专利法》)、《中华人民共和国著作权法》(简称《著作权法》)、《中华人民共和国证券法》(简称《证券法》)、《中华人民共和国企业破产法》(简称《企业破产法》)、《中华人民共和国海商法》(简称《海商法》)、《中华人民共和国合伙企业法》(简称《合伙企业法》)、《中华人民共和国个人独资企业法》(简称《个人独资企业法》)等。

（五）经济法

关于经济法的概念，理论界一直存在争议。我们认为，经济法是国家从整体经济发展的角度，对具有社会公共性的经济活动进行干预、管理和调控的法律规范的总称。经济法的体系是由多层次的、门类齐全的经济法部门组成的有机联系的统一整体，包括市场管理法、宏观调控法和社会保障法。现行的经济法主要包括《中华人民共和国反不正当竞争法》(简称《反不正当竞争法》)、《中华人民共和国反垄断法》(简称《反垄断法》)、《中华人民共和国商业银行法》(简称《商业银行法》)、《消费者权益保护法》《中华人民共和国产品质量法》(简称《产品质量法》)、《中华人民共和国劳动法》(简称《劳动法》)、《中华人民共和国劳动合同法》(简称《劳动合同法》)、《中华人民共和国环境保护法》(简称《环境保护法》)等。

（六）国际法

国际法是一个较为特殊的法律部门，与国内法相比，它具有以下明显的特征：首先，国际法的主体主要是国家，在特定情况下，类似于国家的政治实体或由国家组建的国际组织也可以成为国际法的主体；其次，国际法的法律渊源主要是国际条约、协定、惯例等；最后，国际法的有关条约、协定、惯例等渊源要通过国家之间的协议或国家的认可才能发生实际的效力。国际法作为一个法律部门，主要分为国际公法、国际私法、国际经济法三类。

（七）程序法

程序法是我国法律体系的重要组成部分，与实体法相辅相成。程序法作为规定如何实现实体法规定内容的步骤、方法与手续的法律，是实现实体法权利和义务的途径与保障，其本身也具有独立的价值。我国的程序法主要包括《中华人民共和国刑事诉讼法》(简称《刑事诉讼法》)、《中华人民共和国民事诉讼法》(简称《民事诉讼法》)、《行政诉讼法》，以及规定在宪法和其他法律、法规中有关诉讼的规范和诉讼法适用过程中的各类司法解释，还包括《中华人民共和国仲裁法》(简称《仲裁法》)、《中华人民共和国律师法》(简称《律师法》)、《中华人民共和国公证法》(简称《公证法》)、《行政复议法》《中华人民共和国人民调解法》(简称《人民调解法》)等。

知识链接：我国现行的立法体制规定

阅读与思考

电车难题

有一群小孩在外面玩，那个地方有两条电车轨道，其中一条还在使用，另一条已经废弃。只有一个小孩在废弃的轨道上玩，其他的小孩都在现用的轨道上玩。很不巧，一辆电车从现用的轨道上行驶而来。当时，司机来不及刹车，扳道工人想到废弃的轨道还可以使用，就把电车切换到废弃的轨道上，因此救下了很多小孩，却让那个在废弃的轨道上玩的小孩失去了生命。

思考：扳道工人的行为是否符合正义？法律应该如何处理？

自我测试

第二章　宪　法

第一节　宪法概述

一、宪法的概念及特征

（一）宪法的概念

宪法是规定国家的根本制度和根本任务，集中表现各种政治力量对比关系以及保障公民的基本权利的国家根本大法，是治国安邦的总章程，在一个国家的法律体系中处于最高地位。

（二）宪法的特征

知识链接：为什么说坚持依法治国首先要坚持依宪治国，坚持依法执政首先要坚持依宪执政？

1. 宪法是国家的根本大法

首先，宪法的内容具有根本性，它规定的是国家的基本制度、主要国家机构、公民的基本权利和义务等国家生活中最根本、最重要的问题。而普通法律是在宪法所作的原则性规定的基础上对特定领域的具体规范。由此，宪法通常称为“母法”“最高法”，而普通法律称为“子法”“普通法”。

其次，宪法的法律效力具有最高性。宪法是制定普通法律的依据，任何普通法律都不得与宪法相违背。一切公民和社会组织也都必须以宪法为根本的活动准则，任何组织和个人都不得有超越宪法的特权。

最后，宪法制定和修改的程序更具有严格性。许多国家对宪法的制定和修改都规定了不同于普通立法的特别程序。《宪法》第 64 条规定：“宪法的修改，由全国人民代表大会常务委员会或者五分之一以上的全国人民代表大会代表提议，并由全国人民代表大会以全体代表的三分之二以上的多数通过。法律和其他议案由全国人民代表大会以全体代表的过半数通过。”

2. 宪法是体现掌握国家政权的阶级或社会集团意志和利益的政治法

首先，宪法是掌握国家政权的阶级或社会集团意志和利益的集中体现。宪法是民主政治的产物。在阶级或社会集团斗争中取得胜利并掌握国家政权的阶级或社会集团制定宪法的重要目的是，巩固本阶级或社会集团统治所需要的民主制度，宪法就是将这种民主制度以法律的形式固定下来的政治法。

其次，宪法是人类政治文明发展的产物。政治文明的要求如下：一是秩序与和平，反对混乱与暴力；二是权力得到规范与控制，反对专横与任意。近现代国家的政治生活被纳入了宪法轨道，没有宪法依据的权力是非法的权力。依宪治国是人类到目前为止最优良的社会控制方式，人类社会政治文明的运行方式已步入民主、人权、法治的历史轨道。

最后，阶级或社会集团之间力量对比关系的变化必然会引起宪法内容的变化。掌握国家政权的统治阶级或社会集团与被统治阶级或社会集团之间力量对比关系不可能一成不变，宪法既然是掌握国家政权的阶级或社会集团意志和利益的集中体现，阶级或社会集团之间力量对比关系的这种变化就必然会在宪法的内容中得到反映。

3. 宪法是人权的根本保障法，是规定公民基本权利保障和配置并规范国家权力的法典

首先，从分权制衡的角度出发，宪法是规范和配置国家权力的总体方案。国家的一切权力都来自人民，人民通过宪法的方式，将其拥有的权力授予国家机关。国家的立法、行政和司法机关都通过宪法所设置，立法、行政、司法三种权力之间的关系以及中央和地方之间的关系也都由宪法明确规定，任何机关都应当遵循宪法设定的程序和方式来行使其权力。

其次，从保障人权的角度出发，宪法是人民权利的根本保障法。人权是制定宪法的根据，宪法是人权运动的产物。宪法最主要、最核心的价值在于保障人权。比如，2004 年《宪法修正案》规定：“国家尊重和保障人权”。宪法作为国家的根本大法，涉及国家生活的各个方面，宪法对人权的有效保障居于支配地位。

二、我国宪法的产生与发展

作为国家根本大法的宪法最早出现于近代的资本主义社会，奴隶制社会和封建社会没有国家根本法意义上的宪法。中华人民共和国成立以前，曾出现三种不同的宪法，即从清政府到北洋军阀直到国民党所制定的封建地主和官僚买办资产阶级的宪法、反映民族资产阶级要求的资产阶级民主共和国的宪法、新民主主义时期革命根据地颁布的宪法性文件。

知识链接：中华人民共和国成立前的宪法

中华人民共和国成立后，反映我国宪法发展过程的宪法性文件有以下几个：

（一）《中国人民政治协商会议共同纲领》——临时宪法

1949 年 9 月 29 日,《中国人民政治协商会议共同纲领》(简称《共同纲领》) 在中国人民政治协商会议第一届全体会议上通过。全文由序言和 7 章组成，共 60 条。《共同纲领》确认了人民革命的胜利成果，体现了人民民主专政、人民民主统一战线、民主集中制的人民代表大会制和进行经济文化建设以及逐步过渡的思想，在中华人民共和国成立初期起到了临时宪法的作用。

（二）1954 年《宪法》——第一部《宪法》

这是我国第一部社会主义类型的宪法。它于 1954 年 9 月 20 日第一届全国人大第一次会议通过。全文由序言和 4 章组成，共 106 条。它以《共同纲领》为基础，又是《共同纲领》的继承和发展。它全面总结了社会主义革命和建设的经验，贯彻了人民民主原则和社会主义原则，明确规定了通过社会主义工业化和社会主义改造，保证逐步消灭剥削制度，建立社会主义社会的目标。

（三）1975 年《宪法》——第二部《宪法》

它于 1975 年 1 月 17 日第四届全国人大第一次会议通过。全文由序言和 4 章组成，共 30 条。因为它是在“文化大革命”期间制定的，所以，从指导思想和内容上来说，其中都渗透了极“左”思想，存在许多问题；从立法技术上来说，其规范也缺乏科学性和严肃性。

（四）1978 年《宪法》——第三部《宪法》

它于 1978 年 3 月 5 日第五届全国人大第一次会议通过。全文由序言和 4 章组成，共 60 条。这部《宪法》是在“文化大革命”后制定的，开始纠正“左”的错误，部分地恢复了被 1975 年《宪法》错误删去的、1954 年《宪法》确认的正确条款，使社会主义民主和法制有所恢复。但这部《宪法》在指导思想上仍坚持“以阶级斗争为纲”的路线，而且在内容和条文的用语上都明显带有“左”的痕迹。

（五）1982 年《宪法》——现行《宪法》

现行《宪法》于 1982 年 12 月 4 日第五届全国人大第五次会议通过。全文由序言和 4 章组成，共 143 条。它继承和发展了 1954 年《宪法》的基本原则，总结和确认了我国社会主义发展的丰富经验，特别是中华人民共和国成立以来的社会主义革命和建设经验，也注意吸取了国际经验；既考虑到当时的现实，又考虑到发展前景。这部《宪法》的指导思想是坚持四项基本原则，不仅把四项基本原则载入《宪法》，而且把它作为立国之本，以此保证我国走向富强、民主、文明的社会主义现代化国家。

1982 年《宪法》的主要特点表现在以下四个方面：一是在强调以经济建设为工作重点的同时，高度重视社会主义精神文明建设；二是发展社会主义民主，健全和加强社会主义法制；三是维护国家的统一和国内各民族的团结；四是指导和促进经济体制和政治体制改革。总之，1982 年《宪法》从我国国情出发，是一部具有中国特色的、适应新的历史时期社会主义现代化建设需要的宪法，它的颁布与实施把社会主义民主法制建设推向了一个新阶段和新高度。

第二节 现行《宪法》的结构体系

为了保障宪法的稳定，同时又能与时俱进，现行《宪法》至今已有五部修正案，《宪法修正案》是宪法典的重要组成部分，是宪法典的结构要素。广义的宪法，除宪法典之外，还包括一系列的宪法性文件。

一、《宪法》序言

现行《宪法》的序言主要涉及四个方面的内容：一是简述了国家的斗争历史和 20 世纪以来具有重大历史意义的四件大事；二是规定了社会主义初级阶段国家的根本任务；三是确认了四项基本原则和改革开放；四是强调了宪法的地位和作用。

二、《宪法》正文

正文是《宪法》的主要部分，一般涉及社会制度、国家制度的基本原则，公民的基本权利和义务，国家机关的组织与活动的基本原则，国旗、国歌、国徽和首都等国家标志，以及宪法监督、修改程序等内容。

现行《宪法》的正文主要包括 4 章：总纲，公民的基本权利和义务，国家机构，国旗、国歌、国徽、首都。

三、《宪法修正案》

知识链接：《宪法修正案》的主要内容

《宪法修正案》是对宪法典进行补充和修正的法律形式，往往以单独的形式附于宪法典之后，或融入宪法典之中，成为宪法典的组成部分。按照宪法的规定，全国人大对现行《宪法》作了五次修改，分别是 1988 年《宪法修正案》、1993 年《宪法修正案》、1999 年《宪法修正案》、2004 年《宪法修正案》、2018 年《宪法修正案》。

四、宪法性法律和宪法惯例

宪法性法律一般是指有宪法规范存在其中，但形式上又不具备最高法律效力以及严格制定和修改程序的法律文件。在我国，宪法性法律主要涉及国家组织、国家标志、公民基本权利等内容的法律文件，包括组织法、选举法、集会游行示威法、国旗法、国徽法、民族区域自治法、香港特别行政区基本法和澳门特别行政区基本法等。

宪法惯例是指国家长期政治生活实践中形成的，涉及有关国家根本问题，调整相应的基本社会关系，并被公民普遍承认、有一定约束力的习惯和传统的结合。

第三节　我国公民的基本权利和义务

一、我国公民的基本权利

（一）人格尊严

我国宪法明确规定了保护公民人格尊严的内容。《宪法》第 38 条规定：“中华人民共和国公民的人格尊严不受侵犯。禁止用任何方法对公民进行侮辱、诽谤和诬告陷害。”

案例链接：“游街示众”合法吗？

（二）政治权利和自由

政治权利和自由就是公民管理国家、参加国家政治生活的权利和自由。我国宪法规定的公民政治权利和自由主要包括平等权、选举权和被选举权、政治自由、思想和宗教信仰自由、公民的诉愿权等。

1. 平等权

《宪法》第 33 条第 2 款规定：“中华人民共和国公民在法律面前一律平等。”平等权是我国公民的一项基本权利，也是社会主义法治的一个基本原则。

案例链接：××市中考加分令

2. 选举权和被选举权

选举权是公民依法享有的选择代表机关代表和国家公职人员的权利，又称为投票权；被选举权是公民依法享有的被选举为代表机关代表和国家公职人员的权利。《宪法》第 34 条规定："中华人民共和国年满十八周岁的公民，不分民族、种族、性别、职业、家庭出身、宗教信仰、教育程度、财产状况、居住期限，都有选举权和被选举权；但是依照法律被剥夺政治权利的人除外。"选举权和被选举权是人民最根本的权利。

知识链接：我国选举制度的基本原则

3. 政治自由

自由从法律上说，就是可以做法律所许可的一切事情的权利，或者说，是可以做法律所不禁止的事情的权利。政治自由是公民作为国家政治生活主体所享有的进行政治活动所必需的自由。《宪法》第 35 条规定："中华人民共和国公民有言论、出版、集会、结社、游行、示威的自由。"这些政治自由是公民关心国家大事、表达自己的意见和愿望、参加国家政治生活所不可缺少的。

案例链接：秦中飞发短信被刑拘案

4. 思想和宗教信仰自由

思想自由是人们的内心信念和思考不受干涉的自由。宗教信仰自由是人们内心保有宗教观和进行宗教活动的自由。宪法规定，公民有进行科学研究、文艺创作和从事其他文化事业的自由，可以说，这间接地保障了公民的思想自由权利。《宪法》第 36 条第 1 款、第 2 款规定："中华人民共和国公民有宗教信仰自由。任何国家机关、社会团体和个人不得强制公民信仰宗教或者不信仰宗教，不得歧视信仰宗教的公民和不信仰宗教的公民。"

5. 公民的诉愿权

公民的诉愿权是对一类宪法权利的统称，即批评权、建议权、申诉权、控告权、检举权，以及取得赔偿权。《宪法》第 41 条第 1 款规定："中华人民共和国公民对于任何国家机关和国家工作人员，有提出批评和建议的权利；对于任何国家机关和国家工作人员的违法失职行为，有向有关国家机关提出申诉、控告或者检举的权利，但是不得捏造或者歪曲事实进行诬告陷害。"《宪法》第 41 条第 3 款规定："由于国家机关和国家工作人员侵犯公民权利而受到损失的人，有依照法律规定取得赔偿的权利。"

（三）个人自由

案例链接：恶性要债涉嫌非法拘禁罪

1. 人身自由

人身自由是公民参加社会活动、享受其他权利的前提。没有人身自由，也就没有其他权利可言。《宪法》第 37 条规定："中华人民共和国公民的人身自由不受侵犯。任何公民，非经人民检察院批准或者决定或者人民法院决定，并由公安机关执行，不受逮捕。禁止非法拘禁和以其他方法非法剥夺或者限制公民的人身自由，禁止非法搜查公民的身体。"

2. 住宅不受侵犯

公民的住宅不受侵犯，是指任何机关、团体或者个人，非经法律许可，不得随意侵入、搜查或者查封公民的住宅。《宪法》第 39 条规定：“中华人民共和国公民的住宅不受侵犯。禁止非法搜查或者非法侵入公民的住宅。”

案例链接：××市黄碟案

3. 通信自由和通信秘密

《宪法》第 40 条规定：“中华人民共和国公民的通信自由和通信秘密受法律的保护。除因国家安全或者追查刑事犯罪的需要，由公安机关或者检察机关依照法律规定的程序对通信进行检查外，任何组织或者个人不得以任何理由侵犯公民的通信自由和通信秘密。”

（四）社会经济权利

社会经济权利是指公民在经济、教育和文化等方面的权利，包括公民的劳动权、休息权、退休人员的生活保障权、物质帮助权、受教育的权利、文化权利和自由。

1. 劳动权

劳动权是指有劳动能力的公民有获得劳动并按照劳动的数量和质量取得报酬的权利。《宪法》规定，一切有劳动能力的公民都有劳动的权利。国家通过各种途径，创造劳动就业条件，加强劳动保护，改善劳动条件，并在发展生产的基础上，提高劳动报酬和福利待遇。同时，宪法也规定，劳动是公民的义务。

2. 休息权

《宪法》规定，劳动者有休息权。《劳动法》《劳动合同法》对职工的工休时间和休假制度都作了明确规定。

3. 退休人员的生活保障权

《宪法》第 44 条规定：“国家依照法律规定实行企业事业组织的职工和国家机关工作人员的退休制度。退休人员的生活受到国家和社会的保障。”

4. 物质帮助权

物质帮助权是指公民出于特定原因不能通过其他正当途径获得必要的物质生活手段时，从国家和社会获得生活保障、享有社会福利的一种权利。这是主体出于特定原因（如年老、疾病或丧失劳动能力等）享有的一种权利。

5. 受教育的权利

《宪法》第 46 条第 1 款规定：“中华人民共和国公民有受教育的权利和义务。”受教育既是国家的责任，也是公民的权利和义务，具有双向性。为此，我国实行九年义务教育制度。

知识链接：“闯红灯者”的子女可以被限制上学吗？

6. 文化权利和自由

《宪法》第 47 条规定："中华人民共和国公民有进行科学研究、文学艺术创作和其他文化活动的自由……" 文化权利和自由，也称为学术自由，是一类范围很广的权利和自由，属于精神自由范畴，也间接地表现了国家保护公民思想自由和表达自由的原则。

（五）特定主体的权利

特定主体是指由于传统、习俗的影响或这些主体在行为能力上的弱点，其权利容易受到社会忽视或侵犯的公民。因此，《宪法》列举了某些具有特殊身份的公民，如妇女、儿童、老人、华侨等，使他们可以获得特殊保护。这种特殊保护的权利在我国宪法学中称为特定主体的权利。

1. 妇女的权利

妇女的权利也称女权，是指妇女在社会生活中的地位，即妇女应在社会活动中具有与男子同等地位和待遇的权利。《宪法》第 48 条规定："中华人民共和国妇女在政治的、经济的、文化的、社会的和家庭的生活等各方面享有同男子平等的权利。国家保护妇女的权利和利益，实行男女同工同酬，培养和选拔妇女干部。" 1992 年 4 月 3 日，第七届全国人大第五次会议通过了《妇女权益保障法》，妇女的权利得到了进一步的保障。

2. 婚姻、家庭、母亲、儿童等受保护的权利

《宪法》第 49 条第 1 款规定："婚姻、家庭、母亲和儿童受国家的保护。" 第 4 款规定："禁止破坏婚姻自由，禁止虐待老人、妇女和儿童。" 这些规定既是公民应当遵守的行为准则，也是国家立法的依据。为此，我国通过了《民法典》《中华人民共和国老年人权益保障法》（简称《老年人权益保障法》）等一系列相应的法律和法规。

3. 烈军属的权利

《宪法》第 45 条第 2 款规定："国家和社会保障残废军人的生活，抚恤烈士家属，优待军人家属。"《中华人民共和国兵役法》（简称《兵役法》）对此作了具体的规定。

4. 华侨、归侨和侨眷的权利和利益

《宪法》第 50 条规定："中华人民共和国保护华侨的正当的权利和利益，保护归侨和侨眷的合法的权利和利益。" 1990 年 9 月 7 日，第七届全国人大常委会第十五次会议通过了《中华人民共和国归侨侨眷权益保护法》（简称《归侨侨眷权益保护法》），该法规定了一套较为完善的保护制度。

二、我国公民的基本义务

根据《宪法》的规定，我国公民的基本义务包括以下内容。

（一）维护国家统一和民族团结

《宪法》第52条规定："中华人民共和国公民有维护国家统一和全国各民族团结的义务。"维护国家统一的义务要求公民负有维护国家主权独立和领土完整的责任，它是我国公民的最高法律义务。维护民族团结的义务是指每个公民都承担维护各民族之间的平等、团结和互助关系，并同一切破坏民族团结和制造民族分裂的言行做斗争的责任。

（二）遵纪守法

《宪法》第53条规定："中华人民共和国公民必须遵守宪法和法律，保守国家秘密，爱护公共财产，遵守劳动纪律，遵守公共秩序，尊重社会公德。"这里规定的基本义务属于公民的一般社会义务，即公民作为社会共同体的一员为保证共同生活条件和生活秩序所应承担的基本社会责任。

（三）维护祖国的安全、荣誉和利益

《宪法》第54条规定："中华人民共和国公民有维护祖国的安全、荣誉和利益的义务，不得有危害祖国的安全、荣誉和利益的行为。"这是《宪法》总纲第24条中"爱祖国"的具体化。国家安全是每个公民生产、生活、安居乐业的必要条件，国家的荣誉也就是国家和民族的尊严，因此，每个公民都有义务予以维护，否则将依法予以制裁。

（四）依法服兵役

《宪法》第55条规定："保卫祖国、抵抗侵略是中华人民共和国每一个公民的神圣职责。依照法律服兵役和参加民兵组织是中华人民共和国公民的光荣义务。"

（五）依法纳税

《宪法》第56条规定："中华人民共和国公民有依照法律纳税的义务。"与服兵役义务一样，纳税也是公民对国家应负的传统义务。税收是国家财政的基础，也是我国社会主义建设资金积累的重要来源，是国家调节国民经济的杠杆，所以，为了国家的繁荣昌盛，公民应当依法纳税。

（六）其他义务

此外，《宪法》还规定了其他义务。比如，《宪法》第49条第2款规定："夫妻双方有实行计划生育的义务。"第3款规定："父母有抚养教育未成年子女的义务，成年子女有赡养扶助父母的义务。"

阅读与思考

中华人民共和国成立70年与宪法发展的宝贵经验①

中华人民共和国成立70年来，从《共同纲领》到“五四宪法”，再到现行《宪法》，在不同的历史时期，我国宪法有力坚持了中国共产党的领导，有力保障了人民当家作主，有力促进了社会主义革命、建设和改革开放，有力推动了社会主义法治国家建设的进程，有力维护了国家统一、民族团结、社会稳定，有力保障和推动了党和国家事业的发展，贯彻实施宪法取得显著成就，我们积累了弥足珍贵的中国经验。

一是坚持宪法确认的中国共产党领导地位。中国共产党领导是中国特色社会主义最本质的特征，是中国特色社会主义制度的最大优势。新时代首次宪法修改，在《宪法》序言中确定党的领导地位的基础上，又在总纲中明确规定中国共产党领导是中国特色社会主义最本质的特征，强化了党总揽全局、协调各方的领导地位。坚持党的领导，是我国宪法的灵魂中枢和根本要求、根本保证。党领导人民制定宪法和法律，党领导人民执行宪法和法律，党自身在宪法和法律范围内活动，是70年中华人民共和国法治发展和宪法制度建设最根本的宝贵经验。

二是坚持以人民为中心。国家主权属于人民是我国宪法的重要特征。以宪法为基础构建完备的国家制度和法律制度，保证人民当家作主，实现人民对美好生活的向往，是我国宪法的立宪初衷和时代使命。宪法的根基在于人民发自内心的拥护，宪法的伟力在于人民出自真诚的信仰。只有保证公民在法律面前一律平等，尊重和保障人权，保证人民依法享有广泛的权利和自由，宪法才能深入人心，走近人民群众，宪法的实施才能真正成为全体人民的自觉行动。

三是坚定不移走中国特色社会主义法治道路。从国情和实际出发，走中国特色社会主义法治道路，是深刻总结我国法治建设和宪法发展成功经验与深刻教训得出的基本结论。中华人民共和国70年法治建设和宪法发展的基本经验和重要成果之一，就是开辟和拓展了中国特色社会主义法治道路。走适合自己的宪法和法治发展道路，决不能照搬别国模式和做法，决不能走西方“宪政”“三权鼎立”“司法独立”的路子。

四是坚持宪法体制，维护宪法权威，保证宪法实施。宪法是国家根本法，是国家制度和法律制度的总依据。宪法体制是国家体制的集中体现，是推进国家治理体系和治理能力现代化的总载体，是坚持和发展中国特色社会主义的根本制度基础，必须长期坚持，不断完善和发展。我国宪法具有至高的权威、尊严和法律效力，维护宪法权威，就是维护党和人民共同意志的权威；捍卫宪法尊严，就是捍卫党和人民共同意志的尊严；保证宪法实施，就是保证人民根本利益的实现。只要我们切实尊重和有效实施宪法，人民当家作主就有保证，党和国

---

① 李林．新中国70年奋斗历程与宪法．法制日报，2019-10-21（002）．

家事业就能顺利发展。反之，如果宪法受到漠视、削弱甚至破坏，人民权利和自由就无法保证，党和国家事业就会遭受挫折。这些从长期实践中得出的宝贵启示，必须倍加珍惜。

五是坚持发挥宪法治国安邦的重要作用。中华人民共和国成立以来，我国宪法以其至上的法治地位和强大的法治力量，确认、巩固和保障了党领导人民取得的革命、建设和改革开放的胜利成果，对我国政治、经济、文化、社会生活产生了极为深刻的影响，在中华人民共和国富国、强国的70年历史进程中，发挥了极为重要的“定海神针”作用。新时代决胜全面建成小康社会、开启全面建设社会主义现代化国家新征程、实现中华民族伟大复兴的中国梦，推进国家治理体系和治理能力现代化、提高党长期执政能力，必须进一步坚定道路自信、理论自信、制度自信、文化自信，全面推进依法治国，全面贯彻实施宪法，推进国家治理体制和治理能力现代化，努力把我国建设成为社会主义现代化法治强国。

思考：如何理解“宪法兴则国兴，宪法强则国强”？

自我测试

第三章 行政法

第一节 行政法概述

一、行政、行政权和行政法的概念

（一）行政的概念

一般认为，行政就是行政主体以国家的名义，依法对国家事务和社会事务进行组织、管理和服务的活动。现代行政是一种带有组织和服务色彩的国家行政管理，具有国家意志性、执行性、法律性和强制性的特征。

按照不同的标准，行政可划分为不同的类型。比如，根据行政领域的不同，行政可分为公安、工商、税务、卫生、海关、教育等。但最具代表性和实际意义的分类是以行政管理活动中行为主体的权利义务关系为标准，行政可分为内部行政与外部行政。这一划分也为确定行政诉讼受案范围提供了理论依据。

（二）行政权的概念

一般认为，行政权是由国家宪法、法律赋予的国家行政机关及其授权的组织执行法律规范、实现行政管理和为社会提供服务所享有的各种权力的总称。

知识链接：行政权的特性

行政权作为一种国家权力，与公民权利既是相互依存，又是相互对立的。公民权利是行政权得以产生的前提和基础（从本质上说，行政权来源于公民权利），行政权是公民权利得以保障的手段。行政权存在的目的是维持和保障公民权利，但最易侵犯和危害公民权利的正是行政权。现代行政理念认为，“法无明文规定不得有权”与“法不禁止皆自由”。也就是说，行政权的行使必须有法律的授权，法律没有规定就不可以做；而公民可以做任何事情，除非法律禁止他这么做。

（三）行政法的概念

行政法作为国家重要的部门法之一，是有关行政的法律规范的总称。具体来说，行政法是有关行政的主体、权限、行为、程序、违法及救济（包括对行政违法行为本身的救济和对受行政违法侵害的相对人的救济）的法律规范的总称。

我国行政法的特征主要表现在以下四个方面：

1. 表现形式的分散性

行政法是各种行政法律规范的总称，行政法律规范是由国家制定的、调整行政关系的活动规则和行为准则。我国目前没有统一的行政法典，但这并不影响行政法在我国的存在，它散见于宪法、法律、行政法规、自治条例和单行条例、行政规章，以及其他形式的法律规范之中。

2. 调整对象的确定性

行政法的调整对象是行政关系，即在国家行政管理活动中，行政主体与行政主体之间、行政主体与行政人之间、行政主体与行政相对人之间发生的关系。根据行政主体之间的级别高低和从属关系，行政关系可分为纵向行政关系和横向行政关系；根据行政活动的范围不同，行政关系可分为内部行政关系和外部行政关系。

3. 内容的广泛性

行政法是有关国家行政管理的法，既涉及国家管理，又涉及社会事务的组织、管理和服务，内容覆盖政治、经济、科技、文化教育、军事、外交等领域。国家行政管理的广泛性决定了行政法的内容也具有广泛性，但与其他法律相比，行政法的内容又具有相对易变性，必须根据国家行政管理领域的变化和社会关系的发展随时修正。

4. 地位的相对独立性

行政法在法律体系中的地位主要体现为它在法律体系中担任的角色以及与其他法律的关系。行政法从属于宪法，是宪法统率下的一个部门法，但其地位独立，不依附于其他部门法，即行政法是仅次于宪法的独立法律部门。

知识链接：行政法与行政诉讼法的关系

二、行政法的基本原则

（一）行政合法性原则

行政合法性原则是行政法的首要基本原则。它是指行政权力的获得和行使必须依据法律、符合法律；否则，作出行政行为的行政主体就要承担相应的法律责任，因违法行政行为而受损害的人也应获得必要的救济。根据我国现行法律制度和实际情况，行政合法性原则应主要包括以下几个方面的要求。

（1）行政主体及其行政人的设立必须合法。行政行为人是行政行为法律后果的承担者，因此，行政行为人的合法性是行政行为合法性的根基。

（2）行政主体及其行政人的一切职权必须有合法的依据和授权。在我国，行政主体及其行政人的行政职权主要是由法律明文规定的，也可以通过法律、法规的授权获得。

（3）行政主体的行政管理活动必须遵守法律。行政主体及其行政人依职权或授权进行行政管理活动时，必须按照法律规定的实体内容和程序性要求实施行政行为。

（4）任何作出违法行政行为的行政主体都应承担相应的法律责任。根据行政合法性原则的要求，违法行政行为应当被撤销或被认定无效，由有权的机关依法进行追究。

（二）行政合理性原则

行政合理性原则是行政法原则的另一个重要组成部分。它是指行政主体及其行政人在行使行政自由裁量权时，应当做到客观、公正、适度、合乎理性。如果违反行政合法性原则会导致行政违法，那么违反行政合理性原则就会导致行政不当。

行政合理性原则产生的原因是基于行政自由裁量权的存在。与行政合法性原则相比，行政合理性原则贯穿行政法的所有领域，并以行政合法性原则为前提。行政合理性原则主要包括以下几个方面的要求。

（1）行政行为必须符合法定的目的。法律赋予行政主体自由裁量权的目的是，使行政主体能在法律规定的原则和幅度内根据具体情况更准确地体现法律的意图。

（2）行政行为必须出于合法的动机和考虑。所谓“合法的动机和考虑”包括以下内容：一是正当的动机，即行政行为的动机必须正当；二是相关的考虑，即行政主体在行使自由裁量权时，不能忽视法律规定应当考虑的因素；三是排除不相关的考虑，如行政机关在作出处罚时，不能因为被处罚的人是高级干部而从轻处罚，也不能为了增加财政收入而从重处罚。

案例链接：“有奖举报”合法、合理吗？

（3）行政行为的内容应客观、公正、适度。所谓客观，是指行政行为必须以客观事实为依据，杜绝凭个人好恶、恩怨作出行政行为；所谓公正，是指所有当事人在适用法律上一律平等，无论其地位、社会关系、社会背景如何；所谓适度，是指行政行为内容应以法律为准绳，在法律规定的范围内，根据实际情况选择适当的行为种类和形式。

三、行政法主体

行政法主体即行政法律关系的主体，是指在具体行政法律关系中享有权利、承担义务的当事人，主要包括行政主体、行政人和行政相对人。

知识链接：我国行政主体的范围

（一）行政主体

行政主体是指享有国家行政权力，能够以自己的名义行使行政职权，并独立承担由此而产生的相应法律责任的组织。在我国，行政机关是最重要的行政主体。此外，受法律、法规授权的组织也具有行政主体的资格。

（二）行政人

行政人是中国行政法学理论中的一个重要概念，特指依法代表国家，并以行政主体的名义实施行政行为，其行为效果归属于行政主体的个人。

在我国，行政人并不等同于公务员。行政人是一个法学概念；而公务员是一个法律概念。行政人是一个动态概念，它依行为而认定；而公务员是一个静态概念，它依编制而确定。从范围上说，行政人并不只限于公务员，公务员以外的人依法行使行政权时亦为行政人；公务员也并非无条件地成为行政人，当他以自然人身份参与民事活动或代表行政机关参与民事活动时，他虽是公务员，但显然不是行政人，只有当他以行政主体的名义实施行政行为时，他才成为行政人。

知识链接：《公务员法》的亮点

（三）行政相对人

行政相对人是行政法主体中不可缺少的一部分，也是行政法律关系中与行政主体地位相对的一方当事人。行政相对人是行政主体实施行政管理时的直接对象，在行政诉讼中承担原告的角色，它在行政法学上的地位与行政主体同样关键。行政相对人的法律地位体现在其权利义务上。

1. 行政相对人的权利

根据我国有关行政法律规范，行政相对人的权利主要包括以下内容：

（1）行政参与权，即行政相对人通过合法途径参加国家行政管理活动，以及参与行政程序的权利。其内容主要包括参与国家管理、参与行政程序、了解行政信息。

（2）获得保护权，即行政相对人的人身权利和财产权利在正当、合法的行政管理活动中得到维护或实现的权利。当行政相对人的合法权益受到违法行为的侵害时，其有权要求有关行政机关提供行政保护。行政机关不作为的，行政相对人可以提起行政诉讼。

（3）隐私保密权，即行政主体在实施行政行为的过程中，非经法定程序，不得公开相对人的个人隐私或商业秘密。行政相对人享有对自己的个人隐私或商业秘密保密的权利，行政主体则有为行政相对人保密的义务。

（4）行政监督权，即行政相对人对行政主体实施行政管理的行为有监督权。《宪法》《行政复议法》《行政诉讼法》都明确规定，公民、法人或者其他组织对行政机关工作享有批评、建议和控告、申诉的权利，行政相对人对具体行政行为不服的，可申请行政复议或提起行政诉讼。

（5）获得赔偿和补偿权，即行政主体的行政行为对行政相对人的人身或财产造成不法或合法侵害时，行政相对人有权依《中华人民共和国国家赔偿法》（简称《国家赔偿法》）及其他有关法律、法规获得相应的赔偿或补偿。

2. 行政相对人的义务

与行政相对人的上述权利相对应，行政相对人的义务主要包括以下内容：

（1）遵守法律、法规的规定，包括实体上的规定和程序上的规定。如果行政相对人不能遵守法律、法规的规定，其将受到行政主体的行政处罚；构成犯罪的，其将受到刑事处罚。

（2）服从行政命令。行政相对人对行政主体所作出的行政命令有服从的义务。对于不当或违法的行政命令，一般来说，在通过法定程序改变或撤销之前，其对行政相对人仍具有强制力和约束力。

（3）协助行政管理。行政相对人对行政主体及其行政人实施的行政管理活动具有协助和配合的义务。

知识链接：行政主体、行政法主体、行政人、行政机关概念辨析

第二节 行政行为

一、行政行为概述

（一）行政行为的概念和分类

1. 行政行为的概念

行政行为又称行政法律行为，即行政主体为实现行政目的行使行政权力，因而对外产生法律效果的所有行为。行政行为是行政法学的重要范畴，实际上是联结行政权力与公民权利的桥梁。为了处理各种纷繁复杂的社会事务，在任何国家，政府都比立法机关和司法机关拥

有更多体制上的实力优势。比如，政府可以灵活变通其管理方法和手段来解决它们所面临的难题。行政行为的这种巨大潜能在提高效率的同时，也隐藏着对其他重要价值的威胁，因此，我们需要对行政行为进行重点研究，对其予以控制。

2. 行政行为的分类

按照不同的标准，行政行为有不同的分类。比如，根据适用范围不同，行政行为可分为抽象行政行为和具体行政行为；根据行为的效力范围不同，行政行为可分为内部行政行为和外部行政行为；根据行政主体的主观参与程度不同，行政行为可分为羁束行政行为和自由裁量行政行为；根据行为的方式不同，行政行为可分为作为行政行为和不作为行政行为。

（二）行政行为的合法要件和法律效力

1. 行政行为的合法要件

行政行为的合法要件是指行政行为合法成立、生效所应具备的基本要素，或者说是应当符合的条件。行政行为合法的一般条件主要包括主体合法、权限合法、内容合法适当、程序合法四个方面。

2. 行政行为的法律效力

行政行为的法律效力主要包括三个方面的内容，即拘束力、确定力和执行力。

（1）拘束力又称约束力，是指行政行为一经作出，对行政相对人即具有法律约束的效果，行政相对人不服从该行政行为的，须承担相应的法律后果。

（2）确定力又称公定力，是指行政行为一经作出，就具有相对稳定性，未经法定程序，不得变更或撤销，其效力也不受行政主体及其行政人变动的影响。也就是说，行政行为即使被认为是违法的，在有权机关予以变更或撤销之前，行政相对人及其他人都不能以任何借口否认其存在，都必须姑且视其具有效力。

（3）执行力是指具有执行内容的行政行为。如果行政相对人不履行，行政主体可依法强制执行或申请人民法院强制执行，无效行政行为不具有执行力。

二、行政处罚

行政处罚属于具体行政行为中的限权行为，是具体行政行为中最常见、最具实践意义的表现形式。1996 年 3 月 17 日，第八届全国人大第四次会议通过了《行政处罚法》，统一了之前散见于法律、法规中有关行政处罚的内容，体现了这一行为在行政法上的重要性。2009 年 8 月 27 日，第十一届全国人大常委会第十次会议对《行政处罚法》作了第一次修正。2017 年 9 月 1 日，第十二届全国人大常委会第二十九次会议对《行政处罚法》作了第二次修正。2021 年 1 月 22 日，第十三届全国人大常委会第二十五次会议对《行政处罚法》进行了修订，自 2021 年 7 月 15 日起施行。

（一）行政处罚的含义

根据《行政处罚法》第 2 条的规定，行政处罚是指行政机关依法对违反行政管理秩序的公民、法人或者其他组织，以减损权益或者增加义务的方式予以惩戒的行为。它具有以下特征：首先，行政处罚的主体是具有行政处罚权的行政机关。其次，行政处罚的对象是违反行政管理秩序的公民、法人或者其他组织。再次，行政处罚的性质是以减损权益或者增加义务的方式予以惩戒的行政行为。最后，行政处罚的性质是以惩戒违法为目的的、具有制裁性的行政行为。

（二）行政处罚的原则

1. 处罚法定原则

行政处罚作为对人身自由、财产、营业和荣誉权的侵害，自然应有法律的明确规定，才能实施。行政处罚必须有法律的根据，要求处罚主体及其职权法定、处罚的依据和程序法定。

2. 过罚相当原则

《行政处罚法》第 5 条第 2 款规定："设定和实施行政处罚必须以事实为依据，与违法行为的事实、性质、情节以及社会危害程度相当。"因此，行政主体对违法行为人适用行政处罚时，所科罚种和处罚幅度要与违法行为人的违法过错程度相适应，既不轻过重罚，也不重过轻罚，避免畸轻畸重的不合理、不公正的情况出现。这也是行政法的比例原则，特别是均衡原则的体现。

3. 处罚公正、公开原则

公正原则是处罚法定原则的必要补充，是指在实施行政处罚时，不仅要求形式是合法的、是在自由裁量的法定幅度的范围内实施的，而且要求在内容上合法，符合立法目的。公开原则就是处罚过程要公开，要有相对方的参与和了解，以提高公民对行政机关及其实施的行政处罚的信任度。同时，监督行政机关及其公务员要依法、公正地行使职权，保障相对方的合法权益。

4. 一事不再罚原则

《行政处罚法》第 29 条规定："对当事人的同一个违法行为，不得给予两次以上罚款的行政处罚……"其目的在于防止重复处罚，体现过罚相当的法律原则，以保护行政相对人的合法权益。

5. 处罚与教育相结合原则

《行政处罚法》第 6 条规定："实施行政处罚，纠正违法行为，应当坚持处罚与教育相结合，教育公民、法人或者其他组织自觉守法。"

6. 保障行政相对人权利原则

《行政处罚法》第 7 条规定："公民、法人或者其他组织对行政机关所给予的行政处罚，享有陈述权、申辩权；对行政处罚不服的，有权依法申请行政复议或者提起行政诉讼。公民、法人或者其他组织因行政机关违法给予行政处罚受到损害的，有权依法提出赔偿要求。"这体现了保障行政相对人权利的原则。

知识链接：《行政处罚法》修订的若干亮点

（三）行政处罚的种类

《行政处罚法》中列举了七种行政处罚的种类：警告，罚款，没收违法所得、没收非法财物，责令停产停业，暂扣或者吊销许可证、暂扣或者吊销执照，行政拘留，法律、行政法规规定的其他行政处罚。其中，限制人身自由的处罚只能由法律设定，行政法规可以设定除限制人身自由以外的其他行政处罚，地方性法规可以设定除限制人身自由、吊销企业营业执照以外的行政处罚，行政规章只能设定警告和一定数额的罚款。

案例链接：行政处罚的程序包括简易程序和一般程序

三、行政许可

行政许可，也就是通常所说的行政审批，既涉及行政机关对社会与经济事务事先的行政管理，也涉及公民、法人和其他组织的切身利益。长期以来，我国的行政审批存在设置过多、程序烦琐等问题，这不仅阻碍了经济发展、损害了公民权利，而且成为滋生腐败的"温床"。《行政许可法》于 2003 年 8 月 27 日第十届全国人大常委会第四次会议通过，自 2004 年 7 月 1 日起施行。2019 年 4 月 23 日，第十三届全国人大常委会第十次会议对《行政许可法》进行了修正。

（一）行政许可的含义和特征

行政许可是指行政主体根据行政相对人的申请，通过颁发许可证或执照等形式，依法决定是否赋予特定的行政相对人从事某种活动或实施某种行为的权利或资格的一种具体行政行为。

行政许可具有以下特征：首先，行政许可是一种依申请的行政行为，无申请则无许可。其次，行政许可以一般禁止为前提，以个别解禁为内容，即在国家一般禁止的前提下，对符合特定条件的行政相对方解除禁止使其享有特定的资格或权利，能够实施某项特定的行为。再次，行政许可是行政主体赋予行政相对方某种法律资格或法律权利的具体行政行为，是针对特定的人、特定的事作出的具有授益性的一种具体行政行为。最后，行政许可主要表现为颁发许可证、执照等形式的要式行政行为。行政许可必须遵循一定的法定形式，即应当是明示的书面许可，有正规的文书、印章等予以认可和证明。实践中最常见的行政许可的形式是许可证和执照。

（二）行政许可的种类

根据不同的标准，行政许可分为不同的种类，常见的分类有以下几种：

1. 一般许可和特别许可

一般许可是指只要符合法定的条件，就可向主管行政机关提出申请，对申请人并无特殊限制的许可，如驾驶许可、营业许可等。特别许可是指除符合一般条件外，还对申请人予以特别限制的许可，如持枪许可、烟草专卖许可等。

2. 排他性许可和非排他性许可

这是根据许可的享有程度所作的划分。排他性许可是指某个人或组织获得该项许可后，其他任何人或组织都不能再申请获得的许可，如专利许可、烟草专卖许可等。非排他性许可是指可以被所有具备法定条件者申请获得的许可，如营业执照等。

3. 行为许可和资格许可

这是根据许可的内容所作的划分。行为许可是行政机关根据行政相对人的申请，允许从事某种活动、采取某种行为的许可形式。资格许可是行政主体应行政相对人申请，经过一定考核程序，给合格者核发证明文书，允许其享有某种资格或能力的许可，如律师执业证、医师执业证、执业药师资格证等。

知识链接：哪些事项可以设定行政许可？

四、行政强制

行政强制是一种对行政相对人具有不利影响的行政限权行为，包括行政强制措施和行政强制执行两种形式。《行政强制法》于2011年6月30日第十一届全国人大常委会第二十一次会议通过，自2012年1月1日起施行。

（一）行政强制措施

1. 行政强制措施的含义

行政强制措施是指行政机关在行政管理过程中，为制止违法行为、防止证据损毁、避免危害发生、控制危险扩大等，依法对公民的人身自由实施暂时性限制，或对公民、法人或者其他组织的财物实施暂时性控制的行为。

2. 行政强制措施的种类和设定

根据《行政强制法》第9条的规定，行政强制措施包括限制公民人身自由，查封场所、设施或者财物，扣押财物，冻结存款、汇款以及其他行政强制措施。

行政强制措施由法律设定。尚未制定法律，且属于国务院行政管理职权事项的，行政法规可以设定除限制公民人身自由，冻结存款、汇款和应当由法律规定的行政强制措施以外的其他行政强制措施。尚未制定法律、行政法规，且属于地方性事务的，地方性法规可以设定查封场所、设施或财物，扣押财物的行政强制措施。法律、法规以外的其他规范性文件不得设定行政强制措施。

（二）行政强制执行

1. 行政强制执行的含义

行政强制执行是指行政机关或者行政机关申请人民法院，对不履行行政决定的公民、法人或者其他组织，依法强制履行义务的行为。

2. 行政强制执行的方式和设定

《行政强制法》第 12 条规定，行政强制执行的方式包括加处罚款或者滞纳金，划拨存款、汇款，拍卖或者依法处理查封、扣押的场所、设施或者财物，排除妨碍、恢复原状，代履行以及其他强制执行方式。

行政强制执行由法律规定。法律没有规定行政机关强制执行的，作出行政决定的行政机关应当申请人民法院强制执行。

第三节　行政救济

一、行政违法与行政救济概述

（一）行政违法

行政违法有狭义与广义之分。狭义的行政违法仅指行政主体违法，广义的行政违法还包括行政相对人违法。这里采用狭义说。据此，行政违法是指行政主体违反行政法律规范，但尚未构成犯罪而依法须承担行政责任的行为。

在现实生活中，行政违法的种类非常复杂。比如，根据行为的方式和状态不同，行政违法可分为行政作为违法和行政不作为违法；根据行为的内容和形式不同，行政违法可分为实质行政违法和形式行政违法；等等。其中，常见的行政行为违法主要包括以下六种：主要证据不足，适用法律、法规错误，违反法定程序，超越职权，滥用职权，不履行或拖延履行法律职责。

行政主体及其行政人应该为其行政违法行为承担相应的法律责任。由行政主体承担的责任方式主要包括承认错误、赔礼道歉、恢复名誉、消除影响、履行职务、返还权益、恢复原状、撤销违法行政行为、宣告行政行为无效、行政赔偿等；由行政人承担的责任方式主要包括通报批评，行政处分（警告、记过、记大过、降级、撤职、开除），行政追偿，没收、追缴或退赔违法所得等。

（二）行政救济的含义

行政救济是指公民、法人或者其他组织认为行政行为直接侵害其合法权益，请求有权的国家机关依法对行政违法或行政不当行为实施纠正，并追究其法律责任，以保护行政相对人的合法权益的一种法律制度。

在我国，行政相对人可以采取的行政救济途径主要包括行政复议、行政赔偿、行政诉讼。其中，行政诉讼是司法救济的途径，将在本书第八章重点阐述。下面主要介绍行政复议和行政赔偿。

二、行政复议

（一）行政复议的含义

所谓行政复议，是指行政相对人不服行政主体的具体行政行为，依法向行政复议机关提出申请，请求对原行政行为进行审查并纠正错误，行政复议机关据此对原行政行为的合法性与合理性进行审查并作出决定的法律制度。

行政复议是对行政争议的处理，以具体行政行为为审查对象，并附带审查部分抽象行政行为，具有一定的司法性。但本质上，它是一种为救济行政相对人的合法权益而设置的行政机关的内部监督形式。

（二）行政复议的原则

1. 一级复议原则

一级复议原则是指行政争议经行政复议机关一次复议并作出裁决即告终结，即使行政相对人对复议决定不服，也不得向行政机关再次申请复议，而只能寻求其他救济途径来解决。《行政复议法》虽未对一级复议原则作明确规定，但从具体的法条和单行的法律、法规的规定来看，行政复议仍然以一级复议为原则，以两级或多级复议为例外。

2. 合法、公正、公开、及时、便民原则

《行政复议法》第 4 条规定：“行政复议机关履行行政复议职责，应当遵循合法、公正、公开、及时、便民的原则，坚持有错必纠，保障法律、法规的正确实施。”

3. 复议期间不停止执行原则

复议期间不停止执行原则是指行政机关作出的具体行政行为不因行政相对人提起复议申请而停止执行，即公民、法人或者其他组织对行政机关作出的具体行政行为不服，申请行政复议后，原具体行政行为在被依法撤销或改变之前，继续执行，对当事人产生约束力。其例外情形包括以下四种：被申请人认为需要停止执行的；复议机关认为需要停止执行的；申请人申请停止执行，行政复议机关认为其要求合理，决定停止执行的；法律规定停止执行的。

4. 不适用调解原则

不适用调解原则是指行政复议机关在审理行政复议案件过程中，只能依法对申请复议的具体行政行为的合法性和适当性进行审查并作出裁判，而不能采用调解的方法，也不能采用调解的方式结案。当然，行政复议不适用调解，但并不排斥在行政复议活动中，行政复议机关对双方当事人开展法制教育工作。

（三）行政复议机关和决定

行政复议机关一般是对作出具体行政行为的行政主体有直接领导权的上一级行政机关。比如，对县级以上地方各级人民政府工作部门的具体行政行为不服的，可以选择向该部门的本级人民政府或其上一级主管部门申请行政复议；对海关、金融、国家税务、外汇管理等实行垂直领导的行政机关和国家安全机关的具体行政行为不服的，向上一级主管部门申请行政复议。但对国务院部门或者省、自治区、直辖市人民政府的具体行政行为不服的，向作出该具体行政行为的国务院部门或者省、自治区、直辖市人民政府申请行政复议。对行政复议决定不服的，可以向人民法院提起行政诉讼，也可以向国务院申请裁决，国务院作出的裁决是最终裁决。

行政复议机关应当自受理申请之日起 60 日内作出行政复议决定，但是法律规定的行政复议期限少于 60 日的除外。行政复议决定主要包括维持决定、限期履行、撤销决定、变更决定、确认违法等。如果存在主要事实不清、证据不足的，适用依据错误的，违反法定程序的，超越或者滥用职权的，具体行政行为明显不当的情形，行政复议机关决定撤销或者确认该具体行政行为违法的，可以责令被申请人在一定期限内重新作出具体行政行为。

案例链接：男子用计算机下载一部淫秽视频被罚申请行政复议案

三、行政赔偿

行政赔偿是行政侵权的直接法律后果，即行政主体违法行使行政职权，侵犯行政相对人的合法权益，对其造成损害，而依法必须承担的赔偿责任。

我国的行政赔偿是国家赔偿的重要组成部分，国家赔偿包括行政赔偿和刑事赔偿两种。1994 年 5 月 12 日，第八届全国人大常委会第七次会议正式通过了《国家赔偿法》，该法自 1995 年 1 月 1 日起施行。该法于 2010 年 4 月 29 日，通过第一次修正；2012 年 10

知识链接：《国家赔偿法》的亮点

月 26 日，通过第二次修正。该法共 6 章 42 条。

（一）行政赔偿的范围

根据《国家赔偿法》的规定，应予行政赔偿的情形包括以下两大类：

一类是侵犯人身权。《国家赔偿法》第 3 条规定，“行政机关及其工作人员在行使行政职权时有下列侵犯人身权情形之一的，受害人有取得赔偿的权利：（一）违法拘留或者违法采取限制公民人身自由的行政强制措施的；（二）非法拘禁或者以其他方法非法剥夺公民人身自由的；（三）以殴打、虐待等行为或者唆使、放纵他人以殴打、虐待等行为造成公民身体伤害或者死亡的；（四）违法使用武器、警械造成公民身体伤害或者死亡的；（五）造成公民身体伤害或者死亡的其他违法行为。”

另一类是侵犯财产权。《国家赔偿法》第 4 条规定，“行政机关及其工作人员在行使行政职权时有下列侵犯财产权情形之一的，受害人有取得赔偿的权利：（一）违法实施罚款、吊销许可证和执照、责令停产停业、没收财物等行政处罚的；（二）违法对财产采取查封、扣押、冻结等行政强制措施的；（三）违法征收、征用财产的；（四）造成财产损害的其他违法行为。”

但是，对于行政机关工作人员与行使职权无关的个人行为和公民、法人或者其他组织自己的行为致使损害发生的情形，国家不承担赔偿责任。

（二）行政赔偿当事人

行政赔偿当事人包括行政赔偿请求人和行政赔偿义务机关。

1. 行政赔偿请求人

行政赔偿请求人是指依法有权向国家请求行政赔偿的人，具体来说，是其合法权益受到行政活动中违法行为的侵害，向行政赔偿义务机关或人民法院提起诉讼请求行政赔偿的人。根据《国家赔偿法》的规定，行政赔偿请求人包括：受害的公民、法人和其他组织；受害的公民死亡，其继承人和其他有扶养关系的亲属可成为行政赔偿请求人；受害的法人或者其他组织终止，其权利承受人也可成为行政赔偿请求人。

2. 行政赔偿义务机关

行政赔偿义务机关是指代表国家接受行政赔偿请求、支付赔偿费用、参加赔偿诉讼的机关，是具体履行行政赔偿义务的组织。根据《国家赔偿法》第 7 条、第 8 条的规定，行政赔偿义务机关包括实施侵害的行政机关，共同侵权的行政机关，法律、法规授予行政权的组织，委托的行政机关，行政复议机关，致害机关撤销时继续行使其职权的行政机关等。

（三）行政赔偿程序

行政赔偿程序既包括行政赔偿的行政处理程序，也包括行政赔偿的司法处理程序，甚至包括行政追偿。行政赔偿请求人要求赔偿，应当先向行政赔偿义务机关提出，也可以在申请行政复议或者提起行政诉讼时一并提出。

1. 行政处理程序

要求赔偿应当递交申请书，行政赔偿义务机关应当自收到申请之日起 2 个月内，作出是否赔偿的决定。行政赔偿义务机关作出赔偿决定，应当充分听取行政赔偿请求人的意见，并可以与行政赔偿请求人就赔偿方式、赔偿项目和赔偿数额依法进行协商。

2. 司法处理程序

行政赔偿义务机关在规定期限内未作出是否赔偿的决定的，行政赔偿请求人可以自期限届满之日起 3 个月内，向人民法院提起诉讼。行政赔偿请求人对赔偿方式、赔偿项目、赔偿数额有异议的，或者行政赔偿义务机关作出不予赔偿决定的，行政赔偿请求人可以自行政赔偿义务机关作出赔偿或者不予赔偿决定之日起 3 个月内，向人民法院提起诉讼。人民法院审理行政赔偿案件，行政赔偿请求人和行政赔偿义务机关对自己提出的主张，应当提供证据。行政赔偿义务机关采取行政拘留或者限制人身自由的强制措施期间，被限制人身自由的人死亡或者丧失行为能力的，关于行政赔偿义务机关的行为与被限制人身自由的人死亡或者丧失行为能力是否存在因果关系，行政赔偿义务机关应当提供证据。

3. 行政追偿

行政追偿是指国家向行政赔偿请求人支付赔偿费用后，依法责令有故意或重大过失的公务员、受委托组织和人员承担部分或全部赔偿费用的法律制度。对有故意或者重大过失的责任人员，有关机关应当依法给予处分；构成犯罪的，应当依法追究刑事责任。

案例链接：尹琛琰诉卢氏县公安局 110 报警不作为行政赔偿案

阅读与思考

贝××诉海宁市公安局交通警察大队道路交通管理行政处罚案①

2015 年 1 月 31 日，贝××驾驶案涉车辆沿海宁市西山路行驶，遇行人正在通过人行横道，未停车让行。海宁市公安局交通警察大队（简称海宁交警大队）执法交警当场将案涉车辆截停，核实了贝××的驾驶员身份，适用简易程序向贝××口头告知了违法行为的基本事实，拟作出的行政处罚、依据及其享有的权利等，并在听取贝××的陈述和申辩后，当场制作并送达了公安交通管理简易程序处罚决定书，给予贝××罚款 100 元，记 3 分。

贝××不服，于 2015 年 2 月 13 日向海宁市人民政府申请行政复议。3 月 27 日，海宁市人民政府作出行政复议决定书，维持了海宁交警大队作出的处罚决定。贝××收到行政复议

① 最高人民法院指导案例 90 号（最高人民法院审判委员会讨论通过，2017 年 11 月 15 日发布，引用时有修改）。

决定书后于2015年4月14日起诉至海宁市人民法院。

原告贝××诉称：其驾驶汽车靠近人行横道时，行人已经停在了人行横道上，故不属于“正在通过人行横道”。他认为，案涉车辆经过的西山路系海宁市主干道路，案发路段车流很大，路口也没有红绿灯，如果只要人行横道上有人，机动车就停车让行，会在很大程度上影响通行效率，所以，他可以在确保通行安全的情况下不停车让行而直接通过人行横道，故不应该被处罚。他认为海宁交警大队作出的编号为3304811102542425的公安交通管理简易程序处罚决定书违法。贝××请求：撤销海宁交警大队作出的行政处罚决定。

被告海宁交警大队辩称：行人已经先于原告驾驶的案涉车辆进入人行横道，而且正在通过，案涉车辆应当停车让行；如果行人已经停在人行横道上，机动车驾驶人可以示意行人快速通过，行人不走，机动车才可以通过；否则，构成违法。被告认为，对贝××作出的行政处罚决定事实清楚，证据确实、充分，适用法律正确，程序合法，被告请求判决驳回贝××的诉讼请求。

海宁市人民法院于2015年6月11日作出（2015）嘉海行初字第6号行政判决：驳回贝××的诉讼请求。宣判后，贝××不服，提起上诉。浙江省嘉兴市中级人民法院于2015年9月10日作出（2015）浙嘉行终字第52号行政判决：驳回上诉，维持原判。

思考：“礼让斑马线”，你怎么看？

自我测试

第四章 刑 法

第一节 刑法概述

一、刑法的概念

刑法有狭义和广义之分。狭义的刑法是指全面和系统规定犯罪、刑事责任和刑罚的刑法典。《刑法》于1979年7月1日第五届全国人大第二次会议通过，1997年3月14日第八届全国人大第五次会议修订，并于同年10月1日起施行。现行《刑法》包括总则、分则和附则，共452条。《刑法修正案》是刑法典的有机组成部分，现行《刑法》至今已经有11部《刑法修正案》。

广义的刑法包括刑法典、刑法修正案、单行刑法和附属刑法规范。其中，单行刑法是国家最高权力机关以决定、规定、补充规定和条例等名称颁布、规定某种（或某类）犯罪以及后果或者刑法的某一事项的法律。我国现行有效的单行刑法只有一个，即1998年12月29日全国人大常委会颁布的《全国人民代表大会常务委员会关于惩治骗购外汇、逃汇和非法买卖外汇犯罪的决定》。附属刑法规范是国家最高权力机关在制定非刑事法律中附加制定的、对特定社会关系加以特别调整的罪刑规范。

二、刑法的特征

刑法作为一个独立的法律部门，具有区别于其他部门法的特有属性，这也是运用刑法处理刑事案件应有的刑事司法理念。

（一）刑法调整和保护的利益具有广泛性与不完整性

一般部门法只是调整和保护某方面的社会关系，而刑法涉及社会生活的方方面面。可以说，凡是其他部门法保护和调整的社会关系，最终都有可能需要刑法保护和调整。但同时，刑法只是将严重侵害法益的违法行为规定为犯罪，而非将所有违法行为规定为犯罪。这种不完整性要求司法机关严格遵循罪刑法定原则，不能仅关注行为的严重社会危害性，更应该关注行为的刑事违法性。

（二）刑法所运用的手段最为严厉，具有最后法的特征

"刑罚如双刃之剑，用之不得其当，则国家和个人两受其害"，只有当一般部门法不足以抑止某种危害行为时，才能适用刑法，刑罚应当是国家保护法益和维持秩序的最后手段。也就是说，通过民事责任、行政责任等法律责任足以惩戒的，就不需要采用刑事手段。

（三）刑法是宪法及其统率下的其他部门法贯彻实施的最后保障

除刑法外，无论哪个部门法所调整的社会关系遭到犯罪行为的侵害，刑法都会毫无例外地将其纳入自己所调整的范围，对其进行刑罚制裁。所以，刑法是贯彻实施宪法及其统率下的其他部门法的后盾和保障。

三、刑法的基本原则

刑法的基本原则是指贯穿全部刑法规范，具有指导与制约全部刑事立法和刑事司法意义，体现我国刑事法治基本精神的准则。《刑法》明确规定了三个基本原则，即罪刑法定原则、刑法面前人人平等原则、罪责刑相适应原则。

（一）罪刑法定原则

《刑法》第 3 条规定："法律明文规定为犯罪行为的，依照法律定罪处刑；法律没有明文规定为犯罪行为的，不得定罪处刑。"这一规定准确地揭示了罪刑法定原则的基本含义，即法无明文规定不为罪，法无明文规定不处罚。也就是说，定罪和量刑都必须有法律的明确规定，而不仅仅是看行为有什么样的社会危害后果，以及社会危害后果是否严重。

罪刑法定原则是刑事法治的基石，现代刑法的制定和适用要求在形式上，禁止类推解释、排斥习惯法、排斥绝对不定期刑、禁止重法溯及既往；在实质上，罪刑规范必须清楚、明确，使人确切了解犯罪行为和非犯罪行为的范围，排斥含混模糊的规范，同时，禁止处罚不当的行为和不均衡、残酷的刑罚。

（二）刑法面前人人平等原则

《刑法》第 4 条规定：“对任何人犯罪，在适用法律上一律平等。不允许任何人有超越法律的特权。”公民在法律面前人人平等是载入《宪法》的一项重要的社会主义法治原则，所以,《刑法》的这一规定把法律面前人人平等再次确认为基本原则，具有重大实际意义。刑法面前人人平等原则的基本含义是指任何人犯罪，无论犯罪人的家庭出身、社会地位、职业性质、财产状况、政治面貌、才能业绩等如何，都应当追究刑事责任，一律平等地适用刑法，绝不允许任何人有超越法律的特权。

（三）罪责刑相适应原则

《刑法》第 5 条规定：“刑罚的轻重，应当与犯罪分子所犯罪行和承担的刑事责任相适应。”这一原则的基本含义是：犯多大的罪，便应承担多大的刑事责任，人民法院也应判处其相应轻重的刑罚；重罪重罚，轻罪轻罚，罪刑相称，罚当其罪。刑罚的轻重不仅与犯罪人所犯罪行相适应，而且与犯罪分子承担的刑事责任相适应。分析罪轻罪重和刑事责任大小，应结合考虑犯罪的社会危害性和犯罪人的个人情况（包括主观恶性与人身危险性），从而确定其刑事责任程度，并且适用相对应的刑罚。

四、刑法的效力范围

刑法的效力范围又称刑法的适用范围，是指刑法在什么地域、对什么人、在什么时间具有效力。刑法的效力范围不仅涉及国家的主权，而且涉及国际关系和新旧法律的冲突问题。

（一）刑法的地域效力

《刑法》第 6 条第 1 款规定：“凡在中华人民共和国领域内犯罪的，除法律有特别规定的以外，都适用本法。”中华人民共和国领域是指我国国境以内的全部区域，包括领陆、领水、领空。根据国际条约和惯例，在我国的船舶或航空器内犯罪的、在我国的驻外使领馆内犯罪的，也适用《刑法》。犯罪的行为或结果有一项发生在我国领域内的，就认为是在我国领域内犯罪。

（二）刑法对人的效力

关于刑法对我国公民的效力,《刑法》规定了三种情况：一是我国公民在我国领域外犯《刑法》规定之罪的，适用《刑法》，但按《刑法》规定的最高刑为 3 年以下有期徒刑的，可以不予追究；二是我国的国家工作人员和军人在我国领域外犯《刑法》规定之罪的，不管其所犯之罪按照《刑法》规定的最高刑是否为 3 年以下有期徒刑，中国司法机关都要追究其刑事责任；三是我国公民在我国领域外犯罪，依照《刑法》应当负刑事责任的，虽然经过外国审判，仍然可以依照《刑法》追究，但是在外国已经受过刑罚处罚的，可以免除或减轻处罚。

关于刑法对外国人的效力，《刑法》规定了两种情况：一是外国人在我国领域外对我国或者公民犯罪，而按《刑法》规定的最低刑为 3 年以上有期徒刑的，可以适用本法，但是按照犯罪地的法律不受处罚的除外；二是享有外交特权和豁免权的外国人的刑事责任，通过外交途径解决。

此外，《刑法》第 9 条规定，对于我国缔结或者参加的国际条约所规定的罪行，无论犯罪人是中国人还是外国人，也无论其犯罪行为发生在我国领域内还是我国领域外，只要犯罪人处于我国领域内，我国就应当在所承担条约义务的范围内行使刑事管辖权，适用《刑法》。

知识链接：刑事管辖权的确定标准

（三）刑法的时间效力

刑法的时间效力是指刑法生效和失效的时间，以及刑法是否具有溯及力。

刑法的生效时间有两种情形：一种是自公布之日起生效；另一种是公布后经过法律规定的一段时间再生效。刑法的失效时间也有两种情形：一种是立法机关明确宣布失效；另一种是自然失效，即新法施行后代替旧法。

刑法的溯及力是指新刑法生效后，对它生效以前未经审判或者判决尚未确定的行为是否适用的问题。如果适用，新刑法就有溯及力；如果不适用，新刑法就没有溯及力。《刑法》采用的是从旧兼从轻的原则，体现的是“有利于被告人”的准则，即一般情况下，1997 年《刑法》对其生效之前所发生的犯罪行为没有效力，除非对案件的定罪量刑，1997 年《刑法》规定得比 1979 年《刑法》要轻微，则对此案件的审判应该适用 1997 年《刑法》。

第二节 犯罪

一、犯罪的概念

刑法中所讲的犯罪是指一种严重危害社会，触犯刑法，并且应当受到刑罚处罚的行为。犯罪必须具备三个属性，即具有严重的社会危害性、刑事违法性、应受刑罚惩罚性。

（一）犯罪是严重危害社会的行为，即具有严重的社会危害性

犯罪的社会危害性的表现是多种多样的。从其侵害的后果看，犯罪的社会危害性可以分

为现实性危害和可能性危害。前者是指犯罪行为的发生对国家和人民的利益已经造成实际损害；后者是指犯罪行为虽未造成实际损害，但已经构成重大的威胁。比如，故意杀人罪的既遂与未遂都具有严重的社会危害性。以社会危害性的表现形态为依据，犯罪的社会危害性又有物质性危害和非物质性危害之分，前者如毁坏财物，后者如侮辱、诽谤等。

我国刑法对犯罪的规定是定性与定量的统一。也就是说，犯罪是具有社会危害性的行为，但这并不意味着任何具有社会危害性的行为都是犯罪，社会危害性的程度是划分罪与非罪的一个重要标准。

（二）犯罪是触犯刑事法律的行为，即具有刑事违法性

刑事违法性是犯罪的法律特征，也是评价某种行为是否构成犯罪的法律标准。对于具有社会危害性的行为，即使是具有严重社会危害性的行为，如果刑法不作限制性的规定，那就不是犯罪。比如，行为人不是出于故意或过失，实施了某种伤害行为，并造成了严重的损害结果，它往往属于意外事件，而非犯罪。

（三）犯罪是应受刑罚处罚的行为，即具有应受刑罚惩罚性

一般来讲，犯罪是适用刑罚的前提和基础，刑罚是犯罪行为所应承担的法律后果。但需要注意的是，是否应该受到刑罚处罚和是否需要给予刑罚处罚是不同的概念，切忌将两者混为一谈。免予刑罚处罚本身就说明，行为人的行为属于犯罪行为之列，只是考虑某种情况不给予刑罚处罚而已。

知识链接：古典犯罪学派和实证犯罪学派的差异

二、犯罪构成

犯罪构成是行为构成犯罪所必须具备的全部条件，是犯罪概念或犯罪基本特征的具体化，也是划分罪与非罪、此罪与彼罪的具体标准。

我国传统的犯罪构成体系是主客观的统一，由犯罪的客体、犯罪的客观方面、犯罪的主体、犯罪的主观方面构成。犯罪的客体是指刑法所保护而为犯罪所侵害的社会关系。犯罪的客观方面是指犯罪活动的客观外在表现，包括危害行为、危害结果，以及两者之间的因果关系等。犯罪的主体是指达到法定年龄、具有刑事责任能力、实施危害行为的人，单位也可以成为部分犯罪的主体。犯罪的主观方面是指行为人对其实施的危害行为及其结果所持的主观心理状态，包括罪过（犯罪的故意和过失）、犯罪的目的和动机。罪过形式是犯罪构成的必备要件。

近年来，以德国、日本为代表的犯罪构成理论和体系被越来越多的人接受。这一观点认为，犯罪由构成要件符合性、违法性和有责性构成，这三个要件之间具有递进式的逻辑结构。判断某一行为是否构成犯罪，首先看该行为是否符合刑法分则所规定的某种具体犯罪的

特征。如果行为符合构成要件，一般可以推定该行为属于违法。但如果该行为具有刑法所规定的或司法秩序所认可的违法性阻却事由，则该行为不构成犯罪，如正当防卫、紧急避险等。如果该行为符合构成要件，且不具有违法性阻却事由，那么还要看其是否具有可责性，即行为人的行为是否具有主观上的可谴责性。比如，10 岁的孩子故意杀人不构成故意杀人罪，因为其不具有刑事责任能力，不具备有责性要件。

（一）构成要件符合性

构成要件符合性是指行为符合刑法分则所规定的某种具体犯罪的特征，主要体现在行为主体、行为、行为对象、结果、因果关系等方面。

1. 行为主体

行为主体包括自然人和单位。自然人是主要的犯罪行为主体，有些犯罪构成要件要求自然人具备特殊身份或者刑罚的加重、减轻以具有特殊身份为前提，即身份犯。比如，贪污罪的行为主体是国家工作人员；刑讯逼供罪的行为主体是司法工作人员；国家机关工作人员犯诬告陷害罪的，从重处罚。除了自然人，我国刑法还把单位规定为部分犯罪的行为主体，即单位犯罪。对于单位犯罪，除了对单位判处罚金，还要对单位直接负责的主管人员和其他直接责任人员判处刑罚。

2. 行为

犯罪是侵害法益的行为，包括作为和不作为。作为，即行为人以积极的身体活动实施刑法所禁止的行为。我国刑法规定的犯罪绝大多数都是作为犯罪，如盗窃罪、抢劫罪、强奸罪、放火罪等。不作为是相对于作为而言的，是指行为人在能够履行自己应尽义务的情况下不履行该义务。刑法明文将不作为规定为构成要件要素的犯罪，称为纯正不作为犯，在我国刑法中主要体现为行为人不履行报告说明义务、不履行纳税义务、不履行抚养义务、不服从命令和不履行职责等几种类型。反之，刑法没有明文将不作为规定为构成要件要素，行为人以不作为的方式实施了通常由作为方式实施的构成要件的，称为不纯正不作为犯。关于不纯正不作为犯，因为在现行《刑法》中没有明文规定，司法实践中认定比较复杂且容易引发争议，一般认为，不作为犯罪的作为义务来源主要包括法律明文规定的积极作为义务、职业或业务要求的作为义务、先前行为引起的积极作为义务和法律行为引起的积极作为义务。

3. 行为对象

行为对象一般是指实行行为所作用的物、人、组织、制度等客观存在的现象。在大多数犯罪中，特定的行为对象是构成要件的要素之一，如拐骗儿童罪的行为对象只能是不满 14 周岁的未成年人。当刑法分则基于法益的不同或者类型化的需要，针对不同行为对象规定了不同犯罪时，特定的行为对象是区分此罪与彼罪的关键。比如，盗窃行为的对象可能是枪支、国家机关的公文等，因为窃取对象的不同，行为类型也不同，涉嫌的罪名可能是盗窃枪支罪、盗窃国家机关公文罪等。另外，行为对象与保护法益的关系密切，但两者又具有明显的区别。行为对象反映了刑法的保护法益（犯罪的客体），行为对象是外在表现，保护法益是内在本质；行为对象并非在任何犯罪中都受到侵害，而保护法益在一切犯罪中都受到侵害。

4. 结果

结果是行为给刑法的保护法益造成的现实侵害事实与现实危险状态，即侵害结果与危险结果。比如，死亡是杀人行为的侵害结果；醉驾行为虽然没有致人伤亡，但使公共安全处于危险状态，这也就意味着发生了危险结果。以对法益的现实侵害作为处罚根据的犯罪属于侵害犯（实害犯），以对法益侵害的危险作为处罚根据的犯罪属于危险犯。在大多数情况下，结果指的是侵害结果。需要注意的是，不能将行为的任何结果都当作刑法上的结果。比如，将行为所造成的社会影响当作刑法上的结果是不妥当的。

5. 因果关系

因果关系一般是指危害行为与危害结果之间的一种引起与被引起的关系。按照客观归责理论，只有当行为制造了不被允许的危险，而且该危险在符合构成要件的结果中实现时，才能将该结果归责于行为。比如，甲对乙造成伤害后，乙在住院期间死于医院的火灾，由于伤害行为与乙的住院行为并没有引起乙被烧死的危险，所以不能将死亡结果归责于甲。但行为制造的危险不受妨碍而实现为结果时，应肯定客观归责。比如，甲对乙造成伤害后，乙没有治疗伤口导致死亡的，应将死亡结果归责于甲。

（二）违法性

刑法分则规定的具体犯罪的构成要件是违法行为的类型，符合构成要件的行为通常具有违法性。但对违法性的判断并不是进行积极的判断，而是仅判断是否存在排除违法的事由，即违法性阻却事由。刑法明文规定了正当防卫、紧急避险两种违法性阻却事由。

1. 正当防卫

根据《刑法》第 20 条的规定，为了使国家、公共利益、本人或者他人的人身、财产和其他权利免受正在进行的不法侵害，而采取的制止不法侵害的行为，对不法侵害人造成损害的，属于正当防卫。正当防卫分为特殊正当防卫和一般正当防卫两种。前者是针对正在进行的、严重危及人身安全的暴力犯罪所进行的防卫，不存在防卫过当的问题；后者是针对正在进行的其他不法侵害所进行的防卫，具有防卫限度，因此，存在防卫过当的问题。

正当防卫是法律赋予公民与正在进行的不法侵害作斗争的一项权利，一般正当防卫的成立要件包括以下五个方面：

（1）起因条件，即不法侵害行为必须是现实存在的。如果不法侵害行为实际上并不存在，行为人误认为存在，因而进行所谓的正当防卫的，属于“假想防卫”。对于“假想防卫”的处理，如果行为人主观上有过失，那么其应对所造成的损害后果负过失犯罪的刑事责任；如果行为人主观上没有过失，则按意外事件处理，其对所造成的损害后果不负刑事责任。

（2）时间条件，即不法侵害行为必须是正在进行的。正在进行是指不法侵害已经开始，且尚未结束；否则就是防卫不适时。侵害行为尚未开始时的防卫称“事前防卫”，如知道有人要加害自己，在对方尚未实施犯罪行为前，抢先一步把对方杀了；已经结束时的防卫称“事后防卫”，如对实施终了的强奸犯实行防卫。对防卫不适时，构成犯罪的，应当依法追究其刑事责任。

（3）对象条件，即必须针对不法侵害者本人实行正当防卫。不法侵害者包括共同进行不法侵害的人。如果对没有实施侵害行为的第三人（如对不法侵害者的家属）实行防卫，构成犯罪的，应当负刑事责任。

（4）主观条件，即必须出于保护合法权益免受不法侵害的防卫意图。不具有正当防卫意图而实施的所谓防卫不是正当防卫，如故意挑拨对方进行不法侵害而借机加害不法侵害人的“防卫挑拨”行为、双方行为人都有向对方实行不法侵害意图的“互相斗殴”行为。

（5）限度条件，即防卫行为不能明显超过必要限度造成重大损害。所谓“必要限度”，是指防卫人的防卫行为足以制止不法侵害人的不法侵害，而没有对不法侵害人造成不应有的危害。正当防卫明显超过必要限度造成重大损害的，是防卫过当，应当减轻或者免除处罚。

案例链接：××市反杀案

2. 紧急避险

紧急避险是指为了使国家、公共利益、本人或者他人的人身、财产和其他权利免受正在发生的危险，不得已采取的损害另一较小权益，以保护较大权益免受损害的行为。因紧急避险造成损害的，行为人不负刑事责任。紧急避险的成立必须具备以下条件：

（1）起因条件，即必须发生了现实的危险。如果实际上不存在危险，行为人对事实认识错误，误认为危险存在，因此实行所谓的紧急避险的，不是紧急避险，而是“假想避险”。对“假想避险”，应根据案件的具体情况，由行为人承担相应的法律责任。紧急避险的“危险”来源主要有人的危害行为、自然灾害、动物的侵袭等。

（2）时间条件，即必须是正在发生的危险。正在发生是指足以造成合法权益遭受严重损害的危险已经出现又尚未结束。在危险尚未出现或者已经结束的情况下，不能实行紧急避险；否则，就属于“避险不适时”。对于“避险不适时”，应根据案件的具体情况，由行为人承担相应的法律责任。

（3）对象条件，即必须是第三人的合法权益。第三人的合法权益必须比所保全的合法权益小，而且它的牺牲确实可以换来较大的权益的保全；第三人可以是自然人、法人，也可以是国家。

（4）限制条件，即只能是出于不得已。所谓不得已，是指当合法权益面临正在发生的危险时，除损害另一较小合法权益以外，没有其他任何方法排除危险，以保护较大合法权益。

（5）主观条件，即必须是出于保护合法权益免受危险的避险意图，具体是指为了使国家、公共利益、本人或者他人的人身、财产和其他权利免受正在发生的危险。为了保护非法利益，不能实施紧急避险。

（6）限度条件，即不得超过必要限度造成不应有的损害。由避险行为所引起的损害必须小于所保护的权益。由避险行为所引起的损害大于或者等于所避免的损害的，是避险过当，应当负刑事责任，但也应当减轻或者免除处罚。

案例链接：吴××避杀案

此外，《刑法》第 21 条第 3 款规定，紧急避险不适用于职务上、业务上负有特定责任的人。

（三）有责性

有责性是指对符合构成要件的不法行为的非难可能性，主要包括故意、过失等积极的责任要素和责任能力、期待可能性等消极的责任要素。

1. 故意

犯罪故意是指行为人明知自己的行为会发生危害社会的结果，并且希望或者放任这种结果发生的主观心理态度。行为人明知自己的行为会发生某种危害社会的结果，并且希望这种结果发生的心理态度是直接故意；行为人明知自己的行为会发生某种危害社会的结果，并且放任这种结果发生的心理态度是间接故意。

2. 过失

犯罪过失是指行为人应当预见自己的行为可能发生危害社会的结果，因为疏忽大意而没有预见，或者已经预见而轻信能够避免的心理态度。行为人应当预见自己的行为可能发生危害社会的结果，因为疏忽大意而没有预见，以致发生这种结果的心理态度是疏忽大意的过失；行为人预见自己的行为可能发生危害社会的结果，但轻信能够避免，以致发生这种结果的心理态度是过于自信的过失。

3. 责任能力

进行责任非难所要求的行为人的能力就是责任能力。刑法上的责任能力由认识能力和控制能力组成。认识能力是行为人认识自己特定行为的内容、社会意义与结果的能力；控制能力是行为人支配自己实施或不实施特定行为的能力。影响和决定一个人刑事责任能力程度的因素有年龄、精神状况和生理功能等。《刑法》对刑事责任能力的规定可以分为以下三种：

（1）完全刑事责任能力，即行为人实施了犯罪行为、应当依法负全部的刑事责任。根据《刑法》的规定，凡年满 16 周岁、精神正常、生理功能健全、智力与知识发展正常的人，都是完全刑事责任能力人。《刑法》还规定，醉酒的人犯罪，应当负刑事责任。

（2）完全无刑事责任能力，即行为人完全不具备辨认和控制自己行为的能力，从而对其实施的危害行为完全不负刑事责任。根据《刑法》的规定，不满 14 周岁的人、精神病人对在不能辨认和不能控制自己行为的时候所实施的犯罪行为，不负刑事责任。但是，已满 12 周岁不满 14 周岁的人，犯故意杀人、故意伤害罪，致人死亡或者以特别残忍手段致人重伤造成严重残疾，情节恶劣，经最高人民检察院核准追诉的，应当负刑事责任。

（3）限制刑事责任能力，即行为人实施犯罪行为时，虽然具有责任能力，但因年龄、精神状况、生理功能等，其辨认和控制能力较完全刑事责任能力有一定程度的减弱和降低。所以，《刑法》规定，不满 18 周岁的人、年满 75 周岁的人、又聋又哑的人、盲人以及尚未完全丧失辨认和控制自己行为能力的精神病人犯罪，应负刑事责任，但应当或可以从宽或免除处罚。其中，已满 14 周岁不满 16 周岁的人是相对负刑事责任年龄阶段的人，即其只有实施了《刑法》所规定的八类犯罪行为（故意杀人、故意伤害致人重伤或者死亡、强奸、抢劫、贩卖毒品、放火、爆炸、投毒），才负刑事责任。

4. 期待可能性

期待可能性是指根据具体情况，有可能期待行为人不实施不法行为而实施其他适法行为，如果不能期待行为人实施其他适法行为，就不能对其进行法的非难，因此不存在刑法上的责任。一般情况下，具有责任能力的人基于故意、过失，实施某一违法行为，通常就认为存在期待可能性，但在某些特殊情况下，期待可能性的判断仍是必要的。比如，行为人因自然灾害而流落异地，为生活所迫而与他人再次结婚的行为就缺乏期待可能性，对其不宜以重婚罪论处。

案例链接：癖马案

三、故意犯罪的停止形态

故意犯罪的停止形态是指在故意犯罪的发展过程中，出于主客观原因停止所呈现的几种犯罪状态，包括犯罪既遂、犯罪预备、犯罪未遂、犯罪中止等不同的犯罪形态。

（一）犯罪既遂

犯罪既遂是指行为人所故意实施的行为已经具备某种犯罪构成的全部要件，是故意犯罪的完成形态。对既遂犯，应根据其所犯罪行，直接按照刑法分则有关条款的规定进行处罚。

根据刑法分则对各种故意犯罪构成要件的不同规定，犯罪既遂主要有以下四种类型：

（1）结果犯，是以法定结果的出现作为既遂标准的犯罪。这类犯罪在刑法中为数很多，在司法实践中也是常见的。比如，故意杀人罪，只有导致他人死亡结果的出现，才构成犯罪既遂。

（2）行为犯，是以法定的犯罪行为的完成作为既遂标准的犯罪。这类犯罪的既遂并不要求造成物质性的、有形的犯罪结果，而是以行为完成为标志。这类犯罪在我国刑法中也很多见。比如，关于脱逃罪，依法被羁押的犯罪嫌疑人、被告人或罪犯脱离了监狱的大门、围墙或者警戒线，就认定为犯罪行为完成而达到既遂。

（3）危险犯，是以行为人实施的行为足以造成某种法定的危险状态作为既遂标准的犯罪。这类犯罪的既遂也不要求造成物质性的、有形的犯罪结果，而是以造成某种法定的危险状态为标志。这类犯罪多见于刑法关于危害公共安全的犯罪中。比如，关于爆炸罪，只要制造了爆炸并足以危害公共安全，就构成犯罪既遂，而不要求发生实际危害结果。

知识链接：具体危险和抽象危险

（4）举动犯，是行为人着手实行犯罪即告犯罪完成和完全符合构成要件，从而构成既遂的犯罪，如组织、领导、参加黑社会性质组织罪，骗取出入境证件罪，传授犯罪方法罪等。需要特别注意的是，由于举动犯是着手实行犯罪即构成犯罪既遂，因此不存在犯罪未遂问题，但因为仍存在预备阶段，所以还是有犯罪预备和犯罪中止的问题。

（二）犯罪预备

犯罪预备是指行为人为实施犯罪而开始创造条件的行为，出于行为人意志以外的原因而未能着手实行犯罪的犯罪停止形态。其特征包括以下内容：

（1）主观上有犯罪的故意，其目的是便于着手实行犯罪或者顺利完成犯罪。

（2）客观上已经开始犯罪的预备行为，即实施了准备犯罪工具和制造犯罪条件的行为，如为了实施杀人行为购买毒药或者制造刀具。

（3）行为人尚未着手刑法分则所规定的犯罪实行行为，如抢劫出租车司机的行为人已乘坐出租车，但未具体实施暴力或者其他胁迫的行为。这是犯罪预备与犯罪未遂相区别的显著标志。

（4）出于行为人意志以外的原因使犯罪在实行行为尚未着手前停止，这是违背行为人的意志的。比如，行为人为了杀人购买了大量的毒药，但尚未投放即被他人告发。

《刑法》第 22 条第 2 款规定："对于预备犯，可以比照既遂犯从轻、减轻处罚或者免除处罚。"

（三）犯罪未遂

犯罪未遂是指行为人已经着手实行犯罪，出于其意志以外的原因未能完成犯罪的一种犯罪停止形态。犯罪未遂具有以下三个特征：

（1）行为人已经着手实行犯罪，即行为人的犯罪行为已经从预备阶段转入实施阶段，其已经开始实施刑法分则规定的具体犯罪构成要件中的犯罪行为。比如，敲诈勒索罪的行为人实施了敲诈行为，抢劫罪的行为人实施了侵害他人人身权利和劫取他人财物的行为。这是区分犯罪预备与犯罪未遂的标志。

（2）犯罪未得逞，即行为人的行为没有具备刑法分则规定的某一犯罪的全部构成要件，如刑法分则所规定的犯罪结果没有发生、犯罪行为没有完成、危险状态没有出现等。比如，故意杀人罪未发生被害人死亡的结果、实施脱逃罪的行为人在逃出监管场所后未能逃出监狱警戒线等。犯罪未得逞是犯罪未遂与犯罪既遂的主要区别，但犯罪未得逞不同于没有达到犯罪目的和没有发生犯罪结果。

（3）犯罪未得逞是犯罪分子意志以外的原因所致的，并非出自其主观意愿。这一特征是犯罪未遂与犯罪中止的区别。

《刑法》第 23 条第 2 款规定："对于未遂犯，可以比照既遂犯从轻或者减轻处罚。"

（四）犯罪中止

犯罪中止是指在犯罪过程中，行为人自动放弃犯罪或者自动有效地防止犯罪结果发生，而未完成犯罪的一种犯罪停止形态。犯罪中止分为自动放弃犯罪的犯罪中止和自动有效地防止犯罪结果发生的犯罪中止两种。犯罪中止具有以下特征：

（1）必须发生在犯罪过程中，即只能发生在犯罪预备、实行犯罪，以及犯罪实行完毕而犯罪结果尚未出现的过程中。在犯罪既遂、犯罪预备、犯罪未遂已经成立的情况下，不能再出现犯罪中止。比如，贪污罪既遂以后主动退还赃物的行为，不能认定为犯罪中止。

（2）自动放弃犯罪，即行为人出于自己的意愿而放弃了自认为当时本可继续实施和完成的犯罪。不管出于何种原因，只要行为人认为自己能够继续实施犯罪和完成犯罪而自动停止，就可以认为是犯罪中止。这是犯罪中止与犯罪未遂、犯罪预备的根本区别。

（3）自动有效地防止犯罪结果的发生。虽然行为人自动放弃了犯罪，但其所采取的措施没有有效地防止犯罪结果的发生，不能认为是犯罪中止。比如，行为人投毒杀害被害人，因为后悔，将被害人立即送往医院救治，但由于被害人抢救无效死亡了，应当认定为犯罪既遂。

《刑法》第 24 条第 2 款规定："对于中止犯，没有造成损害的，应当免除处罚；造成损害的，应当减轻处罚。"

四、共同犯罪

（一）共同犯罪的概念

《刑法》第 25 条第 1 款规定："共同犯罪是指二人以上共同故意犯罪。"根据这一法定概念，共同犯罪具有以下几个特征：一是共同犯罪的主客观统一性，要求二人以上既有共同故意，又有共同行为；二是共同犯罪的整体性，共同犯罪不是若干行为人单独犯罪的简单相加，而是在共同犯意支配下实施犯罪行为形成的一个有机整体，因此，它比单独犯罪具有更大的社会危害性；三是共同犯罪人的差异性，即共同犯罪人在共同犯罪中所起的作用可能各不相同，需要区别对待。

知识链接：共同犯罪的形式

（二）共同犯罪人的种类及其刑事责任

根据共同犯罪人在共同犯罪中所居的地位和所起的作用不同，我国刑法把共同犯罪人分为主犯、从犯、胁从犯、教唆犯四种，并且对其规定了不同的刑罚。

1. 主犯

主犯是指组织、领导犯罪集团进行犯罪活动或者在共同犯罪中起主要作用的犯罪分子。主犯包括两种：一是犯罪集团的首要分子，其在犯罪集团中起组织、策划、指挥和领导作用；二是犯罪集团首要分子以外起主要作用的犯罪分子和在一般共同犯罪中起主要作用的犯罪分子。《刑法》规定，对组织、领导犯罪集团的首要分子，按照集团所犯的全部罪行处罚；对其他主犯，应当按照其所参与的或者组织、指挥的全部犯罪处罚。

2. 从犯

从犯是指在共同犯罪中起次要作用或者辅助作用的犯罪分子。从犯包括两种：一是在共同犯罪中起次要作用的从犯，其直接实行犯罪，但在整个共同犯罪中起次要作用；二是在共同犯罪中起辅助作用的从犯，其没有直接实行犯罪，但帮助他人实行了犯罪。对于从犯，应当从轻、减轻或者免除处罚。

3. 胁从犯

胁从犯是指被胁迫参加犯罪的犯罪分子，即犯罪人是在他人的暴力或者精神威逼下被迫参加犯罪的。被胁迫者必须是在没有完全丧失意志自由的情况下参加犯罪的，如果完全丧失了意志自由，就不应承担刑事责任。对于胁从犯，应当按照其犯罪情节，减轻或者免除处罚。

4. 教唆犯

教唆犯是指自己不直接参加某种犯罪，而以自己的言行故意唆使他人产生犯罪意图并实行犯罪的犯罪分子。对于教唆犯的认定和处罚，《刑法》作了以下规定：被教唆者实施了被教唆的犯罪行为，成立共同犯罪，对教唆犯应当按照其在共同犯罪中所起的作用处罚，这是对教唆犯处罚的一般原则；如果被教唆者没有犯被教唆的罪，教唆犯单独构成犯罪，但可以从轻或者减轻处罚；教唆未满 18 周岁的人犯罪的，对教唆者应当从重处罚；教唆未满 14 周岁的人或者精神病患者犯罪的，对教唆者应当按照单独犯论处；对于教唆犯罪名的确定，应当按照其所教唆的犯罪确定罪名。

第三节 刑罚

一、刑罚的概念和特征

（一）刑罚的概念

刑罚是指刑法规定的、由国家审判机关依法对犯罪人所适用的、限制或者剥夺其一定权益的、最严厉的强制性法律制裁方法。刑罚作为一种国家法律制裁方法，与其他各种制裁方法（如民事制裁、行政制裁和妨害诉讼的强制措施等）相比，有着巨大的区别。

（二）刑罚的特征

刑罚具有以下特征：

（1）刑罚是最严厉的制裁方法。它不仅可以限制或者剥夺犯罪人的政治权利、财产权利和人身权利，甚至可以剥夺其生命。这是其他任何制裁方法所不能的。

（2）刑罚只能由国家审判机关依法判处。其他任何国家机关、单位、团体、个人都无权适用。

（3）刑罚适用的对象只能是犯罪人。对于任何只有一般违法行为而没有触犯刑律的自然人和单位，不能适用刑罚。

二、刑罚的种类

我国刑罚分为主刑和附加刑两种。

（一）主刑

主刑就是对犯罪分子适用的主要的刑罚方法，又称基本刑。主刑的特点是只能独立适用，不能附加适用。一人犯一罪，只能判处一个主刑，执行一个主刑；一人犯数罪，可以判处几个主刑，但通过数罪并罚，也只能决定执行一个主刑。主刑的种类如下：管制、拘役、有期徒刑、无期徒刑、死刑。

1. 管制

管制是指对犯罪分子不实行关押，但限制其一定自由，交由公安机关执行的刑罚方法。管制的期限为3个月以上2年以下。被判处管制的犯罪分子，依法实行社区矫正。

2. 拘役

拘役是指短期剥夺犯罪分子的人身自由，就近执行并实行劳动改造的刑罚方法。拘役的期限为1个月以上6个月以下。被判处拘役的犯罪分子，由公安机关在就近的拘役所或看守所执行。

3. 有期徒刑

有期徒刑是指剥夺犯罪分子一定期限的人身自由，并实行强制劳动改造的刑罚方法。有期徒刑的期限一般为6个月以上15年以下。被判处有期徒刑的犯罪分子，在监狱或者少年犯管教所、拘役所等其他执行场所执行；凡有劳动能力的，都应当参加劳动，接受教育和改造。

4. 无期徒刑

无期徒刑是指剥夺犯罪分子终身自由，并实行强制劳动改造的刑罚方法。对于被判处无期徒刑的犯罪分子，必须剥夺其政治权利终身。被判处无期徒刑的犯罪分子，在监狱或者其他执行场所执行；凡有劳动能力的，都应当参加劳动，接受教育和改造。在执行期间，如果符合法定条件，可以获得减刑或者假释。

5. 死刑

死刑是剥夺犯罪分子生命的刑罚方法。死刑是生命刑，是所有刑罚方法中最严厉的刑种，因此，对死刑的适用必须严肃、谨慎。在我国，死刑只适用于罪行极其严重的犯罪分子，在执行上分为死刑立即执行和死刑缓期2年执行，并且规定了死刑复核制度，即死刑除依法由最高人民法院判处的以外，还应当报请最高人民法院核准。

（二）附加刑

附加刑是补充主刑适用的刑罚方法，又称从刑。它的特点是既可以随主刑附加适用，也可以独立适用。附加刑的种类有：罚金、剥夺政治权利、没收财产和驱逐出境。

1. 罚金

罚金是指强制犯罪分子或者犯罪的单位向国家缴纳一定数额金钱的刑罚方法。罚金实际上是一种财产刑。判处罚金，应当根据犯罪情节（如违法所得的数额、造成损失的大小、犯罪分子缴纳罚金的能力等）来决定罚金数额。

2. 剥夺政治权利

剥夺政治权利是指剥夺犯罪分子参加国家管理和政治活动权利的刑罚方法。它属于资格刑。对于被判处死刑和无期徒刑的犯罪分子，应当剥夺其政治权利终身；在死刑缓期执行减为有期徒刑或者无期徒刑减为有期徒刑时，应当把附加剥夺政治权利的期限改为3年以上10年以下；判处管制附加剥夺政治权利的期限与管制的期限相等；独立适用或者判处有期徒刑、拘役而附加剥夺政治权利的期限为1年以上5年以下。附加剥夺政治权利的刑期从徒刑、拘役执行完毕之日或者假释之日起计算；剥夺政治权利的效力当然适用于主刑执行期间。

3. 没收财产

没收财产是指将犯罪分子个人所有财产的部分或者全部强制无偿地收归国有的刑罚方法。没收财产的范围是犯罪分子个人所有财产的部分或者全部。没收全部财产的，应当对犯罪分子及其扶养的亲属保留必需的生活费用；同时，在判处没收财产时，不得没收属于犯罪分子家属所有或者应有的财产。

4. 驱逐出境

驱逐出境是指强迫犯罪的外国人离开中国国（边）境的刑罚方法。这是一种专门适用于犯罪的外国人的附加刑。它可以独立适用，也可以附加适用。

三、刑罚的裁量

（一）量刑情节

刑罚裁量即量刑，是指人民法院依据行为人所犯罪行及刑事责任的轻重，在认定行为人构成犯罪的基础上，依法决定对犯罪人是否判处刑罚、判处何种刑罚、判处多重的刑罚，以及所判刑罚是否立即执行的刑事审判活动。量刑时必须结合具体案件看行为人有无法定的或酌定的影响刑罚轻重的情节。

1. 法定量刑情节

法定量刑情节是指《刑法》明文规定人民法院在量刑时必须予以考虑的各种情况。《刑法》规定的法定量刑情节包括从重、从轻、减轻和免除处罚。“从重”和“从轻”都是在法定刑幅度之内判处刑罚，“减轻”则是在法定刑幅度之外判处刑罚。

2. 酌定量刑情节

酌定量刑情节是指《刑法》中没有明文规定，但是根据刑事立法精神和审判实践经验，人民法院在量刑时需要予以考虑的各种情况。这些情况主要有犯罪动机、犯罪手段、犯罪的时间和地点、犯罪侵害的对象、犯罪造成的损害结果、犯罪人的一贯表现、犯罪后的认罪态度等。

（二）量刑制度

我国刑法规定的量刑制度主要有累犯、自首、坦白、立功、数罪并罚、缓刑等。

1. 累犯

累犯是指因犯罪而受过一定的刑罚处罚，在刑罚执行完毕或者赦免以后，于法定期限内又犯一定之罪的犯罪分子。相对于初犯、偶犯，累犯的人身危险性要大得多。对于累犯，应当从重处罚。

2. 自首

自首是指犯罪分子在犯罪后，自动投案，如实供述自己罪行的行为，以及被采取强制措施的犯罪嫌疑人、被告人和正在服刑的罪犯，如实供述司法机关还未掌握的本人其他罪行的行为。对于自首的犯罪分子，可以从轻或者减轻处罚，其中，犯罪较轻的，可以免除处罚。

3. 坦白

坦白是指犯罪嫌疑人如实供述自己罪行的情形。坦白从宽是我国长期以来在司法实践中实行的一项政策，坦白可以从轻处罚，因坦白而避免特别严重后果发生的，可以减轻处罚。

4. 立功

立功是指犯罪人揭发他人的犯罪行为，查证属实，或者提供重要线索，从而得以侦破其他案件的情形。犯罪分子有一般立功表现的，可以对其从轻或者减轻处罚；有重大立功表现的，可以对其减轻或者免除处罚。犯罪后自首又有重大立功表现的，应当对其减轻或者免除处罚。

5. 数罪并罚

数罪并罚是指人民法院对一个人在法定时间内所犯数罪，分别定罪量刑后，按照刑法规定的并罚原则决定其应执行的刑罚的制度。数罪并罚的原则主要包括吸收原则、限制加重原则、并科原则等。

6. 缓刑

缓刑是指人民法院对于被判处拘役、3 年以下有期徒刑的犯罪分子，根据犯罪情节和悔罪表现，如果暂缓执行刑罚确实不致再危害社会的，规定一定的考验期，在考验期内，如果遵守一定条件，原判刑罚就不再执行的一项制度。缓刑是一项有条件地不执行原判刑罚的制度，它不是一种独立的刑种，而是刑罚具体运用的一项制度。对于累犯和犯罪集团的首要分子，不适用缓刑。

四、刑罚的执行

（一）减刑

减刑是指被判处管制、拘役、有期徒刑、无期徒刑的犯罪分子，在刑罚执行期间，认真遵守监规，接受教育改造，确有悔改表现或者立功表现，依法减轻其原判刑罚的制度。减刑可能是同一刑种的减轻，也可能是不同刑种的减轻。减刑不能超过一定的限度。对于减刑后实际执行的刑期，判处管制、拘役、有期徒刑的，不能少于原判刑期的 1/2；判处无期徒刑的，不能少于 13 年；人民法院依照《刑法》第 50 条第 2 款规定限制减刑的死刑缓期执行的犯罪分子，缓期执行期满后依法减为无期徒刑的，不能少于 25 年，缓期执行期满后依法减为 25 年有期徒刑的，不能少于 20 年。

（二）假释

假释是指对被判处有期徒刑、无期徒刑的犯罪分子，在执行一定刑期以后，由于其认真遵守监规，接受教育改造，确有悔改表现，不致再危害社会，因而附条件地将其提前释放的一项刑罚制度。累犯以及因故意杀人、强奸、抢劫、绑架、放火、爆炸、投放危险物质或者有组织的暴力性犯罪被判处 10 年以上有期徒刑、无期徒刑的犯罪分子，不得假释。有期徒刑的假释考验期限为没有执行完毕的刑期，无期徒刑的假释考验期限为 10 年。

第四节 犯罪种类介绍

《刑法》把犯罪分为十类，并规定了具体犯罪的罪状及其法定刑，是定罪量刑最直接的法律依据。

一、危害国家安全罪

危害国家安全罪是指故意危害中华人民共和国国家安全的行为。它是十类犯罪中性质最严重、危害性最大的犯罪，是我国刑法打击的重点。这类犯罪主要包括背叛国家罪、分裂国家罪、叛逃罪、间谍罪等具体罪名。

知识链接：间谍

二、危害公共安全罪

危害公共安全罪是指故意或者过失实施危害不特定多数人的生命、健康和重大公私财产安全的行为。这类犯罪包括放火罪、爆炸罪、以危险方法危害公共安全罪、破坏交通工具罪、交通肇事罪、危险驾驶罪、重大责任事故罪等具体罪名。

三、破坏社会主义市场经济秩序罪

破坏社会主义市场经济秩序罪是指违反国家市场经济管理法规，破坏国家对市场经济的管理活动，破坏社会主义的市场经济秩序，使国民经济的发展和市场经济秩序遭受严重损害的行为。这类犯罪又可分为生产、销售伪劣商品罪，走私罪，妨害对公司、企业的管理秩序罪，破坏金融管理秩序罪，金融诈骗罪，危害税收征管罪，侵犯知识产权罪，扰乱市场秩序罪八个方面，包括生产、销售、提供假药罪，生产、销售有毒、有害食品罪，走私淫秽物品罪，伪造货币罪，受贿罪，洗钱罪，集资诈骗罪，信用卡诈骗罪，逃税罪，抗税罪，假冒注册商标罪，合同诈骗罪，非法经营罪等具体罪名。

四、侵犯公民人身权利、民主权利罪

侵犯公民人身权利、民主权利罪是指侵犯他人生命、健康、自由等人身权利和妨害公民行使管理国家、参加政治活动以及其他民主权利的行为。这类犯罪主要包括故意杀人罪，故意伤害罪，强奸罪，非法拘禁罪，绑架罪，拐卖妇女、儿童罪，刑讯逼供罪，重婚罪等具体罪名。

五、侵犯财产罪

侵犯财产罪是指故意非法占有公私财物或者故意毁坏公私财物的行为。这类犯罪主要包括抢劫罪、盗窃罪、诈骗罪、抢夺罪、聚众哄抢罪、侵占罪、职务侵占罪、挪用资金罪、挪用特定款物罪、敲诈勒索罪、故意毁坏财物罪、破坏生产经营罪、拒不支付劳动报酬罪等具体罪名。

六、妨害社会管理秩序罪

妨害社会管理秩序罪是指妨害国家机关管理活动，破坏社会秩序，情节严重的行为。这类犯罪又可分为扰乱公共秩序罪，妨害司法罪，妨害国（边）境管理罪，妨害文物管理罪，危害公共卫生罪，破坏环境资源保护罪，走私、贩卖、运输、制造毒品罪，组织、强迫、引诱、容留、介绍卖淫罪，制作、贩卖、传播淫秽物品罪九个方面，包括招摇撞骗罪，寻衅滋事罪，伪证罪，窝藏、包庇罪，组织他人偷越国（边）境罪，倒卖文物罪，医疗事故罪，危害珍贵、濒危野生动物罪，盗伐林木罪，非法持有毒品罪，组织卖淫罪，传播淫秽物品罪等具体罪名。

七、危害国防利益罪

危害国防利益罪是指违反国防法规，危害国防利益的犯罪行为。这类犯罪主要包括阻碍军人执行职务罪，阻碍军事行动罪，破坏武器装备、军事设施、军事通信罪等具体罪名。

八、贪污贿赂罪

贪污贿赂罪是指国家工作人员利用职务上的便利，贪污、受贿、挪用公款或者国有单位私分国有资产以及其他与贿赂相关的行为。这类犯罪主要包括贪污罪、挪用公款罪、受贿罪、单位行贿罪、利用影响力受贿罪、行贿罪、对有影响力的人行贿罪、对单位行贿罪、介绍贿赂罪、巨额财产来源不明罪、隐瞒境外存款罪、私分国有资产罪、私分罚没财物罪等具体罪名。

九、渎职罪

渎职罪是指国家机关工作人员不履行或者不正确履行职责，妨害国家机关正常活动，致使国家和人民利益遭受重大损失的行为。这类犯罪主要包括滥用职权罪，玩忽职守罪，故意泄露国家秘密罪，徇私枉法罪，民事、行政枉法裁判罪，私放在押人员罪等具体罪名。

十、军人违反职责罪

军人违反职责罪是指军人违反职责，危害国家军事利益的犯罪行为。这类犯罪主要包括战时违抗命令罪、战时临阵脱逃罪、逃离部队罪等具体罪名。

阅读与思考

“死刑的德性”综述

“德性”有双重含义：一个是伦理学意义上的德性；另一个是人们口语化的，有点儿贬义，如“瞧他那德性”，是指这个人没有出息。所以，在“死刑的德性”中，“德性”是双关语。其一，死刑是否符合道德，或者从道德的角度是否能证明它是不正当的。其二，我国应不应该、能不能够废除死刑。这主要涉及以下两个问题：第一个问题是其立论，即死刑是经不起道德检验的，也是不正当的。其结论是：死刑，从报应正义的角度看，是不必要的；从功利目的的角度看，也是不必要的。既然从作为刑罚正当根据的两项内容都不要求有死刑的存在，或者说，都不以死刑的存在为必要前提，死刑就经不起道德的检验。也就是说，死刑是应该被废除的。第二个问题是中国是否应该或者是否能够废除死刑？有学者认为，答案是肯定的，但由于客观因素的制约，中国现阶段不可能废除死刑，这些因素包括：废除死刑的人文传统、信仰基础、立法导向、刑事司法实践。

邱兴隆教授就“死刑的德性”展开了精彩的发言。清华大学周光权、中国政法大学曲新久、西南政法大学张绍彦、北京大学白建军等嘉宾作了点评。

周光权主张废除死刑。一方面，他认为，邱兴隆教授的发言表现出以下几个特点：第一，对人的关怀。第二，考虑了中国的问题。第三，邱兴隆教授有非常浓厚的、启蒙的意识。另一方面，他提出反对意见，认为死刑是一个非常棘手的问题，保留或废除它的各种观点很难证实，也很难证伪。启蒙思想与死刑的减少、废除有关联，但是关联性不大。死刑的减少、废除是社会发展多重原因的结果，是一种非常复杂的社会策略、一种权力的安排。而死刑之所以存在，主要有两个原因：一是战争与警察机构的存在；二是依照法国思想家米歇尔·福柯的观点，人的身体作为惩罚的对象是有用的。

曲新久主张马上废除死刑。他认为只要我们关注人，只要我们以人道的精神来看待一种社会制度的设置，死刑就没有任何存在的理由。

张绍彦主张废除死刑。他认为死刑问题是一个从无到有，又从有到无的过程。他还认为仅从功利或者报应的角度来论述死刑的必要性是不够的，对此他同意周光权的观点。

白建军主张废除死刑。他认为犯罪人不是特殊人，而是正常人。假如承认死刑，就承认了正常人之间合法的互相剥夺生命，而其根据之一是人们之间权利、利益的交换与冲突。冲突的一端是犯罪，另一端是刑罚，两端各自都是定序的序列。序列，只有大小之分，没有终点。死刑并非就是刑罚的终点。他还认为死刑与犯罪率的高低没有直接的联系，死刑的存废不是问题，刑罚的严厉效果才是关键。

邱兴隆教授就死刑问题和与会人员展开了热烈的讨论，主要讨论了以下问题：

(1) 作为犯罪的杀人与作为死刑的杀人到底是否存在区别，存在何种区别？

(2) 废除死刑论者的主要论据之一是人性，但什么是人性？

(3) 在理论上废除死刑，如何面对被害人？对罪犯的人文关怀与对被害人的人文关怀如何均衡？

(4) 在刑罚的严厉性上，死刑与终身监禁孰重孰轻？

(5) 一个实际的案例：河南省开封市发生了一个案件，在某娱乐场所有三个小孩玩游戏欠了老板 2.5 元，结果这个老板把这三个小孩杀害了。请问，对这样的犯罪分子是否应当判处死刑？如果不判处死刑，是否得当？

(6) 死刑否定论，是否会导致刑罚否定论？

思考：你如何看待死刑？

自我测试

第五章 民法

广义的民法是调整一定范围内平等主体之间的民事法律关系和商事法律关系的法律规范的总和。民法的发展总是与一定社会商品经济关系的发展紧密相关，现代民法是发展和规范市场经济的基本法。同时，随着市场经济的发展，商事主体在从事以营利为目的的商事行为时所形成的商事法律关系日益凸显，商法从民法中分离出来而成为相对独立的法律部门。但作为一般私法和特别私法，民法和商法的关系非常密切，民法的许多概念、原则和规范都适用于商法领域。本章的民法是一个广义的概念，除了包括民法的内容，还包括商法的内容，调整的是平等主体之间的法律关系，属于私法的范畴。

第一节 民法总则

一、民法的基本原则

（一）平等原则

平等原则是指在民事活动中当事人的法律地位平等，任何一方不得将自己的意思强加给另一方。该原则最集中地反映了民法所调整的社会关系的本质特征，是民法区别于其他部门法的主要标志。平等原则的具体含义体现为以下内容：民事主体资格平等，民事主体地位平等，民事主体平等地享有权利和承担义务，民事主体的民事权益平等地受法律保护。

（二）自愿原则

自愿原则又称意思自治原则，是指当事人可以依据自己的意思决定民事权利义务关系的设立、变更和终止，任何组织和个人不得非法干预。其实质是确认民事主体的独立意思在民事活动中的支配地位，使民事主体在法律规定的范围内享有广泛的自由。

自愿原则是市场经济对法律提出的要求，个人是其自身利益的最佳判断者，任何他人的判断都不能取代当事人自己的判断。自愿原则能保障当事人意志的自由，使各种资源的配置趋向优化。

（三）公平原则

公平原则是指民事主体应遵循文明社会所公认的公平、合理的价值观念进行民事活动，并遵循这种价值观念，分享民事活动所产生的利益。其含义具体体现为以下内容：民事主体的机会均等，法律保障民事主体有同等的机会参与民事法律关系，并提供相应的保障和条件；当事人享受的民事权利和承担的民事义务不能显失公平；民事主体在民事责任的承担上要公平、合理。

（四）诚实信用原则

诚实信用原则是指民事主体在从事民事活动时，应该诚实、善意、信守承诺，以维持当事人的利益平衡，以及当事人利益与社会利益的平衡。诚实信用原则是基本道德观念的法律化，被奉为民法的“帝王原则”。其具体含义体现为：任何当事人在民事活动中都要诚实不欺、恪守诺言、讲究信用；当事人应依善意的方式行使权利，在不损害他人利益和社会利益的前提下，追求自己的利益；当事人应以诚实信用的方式履行义务，对于约定的义务，要忠实地履行。

（五）守法与公序良俗原则

民事主体从事民事活动，不得违反法律，不得违背公序良俗。所谓公序良俗，是公共秩序和善良风俗的合称。守法与公序良俗原则是现代民法的一项重要法律原则，具有维护社会一般利益和一般道德观念的重要功能，要求民事主体遵守社会公共秩序，遵循社会主体成员普遍认可的道德准则。因此，凡违反法律和公序良俗的民事行为都是无效的。

（六）绿色原则

绿色原则是指民事主体从事民事活动，应当有利于节约资源、保护生态环境。绿色原则既传承了我国天地人和、人与自然和谐相处的传统文化理念，又体现了新的发展思想，有利于缓解我国不断增长的人口与资源生态之间的矛盾。

二、民事主体

民事主体是指民事法律关系的参加者，是权利的享有者和义务的承担者。在我国，民事主体主要包括自然人、法人和非法人组织。

（一）自然人

自然人是指依自然规律出生而取得民事主体资格的人，包括我国公民、外国公民、无国籍人。自然人的法律地位集中体现在自然人的民事权利能力和自然人的民事行为能力两个方面。

1. 自然人的民事权利能力

自然人的民事权利能力是法律赋予自然人享有民事权利和承担民事义务的资格。自然人的民事权利能力始于出生，终于死亡。出生为自然事实，我国一般以胎儿完全脱离母体，独立存在，并能独立呼吸为标志。死亡有生理死亡和宣告死亡两种。生理死亡是自然人生命的终结，我国一般以呼吸和心跳都停止为标准。宣告死亡是指通过法定程序确定失踪人死亡，公民下落不明满 4 年的或者因意外事故下落不明，从事故发生之日起满 2 年的，利害关系人可以向人民法院申请宣告死亡。

知识链接：何谓出生？何谓死亡？

2. 自然人的民事行为能力

自然人的民事行为能力是自然人能够以自己的行为享有民事权利和承担民事义务的资格。根据自然人的年龄和智力状况，《民法典》将自然人的民事行为能力分为三类，即完全民事行为能力、限制民事行为能力、无民事行为能力。

（1）完全民事行为能力人包括：年满 18 周岁以上的公民；年满 16 周岁以上并以自己的劳动收入为主要生活来源的公民。

（2）限制民事行为能力人包括：8 周岁以上的未成年人（可以进行与他的年龄、智力相适应的民事活动）；不能完全辨认自己行为的精神病人（可以进行与他的精神健康状况相适应的民事活动）。

（3）无民事行为能力人包括：不满 8 周岁的未成年人；不能辨认自己行为的精神病人。

无民事行为能力人和限制民事行为能力人的人身、财产以及其他合法权益由其监护人依法实行监督和保护。《民法典》构建了以家庭监护为基础、以社会监护为补充、以国家监护为兜底的监护制度，除了法定监护和一般的指定监护，还特别规定了遗嘱指定监护、协议确定监护和意定监护。

（二）法人

法人是指具有民事权利能力和民事行为能力，依法独立享有民事权利和承担民事义务的组织。法人的民事权利能力和民事行为能力从法人成立时产生，到法人终止时消灭。法人是人的集合体与财产的集合体的有机统一，有独立的财产，能够以自己的名义参加民事活动，并能独立承担责任。

1. 法人的分类

根据不同的标准，法人可以分为不同的种类。在《民法典》中，按照法人活动目的的不同，法人可分为营利法人、非营利法人、特别法人。

（1）营利法人，即以取得利润并分配给股东等出资人为目的成立的法人。营利法人包括有限责任公司、股份有限公司以及其他企业法人等。

（2）非营利法人，即为公益目的或者其他非营利目的而成立，不向出资人、设立人或者会员分配所取得利润的法人。非营利法人包括事业单位、社会团体、基金会、社会服务机构等。

（3）特别法人，主要是指机关法人、农村集体经济组织法人、城镇农村的合作经济组织法人、基层群众性自治组织法人。

2. 法人的成立、变更和终止

法人应当依法成立，有自己的名称、组织机构、住所、财产或者经费。法人存续期间登记事项发生变化的，应当依法向登记机关申请变更登记，登记机关应当依法及时公示法人登记的有关信息。法人合并的，其权利和义务由合并后的法人享有和承担。法人分立的，其权利和义务由分立后的法人享有连带债权，承担连带债务，债权人和债务人另有约定的除外。法人可以基于撤销、解散、宣告破产、国家经济政策调整法律规定的其他原因终止。法人解散的，除合并或者分立的情形外，清算义务人应当及时组成清算组进行清算。清算结束并完成法人注销登记时，法人终止；依法不需要办理法人登记的，清算结束时，法人终止。

（三）非法人组织

非法人组织是指不具有法人资格，但是能够依法以自己的名义从事民事活动的组织。非法人组织包括个人独资企业、合伙企业、不具有法人资格的专业服务机构等。在一般情况下，非法人组织的财产不足以清偿债务的，其出资人或者设立人承担无限责任。

三、民事权利

民事权利是指民事主体为实现某种利益而为某种行为或不为某种行为的可能性。民事权利构建了民法的核心内容，整个民法就是以权利为中心而构建的体系。民事权利主要包括物权、债权、人身权、知识产权。

（一）物权

1. 物权的概念和特征

物权是一种极其重要的民事权利，是权利人对特定的物直接支配和排他的权利。物权具有以下特征：

（1）物权是绝对权。物权的权利主体是特定的，而其义务主体是权利人以外的一切不特定的人。比如，被盗物品被转卖，原主是有权追回的。

（2）物权的客体是特定化的有体物。随着互联网的普及，《民法典》对数据和网络虚拟财产的保护作了原则性的规定。

（3）物权是支配权。物权的内容是直接支配一定的物并享受其利益，而无须借助他人的行为。比如，对于一本书，权利人可自己使用，也可借给别人或直接赠与。

（4）物权具有排他性。一方面，物权具有排除他人侵害、干涉、妨碍的性质，这是物权对世性的应有之义；另一方面，同一物上不得同时成立两个内容完全相同的物权。

2. 物权的分类

以对标的物的支配范围为标准来划分，物权包括自物权和他物权。自物权又称所有权，是指权利人在法定范围内对自己的财产享有占有、使用、收益、处分的权利，它是物权中最完整、最充分的权利。他物权又称限制物权，是指在所有权以外仅在一定范围内对物进行支配的物权，包括担保物权和用益物权。担保物权包括抵押权、质权、留置权；用益物权包括土地承包经营权、建设用地使用权、宅基地使用权、居住权、地役权等。

（二）债权

1. 债权的概念和特征

债权是指在债的关系中，一方享有请求对方为特定给付的权利。其特征表现为以下内容：

（1）债权是请求权。债权的作用主要是请求权的行使，而非直接支配债务人的人身、行为或应给付之物。

（2）债权是相对权。债权人原则上只能请求债务人履行给付，不得要求债务人之外的第三人履行给付（侵害债权或者由第三人履行的合同等特殊情形除外），也不能直接支配债务人的人身或财产。

（3）债权具有期限性。债权在法律上不允许永久存续。债权本身主要是债权人实现特定目的的一种手段，目的达到后，债权即归于消灭。

（4）债权之间具有相容性。就同一客体可同时或先后成立数个债权，也就是说，数个债权可以并存，如双重买卖、演出合同等。

（5）债权之间具有平等性。数个债权不论其发生先后，都处于平等地位，在实现的顺序上无先后位序。

2. 债权的分类

根据债的性质和发生原因的不同，债权可以分为意定之债和法定之债。意定之债是指债的发生和性质都由当事人依自由意志而决定的债，如合同之债、单方允诺之债。法定之债是指债的发生和性质都由法律予以规定的债，如侵权行为之债、无因管理之债、不当得利之债。这不仅构成了债的体系，也是债权存在的根据。

（1）合同。基于合同产生的债称为合同之债，它是当事人在平等基础上自愿设立的协议，是民事主体开展各种交往的主要法律手段，也是债权最常见、最主要的发生原因。

（2）侵权行为。侵权行为是指不法侵害他人的合法权益，应承担民事责任的行为。不法行为造成的损害有财产损失、人身伤亡、生命健康以外的其他人格权损害、精神损害四种。侵权行为之债的债权人有权请求侵权人停止侵害、排除妨害、消除危险、返还财产、恢复原状、赔礼道歉等。

（3）无因管理。无因管理是指没有法定或约定的义务而为他人管理事务的行为，如将突发疾病的路人送到医院救护、将迷路的宠物带回家饲养并寻找失主等。在无因管理法律关系中，管理人因管理事务所收取的金钱、财物等，应返还受益人本人；同时，管理人因管理事务所付出的费用、负担的债务以及其他损失，应由受益人偿还。

（4）不当得利。不当得利是指没有法律或合同上的根据取得利益，而致他人受损害，如拿了银行自动取款机因故障而多输出的现金、占有遗失物直至失主索要仍执意不愿归还等。在不当得利的法律关系中，受损方有权请求不当得利人返还利益，受益方有义务返还其所得利益，这就是不当得利之债。

（三）人身权

人身权是民事主体依法享有的与其人身不可分离而无直接财产内容的权利。人身权具有专属性、非财产性、绝对性和支配性。

根据人身权依存的社会关系，人身权可分为人格权和身份权。根据权利客体的不同，人格权可分为物质性人格权和精神性人格权。物质性人格权包括生命权、身体权、健康权；精神性人格权包括姓名权（名称权）、肖像权、自由权、名誉权、隐私权、贞操权、信用权、婚姻自主权，以及其他人格权。根据身份的不同，身份权可分为亲属法上身份权和亲属法外身份权。前者包括配偶权、亲权、亲属权；后者包括荣誉权、知识产权中的人身权等。

（四）知识产权

知识产权是指公民、法人和其他组织对其智力成果所享有的专有权。知识产权是无形财产权，是一种无形的精神财富，是一项特殊的民事权利。知识产权具有专有性、地域性、时间性。知识产权主要包括著作权、专利权、商标权。

1. 著作权

著作权又称版权，是指作者依法对其创作的文学、科学和艺术作品享有的权利，包括著作人身权和著作财产权。前者包括署名权、发表权、修改权、保护作品完整权；后者包括复制权、发行权、出租权、展览权、表演权、改编权等。

2. 专利权

专利权是指法律赋予公民、法人和其他组织对其获得专利的发明创造在法定期限内依法享有的独占权。专利包括发明、实用新型、外观设计。专利权包括独占实施权、进口权、转让权、实施许可权、放弃权、标记权等。

3. 商标权

商标权是指商标所有人依法对其商标所享有的专有使用权。我国的商标权实际上是指注册商标专用权，非注册商标不受《商标法》的保护。商标权包括专有权、注明标记权、转让权、续展权、许可权等。

知识链接：民事权利的不同分类

四、民事法律行为和代理

（一）民事法律行为

1. 民事法律行为的概念

民事法律行为是民事主体通过意思表示设立、变更和终止民事法律关系的行为。民事法律行为自成立时生效，除非法律另有规定或当事人另有约定，行为人非依法律规定或者未经对方同意，不得擅自变更或解除民事法律行为。

知识链接：民事法律行为的分类

2. 民事法律行为的效力

（1）民事法律行为有效的条件。有效的民事法律行为须具备三个条件：一是行为人具有相应的民事行为能力；二是意思表示真实；三是不违反法律、行政法规的强制性规定，不违背公序良俗。限制民事行为能力人实施的纯获利益的民事法律行为或者与其年龄、智力、精神健康状况相适应的民事法律行为有效，实施的其他民事法律行为经法定代理人同意或者追认后有效。

（2）无效的民事法律行为。无民事行为能力人实施的民事法律行为无效；行为人与相对人以虚假的意思表示实施的民事法律行为无效；违反法律、行政法规的强制性规定的民事法律行为无效，违背公序良俗的民事法律行为无效。无效的民事法律行为自始没有法律约束力。民事法律行为部分无效，不影响其他部分效力的，其他部分仍然有效。

（3）可撤销的民事法律行为。行为人有权请求人民法院或者仲裁机构予以撤销的民事法律行为包括五种情形：一是基于重大误解实施的民事法律行为；二是一方以欺诈手段，使对方在违背真实意思的情况下实施的民事法律行为；三是第三人实施欺诈行为，使一方在违背真实意思的情况下实施的民事法律行为；四是一方或者第三人以胁迫手段，使对方在违背真实意思的情况下实施的民事法律行为；五是一方利用对方处于危困状态、缺乏判断能力等情形，致使成立时显失公平的民事法律行为。

（二）代理

1. 代理的概念和特征

代理是指代理人在代理权限范围内，以被代理人的名义独立与第三人实施民事法律行为，由此产生的法律后果由被代理人承担的法律制度。

代理具有以下特征：

（1）代理人必须在代理权限内进行代理活动。

（2）代理人以意思表示为要素。

（3）代理人必须以被代理人的名义进行活动。

（4）代理活动所产生的法律后果直接归属于被代理人。

2. 代理的分类

按照代理权产生的根据不同，代理可分为委托代理和法定代理。委托代理是指基于被代理人授权而产生的代理，这是适用范围最广泛的代理方式。法定代理是指根据法律的直接规定而产生的代理关系，这主要是为无行为能力人或限制行为能力人设立代理人的方式。

3. 无权代理

无权代理是指代理人不具有代理权而实施的代理行为。在传统民法理论中，无权代理包括狭义的无权代理和表见代理。

狭义的无权代理有三种情况：一是根本未经授权的代理；二是代理权已经终止的代理；三是超越代理权的代理。无权代理是效力未定的民事行为，除非得到被代理人的追认，否则行为后果由代理人承担。

表见代理是指客观上存在足以使第三人相信无权代理人具有代理权的理由，第三人基于这种信赖与无权代理人实施民事法律行为，由此造成的法律效果由本人（名义上的被代理人）承担的代理。表见代理本来属于无权代理，但为了维护交易安全，表见代理产生了有权代理的效力。

五、民事责任

（一）民事责任的概念和特征

民事责任是民事主体因违反合同或不履行其他民事义务所应承担的民事法律后果。民事责任具有以下四个特征：

（1）民事责任以民事主体违反民事义务、侵害他人的民事权益为前提。

（2）民事责任具有国家强制性和一定程度的任意性。民事责任属于公力救济，必须由人民法院通过国家公权力进行强制性的确定，并最终必须依赖国家强制力才能实现，故其具有强制性。但对于合同责任，允许当事人在法律允许的范围内预先约定责任内容；对于侵权责任等法定责任，也允许当事人在责任确定后达成和解协议处分其权利。

（3）民事责任具有财产性。民事责任以财产责任为主，以非财产责任为辅。

（4）民事责任具有补偿性。一般情况下，民事责任以一方当事人（加害人）补偿对另一方当事人（受害人）的损害为主要目的。

（二）承担民事责任的形式

承担民事责任的形式主要有停止侵害，排除妨碍，消除危险，返还财产，恢复原状，修理、重作、更换，继续履行，赔偿损失，支付违约金，消除影响、恢复名誉，赔礼道歉。这些承担民事责任的形式既可以单独适用，也可以合并适用。

知识链接：民事责任的分类

六、诉讼时效

（一）诉讼时效的概念

诉讼时效是指权利人在法定期间不行使权利，相对人取得诉讼时效抗辩权的法律制度。该制度设立的目的是促使权利人行使权利，维护社会经济秩序的稳定。如果权利人能行使权利而长期不行使，就使义务人的法律地位长期处于不确定状态，将导致当事人之间社会关系的事实状态和法律状态长期不一致，不利于当事人建立新的、确定化的社会关系。另外，长期不行使权利也会给调查取证带来困难，不利于及时、有效地处理民事案件。

知识链接：诉讼时效区别于除斥期间

（二）诉讼时效的期间起算、中止、中断、延长

1. 诉讼时效的期间起算

根据《民法典》的规定，向人民法院请求保护民事权利的诉讼时效期间为 3 年，除非法律另有规定。诉讼时效期间一般自权利人知道或者应当知道权利受到损害以及义务人之日起计算，但是自权利受到损害之日起超过 20 年的，人民法院不予保护；有特殊情况的，人民法院可以根据权利人的申请决定延长。

2. 诉讼时效的中止

诉讼时效的中止又称诉讼时效的暂停或停止，是指在诉讼时效进行中，发生一定法定事由，使权利人不能行使请求权，暂时停止计算诉讼时效期间，待阻碍时效进行的法定事由消

除后，继续进行诉讼时效期间的计算。根据《民法典》的规定，在诉讼时效期间的最后 6 个月内，因不可抗力等五种障碍不能行使请求权的，诉讼时效中止。自中止时效的原因消除之日起满 6 个月，诉讼时效期间届满。

3. 诉讼时效的中断

诉讼时效的中断是指在诉讼时效进行中，发生一定法定事由，致使经过的时效期间统归无效，待时效中断的事由消除后，诉讼时效期间重新起算。根据《民法典》的规定，诉讼时效因权利人向义务人提出履行请求、义务人同意履行义务、权利人提起诉讼或申请仲裁而中断。

4. 诉讼时效的延长

诉讼时效的延长是指在诉讼时效期间届满以后，权利人基于某种正当理由，向人民法院提起诉讼时，经人民法院调查确有正当理由而将法定时效期间予以延长。诉讼时效的延长是法律赋予人民法院的一项自由裁量权，以弥补诉讼时效制度的不足。

第二节　物权法

一、物权法基本原则

（一）物权法定原则

所谓物权法定原则，是指物权的种类和内容由法律规定，当事人不得任意创设。严格的物权法定主义要求当事人不得设立法律没有规定的物权，当事人私自设立的物权无效。物权法定有利于物权的公示，确保交易的安全与便捷，促进物尽其用。

（二）物权平等原则

所谓物权平等原则，是指国家、集体、私人的物权和其他权利人的物权受法律保护，任何组织和个人不得侵犯。私人与国家、集体、其他权利人并列相提，这是立法理念的进步，也是对宪法规定的公民财产权利的民法化和有力确认。

（三）公示原则、公信原则

所谓公示原则，是指物权在变动时，必须将物权变动的事实通过一定的方法向社会公开，从而使第三人知道物权变动的情况；否则不能发生物权变动的效力。

所谓公信原则，是指一旦当事人变更物权，依据法律的规定进行了公示，即使依公示方法表现出来的物权不存在或存在瑕疵，但对于信赖该物权的存在并已从事物权交易的人，法律仍然承认该物权具有与真实的物权存在相同的法律效果，以保护交易安全。

公示与公信是密切联系在一起的，公信原则是公示原则的必然逻辑结果。公信原则集中体现在善意取得制度上。

（四）物权优先原则

物权优先原则是物权的一个特点。物权作为绝对权，应该是优先于债权的。在物权与物权之间，其优先原则主要包括：不同种类的物权之间，他物权优先于自物权；在同类的物权之间，先设立的物权优先；留置权是法定担保物权，优先于一切意定担保物权；登记的抵押权优先于质权，而质权优先于未登记的抵押权。

（五）物权不得滥用原则

权利不得滥用是现代民法的基本原则，物权的取得和行使应遵守法律，尊重社会公德，不得损害公共利益和他人的合法权益。比如，不动产的相邻权利人应当按照有利生产、方便生活、团结互助、公平合理的原则，正确处理相邻关系。

二、所有权

所有权是指权利人对自己的动产与不动产依法享有的占有、使用、收益和处分的权利。依据是否基于原权利人的意志及权利，所有权的取得可以分为原始取得和继受取得。原始取得是指不以原权利人的权利及意志为依据，而直接依据法律规定取得所有权，如先占、发现隐藏物和埋藏物、拾得遗失物和漂流物及失散的饲养动物、添附、善意取得等。继受取得是指以原权利人的权利及意志为依据取得所有权，如买卖、互易、赠与、遗赠、继承等。

知识链接：善意取得

三、用益物权

用益物权是指对他人的物在一定范围内，加以占有、使用和收益的限制物权。我国现行的用益物权包括土地承包经营权、建设用地使用权、宅基地使用权、居住权、地役权。

（一）土地承包经营权

土地承包经营权是指自然人、法人或者其他组织因从事耕作、种植或其他农业生产经营项目而基于承包合同对集体所有或集体使用的国家所有的农业用地所享有的占有、使用、收益的权利。土地承包经营权自土地承包经营合同生效时设立，即双方签字或盖章时生效。

（二）建设用地使用权

建设用地使用权是因建造建筑物或其他工作物而对国家所有的非农业用地进行占有、使用、收益的用益物权。建设用地使用权的标的物主要是城市市区的土地，其确立、流转、变更和注销采用登记要件主义，即除订立合同之外，还必须办理权属登记手续才生效。

（三）宅基地使用权

宅基地使用权是指农民集体成员对于农民集体所有的土地以建设自用住宅为目的而享有的占有、使用的排他性权利。农村居民取得宅基地使用权，必须有完备、合法的手续，宅基地使用权没有期限并可以进行继承。

（四）居住权

居住权是指居住权人有权按照合同约定，对他人的住宅享有占有、使用的用益物权，以满足生活居住的需要。为顺应“以房养老”“公租房”等时代需求，《民法典》确立了居住权作为用益物权的一种。

（五）地役权

地役权是指为了利用自己土地的便利而对他人的土地进行一定程度的利用或者对他人行使土地权利进行限制的权利。地役权从属于需役地，地役权作为从权利，不得独立于需役地而单独转让或者抵押；需役地所有权或者使用权发生转移的，地役权随之转移。

四、担保物权

担保物权是指权利人直接支配标的物的交换价值，用以担保其债权的实现的他物权。我国现行的担保物权包括抵押权、质权、留置权。

（一）抵押权

抵押权是指债权人对于债务人或第三人不转移占有而提供担保的不动产或其他财产，在债权未受清偿时处分该财产并就其价金优先受偿的权利。因为抵押权不移转标的物的占有，标的物仍然由抵押人占有、使用、受益，因此，抵押权最能实现抵押人用以融资的目的，被作为“担保之王”。

（二）质权

质权是指债权人为了担保债权的实现就债务人或第三人移交占有动产或权利于债务人不

履行债务时所享有的优先受偿的权利。质权的标的是动产和可转让的权利，不动产不能设定质权，因此，质权分为动产质权和权利质权。

（三）留置权

留置权是指债权人按照合同约定占有债务人的动产，在债务人不履行基于该动产而发生的债务时有留置该财产并就该财产优先受偿的权利。留置权是法定担保物权，因此，它优先于抵押权、质权等意定担保物权。留置权人留置标的物后不得直接处分标的物，必须先定期催告，只有债务人逾期仍不履行债务，才能处分标的物而优先受偿。

五、占有

占有是指民事主体对物在事实上的控制和管领。占有本身在法律性质上是一种事实状态，不是权利，但它会产生一定的效力。这种效力集中体现在权利的推定上，即推定占有人对占有物行使的权利合法，以确保交易的安全。占有的不动产或者动产被侵占的，占有人有权请求返还原物；对妨害占有的行为，占有人有权请求排除妨害；由侵占或者妨害造成损害的，占有人有权请求损害赔偿。比如，隔壁邻居装修时，把房屋的墙砸出了洞，房屋的承租人虽然不是房屋的所有权人，但作为房屋的占有人，他也可以提起诉讼，要求邻居停止侵害。

第三节　合同法

一、合同的概念

合同又称契约，是指平等主体的自然人、法人以及其他组织之间设立、变更、终止民事权利义务关系的协议。一般认为，合同在本质上是一种合意或者协议，意思自治是合同的灵魂。

二、合同的订立

（一）合同订立的程序

合同的订立是缔约当事人就合同的主要条款所作的意思表示达成一致的过程。合同的成立必须经过要约和承诺两个阶段。

1. 要约

要约是希望和他人订立合同的意思表示。构成一项有效的要约，必须具备特定的条件，主要包括：① 要约是由特定人作出的意思表示；② 要约须是反映其订立合同的基本意图；③ 要约须是要约人向其希望与之订立合同的受要约人发出的；④ 要约的内容必须具体、确定。

要约区别于要约邀请。要约邀请又称要约引诱，是指希望他人向自己发出要约的意思表示。要约在承诺的条件下会成立合同，而要约邀请的回应只是一个新的要约。

2. 承诺

承诺是受要约人同意要约的意思表示。要约一经承诺，合同就成立。承诺必须具备相应的条件，才能产生预期的法律效力。承诺的具体要件包括：① 承诺人须为受要约人，且必须向要约人作出；② 承诺必须在要约的有效期限内到达要约人；③ 承诺内容与要约内容要一致；④ 承诺原则上以通知的方式作出，但根据交易习惯或者要约表明可以通过行为作出承诺的除外。

（二）合同的主要条款

合同的主要条款是指合同所必须具备的条款，如果缺乏这些条款，当事人双方的权利义务关系就不明确，从而可能导致合同被确认无效或者不能成立。合同的主要条款包括三种类型：一是法律规定合同必须具备的条款；二是依合同性质不可缺少的条款；三是当事人要求必须作出明确约定的条款。合同的具体内容由当事人约定，一般应当包括以下条款：当事人的名称或者姓名和住所、标的、数量、质量、价款或者报酬、履行期限、履行地点和方式、违约责任、解决争议的方式。

（三）缔约过失责任

缔约过失责任是指在合同缔结过程中，一方违背其依据诚实信用原则所应尽的义务，致使另一方的信赖利益遭受损失时，所应承担的民事责任。

缔约过失责任的类型包括：假借订立合同，恶意进行磋商；故意隐瞒与订立合同有关的重要事实或者提供虚假情况；泄露或不正当地使用商业秘密；其他违背诚实信用原则的行为，如依照法律、行政法规的规定经批准或者登记才能生效的合同成立后，有义务办理申请批准或者申请登记等手续的一方当事人未按照法律规定或者合同约定办理申请批准或者未申请登记。

三、合同的效力

合同的效力是指合同对当事人所具有的法律约束力。合同的生效必须具备三个要件：一是当事人具有相应的缔约能力；二是意思表示真实；三是不违反法律和社会公共利益。不具备这三个生效要件的合同可能是无效合同、可撤销合同、效力未定的合同。

依法成立的合同，自成立时生效，但是法律另有规定或者当事人另有约定的除外。合同不生效、无效、被撤销或终止的，不影响合同中有关解决争议方法的条款的效力。

四、合同的履行

合同的履行是指合同的当事人按照合同的约定，全面完成各自承担的合同义务，使合同关系得以全部终止的整个行为过程。合同的履行是当事人订立合同的根本目的，是实现合同利益的根本措施，也是合同关系消灭的正常原因。因此，合同的履行是整个合同制度的核心内容。在合同履行过程中，应遵循全面履行、协作履行、经济合理履行等基本原则，应特别注意抗辩权和合同的保全问题。

（一）合同履行的抗辩权

合同履行的抗辩权仅仅发生在双务合同中，是指双务合同的一方当事人在法定条件下对抗另一方当事人的请求权，拒绝履行债务的权利。这种抗辩权是一种延缓的、暂时的抗辩权。

1. 同时履行抗辩权

同时履行抗辩权是指在双方未约定先后履行顺序的双务合同中，当事人一方在对方未为对待给付以前，有拒绝自己给付的权利，即所谓的“一手交钱一手交货”。其宗旨在于促使双务合同双方当事人同时履行其义务。

2. 先履行抗辩权

先履行抗辩权是指在有先后履行顺序的双务合同中，后履行的一方有权要求应该先履行的一方先行履行自己的义务。

3. 不安抗辩权

不安抗辩权是指在双务合同中，当事人互负债务，有先后履行顺序，先履行的一方当事人有确切证据证明另一方当事人丧失履行债务能力时，有中止合同履行的权利。比如，对方经营状况严重恶化；存在转移财产、抽逃资金，以逃避债务的情形；存在丧失商业信誉等情形。当事人没有确切证据中止履行的，应当承担违约责任。

（二）合同的保全

合同的保全是指法律为防止因债务人的财产不当减少而给债权人的债权带来危害，允许债权人代债务人之位向第三人行使债务人的权利，或者请求人民法院撤销债务人与第三人的法律行为的法律制度。合同保全措施的本质是债权人为防止债务人的财产不当减少而危害其债权，对债务关系以外的第三人所采取的保护债权的法律措施。

1. 代位权

代位权是指当债务人怠于行使其对第三人享有的权利而害及债权人的债权时，债权人为保全其债权，可以自己的名义代位行使债务人对第三人之权的权利。代位权是法定权利，行使条件由法律规定，其行使必须经人民法院裁决，行使的范围以债权人对债务人的债权为限。

2. 撤销权

撤销权是指债务人放弃对第三人的到期债权、实施无偿处分财产或以非正常低价处分财产的行为而妨害债权人的债权实现时，债权人依法享有的请求人民法院撤销债务人所实施的上述行为的权利。

五、合同的变更和转让

（一）合同的变更

合同的变更有广义和狭义之分。广义的合同变更包括合同主体的变更和合同内容的变更；狭义的合同变更专指合同内容的变更。合同变更的方式包括当事人协商一致和情势变更情况下当事人诉请变更两种情况。

（二）合同的转让

合同的转让是指在合同的内容与客体保持不变的情形下，将合同由原来的主体转移给其他主体的一种法律行为。合同的转让是广义的合同变更。按其所转让的权利义务不同，合同的转让可分为合同权利的转让、合同义务的转移、合同权利义务的概括移转三种。

六、合同的解除

合同的解除是指在合同有效成立以后，在一定条件下通过当事人的单方行为或者双方合意终止合同效力或者溯及地消灭合同效力的行为和制度。合同的解除是合同终止的方式之一。

按照解除条件是否由法律直接规定，合同的解除可分为约定解除和法定解除。约定解除是指由双方当事人协商确定解除合同关系的事由，约定事由成就时解除合同。法定解除是指出现法律规定的解除事由而由享有解除权的一方当事人解除合同，具体情形包括由不可抗力致使不能实现合同目的；在履行期限届满之前，当事人一方明确表示或者以自己的行为表明不履行主要债务；当事人一方迟延履行主要债务，经催告后在合理期限内仍未履行；当事人一方迟延履行债务或者有其他违约行为致使不能实现合同目的等情形。

合同解除后，尚未履行的，终止履行；已经履行的，根据履行情况和合同性质，当事人可以要求恢复原状、采取其他补救措施，并有权要求赔偿损失。

七、违约责任

违约责任是指合同当事人因不履行合同义务或者履行合同义务不符合约定，而向对方承担的民事责任。承担违约责任的具体方式有继续履行、采取补救措施、赔偿损失、支付违约金、定金罚则等。

第四节　人格权法

一、人格权概述

人格权是指民事主体基于人格独立、人格自由、人格尊严全部内容的一般人格利益而享有的基本权利，具体包括生命权、身体权、健康权、姓名权、名称权、肖像权、名誉权、荣誉权、隐私权等，以及自然人享有的基于人身自由、人格尊严产生的其他人格权益。

人格权是社会和个体生存、发展的基础，属于整个法律体系中的一种基础性权利。因此，各国宪法都对人格权予以特别保护，但宪法规范不能直接适用于私人之间的法律关系，民法中人格权的确认和保护仍应由民法来完成。毫无疑问，宪法规定的公民基本权利所体现的人权价值为民法中人格制度的存在与发展提供了合法性和合理性依据。但宪法中的人格权和民法中的人格权具有不同的性质，前者作为公民享有的基本权利，旨在保护公民免受国家强制力的损害；后者作为自然人（和法人）所享有的人格权，旨在调整民事主体之间发生损害的情形。

二、生命权、身体权和健康权

自然人享有生命权、身体权和健康权，有权维护自己的生命安全和尊严、身体完整和行动自由、身心健康。当生命权、身体权和健康权受到侵害或处于其他危难情形时，负有法定救助义务的组织和个人应当及时施救。

完全民事行为能力人有权依法自主决定无偿捐献其人体细胞、人体组织、人体器官和遗体，任何组织和个人不得强迫、欺骗、利诱其捐献，禁止以任何形式买卖。从事与人的身体、基因等有关的临床试验、医学研究的，应当遵守相关规定。

违背他人意愿，以言语、行为等方式对他人实施性骚扰的，受害人有权依法请求行为人承担民事责任，机关、企业、学校等单位应当采取合理的预防、受理投诉、调查处理等措施，防止和制止利用职权、从属关系等实施性骚扰。

以非法拘禁等方式剥夺、限制他人的行动自由，或者非法搜查他人身体的，受害人有权依法请求行为人承担民事责任。

三、姓名权和名称权

自然人享有姓名权，法人和非法人组织享有名称权，其有权依法使用、变更、转让或许可他人使用自己的姓名和名称。任何组织和个人不得以干涉、盗用、假冒等方式侵害他人的姓名权和名称权。

具有一定社会知名度的笔名、艺名、网名、字号、姓名和名称的简称等，被他人使用足以造成公众混淆的，与姓名权和名称权受同等保护。

案例链接：赵 C 姓名案

四、肖像权

肖像是通过影像、雕塑、绘画等方式在一定载体上所反映的特定自然人可以被识别的外部形象。自然人享有肖像权，有权依法制作、使用、公开或许可他人使用自己的肖像。任何组织和个人不得以丑化、污损或利用信息技术手段伪造等方式侵害他人的肖像权。

除非为个人学习、艺术欣赏、课堂教学、科学研究、实施新闻报道、为依法履行职责、为维护公共利益或肖像权人合法权益等必要，否则制作、使用、公开肖像权人的肖像，必须取得肖像权人的同意。

五、名誉权和荣誉权

名誉是对民事主体的品德、声望、才能、信用等的社会评价。任何组织和个人不得以侮辱、诽谤等方式侵害他人的名誉权。行为人实施新闻报道、舆论监督等行为影响他人名誉的，不承担民事责任，除非捏造或歪曲事实、对他人提供的失实内容未尽到合理审查义务、使用侮辱性言辞等贬损他人名誉。媒体报道内容失实，侵害他人名誉权的，受害人有权请求该媒体及时采取更正或删除等必要措施。

案例链接：歧视河南人案

民事主体享有荣誉权，任何组织和个人不得非法剥夺他人的荣誉称号，不得诋毁、贬损他人的荣誉。

六、隐私权和个人信息保护

隐私是自然人的私人生活安宁和不愿为他人知晓的私密空间、私密活动、私密信息。任何组织和个人不得以刺探、侵扰、泄露、公开等方式侵害他人的隐私权。

个人信息是以电子或其他方式记录的、能够单独或与其他信息结合识别特定自然人的各种信息，包括自然人的姓名、出生日期、身份证件号码、生物识别信息、住址、电话号码、电子邮箱地址、行踪信息等。收集、处理自然人的个人信息，应当遵循合法、正当、必要原则，不得过度收集处理。信息收集者、控制者不得泄露、篡改其收集存储的个人信息，并确保安全。未经被收集者同意，不得向他人非法提供被收集者的个人信息。

第五节　婚姻家庭法

一、结婚

（一）结婚的条件

结婚又称婚姻的成立，是指男女双方依照法律规定的条件和程序，确立夫妻关系的民事法律行为。

1. 结婚的实质要件

结婚的实质要件包括必备要件和禁止要件两个方面。

（1）必须男女双方完全自愿，禁止一方对另一方的强迫或任何第三人干涉。

（2）必须达到法定的结婚年龄，男性不得早于 22 周岁，女性不得早于 20 周岁。

（3）必须符合一夫一妻制度，双方均为无配偶，即未婚、丧偶（原配偶生理死亡或宣告死亡）、离婚。

（4）禁止一定范围内的血亲结婚，包括直系血亲和三代以内的旁系血亲。三代以内的旁系血亲是指与己身出自同一父母或同一祖父母、外祖父母的除直系血亲外的所有血亲。

2. 结婚的形式要件

结婚的形式要件即结婚的程序，指法律规定的缔结婚姻所必经的方式。登记是我国结婚的唯一法定程序。

（二）婚姻效力

符合结婚的实质要件和形式要件的婚姻为合法、有效的婚姻，否则就是无效婚姻或可撤销婚姻。《民法典》对无效婚姻和可撤销婚姻的情形和处理作了规定。

1. 无效婚姻

无效婚姻的情形包括三种：① 重婚的；② 有禁止结婚的亲属关系的；③ 未到法定婚龄的。

2. 可撤销婚姻

可撤销婚姻的情形包括两种：① 因胁迫结婚的；② 一方患有重大疾病，在结婚登记前未如实告知的。

无效的或可撤销的婚姻没有法律约束力，当事人不具有夫妻的权利和义务。同居期间所得的财产，由当事人协议处理；协议不成的，由人民法院根据照顾无过错方的原则判决。婚姻无效或可撤销的，无过错方有权请求损害赔偿。

二、离婚

离婚是夫妻双方依照规定解除婚姻关系的行为，分为协议离婚和诉讼离婚两种。协议离婚必须双方自愿，且已经就子女和财产问题达成协议。《民法典》规定了协议离婚登记有 30 天的离婚冷静期。诉讼离婚必须是夫妻感情确已破裂，且调解无效。认定夫妻感情确已破裂的情形包括：① 重婚或有配偶者与他人同居的；② 实施家庭暴力或虐待、遗弃家庭成员的；③ 有赌博、吸毒等恶习屡教不改的；④ 因感情不和分居满 2 年的；⑤其他导致夫妻感情破裂的情形。根据《民法典》的规定，一方被宣告失踪，另一方提起离婚诉讼的，应当准予离婚；经人民法院判决不准离婚后，双方又分居满 1 年，一方再次提起离婚诉讼的，应当准予离婚。

在离婚时，法律对现役军人和女方给予特别保护。军人的配偶要求离婚，须征得军人同意，但军人一方有重大过错的除外。女方孕期、分娩后 1 年内或终止妊娠（如流产）6 个月内，男方不得提出离婚，但女方提出离婚或者人民法院认为确有必要受理男方离婚请求的除外。

（一）子女抚养问题

1. 监护

父母、子女的关系不因父母离婚而消除。离婚后，父母对子女仍负有监护职责，但与子女共同生活方与非共同生活方所承担的监护责任并不相同。

离婚后，不满 2 周岁的子女，以由母亲直接抚养为原则；已满 2 周岁的子女，父母对抚养问题协商不成的，由人民法院按照最有利于未成年子女的原则判决；子女已满 8 周岁的，应当尊重其真实意愿。

2. 抚养费

离婚后，子女由一方直接抚养的，另一方应当负担部分或全部抚养费，包括子女的生活费、教育费、医疗费等。抚养费的多少及期限，由双方协商；协商不成的，由人民法院判决。必要时，子女可以向父母任何一方提出超出协议或判决原定数额的合理要求。

3. 探望权

离婚后，不直接抚养子女的一方有探望子女的权利，另一方有协助的义务。行使探望权的方式、时间由当事人协议；协议不成的，由人民法院判决。

（二）财产处理问题

1. 共同财产处理

离婚时，夫妻的共同财产由双方协议处理；协议不成的，由人民法院根据财产的具体情况，按照照顾子女、女方和无过错方权益的原则判决。夫妻在婚姻关系存续期间任何一方所得的财产，原则上都属于夫妻共有财产，具体包括：① 工资、奖金、劳务报酬；② 生产、经营、投资的收益；③ 知识产权的收益，也就是婚姻关系存续期间，实际取得或已经明确可以取得的财产性收益；④ 继承或赠与所得的财产，但遗嘱或赠与合同中明确只归其中一方的财产除外；⑤ 男女双方实际取得或者应当取得的住房补贴、住房公积金、养老保险金、破产安置补偿费。

案例链接：离婚后彩票中奖，奖金归谁？

2. 债务清偿

离婚时，个人债务，由一方财产清偿；原为夫妻共同生活所负的债务，应当共同偿还，共同财产不足清偿的，或财产归各自所有的，由双方协议清偿；协议不成的，由人民法院判决。

3. 补偿权

夫妻一方因抚育子女、照料老人、协助另一方工作等负担较多义务的，离婚时有权向另一方请求补偿，另一方应当予以补偿。具体办法由双方协议；协议不成的，由人民法院判决。

4. 经济帮助义务

离婚时，如一方生活困难，有负担能力的另一方应当给予适当帮助，具体办法由双方协议；协议不成的，由人民法院判决。

（三）损害赔偿请求权

离婚时，一方存在重婚，有配偶者与他人同居，实施家庭暴力，虐待、遗弃家庭成员等重大过错情形的，无过错方有权请求损害赔偿。损害赔偿包括物质损害赔偿和精神损害赔偿。

第六节　继承法

一、法定继承

法定继承是指在没有遗赠、遗赠扶养协议和遗嘱的情况下，继承人根据法律确定的继承人范围、继承顺序、遗产分配的原则取得被继承人遗产的继承方式。

（一）法定继承人

（1）第一顺序：配偶、子女、父母。

（2）第二顺序：兄弟姐妹、祖父母、外祖父母。

其中，子女包括婚生子女、非婚生子女、养子女，以及有扶养关系的继子女。父母包括亲生父母、养父母，以及有扶养关系的继父母。兄弟姐妹包括同父同母、同父异母或同母异父的兄弟姐妹、养兄弟姐妹，以及有扶养关系的继兄弟姐妹。丧偶儿媳或女婿对公婆或岳父母尽了主要赡养义务的，为第一顺序继承人。第一顺序继承人都不存在的情况下，第二顺序继承人才有权继承。同一顺序继承人，原则上平均分配继承份额。

（二）代位继承

《民法典》规定，被继承人的子女先于被继承人死亡时，由被继承人的子女的直系晚辈血亲代位继承；被继承人的兄弟姐妹先于被继承人死亡的，由被继承人的兄弟姐妹的子女代为继承，即侄子、侄女、外甥、外甥女也可以代位继承。

（三）转继承

转继承是指继承人在继承开始之后，遗产分割之前死亡，其应继承的遗产转由他的合法继承人继承的制度。转继承实质上是被继承人的遗产连续发生的两次继承，转继承人享有的实际上是分割被继承人遗产的权利，而不是继承被继承人遗产的遗产继承权。

二、遗嘱继承

知识链接：继承权的取得、放弃和丧失

遗嘱继承是指在继承开始之后，继承人按照被继承人合法、有效的遗嘱取得被继承人遗产的继承方式。根据《民法典》的规定，遗嘱的形式可以是自书、代书、打印、录音录像、口头和公证。遗嘱人可以撤回、变更自己所立的遗嘱。立遗嘱后，遗嘱人实施与遗嘱内容相反的民事法律行为的，视为对遗嘱相关内容的撤回。立有数份遗嘱，内容相抵触的，以最后的遗嘱为准。

三、遗赠和遗赠扶养协议

（一）遗赠

遗赠是指自然人以遗赠的方式将其个人财产赠与国家、集体或者法定继承人以外的人，并于其死亡后发生效力的民事法律行为。遗赠是一种单方的、无偿的、要式的民事法律行为，其生效要求遗赠的意思表示有效、受遗赠人未先于遗赠人死亡、受遗赠人有表示接受的明示行为。

（二）遗赠扶养协议

遗赠扶养协议是指受扶养人和扶养人之间关于扶养人承担受扶养人的生养死葬义务，受扶养人将自己的财产遗赠给扶养人的协议。

案例链接：QQ 账号能否作为遗产继承？

四、遗产的处理

《民法典》规定了遗产管理人制度，遗产管理人应当依法履行职责，可依法律规定或约定获得报酬，因故意或重大过失造成继承人、受遗赠人、债权人损害的，应当承担民事责任。

分割遗产，应当清偿被继承人依法应当缴纳的税款和债务，但应当为缺乏劳动能力又没有生活来源的继承人保留必要的遗产。无人继承又无人受遗赠的遗产，归国家所有，用于公益事业；死者生前是集体所有制组织成员的，其遗产归所在集体所有制组织所有。

第七节 侵权责任法

一、侵权行为

侵权行为是指侵犯他人民事权益的违法行为，民事权益不仅包括民事法律确认的民事主体所享有的各种权利，而且包括法律保护的各种利益，具体包括生命权、健康权、姓名权、名誉权、荣誉权、肖像权、隐私权、婚姻自主权、监护权、所有权、用益物权、

知识链接：侵权行为的分类

担保物权、著作权、专利权、商标专用权、发现权、股权、继承权等人身、财产权益。

二、侵权责任

（一）侵权责任的含义和意义

侵权责任是指赔偿义务人对自己的加害行为或准侵权行为造成的损害等后果依法所应当承担的各种民事责任。

侵权责任最主要的社会功能是补偿受害人遭受的损失，通过损害赔偿、恢复原状等责任方式使受害人遭受损害的财产或人身尽可能恢复到受害前的状况。侵权责任原则上不具有惩罚性，但在客观上能够分担损失和平衡社会利益，并对侵权行为人和社会其他成员都具有教育和惩戒作用。

（二）侵权责任的构成要件

1. 加害行为

加害行为是行为人实施的加害于受害人民事权益的不法行为。实施加害行为可以由侵权行为人自己实施，也可以由被监护人、雇员等实施。加害行为在本质上具有不法性。虽然某些特殊侵权行为不以不法性为要件，但是不能否定一般侵权行为领域加害行为的不法性。

2. 损害后果

损害后果是侵害合法民事权益所产生的对受害人人身或财产不利的后果，这种损害后果在法律上具有救济的必要和可能。损害后果不仅包括实际已经发生的不利后果，而且包括现实威胁，即当事人直接面临的、遭受人身或财产损失的威胁，受此威胁的人可以请求停止侵害、消除危险、排除妨害。

3. 因果关系

因果关系是指加害行为与损害后果之间引起与被引起的关系。在对他人造成的损害承担责任或对物的内在危险导致的损害承担责任的情形下，因果关系是指他人的致害行为或物的内在危险之实现与损害之间的内在联系。根据“谁主张，谁举证”的原则，一般情况下，证明侵权行为因果关系的责任应由原告承担，但我国法律也规定了两种特别情况：被告以“损害是由受害人故意造成的”或“第三人的过错造成损害的”为由否认其责任的，由被告证明因果关系。

4. 过错

过错责任原则仍然是侵权责任法的主要归责原则，也就是说，多数侵权行为的构成仍然以加害人的过错为要件。过错是指加害人的一种可归责的心理状况，表现为故意和过失两种形式。故意是加害人预见到损害后果的发生并希望或放任该结果的发生的心理状况。过失是侵权责任法中最常见的过错形式，它表现为加害人因疏忽或轻信而未达到应有的注意程度的一种不正常或不良的心理状况。

三、特殊侵权责任

（一）产品责任

产品责任是指因产品存在缺陷而给消费者造成损失，产品的生产者或销售者应当承担的责任。因产品缺陷危及他人人身、财产安全的，被侵权人有权请求生产者、销售者承担排除妨碍、消除危险等侵权责任。明知产品存在缺陷仍然生产、销售，造成他人死亡或者健康严重损害的，被侵权人有权请求相应的惩罚性赔偿。因运输者、仓储者等第三人的过错使产品存在缺陷，造成他人损害的，产品的生产者、销售者赔偿后，有权向第三人追偿。

（二）机动车交通事故责任

机动车发生交通事故造成损害的，依照《道路交通安全法》的有关规定承担赔偿责任。因租赁、借用、未经允许驾驶他人机动车等情形，发生交通事故造成损害，属于该机动车一方责任的，由机动车使用人承担赔偿责任，机动车所有人、管理人对损害的发生有过错的，承担相应的赔偿责任。根据《民法典》的规定，非营运机动车发生交通事故造成无偿搭乘人损害，属于该机动车一方责任的，应当减轻其赔偿责任，但是机动车使用人有故意或重大过失的除外。

（三）医疗损害责任

对医疗损害侵权问题，我国采用的是过错责任及过错推定原则。患者在诊疗活动中受到损害，医疗机构及其医务人员有过错的，由医疗机构承担赔偿责任。但医疗机构及其医务人员违反法律、行政法规、规章以及其他有关诊疗规范的规定或隐匿、拒绝提供与纠纷有关的病历资料，甚至伪造、篡改或者销毁病历资料的，可以直接推定医疗机构有过错。在诊疗活动中，患者享有知情同意权，但在紧急情况下，医方有单方行医权，也有不得拒绝抢救的义务。同时，医方还有妥善保管病历等资料、隐私和个人信息保密、不得实施违规检查等义务。

案例链接：家属拒绝签字致孕妇死亡案

（四）环境污染和生态破坏责任

因环境污染和生态破坏发生纠纷，行为人应当就法律规定的不承担责任或减轻责任的情形及其行为与损害之间不存在因果关系承担举证责任。侵权人违反法律规定故意污染环境、破坏生态造成严重后果的，被侵权人有权请求相应的惩罚性赔偿。因第三人的过错污染环境造成损害的，被侵权人可以向污染者请求赔偿，也可以向第三人请求赔偿。污染者赔偿后，有权向第三人追偿。

（五）高度危险责任

高度危险责任就是从事高度危险作业给他人造成损害所应承担的责任。高度危险作业是指对周围环境有着较高危险的作业，如高空、高压、易燃、易爆、剧毒、放射性、高速运输工具等作业。我国法律规定，高度危险作业造成损害的，应承担无过错责任，即作业人对其作业所造成的损害，无论作业人的过错，或者自然的原因，还是受害人自己的过失造成的，作业人都应承担民事责任，除非该损害是由不可抗力或被害人的故意而造成的。

（六）饲养动物损害责任

饲养的动物造成他人损害的，动物饲养人或者管理人应当承担侵权责任，但能够证明损害是由被侵权人故意或者重大过失造成的，可以不承担或者减轻责任。但禁止饲养的烈性犬等危险动物造成他人损害的，动物饲养人或者管理人应当承担侵权责任。由第三人的过错致使动物造成他人损害的，被侵权人可以向动物饲养人或者管理人请求赔偿，也可以向第三人请求赔偿。

（七）物件损害责任

物件损害责任是指建筑物及其他地上物因设置或者保管不善，给他人的人身、财产造成损害的特殊侵权责任。我国法律对建筑物、构筑物或者其他设施及其搁置物、悬挂物、抛掷物、堆放物、公共场所或者道路上挖坑、修缮安装地下设施等物件损害责任规定了过错推定原则，也就是说，如果被告不能证明自己没有过错，法律上就推定他有过错，并确认他承担民事责任。《民法典》完善了高空抛物、坠物的治理规则，明确规定禁止从建筑物中抛掷物品，强调公安等机关应当依法及时调查，查清责任人，并规定物业服务企业等建筑物管理人应当采取必要的安全保障措施防止此类行为的发生。

第八节　商法

一、商法概述

1. 商法的含义

商法是调整商事主体在商事活动过程中所产生的商事关系的法律规范的总称。商事关系主要包括商事组织关系、商事交易关系和商事监管关系。商事组织是指人们从事商品生产和交换而结成的经济实体，商事交易是指商事组织以及其他人在市场领域从事的各种经营活动，商事监管是指国家机关对商事组织和商事交易进行的引导、监督、管理、调控。

2. 商法的基本原则

市场经济的发展要求现代商法应该遵循四大基本原则：一是通过提高企业素质和完善企业结果来强化企业组织；二是通过保护产权、维护信用和促使交易便捷来提高经济效益；三是通过遵循平等和诚信原则来维护交易公平；四是通过强行主义、公示原则、外观法则、严格责任、保护善意买受人来保障交易安全。

3. 商法的基本范畴

我国没有统一的商法典，商法主要表现为大量的商事单行法。以下主要介绍公司法、保险法、票据法和企业破产法。

二、公司法

公司是指依法设立，以营利为目的的企业法人。在我国，公司主要包括有限责任公司和股份有限公司。

（一）有限责任公司

有限责任公司是指股东以其认缴的出资额为限对公司承担责任，公司以其全部资产对外承担责任的企业法人。有限责任公司的股东人数应为 50 人以下，设立程序较为简便，其组织机构主要包括股东会、董事会和监事会。只有一个自然人股东或者一个法人股东也可以设立有限责任公司，即一人有限责任公司。一人有限责任公司股东最大的风险就是公司财产和股东个人财产发生混同，股东要承担举证责任，一旦证明不了，股东就要对公司债务承担连带责任。

此外，还有一种特殊的有限责任公司，即国有独资公司，是指国家单独出资、由国务院或者地方人民政府授权本级人民政府国有资产监督管理机构履行出资人职责的有限责任公司。

（二）股份有限公司

股份有限公司是指其全部资本分为等额股份，股东以其认购股份为限对公司承担责任，公司以全部资产对公司债务承担责任的企业法人。股份有限公司的设立方式可分为发起设立和募集设立两种。发起设立是指由发起人认购公司应发行的全部股份而设立公司，发起人应当书面认定公司章程规定其认购的股份，并按照公司章程规定缴纳出资。募集设立是指由发起人认购公司应发行股份的

知识链接：公司法人人格否认制度

一部分，其余部分向社会公开募集或向特定对象募集而设立公司，其中，发起人认购的股份不得少于公司股份总数的35%，但是法律、行政法规另有规定的除外。

三、保险法

保险是指投保人根据合同约定，向保险人支付保险费，保险人对于合同约定的可能发生的事故因其发生所造成的财产损失承担赔偿保险金责任，或者当被保险人死亡、伤残、患病或达到合同约定的年龄、期限等条件时承担给付保险金责任的商业行为。

保险合同是投保人与保险人约定保险权利义务关系的协议。保险合同的主体包括以下几类：

（一）保险合同当事人

投保人和保险人是保险合同当事人。投保人是指与保险人订立保险合同，并按照合同约定负有支付保险费义务的人。保险人是指与投保人订立保险合同，并按照合同约定承担赔偿或者给付保险金责任的保险公司。我国的保险公司包括国有独资公司和股份有限公司。

保险人的义务主要包括保险金的给付义务和危险担保义务。投保人的义务主要包括交纳保险费、如实告知、危险增加和危险事故的通知、维护保险标的安全和施救的义务等。

（二）保险合同关系人

被保险人和受益人是保险合同关系人。被保险人是指其财产或者人身受保险合同保障，享有保险金请求权的人，投保人可以为被保险人。受益人是指人身保险合同中由被保险人或者投保人指定的享有保险金请求权的人，投保人、被保险人可以为受益人。

（三）保险合同辅助人

保险代理人和保险经纪人是保险合同辅助人。保险代理人是指根据保险代理合同或保险人的授权书，向保险人收取代理手续费，并在保险人授权的范围内代其办理保险业务的人。依据保险代理人的代理权限，保险代理人可分为总代理人、营业代理人和特约代理人。保险经纪人是指基于被保险人的利益，代其与保险人签订保险合同，并向保险人收取佣金的人。

四、票据法

（一）票据的含义和特征

票据是指出票人签发的，约定由出票人自己或委托第三人，于见票时或者指定日期，无条件支付一定金额给收款人或持票人的一种要式有价证券。票据具有以下特征：

（1）票据是一种有价证券。票据代表一定的财产权利，票据权利的产生、移转、行使都以票据的存在和交付为其必要条件。

（2）票据是一种债权证券。票据所代表的财产权利在性质上属于债权，只发生在特定的权利人和义务人之间，权利人权利的实现必须以义务人实施特定的行为为必要的前提。

（3）票据是一种无因证券。票据的设立或转让是基于一定的原因关系产生的，但票据一经设立，票据持有人在移转或者主张票据权利时，可以不必明示其取得票据的原因，即不再受原因关系的制约，这就是票据的无因性。

（4）票据是一种要式证券。票据有严格的形式性要求，各种票据行为都必须严格按照票据法上所规定的应记载的事项和方式作出，具备法定要式，才发生法律效力。

（5）票据是一种文义证券。票据上的权利和义务必须以精确的文字来表达。一切票据行为的意思表示均须以票据上记载的文义为准，不得以票据以外的任何事由加以变更或补充。

（6）票据是一种流通证券。票据可经背书或交付转让于他人，具有流通性。一般来说，无记名票据，仅依交付就可转让；记名票据，必须经背书才能交付转让。

（二）票据的种类

票据分为汇票、本票和支票。

（1）汇票，即出票人签发的，委托付款人在见票时或者指定日期无条件支付确定的金额给收款人或者持票人的票据。汇票分为银行汇票和商业汇票。

（2）本票，即出票人签发的，承诺自己在见票时无条件支付确定的金额给收款人或持票人的票据。本票分为银行本票和商业本票，《票据法》中的本票是指银行本票。

（3）支票，即出票人签发的，委托办理支票存款业务的银行或者其他金融机构在见票时无条件支付确定的金额给收款人或者持票人的票据。

（三）票据行为

票据行为是产生、变更、消灭票据上权利义务关系的法律行为，一般包括出票、背书、提示、承兑、保证、付款、追索等行为。出票是创设票据权利的行为，是票据行为有效成立的前提。背书是指在票据背面或者粘单上记载有关事项并签章的票据行为。提示是持票人为了取得票款而向付款人出示票据、主张请求权的票据行为。承兑是指票据付款人承诺在票据到期日支付票据金额的票据行为。保证是指票据债务人以外的第三人，以担保票据债务的履行为目的，而在票据上所为的一种附属票据行为。付款是付款人依据票据所记载的金额支付票款，以消灭票据关系的行为。追索是指持票人在遭到拒付时，依法请求出票人、背书人，以及票据的其他债务人偿还票据金额、利息和其他费用。

五、企业破产法

破产是指企业法人不能清偿到期债务，并且资产不足以清偿全部债务或明显缺乏清偿能力时，依法将其全部财产公平清偿其所欠的各种债务，并免除其无法偿还的债务的法律程序。破产是通过人民法院审理的特殊诉讼程序，主要包括以下内容。

（一）破产申请的提出和受理

提出破产申请的主体可以是债务人、债权人和依法负有清算责任的人。债务人可以向人民法院提出重整、和解与破产清算申请；债权人可以向人民法院提出对债务人进行重整或者破产清算的申请；企业法人已解散但未清算或未清算完毕，资产不足以清偿债务的，依法负有清算责任的人应当向人民法院申请破产清算。

人民法院经审查符合受理条件的，应予受理。案件受理后，人民法院应指定管理人，及时通知债权人并且发布公告。债权人应当在规定期限内向人民法院申报债权，逾期未申报债权的，视为自动放弃债权。

（二）债权人会议

债权人会议是由全体债权人组成的一个行使债权的议决机构。其职权包括：审查有关债权的证明材料，确认债权有无财产担保及其数额；讨论通过和解协议草案；讨论通过破产财产的处理和分配方案；等等。

（三）和解与整顿

整顿申请提出后，企业应当向债权人通过会议提出和解协议草案。该草案应具有清偿债务的财产来源、清偿债务的办法和期限等内容。企业和债权人通过会议达成和解协议，经人民法院认可后，由人民法院发布公告，中止破产程序。经过整顿，企业能够按照和解协议清偿债务的，人民法院应当终结对该企业的破产程序并且予以公告。

（四）破产宣告和破产清算

人民法院应当自宣告破产之日起 15 日内成立清算组，接管破产企业。清算组负责破产财产的保管、清理、估价、处理和分配，对人民法院负责并报告工作。

破产财产的清偿顺序依次为：破产费用和共益债务；破产企业所欠职工工资和劳动保险费用；破产企业所欠税款；普通破产债权。破产财产的分配方案由清算组提出，经债权人会议讨论通过，报请人民法院裁定后执行。

（五）破产终结

破产财产分配后，由清算组提请人民法院终结破产程序。破产程序终结后，由清算组向破产企业原登记机关办理注销登记，未得到清偿的债权不再清偿。

阅读与思考

“离婚之城”：拉斯韦加斯趣闻①

众所周知，拉斯韦加斯是一座沙漠中的“赌城”。但是在美国，它其实还有一个闻名遐迩的大名——“离婚之城”，这是美国婚姻法的一个“特区”。

拉斯韦加斯地处美国西部内华达州的一片大沙漠里，终年炎热干燥，寸草不生。最开始时，这里只是一个荒无人烟的铁路中转站，偶尔有几个矿工和一些游牧民在此地出没。多年前，美国人突发奇想，要在这片沙漠里建立一座赌城来发展旅游业。他们说干就干。州议会马上通过了一项法律，使赌博合法化。同时，他们又在沙漠中筑起了一座巨大的水利工程——胡佛水坝，为赌城提供了充足的水源和电力。于是，一夜之间，拉斯韦加斯变成了沙漠里的一颗“明珠”。

今日的内华达州早已成功地“脱贫致富”。据说，其财政收入的一半以上来自赌城和旅游。但为了更加“广开财源”，刺激经济发展，州政府又想出了奇特的一招——简化结婚和离婚的手续，以“来赌城，快速离婚，闪电式结婚”为号召，果然吸引了美国不少男女蜂拥而来。

原来，在美国，婚姻法与其他法律一样，都深受英国普通法的影响。在很长的时间内，美国人不仅结婚难，离婚更难。在美国，政府和教会都认为结婚是一件严肃的大事，因为一旦结婚，便产生了新的法律关系：首先，可能会有孩子的出现；其次，可能会有共同财产的出现；再次，可能会出现继承权的问题；最后，如果是跨国婚姻，还会出现国际关系的问题。总之，这些都是极严肃的法律问题。因此，在美国，不提结婚则罢，如果想要结婚，那么，问题的性质就变了，因为这是属于法律范围之内的事情。美国人结婚时，婚姻登记处的官员会用怀疑的目光盯着他们，并再三地追问：“你们认识多久了？相互了解有多深？你是否真的要和这个人结婚？你是否考虑过相关的法律问题？”一切问完了，他们还不能拿到结婚证。按照法律规定，双方结婚前必须有一个“考验期”，该“考验期”在各州法律中长短各异，短则3日，长则15日。总之，美国政府要让准备结婚的人清醒、慎重地再考虑一次，然后才批准。

说到美国人的离婚，那就更难了。其实，美国许多州的法律由于深受基督教教义的影

---

① 余定宇．寻找法律的印迹．北京：法律出版社，2003.

响，对离婚历来是深恶痛绝的。在美国，法定准许离婚的理由不仅很少，条件很严格，而且有一个漫长的“考验期”，有的州规定至少1年，最长的则规定要分居3年，才可以提出离婚请求。这种做法使美国人怨声载道。

但各州婚姻法的严格无意中为赌城带来了无限商机。1931年，内华达州立法规定：凡在赌城登记结婚者，20分钟之内就可以结为合法夫妇；凡在赌城居住满6周者，即可在该州的法院诉请离婚。此法一出，成千上万的美国人纷纷从各地涌进这片沙漠，实行“迁居离婚”，赌城即刻就从几十个州中抢走了大笔的“离婚生意”！在拉斯韦加斯的州法院里，只要在赌城真的住满6周，离婚判决3分钟就能完成，绝不拖泥带水。据说，每年都有几万对实在过不下去的夫妇在这里和平分手，各奔前程。

不过，更吸引游客的内容是“闪电式结婚”。一对从外地来的男女，只要年满18周岁，缴付35美元的结婚登记、发证费用之后，就可以马上成为合法夫妻。于是，赌城又成为一个名扬四海的“结婚的天堂”。在一些赌场内，就有婚姻登记代办处，“结婚服务”的触角居然延伸到赌场中，这真有点儿不可思议。更不可思议的是，在整个赌城里，有40多座婚礼教堂，从周一到周五，服务到凌晨，周末则24小时营业。由此可见，此地的“婚姻生意”是多么兴隆。

思考：你如何理解婚姻自由？

自我测试

第六章 经济法

第一节 经济法概述

一、经济法的概念和特征

一般认为，经济法是国家从整体经济发展的角度出发，对具有社会公共性的经济活动进行干预、管理和调控的法律规范的总称。作为一个独立的法律部门，经济法具有以下特征。

（一）经济性

经济性即与经济密切相关的属性。经济法的产生与发展起源于国家对社会经济活动的干预，可以说，社会经济活动的存在和发展直接决定了经济法的内容与发展方向。同时，国家对社会经济活动的干预主要是把经济制度和经济活动的内容及要求直接规定为法律，这就使经济法必然要反映基本经济规律，揭示基本经济问题。

（二）社会性

经济法以社会利益为本位。经济法是顺应生产社会化的要求而产生和发展的，其根本目的在于维护社会整体利益，促进社会经济结构和运行的协调、稳定和发展。国家对社会经济生活的干预体现了国家的社会公共职能，反映了绝大多数人的意志，即社会意志。正因为经济法是以维护社会整体经济利益为最终价值目标之法，其内涵与外延应该随着市场经济的发展而发展，经济法的研究不应只局限于经济层面，由经济发展引发的生态问题、社会问题亦应落入经济法的视野。

（三）政策性

经济法经常被表述为国家对经济的干预之法，它体现了国家权力对社会经济生活的直接干预和调控。因此，国家的经济体制和经济政策无疑对经济法的发展和变化产生影响，经济法也必须反映和回应社会经济生活和政治形势的变化，呈现出政策性的特征。经济政策的内容决定了经济法的基本内容，经济政策的倾向性也决定了经济法的倾向性和实施力度。比如，关于税法，在过去，政策的核心是税收负担问题，但现在各国基本上都确立了税收的调控政策方向，即将正确引导经济行为、合理确定分配格局、有效调整经济结构、确保财政收入稳定增长作为主要的政策目标。

二、经济法的调整对象

一般认为，经济法只调整一定范围内的经济关系，具体包括以下内容。

（一）市场规制关系

市场规制关系是指国家为了保障市场机制的健康运行，维护市场竞争秩序，保护经营者、消费者的合法利益，提升社会公共福利，而对市场主体的生产经营行为加以干预和约束所发生的一种国家经济调节关系。市场规制关系主要包括市场竞争关系、消费者权益保护关系、产品质量监督管理关系等。

（二）宏观调控关系

宏观调控关系是指国家对国民经济和社会发展运行进行规划、调节和控制过程中发生的经济关系，它涉及现实社会中的国民经济整体利益、社会公共利益、国家根本利益和长远利益，其本质是国家对宏观经济政策的调控关系。宏观调控关系主要包括计划调控关系、财税调控关系、金融调控关系、经济监管关系等。

（三）社会保障关系

社会保障是指国家和社会通过立法对国民收入进行分配和再分配，对社会成员，特别是生活有特殊困难的人们的基本生活给予保障的社会安全制度。社会保障的本质是维护社会公平，促进社会稳定发展。社会保障具有强制性和互济性，具有弥补市场机制的缺陷、促进社会经济健康发展的功能。社会保障关系是经济关系运行的基础和要素，主要包括劳动法律关系、社会保险法律关系等。

知识链接：经济法学的产生与发展

具体到我国现行的法律，主要体现为《消费者权益保护法》《产品质量法》《反不正当竞争法》《反垄断法》《劳动法》《劳动合同法》

《中华人民共和国价格法》(简称《价格法》)(1997 年公布)、《中华人民共和国税收征收管理法》(简称《税收征收管理法》)、《中华人民共和国个人所得税法》(简称《个人所得税法》)等。

第二节 竞争法

一、竞争法的含义

竞争是市场经济最重要的运行机制。健全、良性的竞争具有减少社会成本、优化配置社会资源的作用，而混乱无序的不正当竞争不仅会破坏整个社会经济秩序、损害社会公共利益，而且会使遵循诚信原则参加市场竞争的经营者遭受利益方面的损害。因此，经济法作为经济干预之法，必须在维护市场良性竞争方面有所作为，竞争法应运而生。

所谓竞争法，就是调整市场竞争关系的法律规范的总称。它可以分为两大部分：一是反垄断法，旨在反对限制竞争的行为，以维护自由竞争的市场结构为己任，对利用自己的垄断优势地位破坏市场竞争机制和秩序的垄断行为进行监控与管制。二是反不正当竞争法，旨在反对违反诚信原则以及采取其他不道德手段进行过分的恶性竞争的行为，目的是维护公平、正当的竞争秩序。反垄断法和反不正当竞争法构成了我国竞争法的主体部分。

二、反垄断法

反垄断法又称反托拉斯法，是指国家调整市场主体或其他组织的垄断行为或其他限制竞争行为的有关法律规范的总称。我国反垄断法主要包括以下内容。

（一）禁止垄断协议

禁止垄断协议是指禁止经营者之间达成旨在排除、限制竞争或者实际上具有排除、限制竞争效果的协议、决定或者其他协同一致的行为。垄断协议是一种限制竞争协议，一般可分为横向垄断协议和纵向垄断协议两种。

1. 横向垄断协议

横向垄断协议又称卡特尔，是指处于同一市场层次的当事人（如制造商与制造商、销售商与销售商）之间达成的限制竞争的协议。横向垄断协议内容包括：① 固定价格；② 限制数量；③ 分割市场，即竞争者之间分割地理、客户或者产品市场范围的协议；④ 限制购买新技术或者限制开发新产品；⑤ 联合抵制。

2. 纵向垄断协议

纵向垄断协议是指处于不同市场层次的当事人（如制造商、批发商与零售商等上游企业与下游企业）之间达成的限制竞争的协议。我国反垄断法明令禁止两类纵向垄断协议：一是固定转售价格；二是限定最低转售价格。这些限制不仅严重损害销售商的定价权，而且严重损害消费者的利益。对于其他类型的纵向垄断协议，如独家销售、独家购买、限制地域等，因为它们在很多情况下具有合理性，所以应当适用合理原则。

（二）禁止滥用市场支配地位

禁止滥用市场支配地位是指具有市场支配地位的经营者，不得滥用市场支配地位，排除、限制竞争。认定市场支配地位的一系列因素包括经营者的市场份额、相关市场竞争状况、经营者控制市场的能力、经营者的财力和技术条件、其他经营者对该经营者在交易上的依赖程度、其他经营者进入相关市场的难易程度等。

滥用市场支配地位的行为主要包括：以不公平高价销售商品或者以不公平低价购买商品；没有正当理由，以低于成本的价格销售商品；没有正当理由，拒绝与交易相对人进行交易；没有正当理由，限定交易相对人只能与其或者与其指定的经营者进行交易；没有正当理由，搭售商品或者在交易中附加其他不合理的条件；没有正当理由，对条件相同的交易相对人在价格等交易条件上实行差别待遇；国务院反垄断执法机构认定的其他滥用市场支配地位的行为。此外，经营者滥用知识产权、排除和限制竞争的行为，同样适用我国的反垄断法。

（三）控制经营者集中

经营者集中是指经营者通过合并、资产购买、股份购买、合同约定（联营、合营）、人事安排、技术控制等方式取得对其他经营者的控制权或者能够对其他经营者施加决定性影响的情形。其中，合并是最重要、最常见的经营者集中形式。经营者集中有利于扩大企业的经营规模，提高企业的效率和竞争力，但如果允许它们无限制地并购企业，就不可避免地会消灭市场上的竞争者，导致垄断性的市场结构。

我国反垄断法主要是通过集中申报和审批制度控制经营者集中的。这里必须强调的是，包括《反垄断法》在内的国家法律并不一概反对并禁止企业正常兼并、收购资产的整合行为，只有在企业的并购行为可能达到排除、限制竞争，损害消费者利益的情况下，国家法律才会要求企业向国务院反垄断执法机构申报集中，由其作出是否同意集中的决定。

（四）禁止行政垄断

禁止行政垄断是指行政机关和法律、法规授权的具有管理公共事务职能的组织不得滥用行政权力排斥、限制或妨碍市场竞争的行为。滥用行政权力限制竞争的行为从本质上讲都是一种歧视行为，即对市场条件下本来应该有着平等地位的市场主体实施了不平等的待遇，其后果是扭曲竞争，妨碍建立统一、开放和竞争的大市场，使社会资源不能得到合理、有效的配置。

《反垄断法》规定的行政垄断行为有：强制交易；妨碍商品在地区间自由流通；排斥或限制外地企业参与本地招投标活动；排斥或限制外地资金流入本地市场；强制经营者从事垄断行为；制定排除、限制竞争的行政法规。

知识链接：美国反垄断法的实施历程

三、反不正当竞争法

反不正当竞争法是指调整市场交易活动中的不正当竞争行为，保护经营者和消费者合法权益的法律规范的总称。《反不正当竞争法》中专门列举了以下几种典型的不正当竞争行为。

（一）仿冒、混淆行为

仿冒、混淆行为是指经营者在自己的商品、营业场所、网站域名上不正当地使用他人的标志，使自己的商品或者营业与他人经营的商品、商业相混淆，谋取不正当利益的行为。这类行为具体表现为：擅自使用与他人有一定影响的商品名称、包装、装潢等相同或者近似的标志；擅自使用他人有一定影响的企业名称、姓名；等等。

（二）商业贿赂行为

商业贿赂行为是指经营者为了谋取交易机会或者竞争优势，以财物或其他手段贿赂相关交易人员的行贿受贿行为。在我国，商业贿赂的表现形式主要是回扣。回扣区别于折扣、佣金，回扣是指经营者为了谋取交易机会或者竞争优势，在账外暗中给予交易对象或有关人员财物的行为；折扣是指经营者为了销售或者购买商品，以公开明示的方式向交易对象支付一定数额的财物的行为；佣金是指在市场交易中，经营者以公开明示的方式付给促成交易的中间人的劳务报酬。

（三）引人误解的虚假宣传行为

根据《反不正当竞争法》的规定，经营者不得对其商品的性能、功能、质量、销售状况、用户评价、曾获荣誉等作虚假或者引人误解的商业宣传，欺骗、误导消费者。经营者不得通过组织虚假交易等方式，帮助其他经营者进行虚假或者引人误解的商业宣传，如交易平台的刷单行为，以及影视行业中的刷票房行为等。

（四）侵犯商业秘密行为

商业秘密是指不为公众所知悉、具有商业价值并经权利人采取相应保密措施的技术信息和经营信息等商业信息。侵犯商业秘密行为是指为了竞争或其他目的，通过不正当竞争手段获取、泄露或使用他人商业秘密的行为，主要表现为：以盗窃、贿赂、欺诈、胁迫、电子侵入或者其他不正当手段获取权利人的商业秘密；披露、使用或者允许他人使用以上述手段获取的权利人的商业秘密；违反保密义务或者违反权利人有关保守商业秘密的要求，披露、使用或者允许他人使用其所掌握的商业秘密；教唆、引诱、帮助他人违反保密义务或者违反权利人有关保守商业秘密的要求，获取、披露、使用或者允许他人使用权利人的商业秘密。

（五）不当有奖销售行为

有奖销售是指经营者销售商品或者提供服务，附带地向购买者提供物品、金钱或者其他经济上的利益的行为。我国对三种有奖销售行为作了严格限制：所设奖的种类、兑奖条件、奖金金额或者奖品等有奖销售信息不明确，影响兑奖；采用谎称有奖或者故意让内定人员中奖的欺骗方式进行有奖销售；抽奖式的有奖销售，最高奖的金额超过 5 万元。

（六）诋毁商誉行为

诋毁商誉行为是指经营者为打击自己的竞争对手，以求在市场竞争中取胜，采取编造、传播虚假信息或者误导性信息的手段来诋毁或贬低自己竞争对手的商业信誉或商品声誉，以削弱其市场竞争能力的行为。这种行为违背了最起码的商业道德准则。

（七）互联网不正当竞争行为

经营者利用网络从事生产经营活动，利用技术手段、通过影响用户选择或者其他方式，实施妨碍、破坏其他经营者合法提供的网络产品或者服务正常运行的行为，属于互联网不正当竞争行为。常见的互联网不正当竞争行为包括：未经其他经营者同意，在其合法提供的网络产品或者服务中，插入链接、强制进行目标跳转；误导、欺骗、强迫用户修改、关闭、卸载其他经营者合法提供的网络产品或者服务；恶意对其他经营者合法提供的网络产品或者服务实施不兼容；其他妨碍、破坏其他经营者合法提供的网络产品或者服务正常运行的行为。

第三节　产品质量法

产品质量法是调整产品质量监督管理关系和产品质量责任关系的法律规范的总称。《产品质量法》所称的产品仅指经过加工、制作，用于销售的产品。未经加工的天然形成的物品，如原矿、原煤、石油、天然气，以及初级农产品、未投入流通的自用的产品、建设工程等，都不属于该法所调整的产品。

一、产品质量监督制度

（一）产品标准化制度

产品标准化制度是关于产品质量标准的制定、实施、监督、检查的各项规定的总和，是产品质量监督管理的依据和基础。根据《中华人民共和国标准化法》（简称《标准化法》）的规定，我国现行的标准分为国家标准、行业标准、地方标准、团体标准和企业标准。国家标准又可分为强制性标准和推荐性标准。凡是有关保障人体健康，人身、财产安全的标准和法律、行政法规规定强制执行的标准，均为强制性标准，其他标准为推荐性标准。对于强制性标准，必须执行，对于不符合强制性标准的产品，禁止生产、销售和进口；对于推荐性标准，国家鼓励企业自愿采用。

（二）企业质量体系认证制度

企业质量体系认证制度是指国务院产品质量监督管理部门或者由其授权的部门认可的认证机构，依据国际通用的“质量管理和质量保证”系列标准，对企业的质量体系和质量保证能力进行审核，审核合格的，颁发企业质量体系认证证书的制度。推进企业质量体系认证制度建设，引导企业向国际先进水平发展，有利于促进企业改善经营管理，提高企业整体素质，增强企业市场竞争能力。

（三）产品质量认证制度

企业根据自愿原则，可以向国务院产品质量监督管理部门或者由其授权的部门认可的认证机构申请产品质量认证，经认证合格的，由认证机构颁发产品质量认证证书，准许企业在产品或者其包装上适用产品质量认证标志。产品质量认证与企业质量体系认证不同，产品质量认证的对象是企业的产品本身，而非企业本身。

（四）生产许可证制度

生产许可证制度是指国家对于具备某种产品的生产条件并能保证产品质量的企业，依法授予许可生产该种产品的凭证的法律制度。我国实现生产许可证制度的产品主要是重要的工业产品，特别是可能危及人体健康，人身、财产安全和公共利益的产品。通过实施产品生产许可证，国家能够强化对企业的宏观调控和对产品质量的管理。

（五）产品质量监督检查制度

我国对产品质量实行以抽查为主要方式的监督检查制度。抽查主要集中在以下三类产品：可能危及人体健康和人身、财产安全的产品；影响国计民生的重要工业产品；消费者、有关组织反映有质量问题的产品。抽查的样品应当在市场上或者企业成品仓库内的待销产品中随机抽取。对于国家监督抽查的产品，地方不得另行重复抽查；对于上级抽查的产品，下级不得另行重复抽查。

（六）产品召回制度

产品召回制度是指产品进入流通领域后，如果发现存在可能危害消费者健康、安全的缺陷，产品的制造者或经销者应当及时采取有效措施，收回流通中的缺陷产品，以消除危害发生的制度。《民法典》和《消费者权益保护法》都规定了生产者或经营者对缺陷产品的召回义务及其法律责任。

二、生产者和销售者的产品质量义务与责任

（一）生产者的产品质量义务

1. 保证产品质量

产品质量应当符合以下要求：① 不存在危及人身、财产安全的不合理的危险，有保障人体健康，人身、财产安全的国家标准、行业标准的，应当符合该标准。② 具备产品应当具备的使用性能，但是，对产品存在使用性能的瑕疵作出说明的除外。③ 符合在产品或者其包装上注明采用的产品标准，符合以产品说明、实物样品等方式表明的质量状况。

2. 对产品及其包装上的标志的要求

产品及其包装上的标志应符合以下要求：① 有产品质量检验合格证明。② 有用中文标明的产品名称、生产厂厂名和厂址。③ 根据产品的特点和使用要求，需要标明产品规格、等级、所含主要成分的名称和含量的，用中文相应地予以标明；需要事先让消费者知晓的，应当在外包装上标明，或者预先向消费者提供有关资料。④ 对于限期使用的产品，应当在显著位置清晰地标明生产日期和安全使用期或者失效日期。⑤ 对于使用不当，容易造成产品本身损坏或者可能危及人身、财产安全的产品，应当有警示标志或者中文警示说明。

3. 特殊产品的储运、包装应符合要求

易碎、易燃、易爆、有毒、有腐蚀性、有放射性等危险物品以及储运中不能倒置和其他有特殊要求的产品，其包装质量必须符合相应要求，依照国家有关规定作出警示标志或者中文警示说明，标明储运注意事项。

4. 其他产品质量义务

根据相关规定，生产者禁止从事下列行为：① 生产者不得生产国家明令淘汰的产品。② 生产者不得伪造产地，不得伪造或者冒用他人的厂名、厂址。③ 生产者不得伪造或者冒用认证标志、名优标志等质量标志。④ 生产者生产产品，不得掺杂、掺假，不得以假充真、以次充好，不得以不合格产品冒充合格产品。⑤ 对于国家颁发生产许可证才能生产的产品，未取得生产许可证的不得生产。⑥ 不得将不合格的产品投入市场。

（二）销售者的产品质量义务

销售者的产品质量义务主要包括：执行进货检查验收制度，验明产品合格证明和其他标志；采取措施，保证销售产品的质量；不得销售国家明令淘汰并停止销售的产品和失效、变质的产品；遵守产品或者其包装上的标志的各项规定；不得伪造产地，不得伪造或者冒用他人的厂名、厂址；不得伪造或者冒用认证标志、名优标志等质量标志；不得掺杂、掺假，不得以假充真、以次充好，不得以不合格产品冒充合格产品。

（三）生产者、销售者的产品质量责任

生产者、销售者的产品质量责任是指发生产品质量问题后，生产者、销售者给予用户、消费者的财产赔偿。它体现为两个方面：一是销售者的瑕疵担保责任；二是产品责任，即生产者、销售者因缺陷产品造成人身、财产损害的侵权民事责任。

1. 销售者的瑕疵担保责任

销售者在下列情形下应承担瑕疵担保责任：不具备产品应当具备的使用性能而事先未作说明；不符合在产品或者其包装上注明采用的产品标准；不符合以产品说明、实物样品等方式表明的质量状况。发现产品瑕疵的，销售者应当负责修理、更换、退货；给购买产品的用户、消费者造成损失的，销售者应当赔偿损失。如果产品瑕疵是由生产者或者供货者造成的，销售者在承担上述责任后，有权向生产者或者供货者追偿。

2. 产品责任

关于生产者的产品责任，我国实行严格责任原则，即只要受害人能证明产品存在缺陷、缺陷对其造成损害、缺陷和损害之间有因果关系，生产者就必须承担赔偿责任。生产者能够证明未将产品投入流通，或者产品投入流通时，引起损害的缺陷尚不存在，或者将产品投入流通时的科学技术水平尚不能发现缺陷存在的，可以免除赔偿责任。如果产品缺陷是由销售者引起的，或者销售者不能指明缺陷是由产品的生产者、供货者造成的，那么销售者承担产品责任。

由产品存在缺陷造成人身、财产损害后，被侵权人可以向缺陷产品的生产者要求赔偿，也可以向缺陷产品的销售者要求赔偿，生产者和销售者任何一方都有义务接受赔偿要求。损害赔偿的范围包括人身损害赔偿和财产损害赔偿两种。

第四节　消费者权益保护法

一、消费者的权利

消费者的权利作为一种基本人权，是生存权的重要组成部分，是《消费者权益保护法》的核心。《消费者权益保护法》规定，消费者享有九项权利。

（一）保障安全权

保障安全权是消费者最基本的权利。它是指消费者在购买、使用商品或者接受服务时所享有的保障其人身、财产安全不受侵害的权利。消费者取得某种商品或者服务，目的在于生活消费，因此，商品或服务必须安全、可靠。消费者有权要求经营者提供符合保障人身、财产安全要求的商品或服务。人身安全包括两个方面：一是身体健康不受损害；二是生命安全有保障。

（二）知悉真情权

知悉真情权又称了解权、知情权，是指消费者有知悉其购买、使用的商品或者接受的服务的真实情况的权利。对于消费者来说，知情是消费活动中必不可少的，是消费者决定购买某种商品、接受某项服务的前提。消费者有权对商品或服务的有关真实情况进行全面、充分的了解，有权要求经营者提供商品的价格、产地、生产者、用途、性能、规格、等级、主要成分、生产日期、有效期限、检验合格证明、使用方法说明书、售后服务或服务内容、规格、费用等有关情况。

（三）自主选择权

自主选择权是指消费者根据自己的意愿独立自主地选择商品或服务的权利。自主选择权主要包括：自主选择提供商品或者服务的经营者的权利；自主选择商品或者服务的品种或服务方式的权利；自主决定购买或不购买任何一种商品，接受或不接受任何一项服务的权利；在自主选择商品或服务时进行比较、鉴别和挑选的权利。

（四）公平交易权

公平交易是市场经济的基本原则，消费者依法享有公平交易权。公平交易权是指消费者在购买商品或者接受服务时享有获得质量保障、价格合理和计量准确等公平交易条件的权利；有权拒绝经营者的强制交易行为，如搭售等。为了保障消费者公平交易权的实现，我们必须依法对劣质销售、价格不公、计量失度、强买强卖等不公平交易行为加以严格禁止。

（五）损害求偿权

损害求偿权是指消费者在因购买、使用商品或者接受服务受到人身、财产损害时，依法享有要求并获得赔偿的权利。消费者的范围包括直接购买商品的消费者、使用商品或者接受服务的消费者，或者因为商品质量而受到人身、财产损害的第三人。

（六）依法结社权

依法结社权是指消费者享有的依法成立维护自身合法权益的社会团体的权利。消费者的依法结社权是十分必要的，它能够集中消费者的力量，使消费者从弱小走向壮大，改变消费者和经营者之间的力量对比，从而使消费者与具有雄厚实力的经营者相抗衡。依法结社权是《宪法》规定的公民享有的一项基本权利，消费者为保护自己的利益而成立的中国消费者协会与地方各级消费者协会都应受到政府的支持和法律的保护。

（七）获取知识权

获取知识权也称受教育权，是指消费者所享有的获得有关消费和消费者权益保护方面的知识的权利。这是从知悉真情权中引申出来的一种权利，其目的是使消费者更好地掌握有关商品、服务和消费市场的知识，以及消费者权益保护方面的知识，从而使消费者正确地使用商品或者接受服务，提高自我保护意识和能力。

（八）受尊重权和个人信息受保护权

受尊重权是指消费者在购买、使用商品或者接受服务时所享有的其人格尊严、民族风俗习惯得到尊重的权利。这是尊重和保障人权的一个重要体现。另外，2013 年修正的《消费者权益保护法》特别增加了消费者“享有个人信息依法得到保护的权利”，这为遏制当前社会消费领域日益严重的个人信息被侵害的情况提供了法律上的支持。

（九）监督批评权

监督批评权是指消费者享有对商品或服务及保护消费者权益工作进行监督批评的权利，是社会监督的一项重要内容。消费者有权检举、控告侵害消费者权益的行为和国家机关及工作人员在保护消费者权益工作中的违法渎职行为，有权对保护消费者权益工作提出批评、建议。

二、经营者的义务

为了保障消费者权利的实现，经营者应当承担相应的义务。《消费者权益保护法》对经营者的义务作了明确的规定。

（一）严格履行法定和约定的义务

经营者向消费者提供商品或者服务，必须履行《产品质量法》和其他有关法律、法规规定的一切义务。经营者和消费者有约定的，应当按照约定履行义务，但双方的约定不得违背法律、法规的规定。此外，经营者向消费者提供商品或者服务，应当恪守社会公德，诚信经营，保障消费者的合法权益；不得设定不公平、不合理的交易条件，不得强制交易。

（二）接受社会监督的义务

经营者应当听取消费者对其提供的商品或者服务的意见，接受消费者的监督。经营者听取意见，应不分时间、场合、地点、途径，诚恳地接受监督，这是经营者不断提高商品或者服务质量的必不可少的措施，而且可以提高经营者的信誉。

（三）保障人身和财产安全的义务

经营者应当保证其提供的商品或者服务符合保障人身、财产安全的要求。对可能危及人身、财产安全的商品或者服务，经营者应当向消费者作出真实的说明和明确的警示，并说明和标明正确使用商品或者接受服务的方法以及防止危害发生的方法。宾馆、商场、餐馆、银行、机场、车站、港口、影剧院等经营场所的经营者，应当对消费者尽到安全保障义务。

（四）瑕疵商品或者服务的召回义务

经营者发现其提供的商品或者服务存在缺陷，有危及人身、财产安全危险的，应当立即向有关行政部门报告和告知消费者，并采取停止销售、警示、召回、无害化处理、销毁、停止生产或者服务等措施。采取召回措施的，经营者应当承担消费者因商品被召回支出的必要费用。

（五）不作虚假宣传的义务

经营者向消费者提供有关商品或者服务的质量、性能、用途、有效期限等信息，应当真实、全面，不得作虚假或者引人误解的宣传。经营者对消费者就其提供的商品或者服务的质量和使用方法等问题提出的询问，应当作出真实、明确的答复。经营者提供商品或者服务应当明码标价。

（六）出具凭证和单据的义务

经营者提供商品或者服务，应当按照国家有关规定或者商业惯例向消费者出具发票等购货凭证或者服务单据；消费者索要发票等购货凭证或者服务单据的，经营者必须出具。购货凭证或者服务单据不仅是经营者与消费者之间签订和履行合同的凭证，而且是消费者借以享受有关权利以及在合法权益受到损害时，向经营者索赔的重要依据。

（七）提供符合要求的商品或者服务的义务

经营者应当保证在正常使用商品或者接受服务的情况下，其提供的商品或者服务应当具有的质量、性能、用途和有效期限。经营者以广告、产品说明、实物样品或者其他方式表明商品或者服务的质量状况的，应当保证其提供的商品或者服务的实际质量与表明的质量状况相符。经营者提供的商品或者服务不符合质量要求的，消费者可以依照国家规定、当事人约定退货，或者要求经营者履行更换、修理等义务。

对经营者采用网络、电视、电话、邮购等方式销售商品的情形，消费者有权自收到商品之日起 7 日内退货，且无须说明理由，但下列商品除外：消费者定作的；鲜活易腐的；在线下载或者消费者拆封的音像制品、计算机软件等数字化商品；交付的报纸、期刊。

（八）标明真实名称和标记的义务

经营者在提供商品或者服务时，应当标明自己的真实名称和标记。租赁他人柜台或者场地的经营者，亦应当标明自己的真实名称和标记。

（九）遵守公平交易的义务

为了保障消费者的公平交易权，经营者在经营活动中使用格式条款的，应当以显著方式提请消费者注意商品或者服务的数量和质量、价款或者费用、履行期限和方式、安全注意事项和风险警示、售后服务、民事责任等与消费者有重大利害关系的内容，并按照消费者的要求予以说明。经营者不得以格式条款、通知、声明、店堂告示等方式，作出排除或者限制消费者权利、减轻或者免除经营者责任、加重消费者责任等对消费者不公平、不合理的规定，不得利用格式条款和借助技术手段强制交易。

（十）不得侵犯消费者的人身权的义务

消费者的人身权是基本人权。经营者不得对消费者进行侮辱、诽谤，不得搜查消费者的身体及其携带的物品，不得以拘禁或者其他方式侵犯消费者的人身自由。

（十一）采用网络、电视、电话、邮购等方式提供商品或者服务的经营者的信息披露义务

采用网络、电视、电话、邮购等方式提供商品或者服务的经营者，以及提供证券、保险、银行等金融服务的经营者，应当向消费者提供经营地址、联系方式、商品或者服务的数量和质量、价款或者费用、履行期限和方式、安全注意事项和风险警示、售后服务、民事责任等信息。

（十二）对消费者个人信息的保护义务

经营者收集、使用消费者个人信息，应当遵循合法、正当、必要的原则，明示收集、使用信息的目的、方式和范围，并经消费者同意。经营者及其工作人员对收集的消费者个人信息必须严格保密，不得泄露、出售或者非法向他人提供。经营者应当采取技术措施和其他必要措施，确保信息安全，防止消费者个人信息泄露、丢失。在发生或者可能发生信息泄露、丢失的情况时，应当立即采取补救措施。经营者未经消费者同意或者请求，或者消费者明确表示拒绝的，不得向其发送商业性信息。

三、争议解决和法律责任

（一）争议的解决途径

消费者和经营者发生消费者权益争议的，可以通过以下途径解决：与经营者协商和解；请求消费者协会或者依法成立的其他调解组织调解；向有关行政部门投诉；根据与经营者达成的仲裁协议，提请仲裁机构仲裁；向人民法院提起诉讼；等等。

（二）法律责任的确定

当侵犯消费者合法权益时，经营者除应承担相应的民事责任以外，法律、法规有规定的依照规定承担行政责任，法律、法规未作规定的，由工商行政管理部门或者其他有关行政部门责令改正，可以警告、没收违法所得、处以违法所得 1 倍以上 10 倍以下的罚款，没有违法所得的，处以 50 万元以下的罚款；情节严重的，责令停业整顿、吊销营业执照；构成犯罪的，依法追究刑事责任。

知识链接：×品牌汽车欺诈销售案

第五节　劳动法

一、劳动法的含义

劳动法是调整劳动关系以及与劳动关系密切相联系的其他关系的法律规范的总称。狭义的劳动法专指《劳动法》；广义的劳动法除包括《劳动法》以外，还包括宪法、法律、行政法规、地方性法规中有关劳动问题的规定，如《劳动合同法》《中华人民共和国劳动争议调解仲裁法》（简称《劳动争议调解仲裁法》）、《女职工劳动保护特别规定》《中华人民共和国劳动合同法实施条例》(简称《劳动合同法实施条例》)、《劳动保障监察条例》等。

二、劳动合同制度

(一)劳动合同的概念和种类

劳动合同是劳动者与用人单位确立劳动关系、明确双方权利和义务的协议。劳动合同按照其表现是否为常态，可以分为一般的劳动合同和特殊的劳动合同。

1. 一般的劳动合同

一般的劳动合同即劳动者和用人单位之间在正常情况下，按照一般的劳动时间和劳动条件所达成的双方权利义务关系的协议，是通常情形下的劳动合同。

2. 特殊的劳动合同

特殊的劳动合同即在非正常情况下，依照《劳动合同法》的特别规定订立的劳动合同。它形成的条件和一般的劳动合同不同。特殊的劳动合同包括两种：劳务派遣合同和非全日制劳动合同。

(1) 劳务派遣合同即劳务派遣单位(用人单位)和受派遣劳动者签订的劳动合同。劳务派遣单位和受派遣劳动者签订劳动合同后，将劳动者派遣至劳务派遣接受单位(用工单位)，在劳务派遣关系中，受派遣劳动者和劳务派遣单位签订劳动合同，劳务派遣单位和劳务派遣接受单位签订劳务派遣协议。

(2) 非全日制劳动合同即劳动者和用人单位签订的，以小时计酬为主，劳动者在同一用人单位一般平均每日工作时间不超过 4 小时，每周工作时间累计不超过 24 小时的特殊形式的劳动合同。

(二)劳动合同的订立

1. 劳动合同的形式和期限

建立劳动关系，应当订立书面劳动合同。已建立劳动关系，未同时订立书面劳动合同的，应当自用工之日起 1 个月内订立书面劳动合同。

劳动合同的期限可以分为三类：固定期限劳动合同、无固定期限劳动合同、以完成一定工作任务为期限的劳动合同。

2. 劳动合同试用期制度

(1) 劳动合同期限 3 个月以上不满 1 年的，试用期不得超过 1 个月；劳动合同期限 1 年以上不满 3 年的，试用期不得超过 2 个月；3 年以上固定期限和无固定期限的劳动合同，试用期不得超过 6 个月。

(2) 同一用人单位与同一劳动者只能约定一次试用期。

（3）以完成一定工作任务为期限的劳动合同或者劳动合同期限不满 3 个月的，不得约定试用期。

（4）试用期包含在劳动合同期限内。劳动合同仅约定试用期的，试用期不成立，该期限为劳动合同期限。

（5）劳动者在试用期的工资不得低于本单位相同岗位最低档工资或者劳动合同约定工资的 80%，并不得低于用人单位所在地的最低工资标准。

3. 保密条款和竞业限制法律制度

用人单位可以与劳动者约定保密条款，具体约定要考虑劳动者所从事工作内容的性质和具体情况，由用人单位和劳动者通过协商来确定。竞业限制的人员限于用人单位的高级管理人员、高级技术人员和其他负有保密义务的人员。竞业限制的范围、地域、期限由用人单位与劳动者约定，竞业限制的约定不得违反法律、法规的规定。在解除或者终止劳动合同后，竞业限制的人员到与本单位生产或者经营同类产品、从事同类业务的有竞争关系的其他用人单位，或者自己开业生产或经营同类产品、从事同类业务的竞业限制期限不得超过 3 年。

4. 违约金制度

用人单位与劳动者约定由劳动者承担违约金的情形限于两种：培训服务期约定违约金和在竞业限制约定中约定违约金。用人单位为劳动者提供专项培训费用，对其进行专业技术培训的，可以与该劳动者订立协议，约定服务期。劳动者违反服务期约定的，应当按照约定向用人单位支付违约金。劳动者违反竞业限制约定的，应当按照约定向用人单位支付违约金。

（三）劳动合同的解除

1. 劳动者和用人单位协商解除

用人单位与劳动者协商一致，可以解除劳动合同。立法对这种解除方式一般不规定条件，只要求解除合同的合意在内容、形式、程序上合法即可。

2. 劳动者单方面解除劳动合同

一般情况下，劳动者单方面解除劳动合同，须提前通知用人单位。但如果用人单位存在未按照劳动合同约定提供劳动保护或者劳动条件、未及时足额支付劳动报酬、未依法为劳动者缴纳社会保险费、用人单位的规章制度违反法律规定而损害劳动者权益等情形，劳动者可以随时解除劳动合同。

3. 用人单位单方面解除劳动合同

当劳动者存在过失时，用人单位可以随时解除劳动合同。比如，在试用期间被证明不符合录用条件的；严重违反用人单位规章制度的；严重失职，营私舞弊，给用人单位造成重大损害的；劳动者同时与其他用人单位建立劳动关系，对完成本单位的工作任务造成严重影响，或者经用人单位提出，拒不改正的；等等。

当劳动者不存在过失时，用人单位可以解除劳动合同。比如，劳动者患病或者非因工负伤，在规定的医疗期满后不能从事原工作，也不能从事由用人单位另行安排的工作的；劳动者不能胜任工作，经过培训或者调整工作岗位，仍不能胜任工作的；等等。但是用人单位应当提前 30 日以书面形式通知劳动者本人。在特殊情况下，用人单位不得进行经济性裁员和“无过失性解除”。比如，在本单位患职业病或者因工负伤并被确认丧失或者部分丧失劳动能力；患病或者非因工负伤，在规定的医疗期内；女职工在孕期、产期、哺乳期；在本单位连续工作满 15 年，且距离法定退休年龄不足 5 年；等等。

案例链接：劳动者在单位考核中居于“末位等次”是否意味着“不能胜任工作”？

4. 解除劳动合同的经济补偿和赔偿

《劳动合同法》第 46 条规定了用人单位应当向劳动者支付经济补偿的七类情形。

《劳动合同法》第 47 条第 1 款规定：“经济补偿按劳动者在本单位工作的年限，每满一年支付一个月工资的标准向劳动者支付。六个月以上不满一年的，按一年计算；不满六个月的，向劳动者支付半个月工资的经济补偿。”

用人单位违反《劳动合同法》规定的条件解除或者终止劳动合同，劳动者享有选择权，可以要求用人单位继续履行劳动合同，用人单位能够履行的，应当继续履行；劳动者不要求继续履行劳动合同或者劳动合同不能继续履行的，用人单位应当依照经济补偿标准的 2 倍向劳动者支付赔偿金。

三、工资法律制度

工资一般包括计时工资、计件工资、奖金、津贴和补贴、延长工作时间的工资报酬，以及特殊情况下支付的工资等。工资是劳动者劳动收入的主要组成部分。单位支付给劳动者个人的社会保险福利费用、劳动保护方面的费用、按规定未列入工资总额的各种劳动报酬及其他劳动收入不属于工资范围。

我国现行的特殊情况下的工资主要有以下几种。

（一）加班加点工资

加班是指在法定节日、公休假日从事工作。加点是指在一个工作日内延长工作时间。用人单位安排劳动者延长工作时间的，应支付不低于工资的 150% 的工资报酬；休息日安排劳动者工作又不能安排补休的，支付不低于工资的 200% 的工资报酬；法定休假日安排劳动者工作的，支付不低于工资的 300% 的工资报酬。

案例链接：加班工资怎么算？

（二）休假期间的工资

劳动者的休假期间包括年休假、探亲假、婚丧假和事假等。其中，前三项均属于带薪休假；劳动者请事假，一般不发给工资，但学徒工请事假的，生活费照发。

（三）停工、停产期间的工资

非劳动者原因造成单位停工、停产在一个工资支付周期内的，用人单位应按劳动合同规定的标准支付劳动者工资。超过一个工资支付周期的，若劳动者提供了正常劳动，则支付给劳动者的劳动报酬不得低于当地的最低工资标准；若劳动者没有提供正常劳动，应按国家有关规定办理。

（四）依法参加社会活动期间的工资

劳动者在法定工作时间依法参加社会活动期间，用人单位应视同其提供了正常劳动而支付工资。

四、劳动争议的处理

发生劳动争议时，劳动者可以与用人单位协商，也可以请工会或者第三方共同与用人单位协商，达成和解协议；当事人不愿协商、协商不成或者达成和解协议后不履行的，可以向调解组织申请调解；不愿调解、调解不成或者达成调解协议后不履行的，可以向劳动争议仲裁委员会申请仲裁；对仲裁裁决不服的，可以向人民法院提起诉讼。

知识链接：为什么要加强灵活就业和新就业形态劳动者权益保障？

我国处理劳动争议采取“仲裁前置”的原则，即劳动争议案件必须经过仲裁委员会仲裁，否则，人民法院将不予以受理。

阅读与思考

改革开放、个人收入分配和税法变革的历史考察[①]

我国最早进行的农村改革，体现为逐渐推广的联产承包责任制，其目标是调整国家、农村集体经济组织和农民个人三者的收入分配关系，其核心内容被概括为“交够国家的、留够集体的、剩下的都是自己的”，而分配的客体——“公粮”，则是农业税的课税对象。从

① 张守文．改革开放、收入分配与个税立法的完善．华东政法大学学报，2019，22（1）：6-16.

这个意义上说，我国的改革始于个人收入分配的制度变革，且与税收制度的调整直接相关，这同历史上的“经济改革—收入分配—税制变革”的一般路径是内在一致的。如果没有对个人收入分配的税法调整，就难以解决国家与国民基础性的分配问题，也就无法有效实现通过改革来推进经济与社会发展的目标。

农村改革所带来的收入分配制度调整获得了巨大成功，为其后推开的城市改革树立了信心。鉴于“国企改革”是城市改革的核心，我国大力推进“利改税”，将国有企业上缴利润改为缴纳税金，并在此基础上于1984年进行了大规模的工商税制改革。上述的“利改税”以及相关的税制改革，是对国家、国企、职工个人分配关系的重要调整，尤其有助于激发企业活力和职工的积极性。

在推动农村改革和城市改革的同时，我国也大力推进开放，以实现对内改革与对外开放的互动。而对外开放、引进外资，则不仅需要建立涉外企业及其税收方面的制度，也要考虑对外籍个人和本国公民的收入依法征税。为此，全国人大及其常委会在1980年分别制定和颁布了《个人所得税法》和《中华人民共和国中外合资经营企业所得税法》(简称《中外合资经营企业所得税法》)，又于1981年制定和颁布了《中华人民共和国外国企业所得税法》。

在改革开放之初，上述立法可谓开经济立法之先河，既回应了改革开放和解决收入分配问题的现实需求，也体现了税法制度对改革开放和收入分配的促进和保障功能。改革开放使人们的收入水平普遍提高，需要对先富群体的收入进行税法调节。为此，国务院于1986年先后制定了《中华人民共和国城乡个体工商业户所得税暂行条例》(简称《城乡个体工商业户所得税暂行条例》)和《中华人民共和国个人收入调节税暂行条例》(简称《个人收入调节税暂行条例》)，其目的是调节个人收入，促进经济体制改革的顺利进行。至此，在改革开放初期，针对不同类型的个人收入分配，形成了《个人所得税法》与《城乡个体工商业户所得税暂行条例》和《个人收入调节税暂行条例》并行调整的格局，直至1994年实施大规模的税制改革，才将上述“一法两条例”统合制定为一部《个人所得税法》，由此开启了个税领域“税收法定”的新时代。

上述个税立法的统一，是经济体制改革日益深化的结果。正是1993年在《宪法》上确立的市场经济体制，要求有统一的税制与其相适应，才使《个人所得税法》被赋予了重要使命，成为调整国家与国民分配关系的重要法律。随着市场经济的发展，个人收入分配差距不断扩大，税法的再分配功能变得更加重要。这也是个税立法多次变易的重要原因。

在整个改革开放的历程中，为回应调节个人收入分配的需要，1980年通过的《个人所得税法》经历了1993年、1999年、2005年、2007年、2011年、2018年的7次修正（其中2007年2次修正），有时修正间隔较大（如从1980年到1993年仅修正1次），有时修正较为频繁（如从2005年到2007年修正了3次）。由于每次立法调整的幅度不同，重要程度各异，因而对改革开放、收入分配的影响亦存在差别。

事实上，上述的历次修正，与改革开放的发展阶段以及所要解决的主要问题密切相关，可将其分别归入1994年、2004年、2014年启动的3次税制改革。其中，2004年开启的税制改革属于“渐进式微调”，这一时期的个税立法主要体现为储蓄存款利息、工薪所得扣除额以及相关税率的调整，对税制的整体格局影响甚微；而1994年和2014年开启的税制改革则涉及大量制度变革，影响更大。据此，研究改革开放以来的个税立法变革，需要重点关注1980年的初次立法，以及1993年和2018年的2次大幅度修正，这3个时间节点对于后面的制度演进分析更为重要。

总之，改革开放需要解决多方面的问题，但收入分配问题是“重中之重”。正是由此入手并不断扩展和深化，才使我国的改革开放取得了巨大的经济成就；同时，正是随着个税立法的不断完善，我国的个人分配差距过大、分配不公等问题在一定程度上得到缓解。因此，不断完善个税立法对于解决分配问题、推进改革开放甚为重要。

个税立法的完善历来是税制改革的重要内容。税制改革作为整体改革开放的重要组成部分，直接影响着整体收入分配问题的解决。我国从1984年开始，按照10年1次的周期，进行重要的税制改革，推动了各类税收立法的完善。2018年《个人所得税法》的修正，是国家在全面深化改革和推进依法治国的新时期的重要制度安排。此次修法虽有较大改进，但在某些方面仍存在完善的空间。考虑到历次立法修改都涉及重要结构的变革，如能揭示其中需要普遍注意的结构性问题，则对于整体税收立法的完善亦具有重要价值。

思考：改革开放、个人收入分配和税法三者之间是何关系？

自我测试

第七章 国际法

第一节 国际公法

一、国际公法的概念

国际公法即狭义的国际法，是指在国家与国家交往中形成的，主要调整国家之间关系的，有约束力的原则、规则和制度的总体。它主要体现为一系列的国际条约、国际习惯、一般法律原则和司法判例。国际公法的调整对象主要是国家之间的政治、外交、军事等关系。

知识链接：中国近代国际法学的诞生与成长

二、国际公法的基本原则

国际公法的基本原则是指被各国公认和接受的、具有普遍约束力的、适用于国际公法各个领域的、构成国际公法基础的法律原则。根据《联合国宪章》《关于各国依联合国宪章建立友好关系及合作之国际法原则之宣言》和其他有关国际公法基本原则的文件，国际公法的基本原则主要包括以下内容。

（一）国家主权平等原则

国家主权是国家的根本属性，在国际公法上是指国家有独立自主地处理其内外事务的权力。这项原则意味着：各国在法律上平等；每个国家都享有充分主权所固有的权利；国家的人格、领土完整和政治独立受到尊重；各国在国际秩序中应善意履行其国际义务和责任；各国均有权利自由选择并发展其政治、社会、经济及文化制度。

（二）禁止以武力相威胁或使用武力原则

这项原则禁止侵略战争，而且确认不得以与联合国宗旨不符合的任何方式在国际关系中使用武力或武力威胁。但是，禁止以武力相威胁或使用武力原则有三项例外：依据《联合国宪章》，联合国安全理事会授权或采取的集体强制措施；单独或集体的自卫；殖民地的人民为争取民族独立而进行的武装斗争。

（三）和平解决国际争端原则

国际争端，不论政治的、经济的，还是法律或事实上的，如果长期得不到解决，均有可能发展为武装冲突，甚至国际战争。只有通过和平解决，才能维护国际和平与安全。

（四）不干涉内政原则

不干涉内政原则是指国家在相互交往中不得以任何理由或任何方式，直接或间接地干涉他国主权管辖范围内的一切内外事务，同时，也指国际组织不得干涉属于成员国国内管辖的事项。另外，这一原则中的“内政”具有较为广泛的内容，它不仅指一个国家的国内事务，还包括一个国家与其他国际公法主体之间的事务。

（五）善意履行国际义务原则

善意履行国际义务原则是指一个国家应善意履行《联合国宪章》规定的、由公认的国际公法原则和规则产生的、其作为缔约国参加的国际条约所承担的各项义务。

（六）国际合作原则

国际合作原则是指各国不论政治、经济及社会制度有何差异，都有义务在国际关系的各个方面彼此合作。

（七）民族平等和自决原则

民族平等和自决原则是指被殖民地主义奴役和压迫的民族，有采取国际公法确认的一切合法手段摆脱殖民统治，自由决定自己的命运，自由选择政治制度和社会制度，建立民族独立国家的权利。

三、国际公法上的国家

国家是国际公法的基本主体，是组成现代国际社会的主要成员。国家的构成要素包括定居的居民、确定的领土、政权组织、主权。这四个要素是紧密联系在一起的，任何国家都必须具备这四个要素，也只有具备了这四个要素，才能构成国家。

根据一般国际实践，国家的基本权利包括独立权、平等权、自保权、管辖权、司法豁免权。国家具体的权利和义务很多，如缔结条约、建立外交关系、派遣使节、参加国际会议和组织、在国际法院提起诉讼等。

知识链接：为什么要推进国家安全体系和能力现代化？

四、国际公法上的个人

（一）国籍

国籍是指一个人隶属一个国家的国民或公民的法律资格，是一个人同某一特定国家的固定的法律关系，也是国家对一个人行使外交保护的法律依据。按照国际公法，国籍问题原则上属于每个国家的主权管辖范围。一个国家规定的关于其国籍的取得、丧失或者变更等问题的法律称为国籍法。

国籍的取得主要有两种途径：一种是因出生而取得一国国籍，称为原始国籍，其判断标准主要是出生地和血统；另一种是因加入而取得一国国籍，称为继有国籍，又称归化，这种情况主要有自愿申请加入，以及由于婚姻、收养、认领、交换领土等入籍。

国籍丧失大致可分为自愿丧失和非自愿丧失两大类。自愿丧失主要包括申请解除或退出本国国籍、声明放弃本国国籍、因选择别国国籍而放弃本国国籍三种形式。非自愿丧失可分为两种情况：一是因与外国人结婚、被外国人收养、未经本国政府许可而在外国服兵役或担任公职等法定事实而自动丧失本国国籍；二是出于某种原因而被剥夺国籍。

（二）外国人的待遇

外国人的待遇主要指外国人在民事方面的待遇。对于国家给予外国人何种待遇，国际法上并无统一规定。在国际实践中，各国在互惠和不歧视的基础上，在不同领域分别采取国民待遇、最惠国待遇、差别待遇等原则。

（三）引渡和庇护

引渡通常是指被请求国应请求国请求，将位于被请求国境内而被请求国追诉或判刑的人移交请求国审判或执行刑罚的行为。引渡是一种国家行为，其法律依据一般是国际条约和国内法规定。一般情况下，罪犯国籍所属国、犯罪行为地国、受害国及犯罪结果发生地国可以提出引渡请求。引渡的理由一般是普通刑事犯罪，而且必须是请求国和被请求国的法律都认为是犯罪的行为，或者是引渡条约中所规定的犯罪行为。按照国际惯例，对于政治犯，一般不引渡。

庇护是指国家允许出于政治原因受外国追诉或迫害而前来请求避难的外国人在本国入境、居留并对之加以保护的行为。庇护的对象主要是由于政治、种族、宗教等方面而将受到或已经受到有关国家迫害的人，包括政治犯和政治难民，所以，庇护也称政治避难。庇护的主要依据是国内法规定，许多国家在宪法中都制定了庇护条款。

五、国家领土

国家领土是国家存在的物质基础和国家行使主权的空间，是处于国家的主权支配下的地球表面的特定部分，包括地下及上空。一个国家的领土由领陆、领水、领空组成：领陆是国家疆界以内的全部陆地，包括大陆和岛屿；领水是国家主权管辖下的全部水域，包括内水和领海；领空是国家领陆和领水以上一定高度的空气空间。

根据《联合国海洋法公约》的规定，沿海国可对领海之外的某些海洋区域（如毗连区、大陆架和专属经济区）行使某些事项的管辖权，但是这些海域不构成沿海国领土的一部分。

另外，南极地区只能用于和平目的，冻结该地区的领土主权要求，主要依据的是《南极条约》。北极地区迄今尚无国际条约确定其法律地位和制度，其法律制度正在形成之中。

知识链接：毗连区、大陆架和专属经济区

六、条约法

条约是国际公法主体之间以国际公法为准则，为建立其权利和义务而缔结的书面协议。1969 年缔结的《维也纳条约法公约》是条约法的主要法律渊源，我国于 1997 年加入该公约，我国的有关立法是 1990 年通过的《中华人民共和国缔结条约程序法》(简称《缔结条约程序法》)。

条约的缔结一般有四个步骤：谈判和约文的议定；签字表示同意接受条约的约束；缔约国的国家权力机关批准；交换批准书或交存批准书。以上程序仅为一般程序，并非每个条约缔结的必经程序。但大多数条约的产生都必须经过谈判和签字。

"条约必须遵守"是一项公认的国际法原则，凡有效的条约对其各成员国都有约束力，各成员国必须善意履行，不存在任何理由可以为不履行条约辩解。条约可由当事国、国际组织、国际法庭或国际法院按照其文义或参照其目的和宗旨进行善意的解释。

知识链接：国际法与国内法的关系

七、外交和领事关系法

外交关系主要是指国家为了实现其对外政策，由外交机关通过访问、谈判、签订条约、外交文书往来、派出常驻外交代表机关、参加国际会议和国际组织等对外活动形成的关系。外交关系法主要是调整国家之间外交关系的原则、规则和制度的总称。其最主要的渊源是1961年签订的《维也纳外交关系公约》。

领事关系是指一个国家根据与他国达成的协议，相互在对方一定地区设立领事馆和执行领事职务所形成的国家之间的关系。领事关系法是主要调整国家之间领事关系的原则、规则和制度的总称。其主要渊源是1963年签订的《维也纳领事关系公约》。

八、国际组织法

国际组织是指若干个国家的政府、民间团体或个人为特定的国际合作目的，通过协议而创立的常设国际机构。其中，由两个以上的国家或其政府所创立的国际组织称为政府间国际组织；由不同国家的民间团体所创立的国际组织称为非政府间国际组织。

联合国是根据1945年签订的《联合国宪章》成立的，它是迄今最重要的全球性、普遍性的国际组织，在国际社会中发挥着不可替代的作用。同时，一批在各自领域起重要作用的专门性国际组织，通过与联合国的关系协定而成为联合国的专门机构，从而构成了联合国组织体系。

联合国的宗旨是：维持国际和平与安全；发展各国之间的友好关系；促进国际合作，以解决属于经济、社会、文化及人类福利性质的国际问题，并促进对人权的尊重；作为协调各国行动的中心，以达到上述共同目的。联合国为实现其宗旨和目的，设立了6个主要机关：联合国大会、联合国安全理事会、联合国经济及社会理事会、联合国托管理事会、国际法院、联合国秘书处。另外，联合国还有许多专门机构，如世界气象组织、世界知识产权组织、国际货币基金组织等。

知识链接：联合国的主要机关

九、国际争端的解决

国际争端是指国际公法主体之间，主要是国家之间，由于在法律或事实上意见不一致或政治利益的冲突所产生的争执。通过外交途径解决争端的主要方法是谈判、斡旋与调停、调查和调解等。国际争端的法律解决方法包括国际仲裁和国际司法。前者是指当事国通过订立仲裁条约或约定，自愿把争议交由选定的仲裁机构处理，并约定接受裁决的内容。后者是指争端当事国采用请求书或特别协定的方式将争端提交给世界性或区域性的国际法院，由国际法院进行审理判决。

案例链接：东京审判

第二节 国际私法

一、国际私法的概念

国际私法是指以直接规范和间接规范相结合来调整平等主体之间的国际民商事法律关系，并且解决国际民商事法律冲突的法律部门。国际私法主要体现在各国的国内立法、国内判例、国际条约和国际惯例中。一般认为，国际私法的调整对象是具有涉外因素的民商事法律关系。

二、国际私法的基本原则

（一）国家主权原则

国家主权原则是国际私法的首要原则。国家主权独立，彼此相互尊重是国家之间进行经济贸易往来的先决条件。国家主权原则在国际私法领域的具体表现如下：一是国家之间应相互尊重对方国家的立法权；二是国家之间应相互尊重对方国家的司法管辖权；三是平等地运用本国法或外国法。

（二）平等互利原则

国际私法调整的是平等者之间的民商事关系，平等互利原则是国际私法的重要原则。这项原则主要有两个方面的内容：一是主权国家之间的法律地位平等，即国家不分大小、强弱，其法律地位应平等；二是当事人之间的法律地位平等，即涉外民商事关系中的当事人，不论自然人、法人还是国家，其法律地位一律平等，任何一方都不能享有特权，不能以强凌弱。

（三）遵守国际条约、参照国际惯例的原则

“条约必须遵守”是国际法的一项基本原则。在涉外民商事交往中，条约成员国有遵守条约的义务。在国际经济交往和涉外民商事往来过程中，如果本国缔结或者参加的国际条约以及本国国内立法对相关的民商事关系没有作出法律规定，那么可以参照国际惯例。

（四）保护当事人合法利益原则

赋予涉外民商事关系主体平等的法律地位，对权利受到侵害的当事人给予法律救济，这

是维护国际民商事和经济秩序稳定的重要手段。这项原则要求，在解决涉外民商事争议时，既要保护本国当事人的合法权益，又要维护外国一方当事人的正当利益，不能置外国一方当事人的正当利益于不顾而蓄意偏袒本国一方当事人，这样才能维护国际经济秩序的稳定，有利于国际经济交往的发展。

三、冲突规范

（一）冲突规范的含义和结构

冲突规范是由国内法或国际条约规定的，指明某一涉外民商事法律关系应适用何种法律的规范。因此，冲突规范又称法律适用规范或法律选择规范。

冲突规范的结构由范围和系属两部分组成。范围是指冲突规范所要调整的民商事关系，通过冲突规范的范围可以判断该规范用于解决哪一类民商事关系。系属是指调整涉外民商事关系应适用的法律。其中，把特定的民商事关系与某国法律连接起来的一种事实因素称为连接点。比如，在“不动产物权适用不动产所在地法律”这条冲突规范中，“不动产物权”是范围，“不动产所在地法律”是系属，“不动产所在地”是连接点。

把常用的系属固定化，使其成为国际上公认的或为大多数国家采用的涉外民商事关系法律适用原则，即系属公式。常用的系属公式有以下几种：

（1）属人法。属人法是指以涉外民商事关系当事人的国籍、住所或居所为连接点的系属公式。它主要用来解决人的身份、能力、婚姻家庭、亲属、财产继承有关的法律冲突。

（2）物之所在地法。物之所在地法是指作为涉外民事关系客体的物在时间和空间上所位于的那个国家的法律。它主要用来解决物的所有权与其他物权关系方面的法律冲突。

（3）行为地法。行为地法是指涉外民商事行为发生地或完成地的法律。涉外民商事行为是多种多样的，所以，行为地法可以分解为若干个系属公式，如合同缔结地法、合同履行地法、侵权行为地法、婚姻缔结地法等。

（4）当事人合意选择的法律。当事人合意选择的法律是指双方当事人自行选择的适用于涉外民商事关系的法律。当事人这种对法律的选择又称“意思自治”，它主要用来解决涉外合同和涉外侵权的法律适用问题。

（5）法院地法。法院地法是指审理涉外民商事案件的法院所在地的法律。它主要用来解决涉外民事诉讼程序方面的法律冲突，在有些情况下，也用来解决实体法方面的法律冲突。

（6）旗国法。旗国法是指旗帜所属国家的法律。它常用来解决船舶、航空器在运输过程中发生纠纷时的法律冲突问题。

（7）最密切联系地法。最密切联系地法是指与涉外民商事关系有密切联系的国家的法律。它适用于许多不同性质的涉外民商事关

案例链接：巴倍科克诉杰克逊案（1963 年美国纽约州法院审理）

系，尤其适用于涉外合同关系和涉外侵权关系。

（二）准据法

准据法是指按照冲突规范的指引而援用的确定涉外民商事关系当事人的权利和义务的特定法域的实体法规范。准据法具有以下特点：

（1）准据法是经冲突规范指引所援用的实体法。准据法是经过冲突规范援引才能适用于涉外民商事关系的法律。经过冲突规范援引的实体法，可以是国内实体法，包括本国实体法和外国实体法，也可以是统一实体法，包括国际条约和国际惯例。

（2）准据法是能够确定当事人权利和义务的实体法。一个国家的法院审理涉外民商事案件，根据冲突规范指引适用某一特定法域的法律。如果适用的是其冲突法，经过直接反致、转致、间接反致适用了本国法或适用了另外国家的实体法，那么在这种情况下，仅适用了冲突法而未适用实体法的国家的法律不能被看作准据法。

知识链接：识别

四、外国法的适用

（一）反致

狭义的反致是指反致本身，也称“直接反致”“一级反致”。广义的反致包括直接反致、转致、间接反致三种制度。反致制度有利有弊，我国并不赞成反致制度。

1. 直接反致

直接反致是指对于某一涉外民商事案件，法院按照自己的冲突规范本应适用外国法，而该外国法中的冲突规范又指引适用法院地法，于是法院最后适用了法院地国的实体法。比如，一个住所在意大利的英国公民未留遗嘱死亡，死后在英国留有遗产。按照英国冲突法规则，动产继承依被继承人的住所地法，但意大利的冲突规范规定动产继承依被继承人的本国法。英国法院最终以其本国法来处理，即构成反致。

2. 转致

转致是指对某一涉外民商事案件，甲国法院按照甲国的冲突规范本应适用乙国法，而乙国的冲突规范规定适用丙国法，甲国法院因此适用了丙国实体法审理案件，这就构成转致。

3. 间接反致

间接反致是指对某一涉外民商事案件，甲国法院根据本国冲突规范的指引应该适用乙国法，而乙国的冲突规范规定应该适用丙国法，丙国的冲突规范规定应该适用甲国法，最后，甲国法院适用甲

案例链接：福尔果继承案

国实体法为案件的准据法，这就构成间接反致。

（二）公共秩序保留

公共秩序保留是指本国法院在审理涉外民商事案件时，依其冲突规范的指引应适用外国法为准据法，而外国法的适用与本国的公共秩序相抵触，在这种情况下，以公共秩序保留为由排除外国法适用的一种保留制度。

知识链接：适用公共秩序保留有主观说和客观说两种

各国在援用公共秩序保留排除外国法的适用后，一般都改为内国法的相应实体法规范作为准据法。何谓公共秩序？与其说这是一个法律概念，不如说这是一个政治概念，所以，目前多数学者主张，人们应对公共秩序保留加以适当限制，以尽可能适用本来应该适用的外国的有关实体法作出判决。

（三）法律规避

法律规避是指涉外民商事关系的当事人为了规避原来应该适用的某一国法律，故意制造一些条件，利用冲突规范，使对其有利的另一国法律得以适用，或者规避各国法律中规定的连接点，使涉外民商事关系没有适当的法律进行调整，以实现规避法律的目的。这样的法律规避行为无效。

案例链接：鲍富莱蒙离婚案

（四）外国法的查明

外国法的查明是指一个国家的法院根据本国的冲突规范指引应适用外国法时，如何查明该外国法的存在和确定其内容。因为各国对外国法的性质认识不同，所以，外国法的查明方法大致分为三类：当事人举证证明；法官依职权查明；法官依职权查明，当事人亦负有协助义务。

外国法不能查明时，大多数国家以法院地法代替应适用的外国法，英美法系国家类推适用内国法，德国、美国等少数国家即驳回当事人的诉讼请求或抗辩。也有的国家适用一般法理或与外国法相近似的法律。我国在外国法不能查明时，适用的是我国的法律。

五、我国涉外民商事关系的法律适用

在我国，国际私法的主要法律依据是《中华人民共和国涉外民事关系法律适用法》（简称《涉外民事关系法律适用法》）。《涉外民事关系法律适用法》规定了我国具体的涉外民事关系的法律适用规范，主要体现在以下几方面。

（一）关于民事主体的权利能力和行为能力

自然人的民事权利能力和民事行为能力适用经常居所地法律。自然人从事民事活动，依照经常居所地法律为无民事行为能力，依照行为地法律为有民事行为能力的，适用行为地法律，但涉及婚姻家庭、继承的除外。

法人及其分支机构的民事权利能力、民事行为能力、组织机构、股东权利义务等事项，适用登记地法律。

（二）关于涉外物权

不动产物权适用不动产所在地法律。当事人可以协议选择动产物权适用的法律。当事人没有选择的，适用法律事实发生时动产所在地法律。当事人可以协议选择运输中动产物权发生变更适用的法律；当事人没有选择的，适用运输目的地法律。

（三）关于涉外合同

当事人可以协议选择合同适用的法律。当事人没有选择的，适用履行义务最能体现该合同特征的一方当事人经常居所地法律或者其他与该合同有最密切联系的法律。

（四）关于涉外侵权

侵权责任适用侵权行为地法律，但当事人有共同经常居所地的，适用共同经常居所地法律。侵权行为发生后，当事人协议选择适用法律的，按照其协议。

（五）关于涉外知识产权

知识产权的归属和内容适用被请求保护地法律。当事人可以协议选择知识产权转让和许可使用适用的法律。当事人没有选择的，适用《涉外民事关系法律适用法》对合同的有关规定。知识产权的侵权责任，适用被请求保护地法律，当事人也可以在侵权行为发生后协议选择适用法院地法律。

（六）关于涉外婚姻

结婚条件适用当事人共同经常居所地法律；没有共同经常居所地的，适用共同国籍国法律；没有共同国籍，在一方当事人经常居所地或者国籍国缔结婚姻的，适用婚姻缔结地法律。结婚手续，符合婚姻缔结地法律、一方当事人经常居所地法律或者国籍国法律的，均为有效。

协议离婚，当事人可以协议选择适用一方当事人经常居所地法律或者国籍国法律。当事人没有选择的，适用共同经常居所地法律；没有共同经常居所地的，适用共同国籍国法律；

没有共同国籍的，适用办理离婚手续机构所在地法律。诉讼离婚适用法院地法律。

（七）关于涉外继承

法定继承适用被继承人死亡时经常居所地法律，但不动产法定继承，适用不动产所在地法律。遗嘱方式符合遗嘱人立遗嘱时或者死亡时经常居所地法律、国籍国法律或者遗嘱行为地法律的，遗嘱均为成立。遗嘱效力适用遗嘱人立遗嘱时或者死亡时经常居所地法律或者国籍国法律。遗产管理等事项适用遗产所在地法律。无人继承遗产的归属适用被继承人死亡时遗产所在地法律。

六、国际民事诉讼程序和国际商事仲裁程序

（一）国际民事诉讼程序

国际民事诉讼又称涉外民事诉讼，主要是指在诉讼主体中至少有一方当事人为外国人或无国籍人，或者争议涉及位于外国的物或在外国发生的事实的民事诉讼。

一个国家的法院在审理涉外民事案件时，会遇到一些特殊的问题，如外国人在内国的诉讼地位、该国对案件的管辖权、涉外法律文书的送达、涉外证据的调查取证、承认和执行外国法院的判决、司法协助。解决这些问题的程序和规则构成了国际民事诉讼程序的基本内容。《民事诉讼法》在总则和第四编都对我国涉外民事诉讼程序作了专门规定。

知识链接：司法协助

（二）国际商事仲裁程序

国际商事仲裁是指在国际商事活动中，当事人依据争议发生前后双方达成的仲裁协议，自愿将他们之间的争议交由常设仲裁机构或临时仲裁庭进行审理和裁决的一种争议解决方式。仲裁机构和仲裁庭所作出的裁决是终局的，对各方均具有约束力。

第三节　国际经济法

一、国际经济法的概念

国际经济法是指调整国际经济活动和国际经济关系的法律规范的总和，也就是调整在商

品、技术、资本、服务等跨国交易流通中形成的法律关系的法律规范和法律制度的总和。国际经济法的调整对象既包括国际法中的经济关系，又包括国内法中的涉外经济关系；既有公法的关系，又有私法的关系；既有横向的关系，又有纵向的关系。国际经济法具体包括国际货物贸易、国际服务贸易、国际知识产权、国际投资、国际货币与金融、国际税收、国际经济组织等各种法律规范和法律制度。

二、国际经济法的基本原则

（一）国家对自然资源享有永久主权原则

国家对自然资源享有永久主权是国家最基本的和不可剥夺的权利，特别是对于发展中国家而言，自然资源是其发展民族经济的物质基础，对自然资源享有永久主权是其谋求自身发展的先决条件，也是其结束一切形式的新老殖民主义统治和剥削的有力武器。根据这一原则，各国具有管理外国投资、管理和监督跨国公司，以及实行国有化或征收的权利。

（二）公平互利原则

公平互利原则不仅适用于发展中国家与发达国家之间的经济往来，而且适用于发达国家之间的经济往来。在现代科技发展条件下，所有国家的经济发展在很大程度上都是互相联系、互相依靠的，只有共同发展，才能实现各国的繁荣和进步；只有在公平互利原则的基础上建立新的国际经济秩序，才能摆脱贫富悬殊的现象，实现所有国家在经济上的均衡发展。

（三）国际合作以谋发展原则

根据联合国通过的《各国经济权利和义务宪章》的规定，国际合作以谋发展是所有国家的一致目标和共同义务，每个国家都应对发展中国家的努力给予合作，提供有利的外界条件，给予符合其发展需要和发展目标的积极协助，要严格尊重各国的主权平等，不附带任何有损它们主权的条件，以加速它们的经济和社会发展。这一原则是对旧的国际经济秩序的重大革新，把各国的发展，特别是发展中国家的发展与国际合作密切结合起来，对于人类走上自觉发展的新阶段具有极其深远的意义。

三、国际贸易法

国际贸易法调整国际贸易关系，根据其标的不同，分为国际货物贸易法、国际技术贸易法、国际服务贸易法。在国际贸易法中还有一个特殊的领域，即自成体系的世界贸易组织（World Trade Organization，WTO）的相关法律。

（一）国际货物贸易法

1. 国际货物贸易合同

国际货物贸易是在不同国家的当事人之间的货物买卖，主要以签订和履行国际货物贸易合同的方式实现。国际货物贸易合同是国际货物贸易法的核心，为履行国际货物贸易而缔结的运输合同、保险合同、支付合同等是国际货物贸易中的辅助合同，调整这些合同的法律也构成了国际货物贸易法的组成部分。

知识链接：海上货物运输

2. 国际货物贸易公约

《联合国国际货物销售合同公约》于 1988 年 1 月 1 日生效，是统一国际贸易领域法律最为重要的成果。《联合国国际货物销售合同公约》包括以下几个部分，共 101 条。

序言阐明公约的宗旨在于减少国际贸易的法律障碍，促进国际贸易的发展。

第一部分为“适用范围和总则”，按其规定，该公约适用于：第一，缔约国中营业地分处不同国家的当事人之间的货物买卖；第二，由国际私法规则导致适用某一缔约国法律；第三，仅适用合同的订立和买卖双方的权利义务。此外，该公约还列举了不适用公约的货物买卖。该公约不涉及：第一，合同的效力，或其任何条款的效力或惯例的效力；第二，合同对所有权的影响；第三，货物对人身造成的伤亡或损害的产品责任问题。

第二部分为“合同的订立”，系统规定了要约、承诺的规则。

第三部分为“货物销售”，主要规定买卖双方的权利、义务、违约和违约救济方法，以及货物风险转移的规则。

第四部分为“最后条款”，主要是签字、加入、生效、退出、保留及保管等一般性条款。

我国于 1986 年 12 月成为该公约的缔约国。我国在核准加入该公约时，对公约第 1 条第 1 款 b 项（由国际私法规则导致适用某一缔约国法律）和第 11 条（买卖合同无书面形式的要求）作了保留。

3. 国际贸易惯例

国际贸易惯例是国家之间在长期交往中自发形成的、具有普遍约束力的习惯做法。主要的国际贸易惯例有国际法协会编纂的《1932 年华沙–牛津规则》、美国对外贸易会议修订的《1941 年美国对外贸易定义修订本》和国际商会制定的《国际贸易术语解释通则》。其中，《国际贸易术语解释通则》使用最为广泛。

知识链接：《国际贸易术语解释通则》

根据卖方义务的不同，《国际贸易术语解释通则》将其所包含的贸易术语分为 E、F、C、D 四组。在这四组中，E 组术语项下卖方的义务最小，相应在其术语下买卖货物的价格最低；D 组术语项下卖方的义务最大，相应价格也最高。正因为如此，贸易术语又称价格术语。

（二）国际技术贸易法

国际技术贸易是指跨越国境的技术转移。在现实生活中，国际技术贸易包括各种形式，如国际技术买卖、国际技术咨询服务、国际投资、国际工程承包、国际补偿贸易、国际合作生产与合作研究等。但在国际技术贸易中，最普遍的应用形式是国际技术许可合同。

国际技术许可合同是指技术供应方以技术许可协议的方式，将自己有权处置的某项技术允许技术接受方按照合同约定的条件使用该项技术，并以此获得一定的使用费或其他报酬的一种技术转移形式。调整这些合同的法律也构成了国际技术贸易法的组成部分。

（三）国际服务贸易法

国际服务贸易是指以服务为交易对象的活动。世界贸易组织制定的《服务贸易总协定》将国际服务贸易分为四种：跨境交付、境外消费、商业存在、自然人流动。《服务贸易总协定》作为世界贸易组织乌拉圭回合谈判“一揽子”协议的成果，于 1995 年生效。它的宗旨是在透明度和逐步自由化的前提下，建立一个有关服务贸易原则与规定的多边框架。它规定成员义务分为一般性义务和具体承诺的义务。一般性义务适用于成员方的所有服务部门，具体承诺的义务仅适用于经过双边或多边谈判之后承诺开放的部门。

知识链接：为什么要加快建设贸易强国？

（四）世界贸易组织的相关法律

世界贸易组织成立于 1995 年，是关税及贸易总协定第八轮谈判（乌拉圭回合）的硕果，是目前世界上影响最大的贸易管理组织，有“经济联合国”之称。其宗旨在于提高生活水平、保证充分就业、保证实际收入和有效需求的大幅稳定增长，以及扩大货物和服务的生产及贸易。在实际运行中，世界贸易组织是一个国际贸易条约群体，是多边贸易谈判的场所，也是解决贸易纠纷的裁判场地。

知识链接：WTO 的基本法律原则

《马拉喀什建立世界贸易组织协定》（简称《WTO 协定》）包括序言、16 个条文和 4 个附件。这 4 个附件内容极其广泛，是世界贸易组织规则的核心。

四、国际投资法

国际投资是投资者为获得一定经济效益而将其资本投向国外的一种跨国资金流动的经

济活动形式。国际投资包括外国投资（资本输入国接受外国投资）和海外投资（资本输出国的对外投资）。国际私人直接投资是国际投资的主要方式，在国际投资中占主要地位。

国际投资法是指调整国际私人直接投资关系的国内法和国际法规范的总称。多边投资协议主要有1965年在世界银行倡导下通过的《解决国家与他国国民间投资争议公约》(简称《华盛顿公约》)；1985年在世界银行汉城年会上正式通过，并于1988年生效的《多边投资担保机构公约》(简称《汉城公约》)；世界贸易组织的《与贸易有关的投资措施协议》等。我国自2020年1月1日起施行的《中华人民共和国外商投资法》(简称《外商投资法》) 是我国利用外资领域最基本的法律。

知识链接：《与贸易有关的投资措施协议》

五、国际货币金融法

国际货币金融法又称国际金融法，是调整国际货币金融关系的法律规范的总称。国际货币金融关系的主体是各国政府、金融及行政管理机关、法人、自然人、国际金融组织。国际货币金融法调整的金融关系的涉及面很广，具体包括：国际金融机构之间就资金管理、融通而产生的权利义务关系；国际金融机构与非金融机构之间就资金借贷、收付、担保等活动而产生的权利义务关系；非金融机构之间因国际贸易而发生的国际结算、支付关系和资金借贷关系；各国政府及国际机构之间就国际货币活动、资金融通活动而产生的各种权利义务关系；等等。

知识链接：外汇管制

六、国际税法

国际税法是调整国际税收关系，即国家之间税收分配关系以及国家与跨国纳税人之间税收征纳关系的国际法规范与国内法规范的总和。

国际税法不仅遵循国际经济法的一些基本原则，而且遵循其本身所特有的原则——征税公平原则。征税公平原则实质上就是要求按经济能力纳税，主要包括对同等收入的纳税人在相同的情况下应当同等征税和高收入者应当比低收入者多纳税两个方面。

国际税法的主要渊源包括国际税收条约或协定、各国涉外税法、国际惯例、国际法院和各国法院关于税收纠纷的判例。

知识链接：国际避税与国际逃税

阅读与思考

国际私法的几个基础问题

19岁的某法国人在杭州与杭州一家公司签订了合同，事后该法国人不履行合同，杭州这家公司就到杭州中院起诉，主张该法国人违约，要求其承担违约责任。该法国人提出抗辩认为，根据法国人21周岁才成年，签订合同时他只有19岁，故主体不适格，合同无效。本案如何处理？

思考：结合本案讨论国际私法的几个基础问题。

(1) 如果在中国审判，难道还会适用法国的法律吗？(法律的域外效力，适用法国法的可能性)

(2) 如果在中国既可以适用中国法，也可以适用法国法，那么两国法律规定不一样时，怎么办？(法律冲突及解决)

(3) 如果采用中国的冲突法解决，那么本案会如何处理？(中国法适用，合同有效)

(4) 本案可以在法国起诉吗？如何在法国审判，结果会怎样？(法国法适用，合同无效)

(5) 外国法院作出的判决，怎么执行呢？(程序问题、国际私法的基本原则)

自我测试

第八章 程序法

第一节 刑事诉讼法

一、刑事诉讼和刑事诉讼法

刑事诉讼是指司法机关，包括公安机关、人民检察院和人民法院在当事人与其他诉讼参与人的参加下，依法定程序查证被告人是否实施了犯罪、是否应受刑罚处罚以及应受何种处罚的活动。

现代刑事诉讼的目的在于惩罚犯罪和保障人权。现代国家不允许在刑事诉讼外动用刑罚权，刑事诉讼作为追究犯罪、惩罚犯罪的唯一渠道，必须尽可能地满足国家惩罚犯罪的需要。同时，近代以来人权理论和民主政治的发展，要求保障个人免受无根据的或非法的刑事追究，保障犯罪嫌疑人和被告人在整个刑事诉讼过程中受到公正的待遇，保证被依法认定有罪的被告人受到公正的、人道的刑罚处罚。

刑事诉讼法有广义和狭义之分。广义的刑事诉讼法是指包括刑事诉讼法典在内的一切法律、法规、司法解释中关于刑事诉讼活动的法律规范的总和。比如,《中华人民共和国人民法院组织法》(简称《人民法院组织法》)、《中华人民共和国监狱法》(简称《监狱法》)、《律师法》《未成年人保护法》和其他法律、法规中关于刑事诉讼的法律规范，以及全国人大常委会关于刑事诉讼问题的决定、决议和解释，最高人民法院、最高人民检察院关于刑事诉讼的司法解释，国务院的有关法规，公安部、司法部为具体运用刑事诉讼法制定的行政规章等，都是广义的刑事诉讼法所涵盖的内容。

狭义的刑事诉讼法单指国家制定的刑事诉讼法典，即《刑事诉讼法》，它于1979年7月1日通过，并于1996年3月17日第一次修正，于2012年3月14日第二次修正，于2018年10月26日第三次修正。全法分为总则，立案、侦查和提起公诉，审判，执行，特别程序以及附则，共 308 条。

二、刑事诉讼法的基本原则

（一）普遍适用的基本原则

普遍适用的基本原则体现了现代刑事诉讼的共同特征和公理性价值取向，其在中国刑事诉讼中都有不同程度的体现，但未必都得到了完全的确认。其主要包括：刑事程序法定原则、司法独立原则、无罪推定原则、有效辩护原则、诉讼经济原则、禁止重复追究原则等。

1. 刑事程序法定原则

刑事程序法定原则基本含义包括两个方面：立法方面，为了追究犯罪和保障人权，国家应当通过宪法和法律确立公正的刑事程序，对于限制个人基本人权的强制方法及其适用条件、期限、诉讼手段和诉讼规则等，作出明确的规定；执法和司法方面，要求侦查、起诉和审判机关必须在遵守法定程序的前提下才能动用限制人身自由、损害财产权益等强制性措施、追诉手段和刑罚方法。

2. 司法独立原则

司法独立原则主要包括两层含义：一是审判权的“专属性”，即国家的司法权只能由宪法和法律规定的依法设立的法院和具有法定资格的法官专门行使，其他任何机关、组织、个人都不能行使；二是法官职务行为的“独立性”，即法官行使审判权时只服从宪法和法律，既不受立法、行政机关的干涉，也不受上级法院或本法院其他法官的影响。

知识链接：司法权的特征

3. 无罪推定原则

无罪推定是指任何人在没有经过法定的司法程序最终确认为有罪之前，在法律上都把他看作无罪的人。其具体要求和措施主要包括：一是控诉一方承担证明被告人有罪的责任，被告没有证明自己无罪的义务；二是被告人有权拒绝陈述，即享有沉默权；三是疑案应作为无罪处理。

案例链接：辛普森案

4. 有效辩护原则

有效辩护原则的主要内容是：犯罪嫌疑人、被告人在刑事诉讼的任何阶段都有权进行辩护，既可以自行辩护，也可以通过律师或其他人进行辩护。

5. 诉讼经济原则

诉讼经济原则的基本内容包括两个方面：一是从总体上看，刑事诉讼的“投入”与“产出”比应当尽量低一些，不能为了追究犯罪而不惜一切代价；二是在具体案件的诉讼过程中，为了实现特定的诉讼目的，应当选择成本最低的方法。诉讼经济原则要求在立法上“繁简分流”，在司法上“手段节制”。

6. 禁止重复追究原则

禁止重复追究原则的基本含义是：对被追诉者的同一行为，一旦作出有罪或者无罪的确定判决，就不得再次启动刑事诉讼程序予以审理或处罚。这在大陆法系国家侧重于强调生效判决的“既判力”，以维持法的安定性，维护司法程序的权威性；在英美法系国家侧重于强调任何人不得因同一行为而遭受两次不利的处境，以防止官方滥用追究犯罪的权力，保障公民个人的基本人权。

（二）我国刑事诉讼的特有原则

我国刑事诉讼的特有原则体现了我国刑事诉讼的“特质”，是我国长期司法实践经验的总结。其主要包括：以事实为根据，以法律为准绳原则；分工负责、相互配合、相互制约原则；人民检察院依法对刑事诉讼实行法律监督原则。

1. 以事实为根据，以法律为准绳原则

这一原则体现了实事求是的思想路线和依法办事的诉讼法制精神，在刑事诉讼基本原则体系中居于核心地位。以事实为根据，就是公安司法机关在处理刑事案件时必须以业已查明的案件客观事实为基础，其核心问题是重证据、重调查研究；以法律为准绳，就是对刑事案件的实体和程序问题的处理，必须以刑事法律规范为基准。

案例链接：佘××“故意杀人”案

2. 分工负责、相互配合、相互制约原则

这是调整公、检、法三机关在刑事诉讼中相互关系的基本准则，也是我国一项重要的宪法原则。该原则突出地体现了我国刑事诉讼在组织结构方面的特点，即国家专责机关在处理刑事案件过程中形成一种“线形结构”关系，这种结构关系与控、辩、审之间存在的“三角结构”关系同时存在，共同发挥作用。

知识链接：刑事诉讼结构

3. 人民检察院依法对刑事诉讼实行法律监督原则

这是我国宪法赋予人民检察院国家法律监督机关的地位在刑事诉讼中的体现，指在刑事诉讼中人民检察院除了履行公诉的诉讼职能，还要依法对整个刑事诉讼活动实行法律监督，包括对立案、侦查、起诉、审判和执行等诉讼环节实行全面法律监督。

三、刑事诉讼制度

（一）管辖制度

我国刑事诉讼中的管辖是指国家司法机关依法在直接受理刑事案件上的权限划分以及人

民法院系统内部在审判第一审刑事案件上的权限划分，包括立案管辖和审判管辖两种。

1. 立案管辖

立案管辖又称职能管辖，是指公安机关、检察机关和人民法院之间在直接受理刑事案件上的权限划分。刑事案件的侦查一般由公安机关进行；司法工作人员利用职权实施的非法拘禁、刑讯逼供、非法搜查等侵犯公民权利、损害司法公正的犯罪，可以由人民检察院立案侦查；自诉案件，由人民法院直接受理。

2. 审判管辖

审判管辖是各级人民法院之间、普通人民法院和专门人民法院之间，以及同级人民法院之间，在审判第一审刑事案件上的分工。审判管辖包括级别管辖、地区管辖、指定管辖和专门管辖。

一般情况下，基层人民法院管辖第一审普通刑事案件。但危害国家安全、恐怖活动案件和可能判处无期徒刑、死刑的案件的第一审由中级人民法院管辖。在地区管辖方面，一般由犯罪地的人民法院管辖，几个同级人民法院都有权管辖的案件，由最初受理的人民法院审判。出现管辖不明或有管辖权的人民法院无法行使管辖权等情况时，上级人民法院可以指定某一个下级人民法院管辖。另外，我国还有军事法院、铁路运输法院等专门法院管辖第一审刑事案件。

（二）辩护制度

在刑事诉讼中，辩护是指犯罪嫌疑人、被告人及其委托的辩护人针对控诉进行辩解和反驳，以证明犯罪嫌疑人、被告人无罪、罪轻，保护其合法权益的活动。辩护权是法律赋予犯罪嫌疑人、被告人的一项重要的诉讼权利，在各项诉讼权利中居于核心地位。

1. 辩护的种类

我国刑事辩护制度中的辩护有三种：自行辩护、委托辩护、指定辩护。自行辩护是犯罪嫌疑人、被告人的基本诉讼权利之一，贯穿整个刑事诉讼阶段。犯罪嫌疑人自被侦查机关第一次讯问或者采取强制措施之日起，有权委托辩护人；在侦查期间，只能委托律师作为辩护人；被告人有权随时委托辩护人。犯罪嫌疑人、被告人出于经济困难或其他原因没有委托辩护人的，本人及其近亲属可以向法律援助机构提出申请指派律师为其提供辩护。犯罪嫌疑人、被告人是盲、聋、哑人，或者是尚未完全丧失辨认或控制自己行为能力的精神病人，或者是可能被判处无期徒刑、死刑，没有委托辩护人的，人民法院、人民检察院和公安机关应当通知法律援助机构指派律师为其提供辩护。

2. 辩护人的权利和义务

辩护人与犯罪嫌疑人、被告人一起，是刑事诉讼辩护职能的承担主体，具有独立的诉讼地位。辩护人依法享有诉讼权利、履行诉讼义务是顺利完成辩护任务的保障。

（1）辩护人的权利：① 侦查期间的权利。辩护律师可以为犯罪嫌疑人提供法律帮助、代为申诉和控告、申请变更强制措施、向侦查机关了解犯罪嫌疑人涉嫌的罪名和案件的有关情况并提出意见。② 会见通信的权利。辩护律师可以同在押的犯罪嫌疑人、被告人会见和通信，会见时不被监听。③ 阅卷的权利。辩护律师自人民检察院对案件审查起诉之日起，可以查阅、摘抄、复制本案的案卷材料。④ 申请调查取证的权利。辩护人认为在侦查、审查起诉期间，侦查机关收集的证明犯罪嫌疑人、被告人无罪或罪轻的证据材料未提交的，有权申请人民检察院、人民法院调取。⑤ 辩护律师自行调查取证的权利，仅限于律师行使。⑥ 辩护人、诉讼代理人申诉控告的权利。当公安司法机关及其工作人员阻碍辩护人、诉讼代理人依法行使诉讼权利时，辩护人、诉讼代理人可以向同级或上一级人民检察院申诉或者控告。

（2）辩护人的义务：① 履行辩护职责，保障委托人的合法权益。② 保密义务。辩护律师对在执业活动中知悉的委托人的有关情况和信息，有权予以保密，但知悉委托人或者其他人准备或者正在实施危害国家安全、公共安全，以及严重危害他人人身安全的犯罪的，应当及时告知司法机关。③ 证据展示义务。辩护人收集的有关犯罪嫌疑人不在犯罪现场、未达到刑事责任年龄、属于依法不负刑事责任的精神病人的证据，应当及时告知公安机关、人民检察院。④ 辩护人或者其他任何人，不得帮助犯罪嫌疑人、被告人隐匿、毁灭、伪造证据或串供，不得威胁、引诱证人作伪证以及进行其他干扰司法机关诉讼活动的行为。

知识链接：刑事辩护的中国经验

（三）证据制度

刑事诉讼中的证据是通过法律规定的形式表现出来的，由司法人员依法定程序收集并审查核实能证明案件事实情况的材料。刑事证据必须具备客观性、关联性和合法性。

刑事证据分为八种：物证；书证；证人证言；被害人陈述；犯罪嫌疑人、被告人供述和辩解；鉴定意见；勘验、检查、辨认、侦查实验等笔录；视听资料、电子数据。证据必须经过查证属实，才能作为定案的根据。

公诉案件中被告人有罪的举证责任由人民检察院承担，自诉案件中被告人有罪的举证责任由自诉人承担。

审判人员、检察人员、侦查人员必须依照法定程序，收集能够证实犯罪嫌疑人、被告人有罪或者无罪、犯罪情节轻重的各种证据。严禁刑讯逼供和以威胁、引诱、欺骗以及其他非法方法收集证据，不得强迫任何人证实自己有罪。

案例链接：从伦敦地铁爆炸案谈视频证据的运用

（四）强制措施制度

我国刑事诉讼中的强制措施，是指公安机关、人民检察院和人民法院为了有效地同犯罪作斗争和保障诉讼活动的顺利进行，依法对犯罪嫌疑人、被告人所采取的暂时限制或剥夺其人身自由的各种强制方法。

《刑事诉讼法》中规定了五种强制措施：拘传、取保候审、监视居住、拘留、逮捕。

（1）拘传，即公安机关、人民检察院和人民法院对于没有被拘留、逮捕的犯罪嫌疑人、被告人依法强制其到指定地点接受讯问的一种方法。拘传持续的时间不得超过 12 小时；案情特别重大、复杂，需要采取拘留、逮捕措施的，拘传持续的时间不得超过 24 小时。不得以连续传唤、拘传的形式变相拘禁犯罪嫌疑人。

（2）取保候审，即公安机关、人民检察院和人民法院对于没有被拘留、逮捕的犯罪嫌疑人、被告人，责令其提出保证人或交纳保证金并出具保证书，保证其不逃避侦查、审判，随传随到的一种强制措施。对同一个犯罪嫌疑人或被告人，不能同时责令其提出保证人和交纳保证金。取保候审最长不得超过 12 个月。

（3）监视居住，即公安机关、人民检察院和人民法院为防止未被逮捕的犯罪嫌疑人、被告人逃避或妨碍侦查、起诉或审判的顺利进行，责令其不得擅自离开住处或指定的居所，并对其行动进行监视的一种强制措施。监视居住的期限最长不得超过 6 个月。

（4）拘留，即刑事拘留，是公安机关、人民检察院在遇到紧急情况时，对于现行犯或者重大嫌疑分子采取的临时性剥夺其人身自由的一种强制措施。公安机关执行拘留时，必须出示拘留证。拘留后，应在 24 小时内对被拘留的人进行讯问。

（5）逮捕，即公安机关、人民检察院和人民法院在一定的时期内依法剥夺犯罪嫌疑人、被告人的人身自由并予以羁押的强制措施。作为最严厉的强制措施，逮捕有严格的适用条件，如有证据证明有犯罪事实、可能判处徒刑以上刑罚、具有妨碍诉讼顺利进行的社会危险性等。逮捕犯罪嫌疑人、被告人，必须经过人民检察院批准或者人民法院决定，由公安机关执行。

知识链接：何为羁押？

（五）附带民事诉讼制度

附带民事诉讼是指在刑事诉讼中，解决被告人刑事责任的同时，解决因被告人的犯罪行为所造成物质损失的赔偿问题而进行的一种诉讼活动。

有权提起附带民事诉讼的主体包括三种：一是被害人本人；二是被害人的法定代理人、近亲属，适用于被害人死亡或者丧失行为能力的情况；三是人民检察院，适用于国家财产、集体财产遭受损失的情况。

人民法院审理附带民事诉讼案件，可以进行调解，或者根据物质损失情况作出判决、裁定。附带民事诉讼应当和刑事案件一并审判，只有为了防止刑事案件审判的过分迟延，才可以在刑事案件审判后，由同一审判组织继续审理附带民事诉讼。

四、刑事诉讼程序

（一）侦查

侦查是指公安机关、人民检察院在办理案件过程中，依照法律进行的专门调查工作和有关的强制性措施。侦查具体包括讯问犯罪嫌疑人、询问证人、勘验检查、搜查、查封扣押物证和书证、鉴定、通缉以及技术侦查措施等。

在侦查过程中，发现不应对犯罪嫌疑人追究刑事责任的，应当撤销案件；犯罪嫌疑人已被逮捕的，应当立即释放，发给释放证明，并且通知原批准逮捕的人民检察院。公安机关侦查终结的案件，应当做到犯罪事实清楚，证据确实、充分，并且写出起诉意见书，连同案卷材料、证据一并移送同级人民检察院审查决定；同时，将案件移送情况告知犯罪嫌疑人及其辩护律师。

（二）起诉

起诉是指享有控诉权的国家机关和公民依法向人民法院提起诉讼，要求人民法院进行审判，以确定被告人刑事责任并依法予以刑事制裁的诉讼活动。刑事起诉分为公诉和自诉两种，实行以公诉为主、自诉为辅的方式。人民检察院是国家唯一的公诉机关，凡需要提起公诉的案件，一律由人民检察院审查决定，审查起诉作出的决定只能是起诉或不起诉。同时，法律规定告诉才处理的案件、被害人有证据证明的轻微刑事案件、公诉转自诉的案件可以由刑事被害人及其法定代理人、近亲属直接向人民法院提起自诉。

（三）审判

1. 第一审程序

第一审程序是人民法院对人民检察院提起公诉或者自诉人提起自诉的刑事案件进行初次审理并作出裁判的程序，是人民法院审判刑事案件的基本程序。

首先，人民法院在开庭前，应该对案件进行庭前审查。

其次，人民法院决定开庭审理案件后，要做好相应的准备工作，如确定合议庭的组成人员；召集公诉人、当事人和辩护人，诉讼代理人对回避、出庭证人名单、非法证据排除等与审判相关的问题，了解情况，听取意见；通知当事人和其他诉讼参与人；送达相关法律文书；等等。

再次，法庭审判具体可分为开庭、法庭调查、法庭辩论、被告人最后陈述、评议和宣判五个阶段。其中，法庭调查和法庭辩论是审判的中心环节。合议庭在法庭审理的基础上经过评议，根据案件的具体情形，可分别作出三种类型的裁判：一是案件事实清楚，证据确实、充分，依据法律认定被告人有罪的，应当作出有罪判决；二是依据法律认定被告人无罪的，应当作出无罪判决；三是证据不足，不能认定被告人有罪的，应当作出证据不足、指控的犯罪不能成立的无罪判决。

最后，相对于普通程序，现代世界各国的刑事诉讼程序中都规定了简易程序。我国基层人民法院可以适用简易程序审判的案件应符合三个条件：案件事实清楚、证据充分的；被告人承认自己所犯罪行，对指控的犯罪事实没有异议的；被告人对适用简易程序没有异议的。

2. 第二审程序

第二审程序又称上诉审程序，是指上级人民法院根据依法提出的上诉或抗诉，对下级人民法院所作的第一审未生效判决、裁定进行审判的诉讼程序。我国的人民法院审理案件实行二审终审制。

上诉是当事人及其法定代理人不服第一审裁判，在法定期限内依法定程序提请上级人民法院重新审理的诉讼行为。上诉权的主体包括被告人、自诉人及其法定代理人，经被告人同意的辩护人和近亲属，附带民事诉讼的当事人及其法定代理人。

抗诉是人民检察院认为人民法院的一审裁判确有错误，在法定期限内依法定程序提请上级人民法院重新审理的诉讼活动。有权提起抗诉的主体只能是与原审人民法院相对应的同级人民检察院。

第二审人民法院应当就第一审判决认定的事实和适用法律进行全面审查，不受上诉或者抗诉范围的限制。第二审人民法院经过审理，应当按照以下情形分别处理：原判决认定事实和适用法律正确、量刑适当的，应当裁定驳回上诉或者抗诉，维持原判；原判决认定事实没有错误，但适用法律有错误，或者量刑不当的，应当改判；原判决事实不清楚或者证据不足的，可以在查清事实后改判，也可以裁定撤销原判，发回原审人民法院重新审判。

《刑事诉讼法》第 230 条规定："不服判决的上诉和抗诉的期限为十日，不服裁定的上诉和抗诉的期限为五日，从接到判决书、裁定书的第二日起算。"

3. 死刑复核程序

死刑复核程序是指对死刑判决或裁定进行审查核准的一种特殊程序。死刑由最高人民法院核准；对中级人民法院判处的死刑缓期 2 年执行的案件，由高级人民法院核准。最高人民法院复核死刑案件，应当作出核准或者不核准死刑的裁定。对于不核准死刑的，最高人民法院可以发回重新审判或者予以改判。

4. 审判监督程序

刑事诉讼的审判监督程序又称刑事再审程序，是指人民法院、人民检察院对于已经发生法律效力的裁判，发现在认定事实或适用法律上确有错误的，依法提出并由人民法院重新审理的诉讼程序。

人民法院按照审判监督程序重新审判的案件，由原审人民法院审理的，应当另行组成合议庭进行。如果原来是第一审案件，应当依照第一审程序进行审判，对于所作的判决、裁定，可以上诉、抗诉；如果原来是第二审案件，或者是上级人民法院提审的案件，应当依照第二审程序进行审判，所作的判决、裁定是终审的判决、裁定。

（四）执行

刑事诉讼的执行是指刑事执行机关将已经发生法律效力的判决、裁定所确定的内容付诸实现而依法进行的活动，具有合法性、强制性、排他性和及时性的特点。

（1）人民法院负责无罪、免除刑罚、罚金和没收财产及死刑立即执行判决的执行。

（2）监狱负责有期徒刑、无期徒刑、死刑缓期 2 年执行判决的执行。

（3）公安机关负责有期徒刑、拘役缓刑、管制、剥夺政治权利、假释等判决、裁定和暂予监外执行决定的执行。

（五）特别程序

1. 未成年人刑事案件诉讼程序

未成年人刑事案件诉讼程序适用于追诉对象为 14～18 周岁的未成年人，具体包括未成年人刑事案件诉讼程序的基本原则、对未成年被追诉人的法律援助、对未成年被追诉人的社会调查、对未成年被追诉人严格适用强制措施原则、办理未成年人刑事案件时的适当成年人在场制度、附条件不起诉制度，以及不公开审理原则和犯罪记录封存制度。

2. 当事人和解的公诉案件诉讼程序

由民间纠纷引起的，涉嫌《刑法》分则第四章、第五章规定的犯罪，可能判处 3 年有期徒刑以下刑罚的案件和除渎职犯罪以外的可能判处 7 年有期徒刑以下刑罚的过失犯罪案件，犯罪嫌疑人、被告人真诚悔罪，通过向被害人赔偿损失、赔礼道歉等方式获得被害人谅解，被害人自愿和解的，双方当事人可以和解。但是犯罪嫌疑人、被告人在 5 年以内曾经故意犯罪的除外。

3. 缺席审判程序

对于贪污贿赂犯罪案件，以及需要及时进行审判，经最高人民检察院核准的严重危害国家安全犯罪、恐怖活动犯罪案件，犯罪嫌疑人、被告人在境外，监察机关、公安机关移送起诉，人民检察院认为犯罪事实已经查清，证据确实、充分，依法应当追究刑事责任的，可以向人民法院提起公诉。人民法院进行审查后，对于起诉书中有明确的指控犯罪事实，符合缺席审判程序适用条件的，应当决定开庭审判。

4. 犯罪嫌疑人、被告人逃匿、死亡案件违法所得的没收程序

对于贪污贿赂犯罪、恐怖活动犯罪等重大犯罪案件，犯罪嫌疑人、被告人逃匿，在通缉 1 年后不能到案，或者犯罪嫌疑人、被告人死亡，依照刑法规定应当追缴其违法所得及其他涉案财产的，人民检察院可以向人民法院提出没收违法所得的申请。

人民法院受理没收违法所得的申请后，应当发出公告。公告期间为 6 个月。人民法院经

审理，对经查证属于违法所得及其他涉案财产，除依法返还被害人的以外，应当裁定予以没收；对不属于应当追缴的财产的，应当裁定驳回申请，解除查封、扣押、冻结措施。对于人民法院依照上述规定作出的裁定，犯罪嫌疑人、被告人的近亲属和其他利害关系人或者人民检察院可以提出上诉、抗诉。

5. 依法不负刑事责任的精神病人的强制医疗程序

实施暴力行为，危害公共安全或者严重危害公民人身安全，经法定程序鉴定依法不负刑事责任的精神病人，有继续危害社会可能的，可以予以强制医疗。人民法院经审理，对于被申请人或者被告人符合强制医疗条件的，应当在 1 个月以内作出强制医疗的决定。被决定强制医疗的人、被害人及其法定代理人、近亲属对强制医疗决定不服的，可以向上一级人民法院申请复议。

知识链接：刑事诉讼模式

第二节　民事诉讼法

一、民事诉讼和民事诉讼法

民事诉讼是指人民法院在当事人和其他诉讼参与人的参加下，依法为审理和解决民事、商事、经济纠纷的活动，以及在这些活动中依法产生的各种诉讼法律关系的总称。民事诉讼包括两个方面的内容：一是诉讼行为，如当事人及其诉讼代理人的起诉、应诉行为；人民法院的受理、审理、裁判和执行行为；其他诉讼参与人作证、翻译、鉴定行为。二是诉讼法律关系，是在诉讼行为的基础上必然形成的人民法院分别与当事人、诉讼代理人以及其他诉讼参与人之间的权利义务关系。

民事诉讼法是国家制定或认可的，调整人民法院和一切诉讼参与人的民事诉讼活动以及在这些活动中产生的民事诉讼关系的法律规范的总称。在我国，广义的民事诉讼法是指宪法和其他法律、法规中有关民事诉讼程序、制度等的法律规范以及司法解释。狭义的民事诉讼法是 1991 年 4 月 9 日通过的《民事诉讼法》，《民事诉讼法》分别于 2007 年、2012 年、2017 年、2021 年进行了四次修正，分为总则、审判程序、执行程序、涉外民事诉讼程序的特别规定 4 编 27 章，共 291 条。

二、民事诉讼法的基本原则

除“法院依法独立审判民事案件”“以事实为根据，以法律为准绳”“对诉讼当事人在适用法律上一律平等”等一系列诉讼共有原则之外，民事诉讼法还规定了一些特有原则，主要包括以下内容。

（一）诉讼权利平等原则

诉讼权利平等原则是指在民事诉讼中，双方当事人的诉讼地位是平等的，彼此享有平等的诉讼权利，人民法院也要保障和便利双方当事人平等地行使诉讼权利，真正实现“在适用法律上一律平等”。诉讼权利平等原则具体表现为当事人在举证、辩论、上诉等诉讼权利上的平等和遵守诉讼秩序、履行发生效力的裁判等诉讼义务上的平等。

（二）依法调解原则

调解贯穿我国民事诉讼的各个阶段和各种审判程序之中。当事人起诉到人民法院的民事纠纷，适宜调解的，先行调解，除非当事人拒绝调解。调解应当根据自愿和合法的原则进行；调解不成的，应当及时判决。此外，《民事诉讼法》还专门规定了“确认调解协议案件”，进一步明确了民事诉讼法与人民调解法相衔接的规定。

知识链接：目前我国主要存在四种调解

（三）辩论原则

当事人可以在人民法院的主持下，就案件事实和争议问题，各自陈述自己的主张和意见，并互相进行反驳和答辩。辩论的形式有两种：一是书面形式，即当事人向人民法院起诉时要递交起诉状，被告收到起诉状副本后可以选择是否提出答辩状，起诉状和答辩状都属于书面形式的辩论；二是法庭辩论，即口头形式的辩论。

（四）处分原则

当事人有权在法律规定的范围内处分自己的民事权利和诉讼权利。行使处分权包括两大类：民事实体权利和民事诉讼权利。对民事实体权利的处分主要体现在当事人确定、变更、放弃和承认诉讼请求，达成调解协议等；对民事诉讼权利的处分主要体现在是否行使起诉权、上诉权、反诉权、申请再审、申请执行、撤诉等。

（五）诚实信用原则

诚实信用原则不仅是民法的“帝王原则”，而且是所有法律体系中十分重要的原则。在民事诉讼中，诚实信用原则的功能主要表现在规制诉讼主体的诉讼行为，防止诉权、审判权和诉讼辅助权的滥用。当事人之间恶意串通，企图通过诉讼、调解等方式侵害他人合法权益的，人民法院应当驳回其请求，并根据情节轻重予以罚款、拘留；构成犯罪的，依法追究刑事责任。

（六）支持起诉原则

机关、社会团体、企事业单位对损害国家、集体或者个人民事权益的行为，可以支持受损害的单位或者个人向人民法院起诉。特别是对污染环境、侵害众多消费者合法权益等损害社会公共利益的行为，法律规定的机关和有关组织可以向人民法院提起诉讼，即公益诉讼。

三、民事诉讼制度

（一）民事诉讼当事人

民事诉讼当事人是指因民事权益受侵犯或和他人发生争议，以自己的名义进行诉讼并受人民法院的裁判拘束的利害关系人。民事诉讼当事人有广义和狭义之分。广义的民事诉讼当事人包括原告和被告、共同诉讼人、诉讼代表人和第三人；狭义的民事诉讼当事人专指原告和被告。

1. 原告和被告

原告和被告是民事诉讼中最基本的当事人，民事诉讼主要解决原告和被告之间有关民事权利义务的争议。在民事诉讼中，公民、法人和其他组织都可以作为原告起诉或作为被告应诉。原告和被告具有同等的诉讼地位，享有平等的诉讼权利。

2. 共同诉讼人

共同诉讼是指当事人一方或双方为两人或两人以上的诉讼，其中，共同原告和共同被告称为共同诉讼人。共同诉讼分为必要的共同诉讼和普通的共同诉讼。前者主要在于诉讼标的是共同的，人民法院必须合并审理，必要的共同诉讼人之间采取协商的原则，协商一致的诉讼行为对全体有效。后者要求诉讼标的是同一种类的，既可以合并审理，也可以分开审理。如果合并审理，需要人民法院认为可以合并审理并征得当事人的同意。任何一个共同诉讼人的诉讼行为都是自己对自己负责。

3. 诉讼代表人

诉讼代表人是指由人数众多的一方当事人推选或者商定产生的，以自己的名义参加诉讼，维护全体当事人及自身民事权益的人。诉讼代表人可以行使当事人的一般权利，如提供证据、请求调解、提起上诉等，但诉讼代表人变更、放弃诉讼请求或者承认对方当事人的诉讼请求，进行和解，在行使这些直接关系和影响当事人权益的诉讼权利时，要经被代表的当事人同意，否则不得对被代表的当事人发生效力。

4. 第三人

第三人是对他人发生争议的诉讼标的有独立的请求权，或虽然没有独立的请求权，但案件的处理结果与其有法律上的利害关系，因此参加到已经开始的诉讼中的人。第三人分为有独立请求权的第三人和无独立请求权的第三人。前者是指对他人争议的诉讼标的有部分或全部的独立请求权，以实体权利人的资格提出诉讼请求而参加到诉讼中的人，其以双方当事人为共同被告，处于一种原告的地位。后者是指对当事人双方争议的诉讼标的，虽然没有独立的请求权，但案件的处理结果与其有法律上的利害关系，为维护自己的合法权益参加到诉讼中的人。

（二）民事诉讼管辖

民事诉讼管辖是指各级人民法院之间和同级人民法院之间受理第一审民事案件的分工和权限。民事诉讼管辖的种类可以分为级别管辖、地域管辖、移送管辖、指定管辖。

案例链接：张三是适格被告吗？

（1）级别管辖。级别管辖主要以案件的性质和案件的影响大小作为标准来划分。一般情况下，第一审民事案件由基层人民法院管辖。重大涉外案件、在本辖区有重大影响的案件、专利纠纷案件、海事海商案件等由中级人民法院管辖。

（2）地域管辖。地域管辖包括普通地域管辖和特殊地域管辖。普通地域管辖遵循“原告就被告”的原则，对下落不明或宣告失踪的人提起的有关身份关系的诉讼等不适合由被告住所地人民法院管辖的，采用“被告就原告”的原则确定管辖。特殊地域管辖是以被告住所地及诉讼标的所在地或者引起法律关系发生、变更、消灭的法律事实所在地为依据确定的地域管辖。《民事诉讼法》规定了十种特殊地域管辖，如合同纠纷引起的诉讼，由被告住所地或合同履行地人民法院管辖。除法律规定的专属管辖的案件外，当事人可以书面协议选择被告住所地、合同履行地、合同签订地、原告住所地、标的物所在地等与争议有实际联系的地点的人民法院管辖。

知识链接：专属管辖和协议管辖

（3）移送管辖。移送管辖是人民法院受理案件后发现本院对该案件无管辖权，依法律规定将案件移送给有管辖权的人民法院审理，或者将自己有管辖权的案件移交给其他更适合审理该案的人民法院。

（4）指定管辖。指定管辖是上级人民法院以裁定的方式指定下级人民法院对某一案件行使管辖权。指定管辖分为两种情况：一是有管辖权的人民法院出于特殊原因不能行使管辖权，由其上级人民法院在辖区内指定其他适宜的人民法院管辖；二是因管辖权争议双方协商无法解决，报请共同的上级人民法院指定管辖。

案例链接：受移送人民法院能再行移送吗？

（三）民事诉讼证据

民事诉讼证据包括当事人陈述、书证、物证、视听资料、电子数据、证人证言、鉴定意见和勘验笔录八种。

当事人对自己提出的主张，有责任提供证据，即“谁主张，谁举证”。当事人及其诉讼代理人出于客观原因不能自行收集的证据，或者人民法院认为审理案件需要的证据，人民法院应当调查收集。人民法院应当按照法定程序，全面、客观地审查核实证据。

知识链接：举证责任倒置适用哪些情形？

在证据可能灭失或者以后难以取得的情况下，当事人可以在诉讼过程中向人民法院申请保全证据，人民法院也可以主动采取保全措施。

（四）民事诉讼保障制度

1. 保全

保全是指基于一方当事人的行为或者其他原因，有可能使将来生效的法律文书难以执行或者造成当事人其他损害，人民法院在诉讼前或诉讼中作出裁定，对一方当事人或利害关系人的特定财产进行保全、责令或者禁止其作出一定行为的一种法律行为和法律制度。保全限于请求的范围，或者与本案有关的财物。财产保全采取查封、扣押、冻结或者法律规定的其他方法。

2. 先予执行

先予执行是人民法院在诉讼中，为解决权利人在生活或者生产上的急需，根据当事人的申请，裁定义务人预先付给权利人一定数额的金钱或其他财物的制度。先予执行是民事诉讼程序中的一种保护性制度，具有未决先执行的性质，以及严格的适用范围和条件要求。

案例链接：先予执行的适用

3. 对妨碍民事诉讼的强制措施

对妨害民事诉讼的强制措施是在民事诉讼中依法对有妨害民事诉讼秩序的人所采取的强制性手段，以保证正常的诉讼程序和诉讼活动的顺利进行。它主要包括拘传、训诫、责令退出法庭、罚款、拘留五种。

四、民事诉讼程序

（一）审判程序

1. 一审普通程序

一审普通程序是指人民法院审理第一审民事案件时通常适用的最基本的诉讼程序，包括起诉和受理、审理前的准备、开庭审理等一般程序，也涉及撤诉、缺席判决、延期审理、诉讼中止、诉讼终结等规定。

起诉必须符合以下四个条件：原告是与本案有直接利害关系的公民、法人和其他组织；有明确的被告；有具体的诉讼请求和事实、理由；属于人民法院受理民事诉讼的范围和受诉人民法院管辖。人民法院在受理案件后，进入开庭审理前要进行一系列的诉讼准备活动，如送达诉讼文书、审阅诉讼材料等。开庭审理是普通诉讼程序中最重要、最中心的环节。开庭审理的主要工作包括庭审准备、宣布开庭、法庭调查、法庭辩论、评议和宣判。

撤诉是人民法院受理案件之后，宣告判决之前原告要求撤回起诉的行为。除申请撤诉之外，如原告经传票传唤，无正当理由拒不到庭的，或者未经法庭许可中途退庭的，以及原告应预交而未预交案件受理费等情形，人民法院应按撤诉处理。

缺席判决是人民法院在一方当事人无正当理由拒不参加庭审的情况下依法作出判决。比如，被告经传票传唤，无正当理由拒不到庭的，或者未经法庭许可中途退庭的等情形。

延期审理是指人民法院开庭审理后，出现某些特殊情况，使开庭审理无法继续进行，从而顺延至另一日期进行审理的制度。比如，必须到庭的当事人和其他诉讼参与人有正当理由没有到庭的，当事人临时提出回避申请等情形。

诉讼中止是指在诉讼进行中，由于出现法定情形，人民法院裁定诉讼程序暂时停止的制度。比如，一方当事人死亡，需要等待继承人表明是否参加诉讼；一方当事人丧失诉讼行为能力，尚未确定法定代理人等情形。

诉讼终结是指在诉讼进行中，因发生某种特殊情况，诉讼无法继续进行，从而由人民法院裁定终结诉讼程序的制度。比如，原告死亡，没有继承人，或者继承人放弃诉讼权利；离婚案件中，一方当事人死亡等情形。

2. 简易程序

民事诉讼简易程序适用于基层人民法院和它派出的法庭审理事实清楚、权利义务关系明确、争议不大的简单民事案件或者当事人双方约定适用简易程序的民事案件。原告可以口头起诉，基层人民法院或它派出的法庭在审理时采用独任制，可以采取简便方式随时传唤当事人、证人。

基层人民法院和它派出的法庭审理事实清楚、权利义务关系明确、争议不大的简单金钱给付民事案件，标的额为各省、自治区、直辖市上一年度就业人员年平均工资50%以下的，适用小额诉讼的程序审理，实行一审终审。

3. 二审程序

二审程序又称上诉审程序，是指民事诉讼当事人不服第一审人民法院尚未生效的判决和裁定，在法定期限内向上一级人民法院提起上诉，上一级人民法院对案件进行审理时所适用的诉讼程序。第二审人民法院应当对上诉请求的有关事实和适用法律进行审查，原则上应开庭审理，在事实核对清楚后，认为不需要开庭审理的，也可以径行判决。第二审人民法院的裁决可以是：判决驳回上诉，维持原判；查清事实后依法改判；裁定撤销原判，发回原审人民法院重审。我国实行二审终审制，二审裁判为终审裁判，不得再行上诉，不得就同一诉讼标的以同一事实或理由重新起诉。

根据《民事诉讼法》第 171 条的规定，不服判决的上诉期间为 15 日，不服裁定的上诉期间为 10 日。

4. 审判监督程序

审判监督程序又称再审程序，是对已经发生法律效力的判决、裁定、调解书，人民法院认为在认定事实或适用法律上确有错误，对案件再行审理的诉讼程序。审判监督程序是独立的审判程序，是纠正人民法院已经发生法律效力的错误裁判的补救程序，但它既不是案件审理的必经程序，也不是诉讼的独立审级。

知识链接：人民法院应当同意的再审申请有哪些？

审判监督程序的提起，只能是特定的机关和人员。有权提起再审的主体，或者是各级人民法院院长、上级人民法院、最高人民法院依法定的方式提起再审；或者是有审判监督权的人民检察院提起抗诉；或者是当事人依照法定的条件申请再审。

5. 特别程序

人民法院对选民资格案件、宣告公民失踪案件、宣告公民死亡案件、认定公民无民事行为能力或限制民事行为能力案件、认定财产无主案件、确认调解协议案件和实现担保物权案件适用特别程序。特别程序不解决民事权利义务的争议，没有原告和被告，原则上实行独任制，实行一审终审制，审理期限较短，免收案件受理费。

知识链接：督促程序和公示催告程序

此外，还有两种特殊审判程序，即督促程序和公示催告程序。

（二）执行程序

执行是民事诉讼程序的最后阶段，直接关系到当事人合法权益的实现，也关系到法律的尊严和人民法院的威信。它是人民法院按照已经生效的判决、裁定和其他法律文书，运用国家司法执行权，依据执行程序迫使被执行人实现法律文书确定的内容的行为。

发生法律效力的民事判决、裁定，以及刑事判决、裁定中的财产部分，由第一审人民法院或者与第一审人民法院同级的被执行的财产所在地人民法院执行。执行措施主要有扣留、提取被申请执行人的收入，冻结、划拨被申请执行人的存款，查封、扣押、拍卖、变卖被申请执行人的财产，搜查被申请执行人隐匿的财产，强制被申请执行人交付法律文书指定的财物或票证，强制被申请执行人迁出房屋或者退出土地，强制执行法律文书指定的行为等。

知识链接：执行担保、和解、异议、中止、回转

（三）涉外民事诉讼程序的特别规定

《民事诉讼法》专门规定了在中华人民共和国领域内进行涉外民事诉讼的程序问题，包括一般规定、管辖、期间和送达、仲裁、司法协助等。

第三节 行政诉讼法

一、行政诉讼和行政诉讼法

行政诉讼是指行政相对人认为行政主体的行政行为侵犯其合法权益，依法向人民法院提起诉讼，人民法院在双方当事人和其他诉讼参与人的参与下，对该行政争议进行受理、审理、裁判以及执行裁判等司法活动的总和。行政诉讼俗称“民告官”，对保障一个国家依法行政，建立法治政府，确保公民、法人或者其他组织合法权利免受行政权力的侵害具有重大的意义。

行政诉讼法是调整有关人民法院和诉讼参与人在行政案件中所进行的各种诉讼活动，以及由此形成的行政诉讼关系的法律规范的总称，它是行政诉讼制度法治化的结果。狭义的行政诉讼法即《行政诉讼法》，《行政诉讼法》于 1989 年 4 月 4 日通过，于 2014 年第一次修正，于 2017 年第二次修正，共 10 章 103 条。

二、行政诉讼法的基本原则

行政诉讼法的基本原则，除了包括人民法院独立行使审判权原则，合议原则，公开原则，回避原则，二审终审原则，辩论原则，当事人诉讼地位平等原则，人民检察院依法实行法律监督原则和以事实为依据、以法律为准绳原则等一般原则，还包括其特殊的原则，主要体现为以下六个方面。

（一）复议选择原则

复议选择原则是指提起行政诉讼之前是否要经过行政复议，可由行政相对人选择确定。但是，复议选择原则只在法律、法规没有明文规定“复议前置”的条件下适用。常见的复议前置案件包括治安处罚的案件、纳税争议的案件、对自然资源权属确认的案件、工伤保险案件、社会保险费的处罚案件等。

（二）诉讼不停止执行原则

根据《行政诉讼法》第 56 条的规定，诉讼期间，不停止行政行为的执行，即行政主体在人民法院作出裁判之前，仍可执行原具体行政行为决定。但这一规定以行政主体具有执行权为前提，如果行政主体在诉讼过程中申请人民法院强制执行，人民法院一般不予执行。同时，如果被告认为需要停止执行，人民法院认为该行政行为的执行会给国家利益、社会公共利益造成重大损害，或者原告或利害关系人申请停止执行，人民法院认为该行政行为的执行会造成难以弥补的损失，并且停止执行不损害国家利益、社会公共利益等特殊情形出现，诉讼中允许停止执行。

（三）被告负举证责任原则

在行政诉讼中，被告行政主体对作出的行政行为负举证责任，应当提供作出该行政行为的证据和所依据的规范性文件。被告不提供或无正当理由逾期提供证据的，视为没有相应证据。原告可以提供证明行政行为违法的证据，原告提供的证据不成立的，不免除被告的举证责任。

（四）合法性审查原则

与行政复议不同，在行政诉讼中，人民法院只对被诉行政行为的合法性进行审查，对其合理性不作审查。这也是当前世界上多数国家的做法。

（五）不适用调解原则

与民事诉讼的调解原则相反，在行政诉讼中，既不能把调解作为行政诉讼的必经阶段，也不能把调解作为结案的一种方式。但是，行政赔偿、补偿以及行政机关行使法律、法规规定的自由裁量权的案件可以调解。调解应当遵循自愿、合法原则，不得损害国家利益、社会公共利益和他人合法权益。

（六）司法有限变更原则

一般来说，人民法院对被诉违法行政行为原则上只能宣告无效或撤销，但是对于行政处罚明显不当，或者其他行政行为涉及对款额的确定、认定确有错误的情况，人民法院可以判决变更。

三、行政诉讼制度

（一）行政诉讼的受案范围

1. 肯定的受案范围

肯定的受案范围，即可诉的、人民法院受理的案件范围。它包括以下几种情形：

（1）对行政拘留、暂扣或者吊销许可证和执照、责令停产停业、没收违法所得、没收非法财物、罚款、警告等行政处罚不服的。

（2）对限制人身自由或者对财产的查封、扣押、冻结等行政强制措施和行政强制执行不服的。

（3）申请行政许可，行政机关拒绝或者在法定期限内不予答复，或者对行政机关作出的有关行政许可的其他决定不服的。

（4）对行政机关作出的关于确认土地、矿藏、水流、森林、山岭、草原、滩涂、海域等自然资源的所有权或者使用权的决定不服的。

（5）对征收、征用决定及其补偿决定不服的。

（6）申请行政机关履行保护人身权、财产权等合法权益的法定职责，行政机关拒绝履行或者不予答复的。

（7）认为行政机关侵犯其经营自主权或者农村土地承包经营权、农村土地经营权的。

（8）认为行政机关滥用行政权力排除或者限制竞争的。

（9）认为行政机关违法集资、摊派费用或者违法要求履行其他义务的。

（10）认为行政机关没有依法支付抚恤金、最低生活保障待遇或者社会保险待遇的。

（11）认为行政机关不依法履行、未按照约定履行或者违法变更、解除政府特许经营协议、土地房屋征收补偿协议等协议的。

（12）认为行政机关侵犯其他人身权、财产权等合法权益的。

2. 否定的受案范围

否定的受案范围，即不可诉、人民法院不受理的案件范围。它包括以下几种情形：

（1）国防、外交等国家行为。

（2）行政法规、规章或者行政机关制定、发布的具有普遍约束力的决定、命令。

（3）行政机关对行政机关工作人员的奖惩、任免等决定。

（4）法律规定由行政机关最终裁决的行政行为。

案例链接：马伯里诉麦迪逊案件

（二）行政诉讼的管辖

行政诉讼的管辖是指人民法院之间受理第一审行政案件的分工。行政诉讼的管辖可以分为两类：级别管辖和地域管辖。

1. 级别管辖

级别管辖是指上下级人民法院之间受理第一审行政案件的分工和权限划分。一般而言，第一审行政案件由基层人民法院管辖。但对国务院部门或者县级以上地方人民政府所作的行政行为提起诉讼的案件、海关处理的案件、本辖区内重大复杂的案件等由中级人民法院管辖。

2. 地域管辖

地域管辖又称区域管辖，是指同级人民法院之间受理第一审案件的分工和权限。一般而言，行政案件由最初作出行政行为的行政机关所在地人民法院管辖，经复议的案件也可以由复议机关所在地人民法院管辖。但是对限制人身自由的行政强制措施不服提起的诉讼，由被告所在地或者原告所在地人民法院管辖；因不动产提起的诉讼，由不动产所在地人民法院管辖。

（三）行政诉讼的参与人

行政诉讼的参与人是指参加行政诉讼的当事人以及与当事人诉讼地位相似的人，主要包括原告、被告、第三人、代理人。

1. 行政诉讼的原告

行政诉讼的原告包括行政行为的相对人，以及其他与行政行为有利害关系的公民、法人或者其他组织。有权提起诉讼的公民死亡的，其近亲属可以提起诉讼。有权提起诉讼的法人或者其他组织终止的，承受其权利的法人或者其他组织可以提起诉讼。

2. 行政诉讼的被告

行政诉讼的被告是指被行政诉讼原告指控其具体行政行为侵犯原告的合法权益，并经人民法院通知应诉的另一方当事人。行政诉讼的被告只能是行政主体，行政法主体中的行政人或行政相对人都不能成为行政诉讼的被告。

在行政诉讼法律关系中，被告享有与原告基本相同的诉讼权利，如委托诉讼代理人权、提供证据和申请保全证据权、申请回避权、申请查阅及补正庭审笔录权、申请保全财产权、上诉权、申请强制执行权等。但是，作为行政诉讼的被告，其不享有起诉权、在诉讼过程中的调查和收集证据权、反诉权、和解权。

知识链接：行政诉讼被告的确定

3. 行政诉讼的第三人

行政诉讼的第三人是指与被诉具体行政行为有法律上的利害关系，申请或者由人民法院通知参加到行政诉讼中的公民、法人或者其他组织。第三人也属于行政诉讼的当事人，在法律上有独立的诉讼地位。比如，在治安处罚案件中，行政机关对违法行为人作出行政处罚后，被处罚人不服向人民法院起诉。在这种情况下，其权益受到被处罚人侵犯的受害人可作为第三人参加诉讼。

4. 行政诉讼的代理人

行政诉讼的代理人是指以被代理人的名义，在法定、指定或委托权限内进行诉讼活动的人。行政诉讼的代理人参加诉讼的目的在于维护被代理人的合法权益，因此，行政诉讼的代理人只能代理当事人的一方，其诉讼后果由被代理人承担。根据诉讼代理权来源的不同，行政诉讼代理可以分为法定代理、指定代理、委托代理三类。

四、行政诉讼程序

（一）一审程序

一般情况下，公民、法人或者其他组织直接向人民法院提起诉讼的，应当自知道或者应当知道作出行政行为之日起 6 个月内提出。公民、法人或者其他组织不服复议决定的，可以在收到复议决定书之日起 15 日内向人民法院提起诉讼；复议机关逾期不作决定的，申请人可以在复议期满之日起 15 日内向人民法院提起诉讼。

人民法院在接到起诉状时对符合《行政诉讼法》规定的起诉条件的，应当登记立案；不符合起诉条件的，作出不予立案的裁定，裁定书应当载明不予立案的理由。起诉状内容欠缺或者有其他错误的，人民法院应当给予指导和释明，并一次性告知当事人需要补正的内容。

审理是人民法院对行政案件进行实质审查的阶段，它为判决的最终作出奠定了基础，是承上启下的关键环节。人民法院在完成审理前的准备工作后，就进入开庭审理阶段。开庭审理的程序包括宣布开庭、法庭调查、法庭辩论、合议庭评议、宣判五个步骤。

对于事实清楚、权利义务关系明确、争议不大的一审行政案件，如被诉行政行为是依法当场作出的，或者案件涉及款额 2 000 元以下的，或者属于政府信息公开案件的，或者当事人各方同意适用简易程序的，可以适用简易程序。

裁判是指人民法院运用国家审判权对行政案件作出裁定和判决的合称。裁定是人民法院在案件审理或判决执行过程中，就程序问题和部分实体问题所作的决定，主要适用于不予受理、驳回起诉、管辖异议、中止或终结诉讼、移送或指定管辖、诉讼保全、先予执行、诉讼期间停止执行具体行政行为以及撤诉或不准许撤诉等情形。判决是人民法院就解决案件实体问题所作的决定。人民法院在行政诉讼一审程序中适用的判决包括维持判决、撤销判决、重作判决、履行判决、变更判决、赔偿判决、驳回诉讼请求判决、确认判决。

（二）二审程序

行政诉讼二审程序是指当事人不服第一审人民法院所作的裁判，行使上诉权，第二审人民法院据此对上诉案件进行审查所适用的法律程序。根据《行政诉讼法》第 85 条的规定，不服判决的上诉期间为 15 日，不服裁定的上诉期间为 10 日。

二审程序审理的任务是审查第一审裁判认定事实是否清楚，适用法律、法规是否正确，审判过程是否符合法定程序。第二审人民法院审理上诉案件应当坚持全面审查原则，对原审人民法院的裁判和被诉具体行政行为是否合法进行全面审查，不受上诉人提起上诉请求范围和第一审裁判的限制。人民法院对上诉案件，应当组成合议庭，开庭审理。经过阅卷、调查和询问当事人，对没有提出新的事实、证据或者理由，合议庭认为不需要开庭审理的，也可以不开庭审理。

人民法院审理上诉案件，按照四种情形分别处理：① 原判决、裁定认定事实清楚，适用法律、法规正确的，判决或者裁定驳回上诉，维持原判决、裁定；② 原判决、裁定认定事实错误或者适用法律、法规错误的，依法改判、撤销或者变更；③ 原判决认定基本事实不清、证据不足的，发回原审人民法院重审，或者查清事实后改判；④ 原判决遗漏当事人或者违法缺席判决等严重违反法定程序的，裁定撤销原判决，发回原审人民法院重审。

（三）执行程序

行政诉讼执行是指法定执行组织对已生效的人民法院裁判，在一方当事人逾期拒不履行时，依法采取强制措施，从而使生效裁判得以实现的活动。根据执行对象的不同，行政诉讼执行可以分为两类：对行政相对人的执行和对行政机关的执行。

对行政相对人的执行是指相对人拒不履行人民法院作出的、已生效的裁判，人民法院或者行政机关可以依法采取强制措施，执行司法裁判的法律制度及法律活动。

对行政机关的执行是指被告行政主体拒不履行人民法院已经生效的裁判，人民法院根据原告的申请，可以对被告采取强制措施，以保证司法裁判得以落实的法律制度和法律活动。《行政诉讼法》特别针对行政机关执行难的现实困境，规定了一系列具体措施。

（1）对应当归还的罚款或者应当给付的款额，通知银行从该行政机关的账户内划拨。

（2）在规定期限内不履行的，从期满之日起，对该行政机关负责人按日处 50~100 元的罚款。

（3）将行政机关拒绝履行的情况予以公告。

（4）向监察机关或者该行政机关的上一级行政机关提出司法建议，接受司法建议的机关，根据有关规定进行处理，并将处理情况告知人民法院。

（5）拒不履行判决、裁定、调解书，社会影响恶劣的，可以对该行政机关直接负责的主管人员和其他直接责任人员予以拘留；情节严重，构成犯罪的，依法追究刑事责任。

知识链接：怎样理解公正司法是维护社会公平正义的最后一道防线？

阅读与思考

马背上的法庭

《马背上的法庭》是一部剧情片，于 2006 年 9 月 6 日上映。影片讲述了云南山区基层法官老冯骑着马、驮着国徽翻山越岭给山民们断案的故事。老冯 7 天走了 3 个寨子，断了 5 桩鸡毛蒜皮的家务事案子。最后，他疲劳过度，摔下山崖身亡。

“马背上的法庭”实际上是我国巡回审判的一种具体形式，是人民法院，特别是基层人民法庭，为了方便人民群众诉讼，根据本地实际情况，深入交通不便、人员稀少的偏远地区，就地立案、就地开庭、当庭调解、当庭结案的审判方式。在我国偏远地区，除了“马背上的法庭”，还有“溜索上的法庭”“草地上的法庭”“渔船上的法庭”“背篼上的法庭”等。

与西方国家司法高高在上的神秘性相比，我国为什么会存在“马背上的法庭”呢？最高人民法院民事审判第一庭法官介绍：“马背上的法庭”作为巡回审判的形式之一，属于中国特色社会主义司法制度的重要内容，在贴近人民群众方面具有较强的特殊性。对于我国而言，它的产生有多方面的原因：第一，来源于法治中国建设的现实需求。尤其是在偏远地区，法治在推动民族团结进步、维护地区和谐稳定发展方面所起的巨大作用是不容忽视的。第二，来源于地域人文环境的不利影响。许多地区地广人稀，交通和通信不便，办案法官调查取证难、送达难，农牧民群众参加诉讼难。“马背上的法庭”在特殊的环境下，为审判、送达、化解矛盾纠纷发挥了不可替代的作用。第三，来源于人民群众多元化的司法需求。我国各地自然环境、地区发展差异等都比较大，群众之间的矛盾纠纷多样，他们在生产、生活中渴求多元化的司法服务和保障。“马背上的法庭”在方便群众诉讼、回应群众司法需求方面有其独特的意义。

思考：如何理解司法的能动性？

自我测试

专 题 篇

专题一 婚姻家庭纠纷

一、男女同居会有哪些法律问题?

1. 如何界定同居关系?

在现代生活中，同居现象越来越普遍，如为了节省开支或结交朋友的“合租合住”、恋爱男女的婚前同居或试婚同居、单身中老年人的“搭伙过日子”、同性恋人的同居，以及有配偶者与他人的同居等。婚姻家庭法领域的同居，是指未形成法律上的婚姻状态的双方同居的现象，主要包括非婚同居、非法同居、事实婚姻。

非婚同居是指均无配偶的男女双方，在不违反法律禁止性规定的前提下，未履行结婚登记的法定程序，长期共同生活而形成的关系。自 20 世纪 60 年代以来，越来越多的国家承认非婚同居是一种新的家庭关系形式，与婚姻并行不悖且相得益彰。由此，对非婚同居的立法态度从禁止、不承认、不禁止转向承认、保护，一些国家逐渐形成完备的非婚同居法律制度。但我国法律目前对此持既不保护也不禁止的态度。对于要求解除同居关系的，人民法院不予受理，但对于同居期间的财产分割或子女抚养纠纷，人民法院应当受理。

受中国传统道德观念的影响，非婚同居在很长一段时间内，一律被视为“非法同居”，实际上，这是不对的。既然我国法律并没有禁止，这种做法就不是“非法”的，因为在民事生活中，“法无明文禁止即自由”。我国法律规定，“禁止有配偶者与他人同居”。所以，一方或双方有配偶者与他人的同居行为才是非法同居。

结婚登记是结婚的必经法律程序，但受我国传统文化与习俗的影响，在婚姻缔结方面，民众往往轻婚姻登记，而重民俗仪式，因此，便有了“事实婚姻”。自 2003 年我国施行《婚姻登记条例》开始，未经登记而以夫妻名义同居的，属于非婚同居关系，不受相关法律的有效保护。1994 年 2 月 1 日后，符合相关法律规定的结婚实质要件同居生活的当事人到人民法院起诉要求离婚的，应当首先由人民法院告知其在人民法院受理之前补办结婚登记，如果补办了结婚登记，则可按离婚诉讼审理；不补办的，则按解除同居关系处理。

2. 同居关系，财产如何归属？

目前，男女双方形成的非婚同居关系不受法律的保护。在同居期间形成的共同财产，原则上按一般共有财产处理。男女双方分割财产时，采取按份分割原则，共有人的实际出资和投入直接影响共同共有物的分割数额，而夫妻分割共同财产时，采取均等分割原则。比如，在同居期间以个人名义买房，并将房产登记在个人名下的情况，如果是婚姻关系，在婚姻存续期间购房，该房产属于夫妻共同财产，离婚时一般均等分割；如果是非婚同居关系，该房产属于一方的个人财产，另一方只有能够证明当时共同出资，才能根据购买该房产时双方的出资比例分割财产。

所以，男女双方在非婚同居期间，为保护各自的财产权益，可以对双方在同居期间的财产进行约定，各自保存好购置物品的票据，对重要财产进行公证或见证，以免终止同居关系时无据可查。

需要注意的是，同居期间的财产约定不能违反法律的规定。比如，“任何一方出轨或最后与他人结婚的，共同财产都归对方所有，并赔偿对方 10 万元”之类的忠诚协议约定，因为双方并非夫妻关系，对感情的忠诚属于道德义务，而非法律义务，同时，这类忠诚协议限制了双方的婚姻自由，因违反法律规定而无效。

3. 解除同居关系，可以主张分手费吗？

“分手费”只是一种民间说法，我国现行法律未规定“分手费”的赔偿项目。男女双方建立同居关系是自愿行为，对于双方都没有配偶的同居行为，现行法律不作干涉。同居的双方分手后，如果双方协商一致或一方自愿向另一方支付“分手费”，别人不能干涉；主张返还已经支付的“分手费”，人民法院也不予支持。如果一方向人民法院起诉，向另一方主张“分手费”，则这样做违背了公序良俗原则，与传统的道德观念冲突，司法实践中追讨“分手费”的当事人均以败诉而告终。

未婚者与已婚者以夫妻名义共同生活后分手，即使已婚者已经支付了“分手费”，如果已婚者的配偶要求返还“分手费”，照样会得到人民法院的支持。

4. 非婚同居关系，相互之间有继承权吗？

由于我国的家庭制度是建立在婚姻登记的基础上的，如果双方只是同居而不结婚，就不能适用婚姻和继承的法律规定。因此，当双方分手或一方意外身故时，另一方就无法以配偶身份主张权利，相关权益也可能无法获得相应的保护。这是很多单身中老年人选择“找个伴儿，搭伙过日子”时需要重点考虑的问题。

在司法实践中，非婚同居关系也不是一律不存在继承权问题。如果认定为事实婚姻关系，同居生活期间一方死亡，另一方要求继承死者的遗产，可以配偶身份按继承的有关法律规定处理；如果认定为非婚同居关系，一般情况下，相互之间不享有继承权，但属于继承人以外的依靠被继承人扶养的缺乏劳动能力又没有生活来源的人，或者继承人以外对被继承人扶养较多的人，可根据相互扶助的具体情况处理。

5. 单身者与他人同居，也会涉嫌重婚罪吗？

目前，我国刑法领域的重婚与民事领域的重婚不同，民事领域对事实婚姻的承认作了严格的限制，但刑法领域是承认事实婚姻的。刑法上所说的重婚，既包括履行了结婚登记的法律婚姻，又包括未履行法定结婚手续，但以夫妻名义共同生活的事实婚姻。重婚可以表现为四种形式：① 前、后婚都是法律婚姻；② 前、后婚都是事实婚姻；③ 前婚是事实婚姻，后婚是法律婚姻；④ 前婚是法律婚姻，后婚是事实婚姻。

《刑法》第258条规定："有配偶而重婚的，或者明知他人有配偶而与之结婚的，处二年以下有期徒刑或者拘役。"所以，除了有配偶而重婚的人会涉嫌重婚罪，无配偶的单身者如果明知对方有配偶，而故意与之登记结婚或者以夫妻名义与之同居，也会涉嫌重婚罪。这是因为，此种行为是有意破坏他人婚姻的行为，具有严重的社会危害性。

需要注意的是，有配偶者与他人同居或明知他人有配偶而与之同居的行为应该同通奸、婚外恋等行为相区别。通奸是指双方或一方有配偶的男女秘密、自愿发生两性关系的行为。婚外恋泛指已婚者与配偶之外的人发生恋情。通奸、婚外恋都属于有悖社会主义道德的行为，一般由道德规范调整。而有配偶者与他人同居属于民法禁止的违法行为，行为人要承担相应的法律责任。另外，即使有重婚行为，也并不一定就构成重婚罪。只有情节较为严重、危害较大的重婚行为，才构成犯罪。根据立法精神和实践经验，夫妻一方因不堪虐待外逃而重婚，或者因遭受灾害外逃而与他人重婚等情形，一般都不认定为重婚罪。

二、离婚时，财产怎么分？

1. 如何判断夫妻财产约定的效力？

所谓夫妻对财产进行约定，是指夫妻以合法的形式对夫妻婚前财产和婚后所得财产的归属、管理、收益、使用和处分，对外财产责任，以及婚姻解除时财产分割和清算等事项进行约定。

夫妻对财产进行约定是双方民事法律行为，应当符合民事法律行为的一般有效要件，即订约时夫妻双方必须具有完全民事行为能力、双方必须自愿、内容必须合法。协议还必须满足两个特殊有效要件，即必须由当事人亲自订立（不得代理）、婚姻须为有效。夫妻对财产进行约定应当采用书面形式，但如果夫妻采用其他形式作出约定，事后也无争议或者虽有争议但有充分证据证明协议是有效成立的，该约定也为有效。夫妻对财产进行约定的财产关系不能超出各自所有、共同所有、部分各自所有、部分共同所有四种类型。

夫妻对财产的约定包括对内效力和对外效力。所谓对内效力，即夫妻对财产的约定一旦生效，夫妻双方都应当遵守约定，以此确定夫妻财产的所有权和管理权。所谓对外效力，即对于夫妻关于财产的约定，如果第三人知道该协议，那么该协议对第三人发生效力；如果第三人不知道该协议，那么该协议不能对抗第三人。在诉讼中，如果夫妻主张第三人知道夫妻关于财产的约定，应当由夫妻一方承担举证责任。

在现实生活中，有的夫妻之间存在“一方若提出离婚，则净身出户”“一方若出轨，则净身出户”等约定，这些约定都不符合我国现行法律的规定。因为“一方若提出离婚，则净身出户”的约定违背了婚姻自由原则；“一方若出轨，则净身出户”的约定是把夫妻应当相互忠实的道德情感义务等同于法律义务，道德情感义务应当由当事人本着诚信原则自觉自愿地履行，如果赋予该约定强制执行力，势必导致举证一方为了举证而去捉奸，由此带来不可低估的成本和负面效应。

2. 彩礼都能要回吗？

男女双方在恋爱中赠与的礼物并不都是彩礼。一般认为，依照当地习俗，以结婚为目的而给付的大额财物均为彩礼。根据形式的不同，彩礼可以分为金钱彩礼和贵重物品彩礼。金钱彩礼是指订婚和举行结婚仪式时，男方通过媒人给付女方及其家人的聘礼，数额往往较大；贵重物品彩礼一般指大量的、昂贵的衣物和金银、钻石等贵重首饰。从反面来看，下列两种财物通常不被认为是彩礼：一是男女双方恋爱期间，为了增进了解、加强感情、疏通关系而互相赠送的金钱和礼物，如烟酒茶、食品、化妆品等；二是按照当地习俗进行相亲、定亲、成亲等婚姻仪式而支付的请客宴席费用。

我国的法律对于彩礼是否返还有明文规定，因此，在处理这类纠纷时，要遵从法律的规定，区分以下情形进行处理：① 双方既未结婚登记也未共同生活的，彩礼全部返还；② 双方虽然没有结婚登记但已经共同生活的，彩礼不返还或部分返还；③ 双方办理结婚登记手续但未共同生活的，彩礼全部返还或部分返还；④ 双方办理结婚登记手续已经共同生活的，但因婚前给付导致给付人生活困难的，彩礼部分返还。

需要注意的是，实际中，给付彩礼的一方一般不会要求接受财物的另一方出具收到赠物的凭证，所以，在当事人提起诉讼要求退还彩礼时，往往会遇到一个十分棘手的问题，即很难举出给付过彩礼，以及给付彩礼的类型、数额的证据。同时，按照民间习俗，男方支付给女方的彩礼是由女方父母收取的。一旦发生退婚纠纷，负有返还彩礼义务的是女方本人，而不是女方父母。在生活中，女方收到男方给付的彩礼后，要监督父母用好这笔钱。在双方正式结婚之前，该款不能用于还债、购房、投资等。在筹办婚礼期间，如果双方分手，女方应当及时告知父母。

彩礼的返还受诉讼时效 3 年的限制。双方没有缔结婚姻关系的，给付方应当及时行使自己的权利，对方拒不返还的，诉讼时效开始计算；双方登记结婚的，自解除婚姻关系之日起，诉讼时效开始计算。当然，彩礼返还的诉讼时效也可以发生中止、中断、延长等情况。

3. 夫妻关系中，个人财产包括哪些?

夫妻关系中，个人财产包括婚前个人财产和婚后个人财产。

婚前为了结婚而准备的财产，或者自己的其他财产都属于婚前个人财产。婚前个人财产不因婚姻关系的延续而变为夫妻共同财产。在离婚时，婚前个人财产一般是不可分割的，男方的财产归男方所有，女方的财产归女方所有，男女双方另有约定的除外。

婚后取得的财产并不全是夫妻共同财产，以下部分属于婚后个人财产：

（1）交通事故赔偿款。交通事故受害者所获得的赔偿是对受害者的身体、精神受到伤害的补偿，是为了帮助其康复，减少伤害的危害，具有专属性，属于受害者的个人财产。夫妻离婚时，不管交通事故赔偿款数额多少，都不应进行分割。

（2）继承、赠与的财产。如果父母在遗嘱中明确了财产只给自己的子女，这时夫妻一方继承的遗产就属于他的个人财产，而不属于夫妻共同财产。在结婚后，一方或者双方父母特别强调财产只赠与自己子女一方的，就属于一方的个人财产。

（3）一方专用的生活用品。个人的衣物、鞋帽、专业书籍、化妆品等生活用品及因个人的爱好而购买的物品（如钓鱼的渔具、户外运动的设备等）都属于一方专用的生活用品。只要这些财产具有专用性，就属于个人财产，因为它们相对于另一方来说是无用的东西，为了发挥这些物品的作用，就认定为个人财产。

（4）军人的伤亡保险金、伤残补助金、伤残抚恤金、医药生活补助费，纯属军人一方的个人财产。

（5）其他应归一方的财产。这通常是指与一方关系比较密切的财产、具有人身属性的财产，如以一方为被保险人的人身保险往往被纳入这一类。

4. 离婚时，如何分割夫妻共同财产?

结婚登记后，一般情况下，无论一方还是双方取得的财产都属于夫妻共同财产。对于夫妻共同财产，双方享有平等的权利，不仅有平等的处分权，而且有平等的收益权，任何人不得擅自处置。在司法实践中，对于法定的五种夫妻共同财产的认定大致如下：

（1）工资、奖金、劳务报酬。夫妻一方或者双方的工资、奖金、劳务报酬等收入属于夫妻共同财产。一方在外上班，另一方在家里做全职太太或者全职先生的，其付出的家务劳动也具有社会价值，在外上班一方的工资、奖金、劳务报酬等收入仍然属于夫妻共同财产。

（2）生产、经营、投资的收益。生产、经营、投资的收益主要通过夫妻一方或双方参与企业生产经营来获得。离婚时，一方参与企业性质不同，生产、经营、投资收益的分割也不同。涉及分割夫妻共同财产中以一方名义在该有限责任公司的出资额，另一方不是该公司股东的，夫妻双方可协商一致将出资额部分或者全部转让给该股东的配偶，但必须由过半数股东同意或其他股东放弃优先购买权，该股东的配偶才可以成为该公司股东，否则，只能对转让出资所得财产进行分割。如果以一方名义出资的不是公司，而是合伙企业，则当夫妻双方协商一致，将其合伙企业中的财产份额全部或者部分转让给对方时，须有其他合伙人的一致同意。如果夫妻以一方名义投资设立的是独资企业，分割夫妻在该独资企业中的共同财产时，一方主张经营该企业的，对企业资产进行评估后，由取得企业的一方给予另一方相应的补偿；双方均主张经营该企业的，在双方竞价的基础上，由取得企业的一方给予另一方相应的补偿；双方均不愿意经营该企业的，按照《个人独资企业法》等有关规定进行清算，并对剩余财产进行分配。

（3）知识产权的收益。知识产权既包含人身权，也包含财产权。商标、专利、著作权等的转让、许可、投资入股等都会带来非常可观的收益。知识产权的收益是指婚姻关系存续期间，实际取得或者已经明确可以取得的财产性收益。这些收益是可以分割的。

（4）在婚姻关系存续期间，接受继承和赠与所获得的收入。在婚姻关系存续期间，接受继承和赠与所获得的收入属于夫妻共同财产，但是遗嘱或赠与合同中确定只归夫妻一方的财产除外。尤其需要注意的是，继承的财产要在实际继承后才能分割，如果继承人没有实际继承，这部分财产还要等到实际继承完成后才能主张权利；赠与的财产（特别是房产和车辆）也要办理过户登记手续，不过户也会影响财产权益的实现，进而影响财产的分割。如果继承人放弃继承或赠与，另一方不得以此主张自己的权利受到侵害。

（5）可视为夫妻共同财产的财产。下列财产可视为夫妻共同财产：一方以个人财产投资取得的收益；双方实际取得或者应当取得的住房补贴、住房公积金；双方实际取得或者应当取得的养老保险金、破产安置补偿费。对于这些财产也要依法分割，但是对于没有退休的，一方要求分割对方个人账户里的养老保险金的，人民法院不予准许。

5. 一方借钱，配偶得共同偿还吗？

在婚姻关系存续期间，出于各种原因欠债是常见的，个人的债务由个人偿还，夫妻的共同债务用夫妻共同财产偿还。一方借钱究竟是个人债务还是夫妻共同债务，主要从以下几个方面认定：

（1）如果债权人能够证明债务人婚前所负债务用于了婚后家庭共同生活，则该债务属于夫妻共同债务，否则，债权人不得向债务人的配偶主张权利。

（2）夫妻一方在婚姻关系存续期间以个人名义为家庭日常生活需要所负的债务，债权人以属于夫妻共同债务为由主张权利的，人民法院应予支持。夫妻一方在婚姻关系存续期间以个人名义超出家庭日常生活需要所负的债务，债权人以属于夫妻共同债务为由主张权利的，人民法院不予支持，但债权人能够证明该债务用于夫妻共同生活、共同生产经营或者基于夫妻双方共同意思表示的除外。夫妻一方与第三人串通，虚构债务，第三人主张权利的，人民法院不予支持。夫妻一方在从事赌博、吸毒等违法犯罪活动中所负债务，第三人主张权利的，人民法院不予支持。

(3) 在结婚登记后的借款，夫妻一方能够证明债权人与债务人明确约定为个人债务的，不认定为夫妻共同债务。

(4) 夫妻对婚姻关系存续期间所得的财产约定归各自所有的，第三人也知道该约定的，夫妻一方对外所负的债务以夫妻一方所有的财产清偿。

(5) 当事人的离婚协议或者人民法院的判决书、裁定书、调解书已经对夫妻财产分割问题作出处理的，债权人仍有权就夫妻共同债务向双方主张权利。现在很多人为了逃避债务，往往会在离婚时约定财产归一方所有，债务由另一方承担，这样就损害了债权人的利益。所以，即便法律文书中对在婚姻关系存续期间债务的偿还进行了约定，它也属于夫妻共同债务。

(6) 夫妻一方就共同债务承担连带清偿责任后，可以基于离婚协议或者人民法院的法律文书向另一方主张追偿。也就是说，对外，相对于债权人来说，双方都有还款的义务；对内，相对于双方来说，曾经签订的离婚协议或者生效的法律文书对债务的约定还是有效的。

(7) 夫妻一方死亡的，生存一方应当对婚姻关系存续期间的共同债务承担连带清偿责任。这也是基于对债权人的保护。

(8) 夫妻之间订立借款协议，以夫妻共同财产出借给一方从事个人经营活动或用于其他个人事务的，应视为双方约定处分夫妻共同财产的行为，离婚时，可按照借款协议的约定处理。夫妻之间的借款也是要还的，只要该借款是真实的，双方对借款的约定就是有效的。

三、离婚时，房子怎么分?

1. 婚前买房，离婚时，房子怎么分?

婚前，一方出资买房，离婚时，房产可作如下分割：

(1) 夫妻一方在结婚登记前取得的房屋，并且已经办理不动产登记取得不动产权利证书的，属于夫妻的个人财产。

(2) 夫妻一方结婚前已还清全部贷款，结婚后办理不动产登记取得不动产权利证书的，属于夫妻的个人财产。

(3) 夫妻一方婚前签订不动产买卖合同，以个人财产支付首付款并在银行贷款，婚后用夫妻共同财产还贷，不动产登记于首付款支付方名下的，离婚时，该不动产由双方协议处理。无法达成协议的，人民法院可以判决该不动产归产权登记一方，尚未归还的贷款为产权登记一方的个人债务。双方婚后共同还贷支付的款项及其相对应财产增值部分，离婚时，由产权登记一方对另一方进行补偿。夫妻双方采用这种方式购买房屋的情况最多，风险也最大。

（4）婚前，当事人一方出资但约定将房产登记在对方名下，已经办理登记的，另一方就会取得房屋的所有权。在我国，房屋实行登记制度，不登记的，不发生物权变动效力。所以，房屋登记非常重要。因为如果不办理房屋登记，那么赠与方在赠与房产变更登记之前撤销赠与是法律允许的，另一方不得强制要求对方履行房屋登记手续。

（5）婚前，当事人一方出资但约定将房产登记在双方名下，属于夫妻共同财产，夫妻离婚时不考虑出资情况，一律平分房产。

婚前，夫妻双方出资买房，离婚时，对房产可作如下分割：房屋登记在双方名下，属于夫妻共同财产，离婚时，不考虑出资情况，一律平分房产。房屋登记在一方名下，如果是在同居期间购房，人民法院会按共同共有处理，通常不作按份共有处理。如果不是在同居期间购房，是按共同财产处理还是按借款或赠与处理，不能确定。人民法院会综合购房背景、出资数额，尤其是从公平角度来判定，没有统一定论。

2. 婚后买房，离婚时，房子怎么分？

婚后买房，离婚时，房产将根据以下不同情形予以处理：

（1）婚后，一方用个人财产购买房屋，已经支付全部价款，房屋登记在自己名下，属于个人财产，离婚时，归个人所有。如果只是支付了首付款，房屋登记在自己名下，房屋属于个人财产，但房屋尚未偿还的部分以及房屋增值部分属于夫妻共同财产。

（2）婚后，夫妻双方用共同财产（包括贷款）购买的房屋，房屋无论是登记在一方名下还是双方名下，都属于夫妻共同财产，离婚时依法分割。若房屋登记在第三方名下，一般视为第三方财产，不能进行分割。

（3）由一方婚前承租、婚后用共同财产购买的房屋，房屋权属证书登记在一方名下的，应当认定为夫妻共同财产。因为承租人有优先购买权，婚后用共同财产购买，即便房屋登记在一方名下，也属于夫妻共同财产。

（4）离婚时，双方对尚未取得所有权或者尚未取得完全所有权的房屋有争议且对房屋的归属问题协商不成，这时双方要离婚的，人民法院一般不判决房屋所有权归属。因为房屋的所有权以登记为准，没有办理登记的，无法确定房屋的归属，但是人民法院应当根据实际情况判决由一方使用。在对房屋取得完全所有权后，如果没有争议，登记在谁名下，房屋就属于谁；如果还有争议，可以就该房屋的产权归属问题另行向人民法院提起诉讼。

3. 父母出资给子女买房，离婚时，如何分割？

结婚前，父母出资给子女买房，子女离婚时，区分以下不同情形予以处理：

（1）一方父母全额出资，房屋登记在出资方子女名下，房屋属于登记方的婚前个人财产。

（2）一方父母支付了首付款，房屋登记在出资方子女名下，由夫妻二人共同还贷，离婚时，一般将房子判归为登记方所有，由其继续支付贷款。对于婚内共同还贷部分（包括本金和利息）及其产生的增值部分，则由取得房子的一方对另一方进行补偿。房屋登记在另一方子女名下，一般情况下也认定为夫妻共同财产，而不是登记方的个人财产，非登记方有权要求分割房屋。父母明确表示赠与登记方或者双方有其他约定的除外。房屋登记在双方子女名下，应认定为夫妻共同财产。如果双方约定了共有方式，则按约定享有产权；如果双方没有约定，则为按份共有。

（3）双方父母均出资，房子登记在夫妻双方名下，房子属于夫妻共同财产，应当认定为父母的出资是对各自子女的赠与，而不能认为登记在双方名下就是对双方的赠与；房子登记在夫妻一方名下，房子属于夫妻共同财产，应当认定为父母的出资是对各自子女的赠与，而不能简单地理解为双方父母对一方子女的赠与，如无其他相反约定，应认定为双方按份共有。

结婚后，父母出资给子女买房，子女离婚时，也区分以下不同情形予以处理：

（1）一方父母全额出资，房子登记在出资方子女名下，房屋属于个人财产。房子登记在另一方子女名下或双方子女名下，房屋属于夫妻共同财产。离婚时，房屋按夫妻共同财产进行分割，除非有父母出资时的书面声明或约定，证明该出资只是赠与自己子女一方的。

（2）一方父母部分出资（或支付首付款），婚后夫妻双方共同还贷，房屋应认定为夫妻共同财产，父母出资部分视为对双方的赠与，但父母明确表示赠与一方子女的除外。夫妻离婚，对房屋进行分割时，父母出资一方的子女可以适当多分。

（3）双方父母共同出资，房屋登记在一方子女名下，该房屋可认定为按照双方父母的出资份额按份共有，但当事人另有约定的除外。房屋登记在双方子女名下，该房屋属于夫妻共同财产。

4. 离婚时，共同还贷补偿款怎么算？

夫妻一方婚前签订不动产买卖合同，以个人财产支付首付款并在银行贷款，婚后用夫妻共同财产还贷，不动产登记于首付款支付方名下，离婚时，夫妻双方对此财产处理协商不成的，人民法院可以判决该不动产归产权登记一方，尚未归还的贷款为产权登记一方的个人债务。双方婚后共同还贷支付的款项及其相对应财产增值部分，由产权登记一方对另一方进行补偿。但关于共同还贷补偿款的具体金额如何计算，立法上没有明确规定，司法上的规定也不统一，甚至最高人民法院相关部门或法官在不同场合给出的意见都不一致。对此，各地人民法院在司法操作中出现了“同案不同判”的现象。

总体来看，实践中对共同还贷补偿款的计算方式有物权和债权两种模式。

物权模式把参与还贷人视为类似于按份共有人的地位，得以按照特定比例分割整个房屋的价值，其计算方法基本上都是用共同还贷金额在总购房成本中所占的比例，乘以离婚时的房屋市值，再将所得数值进行分割。比如，有一种常见的计算公式为：

补偿款=共同还贷金额/(购房价+已还利息+未来应还利息)×离婚时的房屋市值×50%

即计算共同还贷金额在总购房成本中的贡献比例来分割离婚时的房屋价值，而不考虑房屋升值发生在婚前还是婚后。

债权模式把“婚后参与还贷”视为“婚后用夫妻共同财产偿还一方婚前个人债务”，类似于一种债权投资，其计算方法是根据房屋婚后增值情况算出升值率，让非购房一方因婚后参与还贷而享受与婚后房价涨幅相适应的出资收益。

当然，也不排除出现房价下跌、房屋贬值的情况。此时，共同还贷方是否应该共同承担损失呢？对此，法学界也有不同观点。有的法官认为，从照顾子女和女方权益的原则出发，起码应补偿女方婚后共同还贷部分的一半。也有人认为，非购房方的还贷出资应视为“保底”，婚前购房方作为购房的发起者和房屋权利人，多承担一些楼市风险也公平、合理，毕竟非购房方是“被动还贷”。

5. 小产权房、经济适用房等特殊房产如何分割？

（1）小产权房的分割。对于已被有权机关认定为违法建筑的小产权房，不予处理；但违法建筑已经行政程序合法化的，可以对其所有权归属作出处理。对于虽未经行政机关批准建设，但长期存在且未受到行政处罚的房屋，可以对其使用作出处理。在处理使用时，人民法院应向当事人释明变更相关诉讼请求。在处理相关房屋的使用归属时，对于能分割的，进行分割；对于不能分割的，可采用协商、竞价、询价等方式给予适当补偿。需要注意的是，在涉及小产权房分割案件时，人民法院判决的伦理部分中明确使用处理的判决内容不代表对小产权房合法性的认定，不能以此对抗行政处罚，不能作为产权归属证明或拆迁依据等。

（2）经济适用房、两限房（限房价、限套型普通商品住房）的分割。对于限售期内的经济适用房、两限房，在离婚诉讼中可以酌情进行分割。经济适用房、两限房由一方在婚前申请，以个人财产支付房屋价款，婚后取得房产证的，应认定为一方个人财产；婚后以夫妻双方名义申请，以夫妻共同财产支付房屋价款，离婚后取得房产证的，应认定为夫妻共同财产。

（3）成本价购买公房的分割。婚姻关系存续期间用夫妻共同财产以成本价购买的、登记在一方名下的公有住房应认定为夫妻共有财产，离婚时，应综合考虑房产来源、夫妻双方工龄折算、是否影响另一方福利分房资格等因素予以公平分割。

（4）标准价购买公房的分割。婚姻关系存续期间，以夫妻共同财产出资、以标准价购买公有住房而获得的“部分产权”，应认定为夫妻共同财产，离婚时，可以综合考虑房产来源、工龄折算等因素，并征求原产权单位意见确定产权单位权利比例后，予以公平分割。

（5）约定服务条件房产的分割。夫妻一方在婚后通过与用人单位约定服务条件取得的房产为夫妻共同财产，但离婚时服务条件尚未实现的，一般应判归约定服务条件的一方。

（6）公房承租权的分割。离婚案件中涉及公房承租权处理，属于直管公房的，可在判决中明确承租权以及承租关系的变更。属于自管公房的，夫妻只有一方在产权单位工作，一般应把承租权确定在产权单位工作的人名下，另一方获得补偿；但经产权单位同意的，可以确定由另一方承租或共同承租。

（7）优惠购房权性质与折算。农村拆迁补偿中按所涉人口数取得的优惠购房权是基于特定身份获得的优惠安置利益，但并非优惠取得的物权本身。离婚时，优惠购房权价值折算可考虑优惠取得的房产性质、能否上市交易、能否取得产权证等因素，在不高于市场价格与优惠价格的差价范围之内予以确定。

四、离婚时，孩子怎么办?

1. 如何确定不满 2 周岁子女抚养权的归属?

哺乳期内的子女，原则上由哺乳的母亲抚养，但有下列情形之一的，可由父亲抚养：① 父母双方协议子女随父亲生活，并对子女健康成长无不利影响的；② 母亲患有久治不愈的传染性疾病或其他严重疾病，子女不宜与其共同生活的；③ 母亲有抚养条件却不尽抚养义务，而父亲要求子女随其生活的；④ 出于其他原因，子女确无法随母亲生活的。司法实践中的主要情形有：母亲的经济能力、生活环境明显对抚养子女不利，母亲的品德有缺陷，不利于抚养子女，或子女从出生后一直由父方喂养等。

2. 如何确定 2 周岁以上未成年子女抚养权的归属?

2 周岁以上未成年子女的抚养权归属，应由父母双方协商确定，在有利于保护子女利益的前提下，父母双方可以协议轮流抚养子女。父母协商不成的，人民法院应以维护未成年子女的身心健康和合法权益为原则，综合考虑父母双方的文化素质、思想品质、经济条件、家庭环境等各方面的因素，确定子女的抚养权归属，具体体现为以下内容：

（1）父母双方均要求子女随其共同生活，一方有下列情形之一的，可以优先考虑：已做绝育手术或出于其他原因丧失生育能力的；子女随其生活时间较长，改变生活环境对子女健康成长明显不利的；一方无其他子女，而另一方有其他子女的；子女随其生活，对子女成长有利，而另一方患有久治不愈的传染性疾病或其他严重疾病，或者有其他不利于子女身心健康的情形（如赌博、酗酒或者有第三者介入等）。

（2）父亲与母亲抚养子女的条件基本相同，双方均要求子女与其共同生活，但子女单独随祖父母或外祖父母共同生活多年，祖父母或外祖父母要求并且有能力帮助子女照顾孙子女或外孙子女的，可作为子女随父亲或母亲生活的优先条件予以考虑。

（3）父母双方对 8 周岁以上的未成年子女随父亲或母亲生活发生争执的，应考虑子女的意见。

3. 子女抚养关系能否变更？

离婚后，父母双方在有利于子女身心健康和保障其合法权益的前提下，可以协商变更原来的子女抚养关系。有下列情形之一的，一方可以要求变更子女抚养关系。

（1）与子女共同生活的一方因患严重疾病或伤残无力继续抚养子女的。

（2）与子女共同生活的一方不尽抚养义务或有虐待子女的行为，或其与子女共同生活对子女身心健康确有不利影响的。

（3）8 周岁以上未成年子女愿随另一方生活，该方又有抚养能力的。

（4）有其他正当理由需要变更的。

需要说明的是，离婚后一方要求变更子女抚养关系，双方不能达成协议的，应当另行起诉，而非上诉或申请重审。

4. 子女抚养费怎么算？怎么给付？

父母有义务抚养自己的子女。父母不履行抚养义务时，未成年或不能独立生活的子女有要求父母给付抚养费的义务。抚养费包括子女的生活费、教育费、医疗费等。在确定子女的抚养费时，主要考虑三个因素，即子女的实际需要、父母的负担能力、当地的实际生活水平。一般来说，如果父母有固定收入，抚养费的数额是其月收入的 20%～30%，在有多个子女时，可以适当提高，但是不得超过其月收入的 50%。如果父母没有固定收入，抚养费的数额根据当年总收入或者同行业的平均收入来确定。另外，如果出现特殊情况，如一方收入减少、子女需要增加费用等，抚养费也可以进行灵活的变动。

抚养费既可一次性给付，也可定期给付。对于一次性给付，目前因为人们经济收入有显著的增加，工作调动甚为频繁，同时，考虑到人民法院的执行效率，人民法院判决离婚涉及子女抚养费的，越来越多地采用这种方式。对于定期给付，一般以月或季或年给付，抚养费既可给付金钱，也可以物折抵，其中以物折抵往往适用于下落不明的一方。一次性给付或以物折抵一般以 18 周岁为底线，即具体数目是按月或年的抚养费的数额乘以将子女抚养至 18 周岁为止，计算总数一次性给付完毕。

在日常生活中，有的当事人以自己没有工作、没有收入为由不支付抚养费是不被允许的。因为父母对子女的抚养义务是一项法定义务，没有收入并不意味着丧失劳动能力，不能因一方没有收入而免除抚养义务。如果在经济方面遇到困难，在具有劳动能力的前提下，完全可以通过找新工作或其他方式取得收入；双方也可以协商，降低抚养费的标准或延迟支付抚养费，等经济条件好转后再行支付或予以补足。

5. 如何保障非抚养子女方的探望权?

探望权制度可以保障未与子女共同生活的一方探望子女的权利，满足其思念子女的情感需要，同时，也能使子女对父母的感情不因家庭的破碎而发生变化，尽量减少离婚带给子女的伤害，保障子女的身心健康。

在夫妻双方离婚后，子女与父母之间的亲子关系并没有随父母之间婚姻关系的解除而消除，没有与子女共同生活的一方仍有抚养、教育子女的义务，有探望子女的权利。同时，没有与子女共同生活的一方去探望子女的，另一方必须进行协助。双方可以就探望权行使的方式、时间达成协议，并按照协议行使探望权；双方没有就探望权行使的方式、时间达成协议的，由人民法院进行判决。人民法院作出的生效的离婚判决中未涉及探望权，当事人就探望权问题单独提起诉讼的，人民法院应予受理。

在当事人拒不执行有关子女探望权的裁判文书时，人民法院会依法强制执行。但是，探望权的强制执行与财产的强制执行不同，并不是把子女强行带走交给有探望权的一方，而是对取得子女抚养权的一方采取拘留、罚款等强制措施，以督促其履行协助义务。

五、继承应注意哪些法律问题?

1. 被继承人的哪些财产可以被继承?

自然人的遗产才能被继承，遗产是自然人死亡时遗留的个人合法财产，包括：公民的收入；公民的房屋、储蓄和生活用品；公民的林木、牲畜和家禽；公民的文物、图书资料；法律允许公民所有的生产资料；公民的著作权、专利权中的财产权利；公民的其他合法财产。

但是，有两类财产不能被纳入遗产范围。

（1）国家或集体职工因公死亡、革命军人牺牲或病故、公民因交通事故或其他意外事故而死亡时，有关国家机关、企事业单位、社会团体依照国家制定的劳动保险法的规定、革命军人牺牲与病故抚恤的规定、交通安全法的规定或其他有关法律规定，给予受该死者生前抚育、扶助和赡养的家属一定金额的抚恤费和其他生活补助费。因为从性质上看，这些并不是对死者个人利益的经济补偿，而是国家对死者的特定家属所给予的精神慰藉和物质帮助，应由有关人员直接享受，不属于死者遗留的个人财产。

（2）人身保险金。按照保险法的规定，当被保险人指定了第三人为其人身保险合同的受益人时，如果被保险人死亡，收益人可直接请求保险人向其支付保险金，该保险金不列入被保险人的遗产范围。当然，如果被保险人没有指定受益人，那么该保险金仍属于被保险人的遗产。

2. 怎样立遗嘱才有效？

遗嘱必须符合法律规定的实质要件和形式要件，才具有法律效力。

从实质要件看，立遗嘱人在立遗嘱时必须具有完全民事行为能力；遗嘱必须是立遗嘱人的真实意思表示；遗嘱所处分的财产，必须是立遗嘱人个人所有的财产；遗嘱不能取消缺乏劳动能力又没有生活来源的法定继承人的继承权。

从形式要件看，遗嘱的形式可以有以下六种：① 公证遗嘱。公证遗嘱由遗嘱人经公证机关办理。② 自书遗嘱。自书遗嘱必须由遗嘱人亲笔书写、签名，注明年、月、日。③ 代书遗嘱。代书遗嘱应当有两个以上的见证人在场见证，由其中一人代书，注明年、月、日，并由代书人、其他见证人和遗嘱人签名。④ 打印遗嘱。打印遗嘱应当有两个以上的见证人在场见证，遗嘱人和见证人应当在遗嘱的每一页签名，注明年、月、日。⑤ 录音录像遗嘱。录音录像遗嘱是指以录音录像形式设立的遗嘱，应当有两个以上的见证人在场见证。遗嘱人和见证人应当在录音录像中记录其姓名或肖像，以及年、月、日。⑥ 口头遗嘱。遗嘱人在危急情况下，可以立口头遗嘱。口头遗嘱应当有两个以上的见证人在场见证。危急情况解除后，遗嘱人能够采用书面或者录音录像形式立遗嘱的，所立的口头遗嘱无效。

下列人员不能作为遗嘱见证人：无民事行为能力人、限制民事行为能力人以及其他不具有见证能力的人，继承人、受遗赠人，与继承人、受遗赠人有利害关系的人。

3. 哪些人是法定继承人？

根据我国继承法的规定，法定继承人主要包括以下几类：

（1）配偶。作为继承人的配偶必须是在被继承人死亡时与被继承人保持合法婚姻关系的人。如果男女双方只是同居关系，且同居关系发生在 1994 年 2 月 1 日《婚姻登记管理条例》公布实施以后，未补办结婚登记的，另一方对死亡一方的遗产不得以配偶身份主张享有继承权。

（2）子女，包括婚生子女、非婚生子女、养子女和有抚养关系的继子女。继子女既可以继承继父母的遗产，也可以继承生父母的遗产；而养子女一般情况下只能继承养父母的遗产，不能再继承生父母的遗产。

（3）父母，包括生父母、养父母和有抚养关系的继父母。父母对子女的继承权不受父母的婚姻状况及父母是否抚育过子女的影响。

（4）兄弟姐妹，包括有自然血亲的兄弟姐妹，即同父同母、同父异母、同母异父的兄弟姐妹，以及有拟制血亲的兄弟姐妹，即养兄弟姐妹、有扶养关系的继兄弟姐妹。

（5）祖父母、外祖父母。

（6）对公公、婆婆或岳父、岳母尽了主要赡养义务的丧偶儿媳或丧偶女婿。这种情况需要具备以下两个条件：① 必须存在丧偶的情形；② 必须尽了主要的赡养义务。“尽了主要的赡养义务”是指对公公、婆婆或岳父、岳母提供了主要的经济来源或者在劳务方面给予了主要的照顾。这两个条件必须同时具备，丧偶儿媳或丧偶女婿才能作为继承人参与继承，且与其他第一顺序继承人地位平等，享有同等的继承份额。

配偶，子女，父母，对公公、婆婆或岳父、岳母尽了主要赡养义务的丧偶儿媳或丧偶女婿是第一顺序继承人；兄弟姐妹，祖父母、外祖父母是第二顺序继承人。第一顺序的继承人继承遗产的，第二顺序继承人就不能再继承。

4. 遗弃、虐待父母的子女有继承权吗？

继承权是继承人依法取得被继承人遗产的权利。虽然法律规定了法定继承人，但是如果出现法律规定的情况，法定继承人也会丧失继承权。继承权的丧失又称继承权的被剥夺，是指继承人实施了违反法律规定的行为，而依法被剥夺了享有被继承人合法财产的法律资格。

继承人有下列行为之一的，丧失继承权：① 故意杀害被继承人的；② 为争夺遗产而杀害其他继承人的；③ 遗弃被继承人的，或者虐待被继承人情节严重的；④ 伪造、篡改或者销毁遗嘱，情节严重的。继承人虐待被继承人情节是否严重，可以从实施虐待行为的时间、手段、后果和社会影响等方面认定。继承人虐待被继承人情节严重的，不论是否追究刑事责任，均可确认其丧失继承权。继承人虐待被继承人情节严重的，或者遗弃被继承人的，如以后确有悔改表现，而且被虐待人、被遗弃人生前又表示宽恕的，可不确认其丧失继承权。

5. “父债子还”吗？

我国法律规定：“继承遗产应当清偿被继承人依法应当缴纳的税款和债务，缴纳税款和清偿债务以他的遗产实际价值为限。超过遗产实际价值部分，继承人自愿偿还的不在此限。”从保护债权人权益的角度，虽然债务人死亡，但是债务人死亡后留有遗产，因此，在继承开始后，继承人应当积极查清被继承人遗留的债务数额，及时通知债权人有关债务人死亡的消息，并且在所继承遗产的范围内承担债务。当然，如果继承人自愿偿还被继承人生前所有的债务，可以超出所继承遗产的范围。

子女在继承父母遗产的同时，需要在继承遗产的范围内对父母生前所欠下的债务承担偿还责任。如果债务超出遗产范围，子女可以不必偿还；子女对超出遗产范围的债务，自愿偿还也可以。法律对此没有严格的规定，遵循当事人自愿原则。

专题二 房产纠纷

一、我国法律对房屋产权是怎样规定的?

1. 什么是房屋产权?

房屋产权是指房屋所有者对房屋财产所享有的占有、使用、收益和处分的权利。房屋产权由房屋所有权和土地使用权两部分组成。房屋所有权属于个人产权，是私有财产权的一种，只要房屋没有完全毁损、灭失，就能一直享有；而土地使用权是有期限的，因为我国的土地所有权归国家和集体所有，土地使用权在出让时根据开发类型，分为不同的使用年限，具体包括民用住宅建筑用地、商用建筑用地、工业用建筑用地三种。平常的住宅建筑用地的使用权年限最高是 70 年，工业、教育、科技、文化、卫生、体育等综合用地的使用权年限最高为 50 年，而商业、旅游和娱乐用地的使用权年限最高只有 40 年。

我国法律规定，房屋产权可以通过购买、继承、受赠、建设等方式取得。与动产不同，房屋产权的取得和变更以登记为准，并核发房屋产权证书。目前，由房屋管理部门和土地管理部门统一核发《中华人民共和国不动产权证书》(简称《不动产权证书》)。

购买新房时，购买人应注意查询“五证”，以了解房屋的真实信息和产权年限。“五证”即《中华人民共和国国有土地使用证》(简称《国有土地使用证》)、《中华人民共和国建设用地规划许可证》(简称《建设用地规划许可证》)、《中华人民共和国建设工程规划许可证》(简称《建设工程规划许可证》)、《中华人民共和国建筑工程施工许可证》(简称《建筑工程施工许可证》)、《中华人民共和国商品房预售许可证》(简称《商品房预售许可证》)。“五证”齐全的房屋意味着开发商的资质和销售资格均无问题。购买二手房时，购买人应注意核实房屋是否有产权证，最直接、最有效的防范方法是到房地产产权登记部门进行查询，核实产权的真实性、产权关系是否明晰以及是否允许上市交易。一些没有办理产权证的房屋可能存在如开发商欠缴政府费用、设计变更未经批准等问题，从而导致长时间内无法取得产权证。如果房屋为多人共有，则须卖房人提供所有共有人的身份证件及同意出卖房屋的书面文件。如果房屋存在被抵押、被人民法院查封等产权受限制的情况，买房人在购买房屋后，将无法顺利地取得所有权，甚至可能造成经济损失。

2. 70 年产权到期后，怎么办？

产权到期是指建筑用地使用权期限届满的情况。《中华人民共和国城市房地产管理法》(简称《城市房地产管理法》) 第 22 条规定："土地使用权出让合同约定的使用年限届满，土地使用者需要继续使用土地的，应当至迟于届满前一年申请续期，除根据社会公共利益需要收回该幅土地的，应当予以批准。经批准准予续期的，应当重新签订土地使用权出让合同，依照规定支付土地使用权出让金。土地使用权出让合同约定的使用年限届满，土地使用者未申请续期或者虽申请续期但依照前款规定未获批准的，土地使用权由国家无偿收回。"

我们平常的住宅建设用地的使用权年限最高是 70 年，一般从土地出让时开始计算。比如，开发商拿地时间是 2000 年，则其土地使用年限是 2000—2070 年。甲于 2005 年购买了该开发商的房屋，则其剩余的年限为 65 年（2005—2070 年）。根据《民法典》的规定，住宅建设用地使用权期限届满的，自动续期。续期费用的缴纳或减免，依照法律、行政法规的规定办理。

3. 可以购买小产权房吗？

所谓小产权房，一般是指未经法定征地和审批等程序，由村集体或镇政府独立或与房地产开发企业联合在集体所有的土地上开发建设的房屋。"小产权房" 不是法律概念，而是人们在社会实践中形成的一种约定俗成的称谓。建于农村集体建设用地，甚至农业用地上的农村房屋权属，往往取决于建造者是否获得行政部门有关土地规划、建设审批。未履行合法审批程序，因违反土地管理法规，建造者无法取得房屋所有权，此类房屋在性质上应归属于违法建筑，无法获得国家法律的认可，自然也无法办理权属登记。

近年来，房价上涨，有些人看到小产权房比较便宜，便购买了小产权房，但其中的风险不容忽视。

（1）产权得不到保障。小产权房没有国家颁发的《国有土地使用证》和《商品房预售许可证》，不能办理房屋产权过户手续；没有国家颁发的《不动产权证书》，很难在市场上转让，并且有关部门多次重申，小产权房不得通过不动产登记合法化。

（2）无法进行银行贷款和抵押贷款。小产权房没有经过备案，没有房产证，因此，银行不给予贷款。若要购买小产权房，则需要购房人一次性交清房款。不仅买房不能贷款，即便买完房，也不可用房子做抵押到银行进行贷款。

（3）购房合同缺少法律支持。在小产权房的买卖交易中，双方一旦发生争议，其签署的购房合同往往因为缺乏登记要件而得不到法律的保护。

（4）面临被拆除的风险。如果小产权房属于违法用地、违法建设，一旦和国家的规划相冲突，它很有可能被拆除，购房者的利益很难得到保障。如果遇到国家征地拆迁，由于没有产权，购房人可能面临无法获得补偿的风险。

（5）质量安全无法保证。小产权房的质量缺乏监督，一旦开发商偷工减料，使房屋存在质量安全隐患，购房人寻求法律保护的机会也非常有限。这类房屋一般由土地所在村开发，除了房屋质量和房屋售后保修难以保证，入住后的物业管理也极易出现问题。

4. 什么是共有产权住房?

共有产权住房是指政府引导并给予政策支持，通过建设单位开发建设，销售价格低于同地段、同品质商品住房，限定使用和处分权利，面向符合规定条件的住房困难群体供应，具有一定的保障性质，并实行政府与购房人按份共有产权的住房。

共有产权住房有两个直接作用：一是通过共有产权的方式，部分购房人自己支付一部分钱，从而解决住房问题；二是规范经济适用房和两限房制度，遏制在购置型保障房里的牟利空间，使得买房子是解决住房问题，而非投机牟利，它还能在一定程度上平抑高房价。

2014 年，住房和城乡建设部、国家发展和改革委员会等部委在北京、上海、深圳、成都、淮安、黄石 6 个城市试点的基础上，联合发布了《关于试点城市发展共有产权性质政策性商品住房的指导意见》，对共有产权住房的规划及发展作出了原则性的规定，主要体现为以下内容：① 供应对象，主要面向住房困难的城镇中等偏下收入家庭，以及符合规定条件的进城落户农民和其他群体供应。② 配售价格，应充分考虑供应对象的支付能力，以低于同地段普通商品住房的价格为原则定价。③ 明晰产权，配售时，应明确承购人持有的产权份额比例，承购人持有的产权份额一般不低于 60%。④ 产权交易，允许承购人增购，直至完全取得产权。购买不满 5 年的，房屋不得上市交易；符合上市条件的，政府在同等条件下享有优先购买权。

近年来，国家层面对于试点城市的共有产权住房制度给予了较大力度的政策支持，为各地推广共有产权住房奠定了政策基础，北京、上海、广东等地纷纷出台地方性政策，并逐步探索完善。

5. 房屋产权过户，在买卖、赠与、继承中，哪种方式最好?

房屋产权过户不仅需要当事人到房屋权属登记部门办理房屋产权变更手续，而且会涉及各种税费。目前，房屋产权过户的方式主要有买卖、赠与、继承三种，它们分别有不同的操作流程、税费和风险，至于哪种方式最好，还需要根据具体情况和主要需求来确定。

（1）基于买卖的房屋产权过户。买卖是房产交易的典型类型，正常的商品房买卖根据房产类型、购房面积、购房时间、是否首套房等因素确定需要缴纳的税费，主要包括契税、个人所得税、印花税、评估费、中介费、交易手续费等。一般来讲，对于买卖的方式，交易费用相对较高，但风险最低。

（2）基于赠与的房屋产权过户。赠与作为一种无偿取得财产的方式，主要涉及契税和个人所得税。目前，契税的税率是3%~5%。如果是非直系亲属之间的赠与，需要缴纳20%的个人所得税；如果房产再次出售，还可能根据实际情况缴纳增值部分20%的个人所得税。如果是直系亲属之间的赠与，个人所得税只会发生在房产再次出售时。

（3）基于继承的房屋产权过户。继承必须在产权人过世后才能进行过户，过户手续相对繁杂，风险往往也相对较大。但如果是法定继承，可以免征契税。继承房产如果再次出售，则需要缴纳20%的个人所得税。

所以，如果有人想把房产留给自己的子女，选择继承的方式比选择赠与的方式更合适，因为赠与要缴契税，法定继承则不需要，但继承过户只能在产权人过世以后完成且手续繁杂。与买卖相比，继承和赠与都涉及房产再次出售时要缴纳20%的个人所得税，从这一点来看，选择把房子卖给子女的方式更合适，也更便捷。当然，还有一种做法就是父母提前在房产证上写上子女的名字。这种做法貌似比买卖、赠与、继承更为省事，但同样存在风险。比如，子女未成年时，父母作为监护人不能随意处置该房产；子女独立买房时将不能享受首套优惠；子女婚后如果发生意外，其配偶有权继承婚前财产。所以，如果提前在房产证上写上子女的名字，不妨同时公证约定子女未成年时和父母共有的房产，在父母生前，权益属于父母所有；或者到房产交易中心作房产份额变更，减少子女名下的房产份额，最少可变更为1%。

二、购买商品房有哪些常见法律问题？

1. 开发商降低房价，购房者能反悔吗？

合同签订后，双方应该严格履行合同约定义务，不能因为降价就退房。

开发商和购房者之间的关系来源于《商品房买卖合同》，双方的权利和义务均由合同约定。依法成立的合同，对当事人具有法律约束力。当事人应当按照约定履行自己的义务，不得擅自变更或者解除合同。依法成立的合同，受法律保护。这是“契约信守”精神的法律化。

合同的契约精神应是双向的，无论房价上涨还是下降，当事人双方均不得单方要求变更或者终止合同。房价下降时，购房者要求“退差价”，这与房价上涨之际卖方要求解除合同在本质上没有什么不同，都违反了“契约信守”原则，都不会受到法律的保护。

但是，当事人协商一致，可以变更合同。如果开发商与购房者协商，自愿达成补偿协议，对降价前已购房的人进行退房或差价补偿，不违反法律、行政法规强制性规定，开发商应当履行该义务。

2. 开发商发布的宣传广告与实际不符，是否要承担责任？

售楼广告和宣传资料仅仅是开发商为了吸引购房者而作的一种宣传。如果广告上的宣传内容没有被写入合同中，即使将来这些宣传没有兑现，开发商一般也不会因此而承担责任。但是对房屋价格以及购房者是否买房产生重大影响的内容，如果是与事实不符的宣传，则开发商可能要承担责任。至于开发商是否要承担责任，主要考虑以下几个方面：

（1）开发商发布了虚假广告。购房者要能够证明广告的内容全部或者部分是虚假的，这种虚假是开发商主观故意所为，这是开发商承担责任的前提。

（2）购房者受到了欺骗和误导。购房者因为依赖（虚假）广告，对该广告承诺的内容抱有期望才购买房屋的，即受到了欺骗和误导。如果购房者在购房前已知或应知广告内容虚假，或者购房者的购房行为与虚假广告无关，则不能认为其受到了欺骗和误导。

（3）购房者的合法权益受到了侵害。购房者的合法权益受到实际发生的损害，这种损害包括财产、金钱、精神方面的损害。

（4）损害和虚假广告之间有因果关系。虚假广告欺骗和误导了购房者，给购房者的权益造成了损害，即虚假广告与损害之间有因果关系。

根据《最高人民法院关于审理商品房买卖合同纠纷案件适用法律若干问题的解释》第3条的规定，商品房的销售广告和宣传资料为“要约邀请”（一般的广告宣传都是“要约邀请”，不能自然成为合同的一部分，也不具有法律约束力），但是销售方关于房屋及相关设施所作的具体、确定的说明和允诺，对房屋价格及合同订立有重大影响的，应当视为“要约”（“要约”有两个构成条件：一是内容具体、确定；二是要约被对方承诺时，表明合同成立，发出要约的人需遵守和履行承诺，否则应承担违约责任）。即便该说明和允诺未被载入《商品房买卖合同》，也应视为合同内容，销售方违反的，应承担违约责任。

3. 开发商不能按时交付房屋，怎么办？

在购买商品房签订合同时都要约定房屋交付的时间，开发商应当按照合同约定，将符合交付使用条件的商品房按期交付给买受人。未能按期交付房屋的，开发商应当承担违约责任。但是在实践中经常会出现开发商不能按期交房的问题，为此，购房者要依据合同的约定来维护自己的合法权益。遇到开发商延期交付房屋时，购房者首先要弄清楚开发商延期交付房屋的原因，一般可以通过咨询开发商或者相关政府部门得到答复。如果是开发商自身的原因致使延期交付房屋的，购房者可以催促开发商尽快交付房屋，并保留要求开发商支付违约金的权利。目前的《商品房买卖合同》中都有逾期交房的违约责任，购房者可以根据合同的约定来进行维权。如出于不可抗力或者当事人在合同中约定的其他原因，需延期交付房屋的，开发商应当及时告知购房者。需要注意的是，延期交房并不是法定的可以解除合同的条件。当然，如果《商品房买卖合同》约定了延期交付房屋时可以解除合同，那么购房者可以解除合同并要求开发商赔偿损失。

4. 什么情况下可以要求开发商退房?

我国相关法律规定，当出现以下情形时，购房者可以要求开发商退房：

（1）合同中明确约定了延迟交付房屋，可以退房。这种情况是目前购房者最可能遇到的一种情况。一般合同约定的延迟交付房屋可以退房的期限是 30~90 天，如果超过这个期限，开发商还不能交房，购房者就可以要求开发商退房，并要求其支付违约金或房款利息。

（2）开发商没有合法、有效的手续导致合同无效。目前，开发商必须证件齐全才能盖楼、卖房。如果开发商证件不全，就属于违法操作，与购房者签署的合同有可能被认定为无效。如果合同被认定为无效，那么购房者有权利要求退房，开发商应当返还购房者缴纳的房款并承担缔约过失责任。

（3）开发商隐瞒房屋抵押状况。《商品房买卖合同》订立后，开发商未告知购房者又将该房屋抵押或出卖给第三人，导致《商品房买卖合同》的目的不能实现的，购房者可以请求解除合同、返还已付购房款及利息、赔偿损失。另外，出卖人与第三人恶意串通，另行订立《商品房买卖合同》并将房屋交付使用，导致购房者无法取得房屋的，购房者也有权解除合同。

（4）开发商擅自变更规划设计。在商品房预售之后，如果开发商未经规划部门批准，变更规划设计，影响房屋结构，购房者有权退房，并由开发商承担违约责任。如果开发商经过规划部门批准需要书面通知购房者，却没有通知，那么购房者也可以退房，并要求开发商赔偿损失。

（5）商品房发生质量问题。开发商交付的房屋应当是验收合格的商品房，如因房屋主体结构质量不合格不能交付使用，或者房屋交付使用后，房屋主体结构质量经核验确属不合格，购房者有权要求解除合同和赔偿损失。需要注意的是，所谓房屋主体结构不合格，需要经工程质量监督单位核验，不能仅凭购房者主观判断。另外，如因房屋质量问题严重影响正常居住使用，购房者也有权要求解除合同和赔偿损失。

（6）商品房面积误差过大。如果商品房预售合同中的约定面积与实际面积产生误差，依据《商品房销售管理办法》第 20 条的规定，面积误差比绝对值超出 3%时，购房者有权选择退房。

（7）开发商延迟办理房产证。按照《商品房买卖合同》约定或者《城市房地产开发经营管理条例》规定的办理房屋所有权登记的期限届满后，由于开发商的原因导致购房者无法办理房屋所有权登记的，购房者有权请求解除合同和赔偿损失。

5. 商品房销售适用“定金罚则”吗?

为定金而引发的纠纷是近年来商品房买卖纠纷中的一个重点，在房地产诉讼案件中也占很大比重。目前，在商品房买卖过程中，当购房者与开发商达成购房的初步意向后，开发商通常都要求与购房者签订认购书，约定认购（订购或预订）商品房的具体位置、面积、价款等事项，同时，要求购房者缴纳一定的款项。虽然认购书的性质在法理上还存在争议，但一般认为，商品房认购书与《商品房买卖合同》相当于预约合同与本约合同的关系，即预约合同是为签订本约合同而订立的，购房者缴纳的款项是为保证正式签订《商品房买卖合同》而交付的定金。

我国的定金制度旨在担保债权的实现，其作为一种违约责任形式，主要体现在“定金罚则”的规定上，即给付定金的一方不履行约定的债务的，无权要求返还定金；收受定金的一方不履行约定的债务的，应当双倍返还定金。那么，在商品房买卖中，是否一律适用“定金罚则”呢?

根据我国相关司法解释的规定，出卖人通过认购、订购、预订等方式向买受人收受定金作为订立《商品房买卖合同》担保的，如果由于当事人一方原因未能订立《商品房买卖合同》，应当按照法律关于定金的规定处理；因不可归责于当事人双方的事由，导致《商品房买卖合同》未能订立的，出卖人应当将定金返还买受人。

具体来说，如果合同一方无故不在认购书中约定的时间内到约定的地点签订买卖合同或擅自改变在认购书中双方已经确认同意的条款（如房屋的基本状况、价款等）导致买卖合同无法签订，则系当事人一方原因造成本约合同无法签订，应对该方适用“定金罚则”。但如果《商品房买卖合同》未能签订是双方就认购书中没有提及的签约细节和其他条款进行协商不能取得一致所造成的，则系非一方原因而是不可归责于当事人双方的事由所造成的本约合同无法签订，双方互不承担违约责任，开发商应将定金原额返还，而不应适用“定金罚则”。

所以，为了避免不必要的争议，在认购书中，购房者与开发商应对“定金罚则”的适用作出尽可能详尽的约定。购房者在签订带有这种定金条款的认购书时应当谨慎行事，事先对所要购买的商品房相关状况，以及开发商所提供的购房合同示范文本（包括补充协议）进行充分的了解，同时，对认购书中房屋价格、交付日期、违约责任等重要内容予以明确。当然，在条件允许的情况下，购房者可以直接与开发商签订正式的《商品房买卖合同》，以避免在与开发商签订认购书后由于某些条款无法达成一致而无法签订正式购房合同，从而损失交付的定金。

三、购买二手房应注意哪些法律风险?

1. “一房二卖”或者“一房多卖”怎么处理?

“一房二卖”或者“一房多卖”是二手房交易中经常会发生的情况，即卖房者先后或同时与他人签订买卖合同，将同一特定的房屋出卖给两个或多个买房人的情形。对此，先订立合同的人未必能够取得房子的所有权。除合同订立的先后顺序之外，实务中一般还会考虑房屋是否已经过户、是否已经网签、是否已经实际交付等因素来作出不同处理。

我国法律规定，不动产物权的设立、变更、转让和消灭，经依法登记，发生效力；未经登记，不发生效力。也就是说，不管先订立房屋买卖合同的人，还是后订立房屋买卖合同的人，只要一方已经办理过户手续，房子便归其所有，除非能够证明办理过户的后手交易人存在恶意串通等情形，先手交易人才可以主张合同无效，进而要求卖房者配合过户。

如果购房者均未办理过户且未交房，但有一方已办理网签手续，房屋所有权便归已经网签的一方所有。如果购房者均未办理过户及网签手续，但房屋已实际交付一方买受人，房屋便归先行实际占有房屋的人所有。如果当事人都没有办理过户手续和网签手续，而且房屋没有交付，那么房屋便归先签合同的买受人所有。至于不能取得房屋所有权的买受人，只能向房屋出卖人主张合同违约责任。

2. 城镇居民可以到农村买房、买地吗?

近年来，随着城市房屋价格上涨和新农村建设的发展，城市郊区农村房屋的价格优势和环境优势凸显，备受城镇居民青睐。那么，城镇居民可以到农村买房、买地吗？有人认为，允许城镇居民到农村买房、买地不仅有利于缓解大城市住房突出问题，而且能提高农民的生活水平，改善农村的居住条件。但就目前的法律规定来看，农村宅基地只能在本集体经济组织内的村民之间流转，不允许对外流转。农村宅基地使用权人可以使用和处分地上的房屋，但宅基地不属于农户个人的财产。

1999 年，《国务院办公厅关于加强土地转让管理严禁炒卖土地的通知》规定：农民的住宅不得向城市居民出售，不得批准城市居民在农民集体土地建住宅，有关部门不得违法为建造和购买的住宅发放土地使用证和房产证。2007 年 12 月，《国务院办公厅关于严格执行有关农村集体建设用地法律和政策的通知》再一次强调：农村住宅用地只能分配给本村村民，城镇居民不得到农村购买宅基地、农民住宅或小产权房。国家发展和改革委员会也强调指出，在利用农村闲置农房发展乡村旅游业的过程中要注意，城镇居民到农村买宅基地的口子不能开，严禁下乡利用农村宅基地建设别墅大院和私人会馆。2019 年修正的《中华人民共和国土地管理法》(简称《土地管理法》）在土地征收、集体经营性土地入市、农村宅基地等方面加强了对农民利益的保护，也规定了国家允许进城落户的农村村民自愿有偿退出宅基地，但农村宅基地还是禁止对外流转。

所以，由于城镇居民到农村买房、买地的行为违反了法律的强制性规定，一旦发生纠纷，购房合同就会被认定自始无效，原房主随时都可要求购房者返还。

3. 房屋共有人私自出卖共有房屋，合同有效吗?

在司法实践中，我们经常遇到房屋共有人以其他共有人擅自处分共有财产为由，主张其他共有人对外签订的二手房买卖合同无效。对此问题，我们应区别不同的情形分别处理。

如果房产证上明确记载了共有权人，则对于共同共有而言，未经另一方同意，该方事后也不认可该交易的，房屋买卖合同无效；但买受人有理由相信出卖人有代理权，符合表见代理构成要件的，应确认合同有效。如果是按份共有，并且房产可以有效分割，则对于签署方所享有的房产份额的处置是有效的。如果合同中处置的是整套房产，则其他共有权人事后不认可，对超出其份额的处置是无效的。因为现实中，一套房产难以按份分成独立的、可供使用的空间，所以，在按份共有的情形下，合同在客观上也无法履行。

房产证上明确记载仅为出卖人一人的，基于不动产的公示、公信原则，买受人有理由相信出卖人系房屋的完全权利人，其与出卖人签订的买卖合同应认定为有效；但有证据证明买受人存有过错，与出卖人恶意串通，损害其他共有人利益的除外。

另外，对于夫妻在法定的婚姻关系存续期间取得的财产属于共有财产的情形，虽然房产登记在一方名下，但它仍属于夫妻共有财产。根据相关司法解释的规定，一方未经另一方同意出售夫妻共有的房屋，第三人善意购买、支付合理对价，并办理产权登记手续，另一方主张追回该房屋的，人民法院不予支持。当然，夫妻一方擅自处分共有的房屋造成另一方损失，离婚时另一方请求赔偿损失的，人民法院也是支持的。

4. 购买的房屋户口被占导致无法迁入，怎么办?

在二手房买卖过程中，由于产权过户与户口迁移并不是同时进行的，一般情况下，先办理产权过户手续，再办理户口迁移手续，卖房者将原有户口从房产所在的地址中迁出，而后购房者才能将家庭成员的户口迁入。但是实践中，我们经常会遇到虽然购买了房屋，但是该房屋仍有户口未能及时迁出导致无法办理迁入手续的尴尬局面。遇到这种问题时，可以采取以下处理方法：

（1）按照合同约定来维权。在许多二手房的格式合同中，对房屋产权过户、户口迁移等问题都有明确的约定。如果合同对户口迁出时限已作约定，卖房者不履行迁出义务的，购房者可以直接找卖房者协商，协商不成的，可以到人民法院起诉，追究卖房者的违约责任。不过，到人民法院起诉之后，购房者只能主张违约责任的赔偿，无法坚持卖房者迁移户口的主张，而人民法院也会裁定不予受理或者驳回起诉。因为户口迁移问题属于行政管理问题，不属于民事案件受理范围，人民法院无权对此作出判决。

（2）合同中没有约定，或者约定不明确的，只能由双方协商解决。对于原户口不迁出，新户口能否迁入，各地存在差异。原则上说，原户口不迁出，新户口不能迁入。

购买学区房的目的主要是解决孩子入学的问题，因此，为避免此类问题的发生，建议一定要在合同中明确约定户口迁移的时限及违约责任，提高卖房者的违约成本，以敦促卖房者严格按照合同履行。一旦出现卖房者延期履行或者不履行的情况，购房者起诉索赔也有依据。

5. 购买“法拍房”有何法律风险?

“法拍房”是指被人民法院强制执行的房产，即当债务人无力履行按揭合同或者无法清偿债务时，债权人经由各种司法程序向人民法院申请强制执行，将债务人名下的房屋拍卖，以拍卖所得价金满足债权。与普通商品房相比，“法拍房”最大的优势就是价格较低。“法拍房”竞买人实际上都在寻找“捡漏”的机会，但是走“捷径”购房也会面临诸多风险，如房地产市场价格变化、存在其他居住权人而导致取得房屋产权后不能实际入住、产权不清、人民法院轮候拍卖等不同风险因素。所以，购房者在竞拍前要特别注意以下问题：

（1）要看拍卖的房产属性，包括年限、土地出让性质、是否拿到房产证。如果土地是划拨的，则二次交易时还要补交土地出让金；如果是预售房，由于购房者不能立刻拿到房产证，可能还面临二次纠纷。

（2）注意“法拍房”的产权共有情况，如夫妻双方共有产权，是否有第一债权人之外的其他债权人等。比如，有的“法拍房”在法庭拍卖前，原房主和他人签署了长期的租赁合同，如未提前协商好，很可能出现租户不愿搬离、购房者无法入住的情况。

（3）需要查看“法拍房”是否有抵押、是否有债务偿还风险。拍卖前，要处理好包括物业、取暖、水电等费用的拖欠情况，因为“法拍房”后续所有费用均由购房者承担。

（4）从市场角度来看，由于“法拍房”数量有限、选择面窄，若竞买人因“贪便宜”而急于购房，可能会遇到房屋地理位置、户型、朝向、周围环境、配套设施不尽如人意的问题，影响居住品质及房屋再次上市交易。因此，竞买人有必要在房产拍卖之前对房屋进行实地考察，掌握第一手资料，做到心中有数，同时辨别中介方的“推销说辞”，理性购房。

四、房屋租赁应注意哪些法律风险?

1. 哪些房屋不能出租?

房屋租赁是指房屋所有人作为出租人将其房屋出租给承租人使用，由承租人向出租人支付租金的行为。出租人是房屋租赁关系中提供房屋给他人使用的一方。出租人可以是个人，也可以是单位；可以是房屋的所有人，也可以是国家授权行使房屋所有权的单位。承租人是房屋租赁关系中使用房屋并支付租金的一方。承租人可以是个人，也可以是单位。

房屋是一种特殊商品，并不是所有的房屋都能出租。住房和城乡建设部 2010 年发布的《商品房屋租赁管理办法》规定，下列房屋不得出租：① 属于违法建筑的；② 不符合安全、防灾等工程建设强制性标准的；③ 违反规定改变房屋使用性质的；④ 法律、法规规定禁止出租的其他情形。违法出租的，由直辖市、市、县人民政府建设（房地产）主管部门责令限期改正，对没有违法所得的，可处以 5 000 元以下罚款；对有违法所得的，可处以违法所得 1 倍以上 3 倍以下，但不超过 3 万元的罚款。

需要注意的是，出租住房应当以原设计的房间为最小出租单位，人均租住建筑面积不得低于当地人民政府规定的最低标准。厨房、卫生间、阳台和地下储藏室不得出租供人员居住。逾期不改正的，可处以 5 000 元以上 3 万元以下罚款。

2. 如何理解“买卖不破租赁”？

在现实生活中，你可能会遇到这样一种情况：在房屋的租赁还未到期时，房东会告诉你，他已经将房屋出售给另一个人，让你搬出去。这时，你应该怎么办？如何维护自己的权益？这就涉及“买卖不破租赁”的问题。

“买卖不破租赁”即在租赁关系存续期间，即使出租人将租赁物卖给他人，对租赁关系也不产生任何影响，承租人仍有权使用租赁物。买受人与承租人产生新的租赁关系，构成债的转移，承租人向新的出租人缴纳房租，继续履行租赁合同。“买卖不破租赁”规则设立的目的是保护承租人的租赁权。通常认为，在租赁关系中，承租人是弱者，要提供给承租人更多的保障，因此，即使出租人把房屋卖了，租赁关系仍然存在，买受人不可以破坏合同租赁关系。

除了“买卖不破租赁”，承租人还具有优先购买权。《民法典》规定，出租人出卖租赁房屋的，应当在出卖之前的合理期限内通知承租人，承租人享有以同等条件优先购买的权利；但是，房屋按份共有人行使优先购买权或者出租人将房屋出卖给近亲属的除外。

3. 承租人转租房屋应注意什么？

房屋转租是指房屋承租人将承租的房屋再出租的行为。承租人经出租人同意，可以将租赁物转租给第三人。承租人转租的，承租人与出租人之间的租赁合同继续有效。第三人对租赁物造成损失的，承租人应当赔偿损失。承租人未经出租人同意转租的，出租人可以解除合同。

转租行为分为合法转租与非法转租。所谓合法转租，是指承租人征得出租人同意后，将房屋转租给他人。在合法转租的情况下，承租人并未退出原租赁合同而由次承租人取代其地位，只是与次承租人建立了另一个租赁合同关系，承租人仍然应根据原租赁合同向出租人承担义务和责任。可见，从性质上看，转租并不是合同的全部转让。所谓非法转租，是指承租人在未征得出租人同意的情况下，擅自将房屋转租给他人。擅自转租行为违反了法律和租赁合同的规定，侵害了作为所有人的出租人应享有的权益，承租人应承担相应的法律后果。

所以，承租人转租房屋时应注意以下情况：首先，必须征得出租人的书面同意，并按照规定办理登记备案手续。其次，转租合同的终止日期不得超过原租赁合同规定的终止日期，但出租人与转租双方另有约定的除外。最后，转租合同中约定事项不能超过原租赁合同。转租期间，原租赁合同变更、解除或者终止，转租合同也随之相应地变更、解除或者终止。

4. 出租房维修是谁的责任?

在租房的过程中，很多人喜欢“拎包入住”的方式。可是，在租赁期间，人们经常会遇到房屋需要维修的问题。那么，房屋由谁进行维修呢?

房屋维修责任是指在房屋租赁期间对房屋自然损坏或人为损坏的维修责任由哪一方承担的问题。房屋维修责任是租赁合同中最常见的条款，合同双方一般会根据法律规定来约定维修责任。《民法典》规定，出租人应当履行租赁物的维修义务，但当事人另有约定的除外。在租赁物非因承租人过错导致需要维修时，承租人可以请求出租人在合理期限内维修。出租人未履行维修义务的，承租人可以自行维修，维修费用由出租人负担。因维修租赁物影响承租人使用的，应当相应减少租金或延长租期。因承租人的过错导致租赁物需要维修的，出租人不承担上述维修义务。

在实践中还需要特别注意，即便约定出租人对房屋负有维修义务，但是承租人作为房屋的实际占有和使用人，在发生维修事项时，承租人有义务采取必要的补救措施阻止租赁房屋的损失进一步扩大，并及时通知出租人。若承租人没有履行必要的协助义务，对损失扩大部分可能需要承担相应的责任。

5. 房屋交给托管公司应注意什么?

有许多房主想把自己的房屋出租出去，但是由于平时工作比较忙，于是就把房屋委托给托管公司。房屋托管是一种新兴的行业，主要应用于不动产的保值、增值。房屋托管是在不改变房主（房屋产权所有者）房屋产权的情况下，以契约的方式将房屋的使用权交给受托方。受托方和房主按照契约内容，对房屋进行相应的改造和装修，由受托方进行日常维护和管理，并将房屋使用权商业化，以发挥不动产的最大价值。

房屋交给托管公司应该注意以下问题：

（1）托管公司分别与房主和承租人签订租赁合同，一份是托管公司与房主签订的包租合同（俗称收房合同），另一份是托管公司与承租人签订的出租合同。这与所谓的“居间租赁”通过一份“三方合同”完成租赁业务的模式截然不同。

（2）因为房屋托管不是采用“三方约定”，所以托管公司与房主约定的租金和托管公司与承租人约定的租金没有必然相等的数字关系。在实际操作中，房主并不干预托管公司的出租价格，也就是说，房主在合同中已经对可能出现的“差价”表示认同。当然，由于托管公司的原因导致的空租损失也由托管公司承担。

（3）托管公司向承租人收取租金的方式和期限与托管公司向房主支付租金的方式和期限也不一定相同。托管公司向承租人收取租金的方式一般是押 1 付 3 或押 1 付 6，但托管公司向房主支付租金的方式一般是每月或每季度（3 个月）支付。

（4）托管公司为了最大限度地降低自身的空租风险，会向房主要求一段时间的空置期

（免租期），空置期一般是 30~45 天。空置期在托管公司与房主签订的合同中都有明确的约定，但没有约定托管公司在空置期内将房子出租的所得归房主所有。这就意味着托管公司已经通过合同的约定将空置期可能产生的收益划入托管公司的名下，不存在欺瞒和侵害的嫌疑。

（5）房主、承租人和托管公司任何一方违约都要以不同的形式承担违约赔偿责任。一般情况下，违约金的额度大体相当于 1~2 个月的租金。违约方如果在合同规定的违约条款之外给守约方造成了其他损失，则还要根据损失情况承担其他赔偿责任。

（6）目前还没有专门的法律、法规来规范这个行业，使市场上多少会存在一些非法房屋托管公司。房屋托管业务还有一个最大的风险，就是两个租赁关系收付房租的周期不同。托管公司按月或者按季度给房主支付房租，而从承租人手中收取租金的周期是半年或者 1 年，收取的押金也比较多。这样一来，托管公司手中就会聚集大量的流动资金。如果监管不到位，极有可能出现资金被挪作他用或“跑路”的现象。所以，房主在选择托管公司时一定要擦亮眼睛，选择正规的托管公司。

五、房地产抵押应注意哪些问题？

1. 哪些房地产不得被抵押？

房地产抵押是指抵押人将其合法的房地产以不转移占有的方式向抵押权人提供债务履行担保的行为。当债务人不履行到期债务时，抵押权人有权依法以抵押的房地产折价或者以拍卖、变卖该房地产所得的价款优先受偿。

很多人在急需用钱时，可能会想到用自己名下的房地产向银行或其他一些合法的金融机构办理抵押贷款。但需要注意的是，不是所有的房地产都能够进行抵押贷款。那么，哪些房地产不得被抵押？

作为抵押物的房地产，必须是抵押人（包括债务人或第三人）拥有所有权或使用权的房地产，并且这些权利能由抵押人所支配，否则，抵押人无权在标的物上设定抵押权。根据《城市房地产抵押管理办法》的规定，下列房地产不得设定抵押：① 权属有争议的房地产；② 用于教育、医疗、市政等公共福利事业的房地产；③ 列入文物保护的建筑物和有重要纪念意义的其他建筑物；④ 已依法公告列入拆迁范围的房地产；⑤ 被依法查封、扣押、监管或者以其他形式限制的房地产；⑥ 依法不得抵押的其他房地产。

2. 未登记的房产抵押合同是否产生抵押权效力？

当事人双方签订了房产抵押合同，但是他们并没有办理房产抵押登记，抵押合同是否有效呢？

根据我国法律的规定，房产抵押必须到相关行政部门办理抵押登记，抵押权自登记时设立；未经登记，只能说明抵押合同成立，但合同并未生效。可见，房产抵押以登记为要件，未登记的房产抵押合同不产生抵押权效力。

抵押合同是债权人与债务人签订的、以债务人或第三人的财产设定优先清偿债权的合同，债权人享有抵押权因抵押合同的签订而设立，但由于抵押权的法律效力不仅直接涉及抵押人和抵押权人，而且涉及抵押人的一般债权人和其他与抵押物有利害关系的人，因此，法律对抵押权的设立和实现都有严格规范，尤其是不动产抵押问题。一般来说，签订不动产抵押合同要经过审查、估价等程序。抵押物的审查主要包括抵押人主体资格审查、抵押物权属审查、抵押物的价值审查三个方面。如何确定抵押物的价值是签订抵押合同的一个十分重要的问题。如果抵押物价值小于或等于所担保债权的数额，在处分抵押物时，抵押权人就可能不够清偿。当事人签订房产抵押合同，必须到不动产登记部门（一般为不动产登记中心）进行抵押登记，否则，抵押合同不产生抵押权效力，抵押物不具有优先受偿权。

3. “以房抵债”的约定有效吗？

“以房抵债”多出现在民间借贷领域，主要有两种情形：一种是当事人为了保障借贷合同的履行，在借贷期限届满前事先达成“以房抵债”协议作为担保协议；另一种是当事人双方在借贷期限届满后自愿达成“以房抵债”协议。那么，这些“以房抵债”协议是否具有法律效力？应该注意防范哪些法律风险呢？

我国法律有“禁止流押”的规定，即抵押权人在债务履行期届满前，不得与抵押人约定债务人不履行到期债务时抵押财产归债权人所有。可见，在第一种情形中，当事人为了保障借贷合同的履行，在借贷期限届满前事先达成“以房抵债”协议中有关“以房抵债”的内容是无效的。当事人只能以民间借贷的法律关系向人民法院起诉，在借款人不履行生效判决确定的金钱债务时，出借人可以申请拍卖买卖房屋抵押合同标的物，以偿还债务。就拍卖所得的价款与应偿还借款本息之间的差额，借款人或出借人有权主张返还或补偿。

但是根据目前的司法解释和实务处理，在第二种情形中，履行期届满后，因债务人不能清偿到期债务，经双方当事人协商一致后终止借款合同，建立新的房屋买卖合同，将借款本息转化为已付购房款并经对账清算，且不存在恶意损害第三人合法权益的情况，这样的“以房抵债”是有效的。

4. 房屋抵押权和租赁权相冲突时，怎么办？

房屋抵押权作为担保物权，以确保债务清偿为目的，不以占用并使用房屋本身为要件，抵押人不需要将房屋的占有与使用权转移给债权人，对房屋仍然享有占有、使用、收益的权利。房屋租赁权以实现房屋的使用价值为目的，以承租人占有、使用房产的方式实现承租人对房屋使用价值的支配。因此，抵押权注重的是抵押物的交换价值，而租赁权注重的是抵押物的使用价值，两者经常并存于同一宗房产上。但当债务人不能清偿到期债务，抵押权人实现抵押权时，抵押权与租赁权便会存在冲突的可能性。

我国法律规定，处理两者的冲突主要遵循以下三个原则：一是设立优先原则，发生抵押权与租赁权冲突，应当以权利设定的先后顺序来决定它们之间的效力。二是在后的房屋租赁权不能对抗登记在先的抵押权，抵押权人可以通过拍卖、变卖房屋的方式获得救济，租赁权因抵押权的实现而被解除。三是租赁权先于抵押权设立时，应当遵循“买卖不破租赁”的原则，由实现抵押权导致抵押财产所有权人变更，租赁合同在有效期内继续有效。

但在实践中，往往存在借款人贷款后租赁，取得巨额租金后悬空贷款，或者贷款后倒签租赁合同，套取巨额资金，恶意规避法律的情况。上述恶意行为均带来了抵押物租赁时间超长、租金价格低、租金数额大、借款人（抵押人）无其他资产偿债等后果。当人民法院拍卖执行抵押物时，承租人与人民法院和金融机构形成对抗，往往形成群体事件和舆情风险，承租人甚至长期霸占抵押物，致使债权单位的抵押权难以实现。因此，对租赁合同显示租赁先于抵押的，要重点审查是否租赁实质先于抵押：一是重点审查租赁合同的真实性；二是重点审查承租人是否占有房屋及其占有时间。承租人主张其租赁权时，需具有占有不动产的事实，实质占有是最重要的。

5. 签订房产抵押合同要注意哪些事项？

房产抵押合同是债务人或者第三人不移转对房产的占有，将房产作为债权担保而与债权人达成的、明确的相互权利义务关系的协议。由于涉及财产数额较大，存续时间可能较长，因此，签订房产抵押合同时应谨慎。

房产抵押合同应当采取书面形式。对于抵押权人来说，特别要注意审查合同当事人和合同标的物的合法性，应要求作为抵押标的房屋的所有人出示房屋产权证，并到房地产管理部门核实房屋是否设有其他抵押权或其他物权，所抵押的房产是否属于不得设定抵押的范围之内，如以共有的房屋抵押的，抵押人应事先征得其他共有人的书面同意。

房产抵押合同内容必须明确，一般应包括以下主要条款：① 被担保债权的种类和数额。房产抵押须明确是为自身债务担保还是为他人的债务担保，以及具体担保的金额。② 债务人履行债务的期限。如果是对于自身债务借款进行担保，应当填写借款合同中的借款期限；如果是对于他人债务进行担保，应当明确填写所能担保的债务期限。③ 抵押房产的名称、数额、质量状况、所在地、所有权归属或者使用权归属和房产价值，对此可以在抵押房清单中写明。有关房产价值，应由具备资质的房地产评估机构评估，从而确定担保的债权数额的范围。抵押人所担保的债权不得超出抵押物的价值，否则，最后难以确保其债权的完全清偿。④ 担保范围。应当明确主债权本金及其利息、主债合同约定的违约金、主债务人应当支付的赔偿金、抵押权人实现抵押权的费用等事项。

专题三 合同纠纷

一、合同无效会怎样？

1. 合同无效有哪些情形？

无效合同是指严重欠缺合同生效要件，并且不能产生当事人约定的法律效力的合同。无效合同自始无效，在法律上不能产生当事人预期追求的效果。为鼓励交易，一般对合同效力不轻易作出无效认定，合同只有在严重欠缺生效要件时，才被确认为无效合同。那么，合同无效有哪些情形？

（1）一方以欺诈、胁迫的手段订立合同，损害国家利益时，该合同无效。如果一方以欺诈、胁迫的手段订立合同，只是损害对方当事人的利益，则属于可撤销的合同。

（2）恶意串通，损害国家、集体或者第三人利益。所谓恶意串通，是指当事人为实现某种目的，相互串通，共同实施订立合同的民事行为，造成国家、集体或者第三人的利益损害的违法行为。恶意串通行为又称恶意通谋行为，是指在订立合同时，双方以损害他人利益为目的、弄虚作假的违法行为。恶意串通所订立的合同是绝对无效的合同，双方当事人因该合同所取得的财产收归国家所有或者返还集体、第三人。

（3）以合法形式掩盖非法目的。以合法形式掩盖非法目的，也称隐匿行为，是指当事人通过实施合法的行为来掩盖其真实的非法目的，或者实施的行为在形式上是合法的，但是在内容上是非法的行为。比如，订立假的买卖合同以逃避人民法院的强制执行、订立假的房屋租赁合同以逃避税收等。

（4）损害社会公共利益。社会公共利益又称公序良俗，是不特定多数人的共同利益。故意损害社会公共利益的合同无效。虽非故意，但履行的结果损害社会公共利益的，同样无效。

（5）违反法律、行政法规的强制性规定。违反法律、行政法规的强制性规定的合同，主要是指当事人在缔约内容上违反法律和行政法规强制性规定的合同。需要说明的是，对于违反法律、行政法规的强制性规定的合同，不管当事人在主观上是故意所为，还是过失所致，只要合同内容违反了法律、行政法规的强制性规定，就确认该合同无效。

2. 合同无效有哪些法律后果?

关于合同无效的法律后果，主要有以下几种：

（1）返还财产，即合同当事人在合同被确认为无效或者被撤销以后，对已经交付给对方的财产，享有返还财产的请求权，对方当事人对于已经接受的财产负有返还财产的义务。返还财产有以下两种形式：一种形式是单方返还，即一方当事人依据无效合同从对方当事人处接受了财产，该方当事人向对方当事人返还财产；或者虽然双方当事人均从对方处接受了财产，但是一方没有违法行为，另一方有故意违法行为，无违法行为的一方当事人有权请求返还财产，而有故意违法行为的一方当事人无权请求返还财产，其被对方当事人占有的财产应当依法上缴国库。单方返还就是将一方当事人占有的对方当事人的财产返还给对方，返还的应是原物。如果原来交付的是货币，那么应当返还货币；如果原来交付的是财物，那么应当返还财物。另一种形式是双方返还，即如果双方当事人都从对方处接受了给付的财产，则将双方当事人的财产都返还给对方。如果接受的是财物，那么应返还财物；如果接受的是货币，那么应返还货币。如果双方当事人故意违法，则应当将双方当事人从对方得到的财产全部收归国库。

（2）折价补偿，即在因无效合同所取得的对方当事人的财产不能返还原物或者没有必要返还时，按照所取得的财产的价值进行折算，以货币的方式对对方当事人进行补偿的责任形式。

（3）赔偿损失，即当合同被确认为无效后，有过错的一方应当赔偿对方因此所受到的损失。合同无效或者被撤销，一方当事人因此受到损失，另一方当事人对此有过错时，应赔偿受害人的损失。这种赔偿责任是基于缔约过失责任而发生的。这里的“损失”应以实际发生的损失为限，不应当赔偿期待利益。

（4）非民事性后果。合同被确认无效或被撤销后，除发生返还财产、赔偿损失等民事性法律后果外，在特殊情况下，还发生非民事性后果。如果合同当事人恶意串通，损害国家、集体或者第三人利益，则会发生追缴财产的法律后果，即将当事人恶意串通损害国家、集体或者第三人利益所取得的财产追缴回来，收归国家或返还给受损失的集体、第三人。

3. 合同被确认无效后，保证人是否应承担责任?

在有保证人提供担保的合同中，当主合同被确认无效后，保证人是否应承担责任？应根据具体情况具体分析。因为主合同无效，保证人的保证合同属于从合同，自然应随主合同无效，保证人依据保证合同所产生的保证义务自然消灭。对于保证人是否应承担责任，要看其对合同无效及损失的形成有无过错。担保人无过错的，担保人不承担民事责任；担保人有过错的，担保人承担民事责任的部分，不应超过债务人不能清偿部分的1/3。

（1）保证人明知合同无效而予以保证的，应承担责任，其责任范围以被保证人所承担的责任为限。

（2）保证人不知合同无效，如造成合同无效是其被保证人的原因，那么保证人仍须承担责任；如是被保证人以外的其他人的原因，则保证人不承担责任；如保证人在合同中已经声明合同无效时自己不承担责任，则其也不承担责任。

应当明确的是，担保人因无效担保合同向债权人承担赔偿责任后，可以向债务人追偿，或者在承担赔偿责任的范围内，要求有过错的反担保人承担赔偿责任。担保人可以根据承担赔偿责任的事实对债务人或者反担保人另行提起诉讼。

4. 合同无效是否影响争议解决条款的效力？

我国法律规定，合同无效，被撤销或者终止的，不影响合同中独立存在的有关解决争议方法的条款的效力。

合同无效是合同因严重欠缺生效要件而受到法律的否定性评价。无效合同或者被撤销的合同自始没有法律约束力。合同部分无效，不影响其他部分效力的，其他部分仍然有效。没有法律约束力，是指合同当事人所为的意思表示不为法律所承认，不能产生当事人预期的法律效果。但是这并不代表合同无效不产生任何其他的法律效果。有些合同部分无效，不影响其他部分效力的，其他部分仍然有效。

这特别体现在解决争议条款的效力方面，合同中有关解决争议方法的条款具有相对独立性，不因合同无效、被撤销或者终止而失去效力。

“有关解决争议方法的条款”主要包括以下几种形式：① 仲裁条款。仲裁条款是仲裁协议的一种表现形式，是当事人在合同中约定的采用仲裁方式解决双方争议的条款。我国对合同争议采取或裁或审制度，仲裁条款有排除诉讼管辖的效力。② 选择受诉人民法院的条款。《民事诉讼法》第35条规定：“合同或者其他财产权益纠纷的当事人可以书面协议选择被告住所地、合同履行地、合同签订地、原告住所地、标的物所在地等与争议有实际联系的地点的人民法院管辖，但不得违反本法对级别管辖和专属管辖的规定。”③ 选择检验、鉴定机构的条款。④ 法律适用条款。⑤ 关于协商解决争议的条款。

5. 合同无效和合同解除有什么区别？

合同无效是指合同成立，但因其违反法律、行政法规、社会公共利益而无效。无效合同是无效民事行为的一类，即从订立时起，就是无效合同，不仅不受法律保护，而且应该根据其造成的法律后果给予必要的处理。

合同解除是指在合同有效成立后，没有履行或没有履行完毕之前，当事人双方通过协议或者一方行使解除权的方式，使合同关系提前消灭。

合同无效和合同解除的区别具体表现为以下内容：

（1）从发生原因上看，合同无效是指合同根本不符合法律规定的合同有效的条件，合同从未生效；而合同解除是指消灭有效成立的合同。

（2）从效力上看，合同无效是绝对无效、当然无效、自始无效；而合同解除应分情况来看，在协议解除的情况下，有无溯及力原则上应取决于当事人的约定，无约定的，由人民法院或仲裁机构根据具体情况确定。由客观原因致使合同不能履行而解除合同，原则上无溯及力。

（3）对于无效合同，特别是故意违反法律和社会公共利益的合同，应该当然无效，即使当事人不主张无效，有关国家机关也应主动干预；而合同解除主要适用合同自由原则，即使符合法律规定的解除条件，当事人不行使解除权，国家也不必干涉。

（4）无效合同的确认权归仲裁机构和人民法院，宣告合同无效是国家行为；而合同解除往往由双方当事人自己决定。

（5）从法律后果上看，由当事人故意违法导致合同无效的，应追缴当事人所获得的非法财产；而合同解除不存在追缴财产问题。

二、格式条款出现问题，怎么办?

1. 什么是格式条款?

格式条款是指为了订立合同的便利，合同一方当事人预先草拟、能够重复使用，并且未与合同对方当事人协商的条款。

在实际生活中，格式条款一般有以下几种情况：① 一方当事人事先拟定的条款；② 商会或行业协会统一制定的格式条款，如保险条款；③ 国际商会制定的格式条款，如英国伦敦保险协会制定的各种“协会条款”，这些条款已被各国保险公司采用。目前，国内的格式条款在邮电、通信、运输、电力、金融等领域广泛存在。

2. 哪些情形会导致格式条款无效?

制定者在订立格式条款时，未与对方进行必要的协商，并且为了自身的利益，尽量使自己的权利更多、责任更少，从而很容易产生对对方当事人利益的严重侵害。对于严重违反公平原则导致严重侵害对方当事人利益的合同，一般可确认相关格式条款无效。如果格式条款具有合同无效的五种情形之一，该格式条款也会被认定为无效条款。

另外，在实践中，格式条款往往体现为对制定者一方当事人的免责条款，即提供格式条款一方通过格式条款免除自身的合同责任。《民法典》规定，两类免责条款规定无效：① 造成对方人身伤害的；② 因故意或者重大过失造成对方财产损失的。公平原则不仅是民法的基本原则，更是法律的精髓所在。若当事人之间的权利义务约定违反此原则，则该条款无效。

3. 订立格式条款时应注意哪些问题?

格式条款因其便利、快捷等特性，在商业经营中广泛地适用。但是格式条款的订立因为缺失了合同订立中的双方合意过程，事实上，也在一定程度上限制了对方当事人的合同内容的选择权，所以，在最终适用中，可能被认定为无效条款。因此，在订立格式条款时，对格式条款的提供者提出了更高的要求，主要体现在以下三个方面：

（1）条款提供者应根据公平原则拟定条款。对于任何合同，若显失公平，则当事人可以行使撤销权，而格式条款由于是一方预先拟定的，并且内容不容对方协商，因此，对条款提供者提出“公平”的要求是非常必要的。

（2）条款提供者应承担提请对方注意并作说明的义务。在格式条款中，条款提供者必须以合理的方式提醒对方注意免除或限制自己一方的责任。也就是说，条款提供者在订立合同时，有义务通过明示或者其他合理、适当的方式提醒对方注意其将免责条款订入合同的事实。同时，当对方要求对免责条款内容进行说明时，条款提供者有义务对条款进行准确、详尽的说明、解释，以使对方能确定地了解免责条款的内容。

（3）条款提供者不得免除自己的责任，加重对方的责任，排除对方的主要权利，否则，格式条款无效。

4. 对格式条款的理解发生争议时，怎么办?

格式条款是由一方提供，并且未与对方协商的条款。在合同履行过程中，因为现实的复杂性及风险负担的争议，对格式条款的解释难免出现分歧。对格式条款的理解发生争议时，应当按照通常理解予以解释。对格式条款有两种以上解释的，有两个规则：一是应当作出不利于提供格式条款一方的解释；二是格式条款和非格式条款不一致的，应采用非格式条款。这两种解释都是为了保障合同中处于弱势一方当事人的权利。

5. 遇到“霸王条款”怎么办?

“霸王条款”是日常生活中对特定格式条款的一种通俗说法，并不属于合同法意义上的概念。通常认为，“霸王条款”属于格式条款的一种，它强调的是合同中出现了“提供格式条款一方免除其责任、加重对方责任、排除对方主要权利”内容的条款。在实际生活中，“霸王条款”是格式条款的衍生物，是经营者在合同中规定的，违反公平、诚信等民法基本原则，并且损害合同相对人的条款。

对于“霸王条款”，受损害方可以依法请求人民法院或仲裁机构予以变更或撤销，可以主张该“霸王条款”无效。但是，这一变更或撤销权应在当事人自知道或者应当知道撤销事由之日起 1 年内行使，否则，撤销权消灭。

另外，在《消费者权益保护法》中，对于逃避法定义务、减免自身责任的不平等的格式合同、通知、声明和店堂公告等“霸王条款”，我们还可以向中国消费者协会投诉，向新闻媒体曝光，向市场监督管理局等主管部门举报，保留好书面证据、实物证据，做好起诉准备，请求人民法院的保护。

三、合同转让应注意哪些问题？

1. 什么是合同转让？

合同转让，也就是合同主体的变更，准确地说，是合同权利义务的转让，即在不改变合同关系内容的前提下，使合同的权利主体或者义务主体发生变动。

合同转让具体包括以下内容：

（1）合同的全部转让与部分转让。根据合同转让范围的不同，合同转让可分为合同的全部转让与合同的部分转让。所谓合同的全部转让，是指当事人一方将其合同权利、合同义务，或者合同权利义务全部转让给第三人；所谓合同的部分转让，是指当事人一方将其合同权利、合同义务，或者合同权利义务部分转让给第三人。

（2）合同权利的转让、合同义务的移转、合同权利义务的一并转让。根据合同转让内容的不同，合同转让可分为合同权利的转让、合同义务的移转、合同权利义务的一并转让。合同权利的转让又称合同债权让与，是指当事人一方将其合同权利全部或者部分转让给第三人；合同义务的移转又称合同债务承担，是指当事人一方将其合同义务全部或者部分移转给第三人；合同权利义务的一并转让又称合同权利义务的概括承受，是指当事人一方将其合同权利义务一并全部转让给第三人。

2. 债权转让必须通知债务人吗？

债权转让是指债权人将合同的权利全部或部分转让给第三人。债权人称为转让人，第三人称为受让人。

除法律另有规定和双方另有约定外，债权人转让债权不必取得债务人的同意，只要债权的转让人与受让人达成转让债权协议，并且通知债务人即可。未经通知，该转让对债务人不发生效力。

债权人对自己所有债权的处置应该是完全自主的。债权的转让是债权人和受让人之间发生的合同关系，债务人并不是转让合同一方的当事人，所以，债务人的同意与否并不影响债权转让的成立。但债权的转让涉及债务人向谁履行债务有效的问题，所以，债权人转让权利时，应当通知债务人。只有通知债务人后，该债权转让才能对债务人发生法律效力。

为了避免纠纷的发生，债权转让一般倡导书面形式，并且宜采用邮寄送达的通知方式。因为邮寄送达有回执等证明文件，能证明收件人已收到邮件。即便有的债务人恶意拒签邮件，邮寄送达通知的相关回执也足以表明债权转让时双方当事人的通知义务已履行。当然，最有保障的通知方式是公证送达，通过公证机关公证送达的方式可以确保通知的法律效力。如果债务人拒绝签收债权转让通知，公证机关可以留置通知，并在公证书上记录送达情况，以确保通知送达的效果。

3. 债务移转必须征得债权人同意吗？

债务移转是指债务人与第三人达成转让债务的协议，将债务全部或部分移转给第三人承担。比如，甲欠乙 3 万元借款，经乙同意，甲将债务移转给丙，那么丙就是乙的债务人，负担清偿债务的责任。又如，甲收到乙的货款 10 万元，经乙同意，甲将发货的义务移转给丙，这也是债务移转。债权人同意是债务移转的生效要件。债务人将合同的义务全部或者部分移转给第三人的，应当取得债权人的同意。这与债权转让不同，债权转让的要求是“通知”，债务移转的要求是“同意”。

债权人同意是债务移转的生效要件。债权转让不需要债务人的承诺，只要尽到对债务人的通知义务即可生效。但是债务移转必须取得债权人的同意，否则，不得对抗债权人。这是因为，合同双方之间存在的信赖关系是合同得以成立的因素之一，合同一方当事人之所以选择另一方作为交易伙伴，就是出于对其履行能力的信任。如果另一方把债务移转给第三人，那么第三人的资信情况和清偿能力将直接影响债务的履行。如果债务人在未征得债权人同意的情况下擅自移转债务，这势必会使债权人承担无法实现债权的风险。所以，从诚信原则和保护债权人利益的角度出发，债务移转应当经债权人同意。

4. 作为合同一方主体的企业合并或者分立后，合同的权利义务如何承担？

作为合同一方主体的企业，在合同履行过程中，出于自身经营原因，产生企业之间的合并或者分立是实际中经常出现的情形。企业合并是指两个或两个以上的企业合并为一个企业的行为，有吸收合并和新设合并两种。企业分立是指一个企业分立成两个或两个以上企业的行为。

不管是企业合并还是企业分立，其都在实质上改变了合同履行的主体。这会涉及合同权利义务在合并或者分立后企业之间的分担问题。一般情况下，在订立合同后作为合同一方主体的企业合并的，由合并后的企业行使合同权利、承担合同义务。企业在订立合同后分立的，除债权人和债务人另有约定以外，由分立的企业共同对合同的权利义务享有连带债权、承担连带债务。

5. 债务移转、债务加入和第三人代为履行是一回事吗？

债务移转是债务人将合同义务转让给第三人的行为。债务移转的条件是债务人可以将合同的义务全部或者部分移转给第三人，但应经债权人同意。债务移转是第三人和债权人之间形成债的法律关系，同时免除了债务人的债务，其法律后果完全由第三人承担，即第三人替代债务人成为合同义务的承受主体，成为合同当事人。

债务加入是指第三人与债权人达成协议或者单方承诺，由第三人偿还债权人债务的行为，其条件是债权人接受第三人加入债务履行。关于债务加入，承担债的主体由债务人变更为债务人和第三人，即债务人、第三人均为合同主体。第三人若不履行债务，则和债务人共同承担法律后果。

第三人代为履行是指债权人与债务人约定由第三人向债权人承担义务的行为。第三人代为履行即第三人与债权人、债务人之间并未达成转让债务的协议，第三人并未成为合同当事人，只是自愿代替债务人履行债务。其本质为第三人代替原债务人履行义务，而非债务移转。当事人约定由第三人向债权人履行债务的，如果第三人不履行债务或者履行债务不符合约定，则债务人应当向债权人承担违约责任，第三人并不承担不履行债务的违约责任。

四、合同违约了怎么办？

1. 什么情况下构成违约责任？

总的来说，当事人一方或者双方违反合同约定或不履行合同，就有可能构成违约责任。当事人一方不履行合同义务或者履行合同义务不符合约定的，应当承担继续履行、采取补救措施或者赔偿损失等违约责任。

深入分析违约行为是否构成违约责任的问题时，我们会发现，这其实是违约责任的归责原则问题。所谓违约责任的归责原则，是指确定违约责任是否成立的原则，即行为人是否应对其违约行为承担违约责任的原则。我国在违约责任的归责原则上，一般认为采用的是以严格责任为主、以过错责任为辅的归责原则。所以，可以说，一般有违约行为即构成违约责任。只有在特殊情况下或者特定合同中，违约行为才可以免除或者适当减轻违约责任，如在不可抗力的情况下，当事人违约行为的免责，以及无偿保管合同中保管人非重大过失致损的免责。

违约行为根据不同的标准，可以分为不同的种类。根据违约行为发生的时间，违约行为一般可分为预期违约和实际违约。所谓预期违约，是指在履行期到来之前，当事人一方明确表示或者以自己的行为表明不履行合同的行为，包括明示预期违约和默示预期违约。所谓实际违约，是指在履行期到来之后，因为一方不履行或者不适当履行合同义务而构成违约。虽然预期违约和实际违约都会发生违约责任，但两者在构成要件和救济措施方面是完全不同的。

根据违约行为所致后果的严重程度，违约行为可以分为根本违约和非根本违约。这种分类标准突出了违约行为与合同目的之间的相互关系。根本违约是指一方当事人迟延履行债务或者有其他违约行为，导致另一方订约目的不能实现的违约行为。非根本违约是指一方的违约行为并没有导致另一方订约目的的实现，或者使其遭受重大损失。

2. 违约责任的承担方式有哪些？

（1）继续履行。继续履行又称实际履行，是违约责任的主要救济方法。一方当事人违约，另一方当事人可要求其履行或请求人民法院判决其继续履行合同规定的特定义务。

（2）采取补救措施。如质量不符合约定，应当按照当事人的约定承担违约责任，无约定或约定不明确的，受损害方可根据标的性质和损失的大小，合理选择要求对方采取修理、更换、重作、退货、减少价款或报酬等措施。受损害方在要求违约方采取合理的补救措施后，若仍有其他损失，还有权要求违约方赔偿损失。

（3）赔偿损失。赔偿损失又称损害赔偿，是违约方补偿、赔偿受损害方因违约所遭受的损失的责任承担方式，是最重要、最常见的违约补救方法。损害赔偿具有典型的补偿性，它以违约行为造成对方财产损失的事实为基础。没有损害事实就谈不上损害赔偿。这是损害赔偿不同于违约金的根本所在。损害赔偿也有一定的限制，即损害赔偿额应相当于由违约所造成的损失，包括合同履行后可以获得的利益，但不得超过违反合同一方订立合同时预见到或应当预见到的由违反合同可能造成的损失，即合理预见规则。

（4）支付违约金。违约金是指合同当事人在合同中约定的，在合同债务人不履行或不适当履行合同义务时，向对方当事人支付的一定数额的金钱。当事人可以在合同中约定违约金，若未约定，则不产生违约金责任，并且违约金的约定不应过高或者过低。

（5）定金罚则。当事人可以约定定金，定金适用定金罚则。当事人既约定违约金，又约定定金的，一方违约时，对方可以选择适用违约金或者定金条款。

3. 对违约金的约定有无限制？

支付违约金是合同违约责任承担方式中的一种重要方式，但是违约金的数额不能超出法律的限制。当事人可以约定一方违约时应当根据违约情况向对方支付一定数额的违约金，也可以约定因违约产生的损失赔偿额的计算方法。约定的违约金低于造成的损失的，当事人可以请求人民法院或者仲裁机构予以增加；约定的违约金过分高于造成的损失的，当事人可以请求人民法院或者仲裁机构予以适当减少。当事人迟延履行约定违约金的，违约方支付违约金后，还应当履行债务。

根据我国相关司法的解释，当事人主张约定的违约金过高请求予以适当减少的，人民法院应当以实际损失为基础，兼顾合同的履行情况、当事人的过错程度以及预期利益等综合因素，根据公平原则和诚实信用原则予以衡量，并作出裁决。当事人约定的违约金超过造成损失的 30%的，一般可以认定为“过分高于造成的损失”。

4. 违约金与损害赔偿能否同时主张?

违约金是双方事先约定的，是合同的组成部分，是双方意思表示真实、协商一致的结果，其金额能够确定；损害赔偿金则不具有事先约定性，它根据守约方的具体损失来计算，其金额不能确定。违约金的运用并不以实际损害发生为前提，不管是否发生了损害，当事人都应支付违约金，但最终违约金金额的确定与实际损失额密切相关，在司法实践中，违约金金额的调整以实际损失额为标准；损害赔偿金则完全以实际损失为赔偿依据，如果当事人举不出损失的证据，他就很难得到足额的赔偿。一般来说，合同中约定的违约金应视为对损害赔偿金额的预先确定，因而违约金与约定损害赔偿是不可以并存的。违约金适用的前提是当事人之间存在有效的合同关系，并且违约方违反了合同中约定的义务。

违约金与损害赔偿是不能同时主张的。实践中，对于违约金与损害赔偿的争议问题，一般根据以下原则进行解决：合同中没有约定违约金的，此时非违约方可以向违约方主张赔偿损失。当事人如果在合同中约定了违约金，原则上应当按照约定执行。如果当事人所约定的违约金低于违约方的违约行为所造成的损失，那么非违约方可以请求人民法院或者仲裁机构予以增加，因为违约金具有损害赔偿的性质，只要低于所造成的损失，就应当予以弥补。如果当事人约定的违约金过分高于违约行为所造成的损失，那么违约方可以请求人民法院或者仲裁机构予以适当减少。

5. 违约责任与侵权责任竞合时，如何选择?

违约责任与侵权责任竞合的情形，是指行为人实施一个违法行为同时具备了违约行为和侵权行为的构成要件，引发违约责任与侵权责任同时产生的法律现象。当违约责任与侵权责任竞合时，当事人可以选择其一，但不能同时主张。当事人选择何种诉由进行主张将会导致审理结果的差异。在违约责任与侵权责任竞合的情况下，人民法院处理案件时，应根据当事人的诉求而定。

从当事人的角度来看，如何选择诉由来保护权益最大化?违约责任采取的一般是严格责任原则，并不要求违约人具有过错，只要没有免责事由而有违约行为，就要承担违约责任。在举证上，只需证明合同当事人没有履行合同义务即可。在赔偿损失时要求证明损害的存在，而当事人对损害的证据不足时，最好选择违约责任之诉。侵权责任的归责往往有主观方面的要求，在实际诉讼中，当事人需要谨慎考虑证据对违法行为人主观状态的支持。当然，侵权责任除支持实际损失以外，有特定情况（如人身损害赔偿之诉中），还会支持精神损害赔偿的部分请求。所以，当事人在违约责任和侵权责任竞合情况下的选择应综合各方面情况而定。

五、定金、订金、违约金、押金、保证金有何区别？

1. 什么是定金？

定金是指为担保合同债权的实现，双方当事人通过书面约定，由一方当事人向对方预先支付一定数额的金钱作为担保的方式。

定金属于一种法律上的担保方式，目的在于促使债务人履行债务，保障债权人的债权得以实现。签订合同时，双方对定金必须以书面形式进行约定，同时，还应约定定金的数额和交付期限。约定一方向对方给付定金作为债权的担保。债务人履行债务后，定金应当抵作价款或者收回。如果给付定金的一方不履行约定的债务，那么他无权要求返还定金；如果收受定金的一方不履行约定的债务，那么他应当双倍返还定金。定金的数额由当事人约定，但不得超过主合同标的额的20%。当事人约定的定金数额超过主合同标的额20%的，超过的部分，人民法院不予支持。定金担保的适用范围仅限于合同之债，而不适用于其他债的担保或者作为反担保，并且多为合同双方当事人无法同时履行而仅能先后分别履行债务的情形。一般给付定金的一方应为依约承担金钱支付义务的一方。

2. 定金与订金有何区别？

订金在日常经济活动中被广泛采用。严格来讲，订金只是一个习惯用语，而非法律概念。订金是一方当事人为交易需要而向另一方当事人缴纳的金钱，不具有担保的功能。一般情况下，交付的订金被视为预付款，在交易成功时，订金充当货款；在交易失败时，订金应全额返还。支付订金的一方即使违约，收受订金的一方仍应承担返还订金的义务。其目的不外乎解决收受订金一方的资金周转短缺问题，从而增强其履约能力。一般情况下，订金作为预付款，不具备定金性质，交付订金的一方主张定金权利的，人民法院不予支持。双方在签订合同后，订金应及时返还或抵作价款。定金与订金的区别体现为以下几个方面：

（1）功能不同。定金是一种债的金钱担保方式；订金则不具有债的担保功能。

（2）作用不同。定金一经给付，则发挥制裁违约方、补偿守约方的功能；而订金给付后，如发生一方违约，导致解除合同的情形，收受订金的一方仍应退还订金。

（3）适用范围不同。定金可以适用于各种合同；订金只适用于金钱的给付为一方履行债务的合同，多见于买卖、租赁、承揽等合同之中。

3. 定金与违约金有何区别？

定金与违约金都是当事人一方应向另一方交付的款项，并且都有担保合同履行的作用。

定金与违约金的区别体现为以下几个方面：

（1）根本目的不同。定金以确保债权的实现为根本目的，因此，定金属于担保的一种形式。而违约金的根本目的是制裁违约行为，是民事责任的承担方式，是约束双方履行合同的一种机制。

（2）交付的时间不同。定金是签订合同时或之前预先支付的，作为签订合同或履行合同的担保；违约金是双方在合同中约定的，是违约方应支付的赔偿金，不事先支付。

（3）发生的根据不同。定金是交付后才生效的，也就是说，即使双方合同约定了定金，但是定金实际上没有交付，则该定金条款不生效；违约金是诺成生效的，只要双方签字约定，就具有法律效力。

（4）确定的标准不同。定金的数额不能超过合同标的额的 20%，超过部分无效。违约金因具有预定赔偿金的性质，是根据违约可能造成的损失确定的。按照有关司法解释的规定，合同约定的违约金一般不得超过实际损失的 30%。

（5）作用不同。定金的作用如下：一是证明合同成立；二是保证合同的履行；三是具有惩罚和预付款的作用。合同履行后，定金应当收回或者抵作价款。违约金的作用如下：一是惩罚和保证。只要出现由于当事人的过错，不履行或不适当履行合同事实的情况，不论是否给对方造成损失，都必须给付违约金。二是补偿侵害造成的损失。受损害方能举证证明违约行为所造成的损失大于违约金金额，才有权请求违约方补偿不足部分。违约方支付违约金后，只要对方认为违约方还有继续履行合同的必要并坚持要求违约方继续履行合同，违约方就有继续履行合同的义务。

需要注意的是，定金和违约金不能并用。当事人既约定违约金，又约定定金的，一方违约时，对方可以选择适用违约金或者定金条款。

4. 定金与押金有何区别？

押金是担保物权的一种，具体来讲，它是质押担保的一种特殊形式，即为了担保债务的履行，债务人或者第三人将一定数额的金钱或者等价物移交债权人占有，在债务人不履行合同债务时，债权人可从押金中优先受偿。目前，我国现行法律对于押金尚无明确的法律规定，但是现实中允许当事人在经济活动中采取约定给付一定数额的押金这种担保方式。押金担保在本质上属于质押的范畴。定金与押金的区别体现在以下几个方面：

（1）定金担保的是债权，不具有物权效力；押金应属于担保物权的范畴。

（2）定金是法定的担保方式；押金只是民间交易过程中习惯采用的方式，我国法律既未明确承认也不禁止押金这种担保方式。

（3）设定人的范围不同。定金的设定仅限于被担保合同的当事人；押金的给付可以是主合同的债务人，也可以是债务人以外的第三人。

（4）约定限额的法律规定不同。定金的数额不得超过合同标的额的 20%；而对于押金的数额，我国法律没有作出限制性的规定。

（5）制裁后果不同。定金具有惩罚违约方的功能，而押金仅具有担保合同义务人履行合同的作用，其对违约方的制裁仅以所交的押金为限。给付押金的一方当事人不履行合同义务的，无权收回押金；而接受押金的一方当事人不履行合同义务的，并不承担双倍返还押金的义务。

5. 什么是保证金?

保证金是指合同当事人一方或双方为保证合同的履行，而留存于对方或提存于第三人的金钱。这个概念应用很广，如合同保证金、投标时的履约保证金、期货交易中的保证金、取保候审中的保证金等。

在现实经济生活中流行的保证金主要有两种形式：一种是合同当事人为保证其债权的实现而要求另一方提供的保证金；另一种是双方在合同成立时，为保证各自义务的履行而向共同认可的第三人（通常为公证机关）提存的保证金。

保证金也具有类似于定金的担保合同实现的作用，但没有双倍返还的功能。同时，当事人可以自行约定定金的作用，如合同订立的保证、合同生效的条件、合同成立的证明、合同解除的代价等。这些功能是保证金不具备的。

保证金留存或提存的时间和数额是没有限制的。双方当事人可以自行约定保证金留存或提存的时间为合同履行前或合同履行过程中；保证金的数额可以相当于债务额，而定金的数额不得超过合同总价款的 20%，并且必须在合同约定时或者合同签订前给付。

专题四 民间借贷纠纷

一、借条怎么写？

借条是民间借贷最直接、最关键的证据，现在越来越多的人在借贷时有了写借条的意识，但很多时候因为借条的形式和内容不规范而直接影响事后的维权。那么，借条上应该写明哪些内容？出借人和借款人应该注意什么？

1. 借款时是写“借条”“收条”还是“欠条”？

在生活中，很多人缺乏对借条、收条和欠条的法律认识，在借贷时发生误用行为，致使权利受损。比如，张三向李四借款 3 万元，张三出具的不是借条，而是收条：“收条，今收到李四 3 万元。”事后若发生争议，张三完全可以辩称：“李四之前欠张三 3 万元，因张三弄丢了李四写的借据，故在李四还款时，张三给李四写了收条。”那么，张三出具的若不是借条，而是欠条，又会有什么不同的法律后果呢？借条是双方基于借贷关系而出具的凭证，是简化的借款合同。而欠条产生的事实基础具有多样性，除了借贷关系，还可以是劳务关系、买卖关系、侵权损害赔偿关系等。

因此，出具借条和欠条的主要区别在于：① 举证责任不同。借条持有人（出借人）只需向法官简单陈述借款的事实经过即可，对方要抗辩和抵赖一般都有困难。而欠条的持有人要承担的举证责任很多，他不仅要陈述欠条形成的事实，而且要证明存在欠条形成事实，即要证实其是基于何种原因欠的款项。② 诉讼时效不同。若两者在内容上都注明了还款期限，则诉讼时效均从还款期限之日起计算 3 年。若在内容上没有写明还款期限，则借条持有人可随时主张借款人还款，诉讼时效从出借人第一次向借款人提出还款主张之日起开始计算，为期 3 年。其间若有明确证据证明存在再次主张或借款人回应的情形，则诉讼时效中断，即从再次主张之日起重新计算 3 年。出借人在借条出具之后 20 年内未主张的，诉讼时效丧失。关于没有写还款期限的欠条，诉讼时效从欠条出具之日起计算，为期 3 年。虽然在此期间同样适用诉讼时效中断的规定，但出借人若超过 3 年未主张权利，则丧失了胜诉权。

2. 借条上应该写明哪些内容？

借条是简化了的借款合同，在现实生活中，人们写借条往往尽量简化，但是借条也要有必备的要素，即借款人、出借人和借款本金。

（1）借款人。借款人的信息应尽可能详细，包括姓名、身份证号、联系电话和住址。写姓名时一定要准确，不要写小名或者绰号，还要注意同音字、错别字等问题。如果条件允许，最好附上借款人的身份证复印件。

（2）出借人。明确出借人的信息是对借款人利益的保护，若借条上未写明出借人的姓名，还款时又未销毁借条，则容易导致第三人再次催款。比如，张三向李四借款若干，出具借条：“今借到现金若干元整。借款人：张三”，上面未写明出借人的姓名。后张三归还该款，李四以借据找不到为由，写了收据而未归还张三原借据。此时，张三不得不面临风险，即第三人王五持该借条向张三再次主张权利。

（3）借款本金。借款本金必然会写在借条里，金额除应写阿拉伯数字和中文大写数字之外，为避免不必要的争议，还应注意写明出借方式，如是现金、银行转账，还是支付宝或微信等方式支付，同时注意“借”“借到”“收到”等用词表述，以明确是否已收到实际借款。

另外，从债权人利益的角度，借条最好也能明确利息和借款期限，以及借款目的。因为不写利息就意味着是无息借款；不写借款期限就意味着出借人可以随时要求借款人返还。出借人明知对方借款用于赌博等违法犯罪活动仍出借的，其债权不受法律保护。

3. 出借人在写借条时应该注意什么？

出借人需要防范借款人否认借条、否认借款事实，因此，需要特别注意以下事项：① 借条最好当场写，以防借款人用别人写的借条来冒充。② 借条最好手写。打印的，并且只有落款处由借款人手写签名的借条有风险。因为如果借款人故意不按平常笔迹签名，只根据两三个字来作笔迹鉴定，难度是很大的。③ 用笔最好由出借人提供。现在市场上有些魔术笔，用它写的字，刚写的时候字迹很清晰，过几天字迹就变淡、没了。当遇到这种借条变白纸的情况时，只能报警，因为这是诈骗行为。④ 落款处除了签名，最好还要按手印。如果是笔迹加指纹，那么借款人就很难抵赖了。

4. 借款人在写借条时应该注意什么？

借款人需要防范出借人篡改借条，因此，需要特别注意以下事项：① 借条的上下左右不留白，以防出借人在借条上增加内容。② 数字处应有中文大写，包括借款金额、还款期限等，以防出借人随便修改金额数字。③ 借条由借款人手写。若是由出借人手写，事后出借人在借条上修改内容也是有可能的。④ 借款人将借条复印一份由自己保存，并由出借人载明复印件与原件一致。

5. 借条有范本可参考吗？

借条

为购买房屋，现收到李四（身份证号：××××××××××××××××××）以现金借出的￥30 000.00（人民币叁万元整），借期为 6（陆）个月，月利率为 1%（佰分之壹），于××××年××月××日到期时本息一并还清。如到期未还清，愿按月利率 2%（佰分之贰）计付逾期利息。

如任何一方违约，守约方为维护权益向违约方追偿的一切费用（包括但不限于律师费、诉讼费、保全费、交通费、差旅费、鉴定费等）均由违约方承担。

身份证载明的双方通信地址可作为送达催款函、对账单、人民法院送达诉讼文书的地址，载明的地址有误或未及时告知变更后的地址，导致相关文书及诉讼文书未能实际被接受、邮寄送达的，相关文书及诉讼文书退回之日即为送达之日。

借款人：张三
（身份证号：××××××××××××××××××）
××××年××月××日

二、利息怎么算？

民间借贷在当下之所以如此红火，除了手续便捷，更重要的原因是它相对于银行借贷收益率高，即利息较高。但是过高的利息不仅有违公平，而且有损金融秩序，影响社会稳定。那么，我国法律对民间借贷的利息是如何规定的呢？

1. 双方自愿约定的利息都受法律保护吗？

《民法典》规定，禁止高利贷，借款的利率不得违反国家有关规定。所以，民间借贷双方当事人自愿约定的利息不一定都受法律保护。根据《最高人民法院关于审理民间借贷案件适用法律若干问题的规定（2020 第二次修正）》，如果双方约定的利率超过合同成立时 1 年期贷款市场报价利率 4 倍，出借人请求借款人按照合同约定利率支付利息的，人民法院将不予支持。所谓“1 年期贷款市场报价利率”，是指中国人民银行授权全国银行间同业拆借中心自 2019 年 8 月 20 日起每月发布的 1 年期贷款市场报价利率。

该司法解释于 2021 年 1 月 1 日起施行。人民法院对于 2020 年 8 月 20 日之后新受理的一审民间借贷案件，借贷合同成立于 2020 年 8 月 20 日之前，当事人请求适用当时的司法解释（2015 年最高人民法院相关司法解释规定的“年利率低于 24%的保护，年利率高于 36%

的不保护，年利率为24%~36%的，属于自然债务”）计算自合同成立到2020年8月19日的利息部分的，人民法院应予支持；对于自2020年8月20日到借款返还之日的利息部分，适用起诉时本规定的利率保护标准计算。

2. 没有约定利息或约定不明会有什么后果?

当事人双方若未约定利息，那就是无息。出借人事后主张利息，人民法院是不支持的。如果借款人自愿支付利息，当然没有问题。

在现实生活中，还有一种被视为未约定利息的情况，即双方当事人就利息问题约定不明，或者一方主张有口头约定但没有证据证明。如果双方当事人都是自然人，人民法院就会认定是无息借贷。但是如果双方当事人中至少有一方是企业，人民法院则会综合考虑交易方式、交易习惯、市场利率等因素来确定利息，也就是说，在这种情况下是由人民法院来认定利息的，一般会按照银行同期贷款利率计算利息。

3. 逾期利息怎么算?

关于民商事活动，“有约从约”始终是基本原则，如果借贷双方对逾期利率有约定的，只要不超过合同成立时1年期贷款市场报价利率4倍，利息就按双方约定的计算。如果没有约定逾期利率或者约定不明的，人民法院一般会区分不同情况处理：① 既未约定借期内利率，也未约定逾期利率，出借人主张借款人自逾期还款之日起参照当时1年期贷款市场报价利率标准计算的利息承担逾期还款违约责任的，人民法院予以支持；② 约定了借期内利率但是未约定逾期利率，出借人主张借款人自逾期还款之日起按照借期内利率支付资金占用期间利息的，人民法院予以支持。

在现实生活中，借款到期后借款人不还款也是出借人最担心的事情。所以，双方当事人往往在约定了逾期利率的同时，又约定了违约金或者其他费用。需要特别注意的是，出借人可以选择主张逾期利息、违约金或其他费用，也可以一并主张，但是总计超过合同成立时1年期贷款市场报价利率4倍的部分，人民法院不予支持。

4. 部分还款，先还的是本金还是利息?

在现实生活中，很多当事人由于疏忽大意，在借款合同中仅约定了利息，却没有约定利息支付的期限，也没有约定借款人部分还款时，偿还的款项是先抵算本金还是先抵算利息，由此造成争议，因为本金和利息的偿还顺序会直接影响当事人的权益。对借款人而言，则主张先还本金，因为先抵算了本金，利息自然就变少了；出借人为了追求利益的最大化，则主张先还利息。双方当事人对支付利息的期限没有约定或约定不明确，借款期间不满1年的，应当在返还借款时一并支付；借款期间1年以上的，应当在每届满1年时支付；剩余期间不满1年的，应当在返还借款时一并支付。当事人没有约定清偿顺序的部分还款，应当认定先还利息，而不是本金。当然，利息的计算不得超出法律所保护的上限，超出部分应视为归还本金。

5. “预扣利息”“砍头息”“利滚利”受法律保护吗?

在民间借贷中，常常出现预先扣除全部利息（也称“预扣利息”）或 1 个月利息（也称“砍头息”），以及将利息计入本金计算复利（也称“利滚利”）的情况，即借款人实际拿到的款项是借款合同载明的款项扣除利息后的数额，事后出借人又拿借款合同载明的数额向借款人主张本金和利息，或者将前期产生的利息计入后期借款本金，重复计算利息，该结果都是使利息增加。那么，这种“预扣利息”“砍头息”“利滚利”受法律保护吗?

我国法律规定，借款的利息不得预先在本金中扣除，利息预先在本金中扣除的，应当按照实际款数额返还借款并计算利息。对于“利滚利”，我国司法实务从以前的绝对不保护发展到目前的适度保护，即年利率不得超过合同成立时 1 年期贷款市场报价利率 4 倍。根据《最高人民法院关于审理民间借贷案件适用法律若干问题的规定（2020 第二次修正）》，借贷双方对前期借款本息结算后将利息计入后期借款本金并重新出具债权凭证，如果前期利率没有超过合同成立时 1 年期贷款市场报价利率 4 倍，重新出具的债权凭证载明的金额可认定为后期借款本金。超过部分的利息，不应认定为后期借款本金。但借款人在借款期间届满后应当支付的本息之和，不能超过以最初借款本金与以最初借款本金为基数、以合同成立时 1 年期贷款市场报价利率 4 倍计算的整个借款期间的利息之和。

三、担保怎么做?

高回报就意味着高风险。在民间借贷中，出借人往往要求借款人提供一定的担保来降低借贷风险。担保本身也是一种合同，是为主合同中的债权提供保障的合同。那么，民间借贷的担保有哪些形式?各种担保形式有何区别?有哪些需要特别注意的事项?

1. 民间借贷的担保有哪些形式?

担保的形式有保证、抵押、质押、留置、定金五种。在民间借贷中，常见的担保方式是保证、抵押、质押。保证是指保证人和债权人约定，当债务人不履行债务时，保证人按照约定履行债务或承担责任的行为。抵押是指债务人或第三人不转移对抵押物的占有，将该财产作为债权的担保，当债务人不履行债务时，债权人有权以该财产折价或者以拍卖、变卖该财产的价款优先受偿。质押又称动产质押，是指债务人或第三人将其动产移交债权人占有，将该动产作为债权的担保，当债务人不履行债务时，债权人有权以该财产折价或者以拍卖、变卖该财产的价款优先受偿。

在现实生活中，抵押因为可以优先受偿又不需要转移占有，成为民间借贷的首选担保形式。很多人认为，有了抵押权作为担保，借出去的钱就有保障了。其实不然，抵押权确实能够提高债权实现的可能，但是抵押权也非绝对优先，如建设工程价款、税收、职工安置费等都优先于抵押权。此外，抵押手续非常关键，房产抵押必须登记才有效。在民间借贷借据上，我们常常可以看到这样的文字表示："张三以自有房屋一套进行抵押"，并且标注了房屋的具体位置、面积等信息。有的债权人甚至拿到了该抵押房产的房产证，但并没有到房管部门抵押登记。我国法律明文规定，不动产的抵押权自登记时设立。登记是物权归属和内容的根据，若不登记，则不发生物权法律效力，房产证只是房屋管理部门发给权利人的一种权利凭证，权利人可以挂失补办。所以，债权人出借资金约定用房产等不动产抵押时，最好让债务人配合完成抵押登记后再汇款，否则，仅有相互之间的约定，并不产生抵押担保的法律效果。

2. 作为担保的买卖合同有效吗?

在民间借贷中，出借人为了保障债权，在签订借款合同时，又签订房屋买卖合同，约定如果按期还款，房屋买卖合同就自动终止；如果到期不还款，房屋就归出借人所有。这实际上就是以房屋买卖合同作为民间借贷合同的担保。在这种情况下，该房屋的买卖合同是否有效？出借人对房屋是否享有优先受偿的权利？答案是否定的。因为对于为民间借贷提供担保而签订的买卖合同，双方都没有真实买卖的意思，该买卖合同应被认定为无效，但不影响双方当事人关于担保的真实意思表示。所以，以买卖合同为民间借贷提供担保仍不失为一种非典型的担保，但债权人无法因此获得担保物权，无法就买卖的标的物优先受偿。

那么，在这种情况下，债权人可以通过什么方式来主张权利呢？根据最高人民法院2015年关于民间借贷法律适用的司法解释，出借人请求履行买卖合同的，人民法院应当按照民间借贷法律关系审理，并向当事人释明变更诉讼请求。当事人拒绝变更的，人民法院裁定驳回起诉。按照民间借贷法律关系审理作出的判决生效后，借款人不履行生效判决确定的金钱债务，出借人可以申请拍卖买卖合同标的物，以偿还债务。就拍卖所得的价款与应偿还借款本息之间的差额，借款人或出借人有权主张返还或补偿。

3. 一般保证和连带保证有何区别?

一般保证是指债务人不能履行债务时，由保证人承担保证责任。一般保证的保证人在主合同纠纷未经审判或者仲裁，并就债务人财产依法强制执行仍不能履行债务前，对债权人可以拒绝承担保证责任。除非债务人住所变更，致使债权人要求其履行债务发生重大困难，或人民法院受理债务人破产案件，中止执行程序，以及保证人以书面形式放弃拒绝承担保证责任的权利。连带保证是指如果债务人在主合同规定的债务履行期届满没有履行债务，债权人可以要求债务人履行债务，也可以要求保证人在其保证范围内承担保证责任。

可见，一般保证的保证人承担的其实是补充责任，只有在借款人真正还不了借款的情况下，才有代偿责任。对于连带保证，出借人既可以要求借款人还钱，也可以要求连带保证人还钱。但在现实生活中，很多人只写了一句“张三为上述债务提供担保”，至于是一般保证还是连带保证，当时并没有约定。这种情况如何处理？《民法典》规定，“当事人在保证合同中对保证方式没有约定或者约定不明确的，按照一般保证承担保证责任”。据此，如果是“张三为上述债务提供担保”这样的字样，张三以后承担的是一般保证责任。

4. 担保人的担保范围和份额如何确定？

保证担保的范围包括主债权、利息、违约金、损害赔偿金和实现债权的费用。如果在担保中对担保范围有明确约定，那么按照约定；如果未作约定或者约定不明确，那么保证人应当对上述全部债务承担责任。所以，在作保证之前，一定要根据自己的实际情况和真实意图，对担保范围作明确的约定，否则将承担对自己不利的后果。

在民间借贷担保中，常常出现多个保证人的担保情形，对于保证责任如何分担，即担保份额的问题，很多人存在观念上的误区，即认为担保份额为均分。同一债务有两个以上保证人的，保证人应当按照保证合同约定的保证份额承担保证责任；没有约定保证份额的，保证人承担连带责任。也就是说，同一债务有两个以上保证人，但没有约定保证份额的，在借款人没有偿还借款的情况下，债权人可以起诉全部保证人，也可以起诉任何一个保证人，并且即使起诉其中任何一个保证人，该保证人也负有全部担保责任。当然，已经承担保证责任的保证人有权向债务人追偿或者要求承担连带责任的其他保证人清偿其应承担的份额，但在这种情况下再实现该债权比较困难。

5. 担保人与见证人、介绍人、居间人有何区别？

民间借贷的发生往往有第三人从中牵线搭桥，该第三人可能是担保人，也可能是见证人、介绍人、居间人等，身份不同，其责任截然不同。其中，在场看见双方实施借款行为并为此作证的是见证人。仅仅是介绍借贷双方认识，并且达成某种借款协议的是介绍人。接受一方委托，为借贷的发生报告信息机会或提供媒介联系，从而取得一定报酬的中间人是居间人。居间人与代理人不同，代理人以代理权为基础代理委托人进行民事法律行为，可以是有偿代理，也可以是无偿代理，而居间人仅为委托人报告订约机会或订约媒介，并不参与委托人和第三人之间的关系，通常为有偿性质。很多互联网金融点对点（peer-to-peer lending，P2P）借贷平台提供这种居间服务。一般情况下，见证人、介绍人和居间人都不为民间借贷承担保证责任。只有 P2P 提供者这种居间人，如果他通过网页、广告或其他媒介明示或者有其他证据证明他为借贷提供了担保，才会承担相应的保证责任。

在民间借贷的实务中，很多人其实并没有弄清楚见证人、介绍人、居间人等不同角色的区别。有些出借人因为非常信任见证人、介绍人或居间人，想当然地以为他们都能为其债权提供担保。有些见证人、介绍人或居间人却稀里糊涂地在借条上签了字，也不写明自己的真实身份，结果事后被他人在其签名前添加了“借款人”“担保人”等字样，甚至有人把名字签在借款人或保证人的名字之后，结果被确认为共同借款人或保证人。所以，在借条上签字时，签字人务必谨慎，以免承担不必要的民事责任。

四、借钱后不还怎么办?

民间借贷最怕的是借钱不还，很多亲朋好友的决裂都源于此。虽说“欠债还钱，天经地义”，但要债也必须合法地进行。那么，要债有哪些合法的途径和程序？打赢官司的关键是什么？讨债公司靠谱吗？恶性要债有哪些法律风险？

1. 借据与支付凭证缺一不可吗?

法律是讲证据的，民间借贷诉讼的关键证据是借据和支付凭证。民间借贷是实践性合同，双方达成借贷合意，仅是借贷关系的成立，借贷合同的生效是从出借人提供借款时开始的。在民间借贷的诉讼中，出借人要求借款人偿还借款本息的，应当对是否形成借贷合意、借贷内容、款项交付等事实承担举证责任。借据是双方形成借贷合意的凭证，但仅有借据，对方当事人完全可以辩称“写了借条之后并没有实际给钱”；反过来，如果没有借据，仅有支付凭证，对方很可能会说“这笔转账不是借款，而是还款、货款、赠与款或者其他费用”。如果被告刚好有相关证据能证明，那么原告只能自认倒霉。如果被告对收到款项没有合理的理由，那么原告还有机会拿回这笔钱，即使不能认定为借款，也可以不当得利为由要回这笔钱。所以，一般来讲，借据和支付凭证缺一不可。

在现实生活中，民间借贷难免有现金交付，如果出借人仅有借据又主张现金交付，那么人民法院会重点审查借贷是否实际发生。其综合判断的因素主要是借贷金额、款项交付的时间和地点、款项的来源、出借人的经济状况、借贷双方的关系、交易方式和习惯、当事人的财产变动情况等，其中，首要审查的是借款金额的多少。在正常情况下，出借人主张现金交付的数额越大，人民法院支持的可能性越小。对于金额的界定，并没有明确的标准，人民法院往往根据出借人的经济能力、当地经济发展水平的差异等具体情况予以认定。

当然，最糟糕的是，出借人没有借条，也没有支付凭证，采用的是现金交付，要钱时借款人又不承认。若真如此，出借人只能在借款人还没有拒不认账时，通过录音等方式取证，将录音作为佐证可能会起到一定作用。所以，民间借贷中，出借人在借钱时，应该做好最坏的打算，树立证据意识，认真对待借据，尤其是对于金额较大的借贷，应当尽量采用转账方式进行交付。

2. 过了 3 年诉讼时效就不能向人民法院起诉了吗?

诉讼时效是指权利人在法定的时效期间内不行使权利的，债务人获得诉讼时效的抗辩权。目前，我国普通诉讼时效统一为 3 年。那么，过了诉讼时效，民间借贷的出借人是否就无权要求借款人还钱了呢？答案是否定的。过了诉讼时效，并不是说民事权利就没有了，出借人可以继续要求借款人还钱，也可以向人民法院起诉，但是人民法院不再对债权人的权利予以保护。

法律设置诉讼时效是目前世界通行的做法，很多人对此不能理解，认为事实清楚、证据确凿，为什么仅仅因为超过了诉讼时效，法律就不支持了呢？其原因有两个方面：一是为了催使权利人及时行使自己的权利，以避免民事法律关系长期处于不确定状态，甚至可能造成社会经济秩序的混乱；二是为了避免由时间过长造成搜集证据的困难和影响人民法院的正确处理。

诉讼时效从何时起算？是从借款之日起算吗？不是。具体的算法需要区分不同情形：如果约定了还款期限，那么诉讼时效从还款期限届满之日的第二天起算 3 年。如果没有约定还款期限，出借人有权随时要求借款人履行还款义务，但必须给对方必要的准备时间。诉讼时效就从出借人催要，借款人明确表示拒绝还款时起算。

需要特别注意的是，诉讼时效是可以中断的，也就是可以重新起算。比如，出借人催要还款，借款人部分还款，借贷双方重新订立协议确认债务都可以导致诉讼时效重新起算。对出借人而言，保留催要还款的邮件、短信、通话记录等证据非常有必要，否则，借款人会说诉讼时效没有中断，可能会超过诉讼时效。

3. 要债可用支付令程序吗？

诉讼需要成本，包括精力、时间、金钱等各种讼累。其实，对于事实清楚、证据确凿的民间借贷，出借人还可以采取一种更为简捷的方式来维护自己的合法权利，即向人民法院申请支付令。支付令是一种督促程序，是根据债权人的申请，向债务人发出的限期履行给付金钱或有价证券的法律文书。债务人在接到支付令后 15 日内，既不向人民法院提出书面异议又不履行支付令的，债权人可以向人民法院申请强制执行。

相对于诉讼，支付令的好处主要有两点：一是时间周期短。申请人向人民法院申请后，人民法院应在 5 日内作出是否受理的决定。人民法院受理申请后，经审查债权人提供的事实、证据，对债权债务关系明确、合法的，应在受理之日起 15 日内向债务人发出支付令。债务人应自收到支付令之日起 15 日内清偿债务，或者向人民法院提出异议，否则，债权人可以向人民法院申请执行。所以，如果顺利，债权人 20 日左右可以申请强制执行，而普通诉讼程序最快也要 2 个月。二是费用成本低。支付令的费用标准与诉讼费一样都是根据标的额计算的，但它仅是参照财产类案件诉讼费标准的 1/3 的费用。比如，对于标的额为 100 万元的案件，诉讼费为 13 800 元，而支付令仅需要 4 600 元。

但支付令也有局限，并不是所有的民间借贷要债都能采用支付令。支付令仅适用于金钱的给付债务，债权债务关系必须明确、合法，不存在其他债务纠纷，否则，人民法院将驳回申请或者虽然发出了支付令，但债务人提出实质性异议，经审查异议成立的，支付令便失效。同时，债务人的地址必须明确，支付令完全可以送达债务人，如在 30 日内无法送达，支付令也失效。

需要注意的是，债务人对债权债务关系没有异议，但对清偿能力、期限、方式等提出不同意见的，不影响支付令的效力。

4. 讨债公司靠谱吗？

在现实生活中，一些民间借贷的出借人在向借款人要债屡屡失败的情况下可能会想到委托讨债公司要债，毕竟诉讼需要成本，又要遵循严格的程序，最后还可能执行困难。但是，讨债公司本身就是一种不合法的存在。国家曾三次发文明令禁止任何单位和个人开设讨债公司，严厉打击非法讨债活动；同时，各类以商务咨询、经济委托为名义的讨债公司也涵盖在内。所以，委托讨债公司签订“讨债协议”并不受法律保护。

不仅如此，委托人还可能面临两大风险：一是债权失控。讨债公司拿着借据和支付凭证私下与债务人达成和解，或者拿着债权人的全权授权书给债务人出具的“债务已全部清偿”的材料，然后带着从债务人处取得的款项潜逃，这时债权人再通过法律途径找债务人要债已无证据。二是委托人可能成为刑事共犯。债权人对讨债公司的行为基本上是无法控制的，讨债公司为了追求效果，很容易采用威胁、骚扰、敲诈、绑架等手段讨债，情节严重时还会涉嫌犯罪。此时，委托人和讨债公司之间可能被认为存在“指使”关系，委托人被认为是犯罪行为的共犯，从而承担相应的刑事责任。

5. 非法要债有哪些法律风险？

要债必须合法，一切催债手段和行为都不能侵犯债务人的合法权益。比如，非法拘禁限制债务人的人身自由、抢走债务人的财物、暴力对待债务人、强行住进债务人的家里、以公开债务人的隐私进行威胁恐吓等都是典型的非法要债的手段，因为如果侵害了债务人的健康权、财产权、人身自由权、住宅自由权、名誉权、隐私权等合法权益，那么非法要债人轻则将被治安管理处罚，重则涉嫌犯罪，须承担相应的刑事责任。

其中，非法拘禁是民间索债的常用方式。根据我国法律及相关司法解释的规定，非法拘禁他人 3 次以上、每次持续时间 4 小时以上，或者非法拘禁他人累计时间 12 小时以上的，应当以非法拘禁罪定罪量刑。如果扣押、拘禁他人是因为索要高利贷、赌债等非法债务，必然要受到法律的制裁。如果是为了索要借款，争取合法权益而非法扣押、拘禁他人，是否也构成非法拘禁罪呢？如果情节严重，也会构成非法拘禁罪，但在量刑上可以适当减轻。根据最高人民法院《新增十个罪名的量刑指导意见（试行）》，为索要合法债务，争取合法权益而非法扣押、拘禁他人的，可以减少基准刑的 10%~30%；非法拘禁时间超过 24 小时的，每增加 12 小时，增加 1~2 个月的刑期。

五、当前民间借贷中有哪些合法性风险需谨防?

近年来，随着互联网金融的发展，民间借贷市场异常活跃，也乱象丛生。以暴力催收为主要特征的恶性要债、非法集资犯罪、套路贷、职业放贷牟利、虚假诉讼等非法活动严重扰乱了经济金融秩序和社会秩序，成为国家重点整治的对象。民间借贷当事人必须增强风险防范意识，谨防违法犯罪。

1. P2P 网贷有何法律风险?

P2P 是一种依托移动互联网技术的点对点借贷交易模式。其起源于英国，在英、美等发达国家已相对完善，这种新型理财模式也逐渐被身处网络时代的大众接受。一方面，出借人实现了资产的收益增值；另一方面，借款人可以通过这种便捷的方式满足自己的资金需求。P2P 充分发展的结果是把银行从借贷业务链中挤出去，利率市场化水平、社会征信体系、信息技术水平、市场准入和监管规则等因素都直接影响 P2P 行业的发展。

我国自 2006 年成立第一家 P2P（拍拍贷）以来，网贷平台的发展在金融创新的同时也缺乏规范，网贷平台存在不同程度的经营风险，比如，非法集资、非法经营、金融传销、黑恶放贷等均是违法犯罪行为。我国金融领域对 P2P 行业开展了大规模整顿、清理工作，目前已转入常态化监管。

就出借人或借款人而言，存在的民事法律风险主要有：① 合同无效风险，如网贷平台对出借人资格审查不严导致合同主体不适格；② 电子合同风险，如电子合同及签名被篡改导致合同的真实性受到质疑；③ 违约风险，如网贷平台对借款人信息的核实不严格，对其信用情况及还款能力调查不足导致还款违约；④ 信息安全风险，如网贷平台遭到黑客攻击导致数据丢失、损坏及客户信息泄露，从而严重影响出借人的资金安全和借贷交易安全等。

2. 民间借贷如何涉嫌非法集资犯罪?

非法集资犯罪并非一个单独的罪名，而是数个涉及非法集资的犯罪罪名的总称。在民间借贷领域，涉嫌非法集资犯罪最多的有两类：一类是行为人未经国家有关部门批准、许可，非法从事金融业活动的非法集资；另一类是行为人采取隐瞒、欺骗手段获取非法利益的非法集资。这两类分别涉嫌非法吸收公众存款罪和集资诈骗罪。

非法吸收公众存款罪和集资诈骗罪在行为表现上有相同之处，往往都表现为通过媒体广告等各种宣传，以高额利息回报方法，面向社会不特定公众筹集资金，都对金融管理秩序造成了破坏。两者的区别在于主观目的不同，集资诈骗具有非法占有的目的，而非法吸收公众存款不具有非法占有的目的。如果行为人在集资后不将资金用于生产经营活动，与筹集资金规模明显不成比例，或者肆意挥霍集资款，致使集资款不能返还，或者携带集资款逃匿，或者将集资款用于违法犯罪活动，或者抽逃转移资金、隐匿财产、隐匿销毁账目、搞假破产或假倒闭、拒不交代资金去向，都可以被认定为具有非法占有的目的。因此，在刑罚上，集资诈骗罪比非法吸收公众存款罪要严厉得多。

在现实生活中，非法集资手法多样，往往承诺高额回报，混淆理财概念，包装合法外衣，具有较强的欺骗性和迷惑性。比如，以投资理财为名，设立公司或网络借贷平台，虚构借款实体或设计理财产品，以高利回报为诱饵，吸收公众存款后高利放贷，进行所谓的资本运作，一旦不能维系，就关门携款潜逃，这是当前主要的非法集资方式。此外，也有以经营销售某种商品为名，通过互联网或产品推介会、发放宣传单等进行宣传，以购买产品积分、消费增值等方式，以高额返利为诱饵，实施非法集资。甚至还有以举办免费的健康咨询、理疗和讲座等为名，专门对参加培训的中老年人灌输无风险、高回报的投资理念，引诱其投资。

3. 如何防范套路贷?

套路贷是一种新出现的非法占有型侵财类犯罪，是传统高利贷与其他违法犯罪结合后的升级版，是主观上以非法占有为目的与客观上骗财、讨债所玩弄的各种套路的结合。常见的套路表现为：诱使或迫使被害人签订“借贷”或变相“借贷”“抵押”“担保”等相关协议；制造资金走账流水等虚假给付事实；故意制造违约，肆意认定违约，或毁匿还款证据；恶意垒高借款金额；借用诉讼、仲裁、公证或采取暴力、威胁以及其他手段，达到非法占有被害人财物的目的。

套路贷与普通的民间借贷有本质的区别。民间借贷的本金和合法利息受法律保护；套路贷是以民间借贷为幌子的骗局，是违法犯罪行为。其涉嫌的常见罪名包括诈骗罪、敲诈勒索罪、故意伤害罪、非法拘禁罪、寻衅滋事罪、侮辱罪、抢劫罪、绑架罪、虚假诉讼罪等。

防范套路贷，首先要谨防成为套路贷犯罪的共犯。在司法实践中，除套路贷犯罪的直接责任人以外，明知他人实施套路贷犯罪而予以帮助或协助的，都可能被认定为共犯。比如：组织发送“贷款”信息、广告，吸引、介绍被害人“借款”的；提供资金、场所、银行卡、账号、交通工具等帮助的；出售、提供、帮助获取公民个人信息的；协助制造走账记录等虚假给付事实的；协助办理公证的；协助以虚假事实提起诉讼或仲裁的；协助套现、办理动产或不动产过户等，转移犯罪所得及其产生的收益的；等等。

防范套路贷，还必须加强风险防控意识。首先，在民间借贷的任何一个阶段，都要树立“收款有收据”的意识。因为套路的关键证据有两类：一是受害人的银行账户进账流水，以此达到虚增债务的目的；二是受害人违约的客观事实，以此实现收取所谓巨额“违约金”，拒不返还“保证金”的目的。所以，对于付款后不提供相关收据的要求，应明确予以拒绝或者要求以银行转账的方式实现，并在转账时注明款项的用途。

其次，如果已经被套路贷，应确保自身的人身安全，避免与套路贷的行为人单独接触。

遭遇威胁、勒索、要求支付高额利息及违约金时，应积极向公安机关或律师寻求援助。对于高额利息和违约金，也不必过分担心，因为其不受法律保护。受害人在证明借款本金的情况下，其损失的数额是可控的。

最后，对于大额融资或者可能超过自己未来偿还能力的融资行为，应在融资初期向专业人士咨询，最大限度地降低可能的风险。人们要尽量选择规范的金融机构进行融资，避免参与交易结果过分复杂的民间借贷。

4. 职业放贷受法律保护吗？

职业放贷与合法的民间借贷不同。民间借贷是自然人、法人、其他组织之间进行的资金融通行为，一般是为了解决资金困难或生产急需偶尔为之。而职业放贷以放贷为主要业务，以赚取高额利息为主要目的，其放贷对象具有不特定性，放贷行为具有反复性和经常性，往往伴随着高利贷、非法吸收公众存款、变相吸收他人资金、套取金融机构资金转贷、暴力催收、虚假诉讼等违法犯罪行为。由此，职业放贷也成为我国司法实践中重点打击的对象。

出借人通过向社会不特定对象提供资金，以赚取高额利息，出借行为具有反复性和经常性，借款目的具有营利性。未经批准，擅自从事经常性的贷款业务，属于从事非法金融业务活动，所签订的民间借贷合同因违反强制性规定而无效。

根据最高人民法院、最高人民检察院、公安部、司法部联合制定的《关于办理非法放贷刑事案件若干问题的意见》，违反国家规定，未经监管部门批准，或者超越经营范围，以营利为目的，经常性地向社会不特定对象发放贷款，扰乱金融市场秩序，情节严重的，以非法经营罪定罪处罚。具体的入罪条件有三条：一是 2 年内向不特定的多人（包括单位和个人）以借款或其他名义出借资金 10 次以上；二是每次实际年利率超过 36%；三是非法放贷数额或违法所得数额，或非法放贷对象属于“情节严重”的，即个人非法放贷数额累计 200 万元以上、单位非法放贷数额累计 1 000 万元以上，或者个人违法所得数额累计 80 万元以上、单位违法所得数额累计 400 万元以上，或者个人非法放贷对象累计 50 人以上、单位非法放贷对象累计 150 人以上，或者造成借款人或其近亲属自杀、死亡或精神失常等严重后果。

5. 民间借贷中的虚假诉讼有何法律后果？

民间借贷中的虚假诉讼是指当事人为了获取非法利益，通过采取恶意串通、捏造事实、伪造或变造证据、虚构法律关系等方式提起民间借贷民事诉讼，意图使人民法院作出错误裁判和执行，侵害第三人、集体或国家利益的行为。

在民间借贷诉讼中，人民法院往往会通过审查借贷发生的原因、时间、地点，款项来源，交付方式，款项流向，以及借贷双方的关系、经济状况等事实，综合判断是否属于虚假诉讼。比如，出借人明显不具备出借能力、出借人起诉所依据的事实和理由明显不符合常理、出借人不能提交债权凭证或者提交的债权凭证存在伪造的可能、双方当事人在一定期间内多次参加民间借贷诉讼、当事人一方或者双方无正当理由不到庭参加诉讼、委托代理人对借贷事实陈述不清或者陈述前后矛盾、当事人双方对借贷事实的发生没有任何异议或者诉辩明显不符合常理、借款人的配偶或合伙人或案外人的其他债权人提出有事实依据的异议、当事人在其他纠纷中存在低价转让财产的情形、当事人不正当放弃权利等，都是常见的虚假民间借贷诉讼的行为方式。

人民法院经审理发现属于虚假诉讼的，除判决驳回原告诉讼请求外，还会对恶意制造、参与虚假诉讼之人依法予以罚款、拘留，对构成犯罪的，会移送有管辖权的司法机关追究刑事责任。《中华人民共和国刑法修正案（九）》[简称《刑法修正案（九）》] 增设了虚假诉讼罪，即以捏造的事实提起民事诉讼，妨害司法秩序或者严重侵害他人合法权益的，处 3 年以下有期徒刑、拘役或者管制，并处或者单处罚金；情节严重的，处 3 年以上 7 年以下有期徒刑，并处罚金。

专题五 交通事故处理

一、如何现场应对交通事故?

发生交通事故后，我们可以结合实际情况，根据《道路交通安全法》《中华人民共和国道路交通安全法实施条例》(简称《道路交通安全法实施条例》)、《道路交通事故处理程序规定》等法律、法规进行处理。

1. 在交通事故现场，如何确保人身、财产安全?

交通事故发生后，首先应当根据现场情况采取措施，确保人身、财产安全。如果涉及机动车的交通事故，驾驶人应当立即关闭车辆引擎，驾驶人要迅速打开车辆危险报警闪光灯(双闪)，将车上人员转移到右侧路肩或应急车道上，并在车后方放置三角警示牌，放置距离为城市道路50~100米、高速公路150~200米，避免再次发生事故。如有火情或载有危险物品，应妥善处置并向消防部门求助。驾驶人因道路交通事故死亡或者受伤无法行动的，车上其他人员应当自行组织疏散。

非机动车与非机动车或者行人发生财产损失事故的，当事人应当先撤离现场。不要有逃避法律责任追究的侥幸心理，有故意破坏、伪造现场，毁灭证据，或弃车逃逸、潜逃藏匿等行为的，将承担全部责任。无论发生何种交通事故，都应当根据不同情况采取事故现场固定证据、报警、保护现场、急救等措施。

2. 在交通事故现场，怎样固定证据?

交通事故现场固定证据，主要是进行多角度拍摄，对伤亡人员位置、车辆位置和车牌、路面分道线、车辆年检标志、保险凭证等必须拍摄清晰，注意车辆全貌与分道线标示要在同一张照片内，证明车辆的行驶轨迹，也可以使用行车记录仪的记录、各个主要路口的视频监控，必要时可作为证据请求调取。在无伤亡的、造成轻微财产损失的交通事故中，如果双方对事实及成因无争议，能够协商一致，则责任方可以留下押金，或双方互换驾驶证副本和联系方式后离开。

在交通事故现场，建议双方车主交换联系方式，当面拨打，确保联系方式无误；如可能存在驾驶员神志不清或拒不提供驾驶证、行驶证的情形，建议对驾驶员拍照留作证据。伤者或家属在场的，应与涉事司机互留联系方式，伤者治疗时，应保留好医疗费、交通费、误工费、营养费等发票，以便计算赔偿金，可与责任方约定时间到交通队协商调解。有伤残或死亡导致赔偿数额大的，建议聘请律师介入。当事人报警的，交警、警务辅助人员可以指导当事人自行协商处理。当事人要求到场处理的，应当指派交警到现场调查处理。

3. 在交通事故现场，发生什么情况必须报警？

在交通事故现场若出现以下情况，当事人应当保护现场并立即拨打“110”或者“122”电话报警：① 驾驶人无有效机动车驾驶证或者驾驶的机动车与驾驶证载明的准驾车型不符的；② 驾驶人有饮酒、服用国家管制的精神药品或者麻醉药品嫌疑的；③ 驾驶人有从事校车业务或者旅客运输，严重超过额定乘员载客，或者严重超过规定时速行驶嫌疑的；④ 机动车无号牌或者使用伪造、变造的号牌的；⑤ 当事人不能自行移动车辆的；⑥ 一方当事人离开现场的；⑦ 有证据证明事故是由一方故意造成的。

需要提醒的是，现场如果造成道路、供电、通信等设施损毁的，驾驶人必须报警等候处理，不得驶离。在涉及人员伤亡，或一方是非机动车的情况下，也应选择报警，拨打保险公司电话备案，防止事后引发逃逸争端或敲诈勒索。

4. 报警后，当事人应当做什么？

报警后，车辆驾驶人应主动关心伤者，轻伤的，可以协助伤者救治，倒地不起的，则不要移动，以免救治不当，应立即拨打“120”急救电话，并妥善保管现场财物，防止盗抢。因抢救受伤人员变动现场的，应当标明位置，乘车人、过往车辆、过往行人应当予以协助，不得故意破坏、伪造现场。

伤者被送往医院后，未受伤一方应该在原地等待交警，否则可能会被认为是逃逸。如果发生紧急状况，未受伤一方在将伤者送往医院后，应赶回事故发生地，也可以避免不利后果。造成人员死亡的，应当经急救、医疗人员或者法医确认，并由具备资质的医疗机构出具死亡证明。尸体应当存放在殡葬服务单位或者医疗机构等有停尸条件的场所。在有轻微损失、无伤亡的情况下，根据损失情况，选择自行处理或拨打保险公司电话备案。

5. 交警怎样处理事故现场？

交警在事故现场会出示证件表明身份，并区分情况进行处理。对未造成人身伤亡，事实清楚，并且机动车可以移动的情形，交警记录事故情况后有权责令当事人撤离现场；对造成交通堵塞的，交警可以对驾驶人处以 200 元罚款；对拒不服从交警指挥，造成严重后果的，可以吊销当事人的驾驶证，并要求其承担相应的法律责任。对于有人员伤亡的交通事故，交警可依法扣押涉事司机的驾驶证和事故车辆，并开具行政强制措施凭证。事故车辆装载货物的，对所载货物核实重量、体积及损失后，通知机动车驾驶人或者货物所有人自行处理。涉事司机应仔细阅读和保管行政强制措施凭证，处理完人员伤亡事宜后可取回证件和车辆。

交警进行现场勘查时，会向当事人发送联系卡并告知其依法享有的权利和义务；交警作各方笔录判定事故责任时，应当按照规定使用执法记录设备。在交警处理事故的过程中，当事人可以要求交警核实车辆真假信息、检测对方是否酒驾等，向交警说明情况并提交事故照片。

二、发生交通肇事逃逸怎么处理?

1. 发生交通肇事逃逸该怎样报警?

车辆发生交通事故后逃逸的，当事人、事故现场目击人员或其他知情人员应当立即拨打“110”或者“122”报警电话。需要注意的是，只要一方当事人离开事故现场，即使无法判断是否属于逃逸，也应立即报警。拨打报警电话后，打电话者应清晰、简洁地说明发生或者发现交通肇事逃逸事故的时间、地点，人员伤亡情况，车辆类型、车辆号牌号码，是否载有危险物品以及危险物品的种类、是否发生泄漏等；重点说明肇事逃逸车辆的车型、颜色、特征及逃逸方向，逃逸驾驶人的体貌特征等有关情况，以便交通管理部门及时布控和查找追踪。

2. 交警对交通肇事逃逸事故会作哪些现场处理?

在交通肇事逃逸事故中，至少有两名交警进行现场处理，按照事故现场安全防护标准和规范的要求划定警戒区域，在安全距离位置放置发光或者反光锥筒和警告标志，确定专人负责现场交通指挥和疏导。交警应视情况在事故现场来车方向提前组织分流，放置绕行提示标志；组织抢救受伤人员；指挥救护、勘查等车辆停放在安全和便于抢救、勘查的位置，开启警灯，夜间还应开启危险报警闪光灯和示廓灯；查找道路交通事故当事人和证人，控制肇事嫌疑人；勘查事故现场，固定、提取或者保全现场证据材料，询问当事人、证人，并制作询问笔录；通过执法记录仪录音、录像记录询问过程。在场当事人应积极配合交警工作。

3. 如果找不到责任方，受害人怎样渡过难关?

在交通肇事逃逸事故中，可能出于种种原因找不到承担赔偿责任的人，受害人可以向车辆所有人、保险公司和道路交通事故社会救助基金要求民事赔偿或必要费用的垫付。为保护受害人的权益，我国法律明确规定：机动车驾驶人发生交通肇事事故后逃逸，该机动车参加机动车交通事故责任强制保险（简称交强险）的，由保险公司在交强险责任限额范围内予以赔偿；机动车不明或者该机动车未参加交强险，需要支付被侵权人人身伤亡的抢救、丧葬等费用的，由道路交通事故社会救助基金垫付。道路交通事故社会救助基金垫付后，其管理机构有权向交通事故责任人追偿。尤其是在发生严重伤亡的情况下，受害人及其家属可以通过道路交通事故社会救助基金垫付抢救费用获得救助，以渡过难关。

特别需要提醒的是，公安机关的道路交通事故认定书是对交通肇事逃逸事故进行事实认定、事故成因分析的重要文书，也是受害人索赔的主要依据。交通肇事逃逸案件尚未侦破，受害人要求出具道路交通事故认定书的，公安机关交通管理部门应当在接到当事人书面申请后 10 日内，确定各方当事人的责任，制作道路交通事故认定书，并送达受害人。道路交通事故认定书应当载明事故发生的时间和地点、受害人情况和调查得到的事实，以及受害人的责任。交通肇事逃逸案件侦破后，已经作出道路交通事故认定书的，应当重新确定责任制作道路交通事故认定书，分别送达当事人。

4. 交通肇事逃逸行为主要依据哪些法律进行处理?

交通肇事逃逸行为的处理涉及行政、民事、刑事等多重法律法规及其司法解释。进行事故责任认定和行政处罚的主要依据是《行政处罚法》《道路交通安全法》《道路交通安全法实施条例》《道路交通事故处理程序规定》《机动车驾驶证申领和使用规定》等；确定赔偿责任的主要依据是《民法典》《最高人民法院关于审理人身损害赔偿案件适用法律若干问题的解释》等；构成犯罪可依照《刑法》《最高人民法院关于审理交通肇事刑事案件具体应用法律若干问题的解释》等定罪量刑。

5. 交通肇事逃逸者承担哪些责任?

发生交通肇事后，逃逸行为会导致事故现场遭到破坏，使交通管理部门对事故责任难以认定，因此，推定肇事逃逸司机有过错，承担事故的全部责任。除非责任方有证据证明对方当事人存在过错才可减轻其责任，责任方故意破坏、伪造现场，毁灭证据的，承担全部责任。具体来说，交通肇事逃逸者主要承担以下责任：

第一，承担赔偿费用。如果肇事车辆逃逸，按保险合同约定，保险公司就不再承担保险责任，只在交强险的承保范围内对被害人进行赔偿，不足部分只能由肇事逃逸司机和车主自行承担。

第二，接受行政处罚。机动车驾驶人造成交通事故后逃逸的，不论其造成的交通事故后果大小，都由交通管理部门吊销机动车驾驶证，并且终身不得重新取得机动车驾驶证。

第三，承担刑事罪责。交通肇事后逃逸属法定的加重情节，交通肇事后逃逸或者有其他特别恶劣情节的，处 3 年以上 7 年以下有期徒刑；逃逸致伤者因抢救不及时而死亡的，可判 7 年以上有期徒刑。行为人在交通肇事后为逃避法律追究，将受害人带离事故现场后隐藏或者遗弃，致使受害人无法得到救助而死亡或者严重残疾的，以故意杀人罪或者故意伤害罪定罪论处，将会受到更加严厉的处罚。交通肇事因逃逸致人死亡的，法定最高刑是 15 年，故意杀人罪的法定最高刑是死刑。

第四，指使逃逸，罪责难逃。交通肇事后，单位主管人员、机动车辆所有人、承包人或乘车人指使肇事司机逃逸，致使伤者因得不到救助而死亡的，上述人员以交通肇事罪的共犯论处。

第五，法定从轻或者减轻处罚的情形。交通肇事逃逸未构成犯罪的，主动消除或者减轻违法行为危害后果、配合行政机关查处违法行为有立功表现的，受他人胁迫有违法行为的，可以获得从轻或者减轻行政处罚。交通肇事逃逸未构成犯罪的，自首也可以从轻或减轻处罚，包括：① 逃逸人主动到交通管理部门或其他公安部门投案并如实交代罪错事实的；② 逃逸人委托他人或打电话向交通管理部门或其他公安部门报案，等候处理并如实交代罪错事实的；③ 逃逸人途中向交通管理部门或当地有关部门报案，等待接受处理的。

三、交通事故责任怎样认定？如何要求赔偿？

1. 交警怎样进行交通事故责任认定？

交警现场勘查后认定交通事故责任，主要根据当事人的行为对发生道路交通事故所起的作用以及过错的严重程度进行判断。由一方当事人的过错导致道路交通事故的，承担全部责任；由两方或者两方以上当事人的过错导致发生道路交通事故的，根据其行为对事故发生的作用以及过错的严重程度，分别承担主要责任、同等责任和次要责任；各方均无导致道路交通事故的过错，属于交通意外事故的，各方均无责任；一方当事人故意造成道路交通事故的，他方无责任；肇事逃逸的，则不论过错，由逃逸方承担全部责任。因为省级公安机关可以根据有关法律、法规制定具体的道路交通事故责任确定细则或者标准，所以，我们有必要关注本地公安机关的详细规定。

交警进行交通事故责任认定的程序分为简易程序和普通程序。对于只有财产损失的事故或受伤当事人伤势轻微，各方当事人一致同意适用简易程序处理的伤人事故，可以由一名交警处理，除此之外，均由至少两名交警按照普通程序共同处理。

交警对交通事故责任的认定标志是制作和送达道路交通事故认定书。在通常情况下，自现场调查之日起 10 日内制作道路交通事故认定书；在出现交通肇事逃逸的情况下，查获交通肇事车辆和驾驶人后 10 日内制作道路交通事故认定书。道路交通事故认定书制作后 3 日内分别送达当事人，并告知申请复核、调解和提起民事诉讼的权利、期限。需要注意的是，无论当事人是否签收，都不影响其效力，当事人对道路交通事故认定有异议的，可以自送达之日起 3 日内，向上一级交通管理部门提出书面复核申请，复核申请应当载明复核请求及其理由和主要证据。

2. 谁来承担交通事故赔偿责任？

机动车发生交通事故造成人身伤亡、财产损失的，交通事故赔偿责任认定根据《道路交通安全法》的规定，由保险公司在交强险责任限额范围内予以赔偿，不足的部分按照下列规定承担赔偿责任：① 机动车之间发生交通事故的，由有过错的一方承担赔偿责任；双方都有过错的，按照各自过错的比例分担责任。② 机动车与非机动车驾驶人、行人之间发生交通事故，非机动车驾驶人、行人没有过错的，由机动车一方承担赔偿责任。有证据证明非机动车驾驶人、行人有过错的，根据过错程度适当减轻机动车一方的赔偿责任；机动车一方没有过错的，承担不超过 10% 的赔偿责任。交通事故的损失是由非机动车驾驶人、行人故意碰撞机动车造成的，机动车一方不承担赔偿责任。

3. 当事人可以选择哪些途径要求赔偿？

首先，当事人可以自行协商处理。当事人选择自行协商处理的，可以依法通过互联网在线办理；对事实及成因有争议的，也可以通过互联网共同申请交通管理部门在线确定当事人的责任。当事人自行协商达成协议的，制作道路交通事故自行协商协议书，并共同签名。该协议书应当载明事故发生的时间和地点，当天天气，当事人的姓名、驾驶证号或者身份证号、联系方式，机动车的种类和号牌号码，保险公司、保险凭证号，事故形态，车辆碰撞部位，当事人的责任等内容。

当事人可以按照下列方式履行道路交通事故损害赔偿：① 当事人自行赔偿；② 到投保的保险公司或者道路交通事故保险理赔服务场所办理损害赔偿事宜。当事人自行协商达成协议后未履行的，可以申请人民调解委员会调解或者向人民法院提起民事诉讼。

其次，当事人协商一致可以调解。当事人可以共同选择申请人民调解委员会调解或申请交通管理部门调解。经人民调解委员会调解达成调解协议后，双方当事人认为有必要的，可以根据《人民调解法》共同向人民法院申请司法确认。当事人申请交通管理部门调解的，对于轻微事故，当事人可以共同要求交警当场进行调解，并在道路交通事故认定书上记录调解结果，由当事人签名，送达当事人。选择非当场调解的当事人在收到道路交通事故认定书、道路交通事故证明或者上一级交通管理部门维持原道路交通事故认定的复核结论之日起 10 日内进行书面申请，交通管理部门应当与当事人约定调解的时间、地点，并于调解时间 3 日前通知当事人。如果当事人采用口头通知的形式，那么应当将内容记入调解记录。

需要注意的是，以下情形不适用调解方式：① 当事人对道路交通事故认定有异议；

② 当事人拒绝在道路交通事故认定书上签名；③ 当事人不同意调解；④ 在交通管理部门调解期间，有一方当事人向人民法院提起民事诉讼；⑤ 一方当事人无正当理由不参加调解；⑥ 如果一方当事人在调解过程中退出调解，那么应当终止调解并记录在案，交警可以在道路交通事故认定书上载明有关情况后，将道路交通事故认定书送达当事人。

最后，当事人协商无果的，可以选择到人民法院起诉。当事人未达成协议或者调解书生效后不履行的，可以向人民法院提起民事诉讼，提交书面起诉书说明事实理由和诉讼请求。起诉方应准备好道路交通事故认定书、调解书、交警执法记录、医疗凭证、单位误工损失证明、交通费用单据等证据材料；如果要求伤残赔偿，还需提供伤残鉴定及赔偿数额依据。

4. 交通事故赔偿有哪些内容?

交通事故的受害人因伤残发生的赔偿包括以下内容：① 医疗费，包括诊疗费、医药费、住院费和其他费用，以医院费用清单和发票为准。② 住院伙食补助费、营养费。③ 误工费。误工时间由受害人接受治疗的医疗机构出具的证明确定；受害人因伤致残持续误工的，误工时间可以计算至确定伤残等级日的前一天。④ 护理费。⑤ 住宿费。针对外地治疗时产生的赔偿项目，以住宿发票为准。⑥ 残疾赔偿金。⑦ 残疾辅助器具费，按照普通适用器具的合理费用赔偿，如果需要使用特殊的残疾辅助器具，那么参照辅助器材配置机构的意见确定相应的合理费用。这些赔偿内容以实际发生情况为准。如果交通事故的受害人死亡，其近亲属还可以要求赔偿丧葬费和死亡赔偿金。

交通事故的受害人，无论伤残或死亡，都能够主张的赔偿包括以下内容：① 交通费。凭相关票据，按照实际发生的合理交通费用计算。② 鉴定费，包括鉴定时的检查费用，以票据为准。③ 精神抚慰金。按照 3 万元乘以伤残赔偿指数计算，伤残赔偿指数根据伤残等级确定，如果造成死亡，可酌定提高数额。如果交通事故构成犯罪，那么没有这项赔偿。④ 被扶养人的生活费。被扶养人包括受害人依法应当承担扶养义务的未成年人，以及受害人依法应当承担扶养义务的、丧失劳动能力又无其他生活来源的成年近亲属。被扶养人还有其他扶养人的，赔偿义务人只赔偿受害人依法应当负担的部分。

5. 哪些情况下车辆保险得不到理赔?

考虑到交通事故的多发性，车主会购买相应的车辆保险，开车上路时，应证照齐全，随车放好保险单，有备无患。但这并不意味着可以高枕无忧，为什么有些情况下保险公司不理赔呢？车辆保险合同主要载明以下免赔情形：

首先是法定免赔情形，包括以下内容：① 未如实告知。投保人故意或者因重大过失未履行法定的如实告知义务，足以影响保险人决定是否同意承保或者提高保险费率的，保险人有权解除合同。② 不可抗力因素，包括地震、战争、军事冲突、恐怖活动、暴乱、扣押、罚没、政府征用。③ 保险欺诈。被保险人或者受益人谎称发生了保险事故，或者故意制造保险事故，向保险人提出赔偿或者给付保险金请求的，保险人有权解除合同，并不退还保险费。保险事故发生后，投保人、被保险人或者受益人伪造、变造有关证明、资料或者其他证据，编造虚假的事故原因或者夸大损失程度的，保险人对其虚报的部分不承担赔偿或者给付保险金的责任。④ 未及时报案。投保人、被保险人或受益人知道保险事故发生后，应当及时通知保险人。故意或者因重大过失未及时通知，保险人对无法确定的部分，不承担赔偿责任。⑤ 理赔超过时效。人寿保险的被保险人或者受益人向保险人请求给付保险金的诉讼时效期间为 5 年，自其知道或者应当知道保险事故发生之日起计算。人寿保险以外的其他保险的被保险人或者受益人向保险人请求赔偿或者给付保险金的诉讼时效期间为 2 年，自其知道或者应当知道保险事故发生之日起计算。⑥ 不向肇事方索赔。《保险法》赋予保险公司代位求偿权，保险事故理赔后保险公司可以在赔偿金额范围内向肇事第三方要求赔偿。因此，交通事故中如果是肇事方负全责，那么当事人向肇事方索赔既是法定义务，通常也为保险合同所载明，否则，失去当事人的协助，保险公司无法行使代位求偿权，将视被保险人主动放弃权利而拒赔。

其次是约定免赔情形。保险合同约定的免责条款往往会产生免赔后果，因此，签订保险合同时，保险公司对合同（尤其是免除保险人责任的条款）应当以书面或者口头形式向投保人作出明确说明；未作提示或者未明确说明的，该条款不产生效力。

常见的约定免赔情形有：① 保险事故与投保险种不对应。投保人应当明确保险合同的险种、保险事故的类型、保险公司承担的责任。如果发生的保险事故与所投保险种无关，那么保险公司免赔。② 驾驶人危险状态免责条款。大多数保险公司会将无证驾驶、非法证件驾驶、酒驾、毒驾，发生事故后逃逸，被保险机动车被盗抢期间肇事，被保险人故意制造道路交通事故，驾驶车型与准驾车型不符，驾驶操作不当等驾驶人处于危险状态下发生的事故列入免责条款。这也提醒我们关注自己的驾驶证、行驶证、车辆号牌或临时号牌是否合法、有效，依法小心驾驶，避免将自己置于危险状态下。③ 车辆性状变更免赔条款。由于车损险按照投保当时车的价值来计算保险费，如果被保险机动车被转让、改装、加装或改变使用性质且不及时通知保险公司，遭遇事故时保险公司将会拒赔。对于由以上改变使车辆危险程度显著增加导致的损失和费用，保险公司不负责赔偿。为了安全和避免赔偿，建议不要改变车辆原有性状。④ 未按期交纳保险费。及时交纳保险费是保险合同中投保人的主要义务。支付首期保险费后，投保人自保险公司催告之日起超过 30 日未支付当期保险费，或者超过约定的期限 60 日未支付当期保险费的，合同效力中止。⑤ 不符合保险理赔的流程。保险行业的通行标准是保险事故发生后，当事人需要在 48 小时内报案，否则，保险公司会直接拒赔。报案后，查勘员会现场查勘事故的真实性，然后投保人到定损点确定损失，修车时才能获得理赔。如果发生交通事故，则当事人需要向保险公司提供交警出具的道路交通事故认定书，否则，保险公司会因为资料不全，无法确定损失金额而拒绝赔偿。

四、酒驾、醉驾、代驾有哪些法律问题?

自《刑法修正案（八)》将醉酒驾驶机动车纳入刑事犯罪以来，全国依法严查狠打酒驾、醉驾成为常态，酒后拒绝驾驶在深入人心的同时，也推动了代驾服务的发展。下面来看一下由此产生的法律问题。

1. 酒驾和醉驾的标准是什么？如何防范酒驾或醉驾风险?

酒驾、醉驾的认定标准主要依据《车辆驾驶人员血液、呼气酒精含量阈值与检验》(GB 19522—2010)，饮酒后驾车认定标准为驾驶人每百毫升血液的酒精含量在20~80毫克的情况下驾驶机动车；醉酒后驾车的认定标准是驾驶人每百毫升血液的酒精含量≥80毫克的情况下驾驶机动车。

防范酒驾或醉驾风险，不仅要牢记“喝酒不开车，开车不喝酒”，而且要注意饮酒后的代谢时间。饮酒会导致视觉和触觉障碍、运动反射神经迟钝；易疲劳，会使判断能力和操作能力降低等，从而对驾驶车辆产生严重影响。即使在少量饮酒的状态下，交通事故的危险度也可达到未饮酒状态的2倍左右。由于酒精代谢时间较长，往往晚上喝酒后第二天体内的酒精含量依然较高。判断代谢是否完毕的通俗标准是：喝0.5千克白酒，在24小时后才能驾车；喝0.25千克白酒，在12小时后才能驾车。具体情况因人而异，对于一些代谢慢的驾驶员，即使饮酒24小时后也有可能被查出酒驾。

为了防范酒驾或醉驾风险，还要注意含有酒精的食物或药物，如醉蟹、豆腐乳、酒心巧克力、藿香正气水等。在食用或饮用这些食物或药物不久后开车上路，也容易被检测为酒驾，甚至醉驾。因此，驾驶车辆期间，除了不饮酒，还要谨慎饮食，注意入口物品是否含有酒精，避免食用或饮用含酒精的食物或药物。

2. 交警如何做酒驾、醉驾的检测?

公安机关交通管理部门对酒驾、醉驾进行检测的程序包括以下步骤：

步骤一：现场呼气酒精测试。交警对有酒后驾驶机动车嫌疑的人使用呼气式酒精检测仪进行呼气酒精测试，检验结果由交警记录，并由驾驶员签字。

步骤二：根据现场检测分别处理。交警检测后，确认驾驶员为酒后驾驶的，依照《道路交通安全违法行为处理程序规定》分别按照酒驾或醉驾的规定进行处理；检测结果确认驾驶员为正常驾驶的，应立即放行。

步骤三：特殊情况处理。这些特殊情况包括：驾驶员对检验结果有异议；驾驶员拒绝配合交警采用呼气酒精测试等方法测试；驾驶员饮酒后，驾驶车辆发生交通事故；经呼气式酒精检测仪检验，驾驶员涉嫌醉驾。对于这些特殊情况，交警会将驾驶员带至县级以上医院抽取两份血液样本，用作血液酒精含量检测。抽血后，醉酒的驾驶员会由交警带至办案区醒酒室约束至酒醒后依法处理。当事人对呼气酒精测试结果无异议的，应当签字确认。

步骤四：醉酒人的约束。对本人有危险或者对他人的人身、财产或者公共安全有威胁的，交警可以对其采取保护性措施约束至酒醒；对行为举止失控的醉酒人，可以使用约束带或警绳等进行约束，但不应使用手铐、脚镣等警械；在约束过程中，应当指定专人严加看护醉酒人；确认醉酒人酒醒后，应当立即解除约束，并进行询问；也可以通知其家属、亲友或者所属单位将其领回看管，必要时，应当送医院醒酒。

步骤五：血液鉴定。交警会在 3 日内将血液样本送至具备资格的检验鉴定机构进行血液酒精含量检验。检验鉴定机构出具检验报告后，当事人（驾驶员）对检验结果有异议的，可以在收到检验报告后 3 日内提出重新检验申请。经检验驾驶员涉嫌醉驾的，交通管理部门会以危险驾驶罪立案，按照《刑事诉讼法》和《公安机关办理刑事案件程序规定》办理。

3. 酒驾和醉驾要承担什么后果?

酒驾和醉驾都属于严重的交通违法行为，从危害程度来看，醉驾的危害性比酒驾的危害性更大，因此，醉驾的处罚比酒驾严厉得多。

根据《道路交通安全法》的规定，酒驾暂扣 6 个月机动车驾驶证，并处 1 000 元以上 2 000 元以下罚款。因酒驾被处罚后再次酒驾的，处 10 日以下拘留，并处 1 000 元以上 2 000 元以下罚款，吊销机动车驾驶证。饮酒后驾驶营运机动车的责任更重，处 15 日拘留，并处 5 000 元罚款，吊销机动车驾驶证，5 年内不得重新取得机动车驾驶证。

如果醉酒驾驶的是营运机动车，危险性增加，处罚也更为严厉，即除吊销驾照，10 年内不得重新取得机动车驾驶证外，终身不得驾驶营运机动车，经过判决后处以拘役，并处罚金。如果酒驾或醉驾造成重大交通事故，构成犯罪，那么除依法追究刑事责任外，交通管理部门还要吊销肇事者的机动车驾驶证，终身禁驾。

4. 代驾肇事应当由谁承担损害赔偿责任?

酒驾之治使“酒后拒驾，找代驾”的观念深入人心，但生活中代驾发生事故的情况也屡见不鲜。一般情况下，刑事责任或行政责任由代驾司机自行承担，但民事损害赔偿比较复杂。那么，代驾肇事应怎样确定损害赔偿责任呢?

（1）无偿代驾按帮工关系处理。无偿代驾通常发生在亲朋好友之间，代驾者属于为车主无偿提供劳务的帮工，代驾属于帮工活动，如果致使他人受到损害，车主应当承担赔偿责任。如果代驾者存在故意或者重大过失，那么受害人可以请求车主和代驾者承担连带责任；如果有证据证明车主明确拒绝代驾者帮工，那么车主不承担赔偿责任。

（2）有偿代驾按侵权责任处理。在车主付钱直接雇用代驾司机的情况下，如果发生交通事故，赔偿责任先由保险公司在交强险责任限额范围内进行承担，不足部分由代驾司机承担。如果通过拨打电话或网络平台找公司预约代驾，那么车主和代驾公司形成服务合同关系，若发生交通事故，同样先由保险公司承担交强险赔付义务；不同的是，不足部分的赔偿责任由代驾公司进行承担。在以上情形中，由于车主与驾驶员不是同一人，车主若没有过错，则不承担赔偿责任。

（3）酒店代驾按消费合同处理。一些酒店专门为顾客免费提供代驾服务，作为餐饮消费的延伸服务，它属于消费者与酒店之间消费服务合同的一部分。如果酒店提供的代驾司机发生交通事故，表明酒店没有尽到自己承诺的义务。当事故车辆没有参加交强险或保险赔付额度不够时，赔偿责任应当由酒店承担。车主若没有过错，则不承担赔偿责任。

5. 如何防范代驾的法律风险?

代驾可能存在法律风险，建议找代驾时，一定要注意以下问题：① 牢记“喝酒不开车，开车不喝酒”“打车赴宴最潇洒”，如果一定要开车前往，那么最好在喝酒前清醒的状态下安排好代驾事宜。② 尽量不要请亲戚、朋友无偿代劳，杜绝可能发生事故及承担赔偿责任的隐患。③ 保存好代驾的凭证。无论雇用个人代驾，还是通过电话、网络平台预约代驾，都要先确认代驾司机的个人信息，以免发生事故后查无此人。④ 谨防代驾司机套取车主个人信息进行诈骗。曾有代驾司机得知车主是明星、公务员等身份后，编造理由要求在小区附近结束代驾服务。等车主自行开车后，另一名同伙伺机制造交通事故，以酒驾或醉驾为由逼迫车主私下解决，并索要高额钱财。遇到这种情况时，当事人一定要坚决报警，避免事态向不可控的局面发展。

五、借车、租车、学开车有什么法律风险?

随着汽车的普及，借车、租车、到驾校学开车的人越来越多，也由于各种原因造成或大或小的事故。那么，借车、租车、学开车的法律风险有哪些？应该如何防范？

1. 如何防范借车的法律风险?

有了私家车以后，令人最头痛的事当属亲戚、朋友或同事来借车。除了可能出现用完车后不加油、车辆被剐蹭等情况，还可能发生交通事故。如果发生交通事故，肇事车辆的司机与车主不是同一人，事故责任属于肇事车一方责任的，由保险公司在交强险责任限额范围内予以赔偿，不足部分由肇事司机承担。虽然是“谁开车，谁负责”，但法律要求有过错的车主对损害承担相应的赔偿责任。具体来讲，借车存在以下法律风险：

（1）发生事故时，车主未购买车辆的交强险或保险刚过期。国家道路交通事故社会救助基金制度明确规定，未购买交强险的车辆发生交通事故，由车主在相当于交强险责任限额范围内按照伤情和实际损失先行赔偿。也就是说，即使是借用车辆，也应当先由车主在相当于交强险责任限额范围内承担责任。这既是对受害人的保护，更是对未尽到购买交强险责任车主的处罚。

（2）车主在明知借用人不能开车的情况下出借车辆。比如，借用人在没有机动车驾驶证的情况下开车时，无论是否发生事故，公安机关除了有权处罚无证驾驶人，还有权对车主进行罚款和吊销车主的驾驶证。但是，如果借用人未经车主同意擅自开车上路，那么由公安机关对无证驾驶人进行罚款和拘留；如果造成事故，那么由无证驾驶人承担赔偿责任。类似的情况还有借用人饮酒、服用国家管制类精神或麻醉药品、患有妨碍安全驾驶机动车的疾病等，依法不许驾驶机动车的，如果车主在知道或应当知道的情况下依然出借车辆，那么借用人发生交通事故时，车主须负连带责任。

（3）车主存在车辆保管不善的过错。借车人因无证驾驶造成交通事故，在没有能力进行赔偿的情况下，车主如果存在如随意放置车钥匙、未及时锁车等保管不善的过错，那么要承担连带赔偿责任，但车主可以向无证驾驶人追偿所受到的损失。

（4）车主借车时知道或应当知道机动车存在缺陷。基于诚实信用原则，如果车主借车时知道或应当知道机动车存在缺陷，该车发生交通事故造成损害，且缺陷是造成事故发生的原因之一的，车主应承担赔偿责任。

综合以上法律风险，需要注意以下几点：① 车主不仅要购买交强险，而且要及时购买，以防止因保险过期而产生不必要的麻烦。② 车主不要无证驾驶，也不要任性将车辆借给没有驾驶证、饮酒、服用国家管制类精神或麻醉药品、患有妨碍安全驾驶机动车的疾病等依法不许驾驶机动车的人。③ 关注对车辆的保管和保养。车主要及时保养车辆。小到管好车钥匙，大到定期检查车辆隐患，都要精心、尽心；否则，会因小疏忽而害人害己。

2. 如何防范个人承租车辆的法律风险？

租车已经成为人们日常生活中的重要组成部分，有人喜欢租车旅游，也有人因喜欢开不同的车而选择租车。首先要认清个人承租车辆的法律风险，并加以防范：① 谨慎选择租车公司。承租人应考虑租车公司是否有合法的经营许可、其提供的车辆是否属于营运性的车辆等，因为租用非营运车辆时，一旦发生事故，保险公司是不支持赔偿的。信誉好的租车公司还会提供紧急救援等服务，减少了承租人的很多麻烦。② 认真阅读租车条款。重点看租车公司对坏车处理故障细节的描述，是否有主张维修费、索要误工费和车辆折旧费等条款。承租人如果造成车辆损失，那么需要承担相应的责任，但租车公司不能无故增加免修范围和承租人的义务；如果租车时间较长，需特别关注租车公司购买的保险品种和额度，如果只有最低理赔额，建议不要选择或协商增加必要险种。③ 仔细验车。取车前，承租人一定要对所租赁的车辆进行全方位的检查，最好使用手机录制视频，查验车身、车底、车载工具是否完整齐备；打开仪表盘，查看车辆使用情况和机油等是否在正常位置；最好使用配备了行车记录仪等设备的车辆。建议通过试驾了解车辆情况，若有问题，及时与租车公司沟通或更换所租赁的车辆。④ 避免发生交通事故。如果发生交通事故，根据交通管理部门的责任认定，租车公司、承租人都要承担相应的赔偿责任。

3. 如何防范个人出租车辆的法律风险?

共享经济的出现，让人们有了将家中车辆交给网络平台或租赁公司获取利益的选择。由于个人出租车辆存在的法律风险较大，务必考虑以下建议：① 选择正规的租车公司签订正式的租车合同。特别注意要限制车辆的使用范围，尤其是私家车不能用于营运，避免出现租车公司或承租人非法营运导致的各种风险，如保险公司不予理赔、各方因赔偿问题扯皮等。② 审核承租人的个人信息。防止承租人使用虚假的证件与车主签订租车协议，实践中，有承租人利用已不存在企业的有效营业执照等进行租赁，此时，可以通过企业信息平台查询相关信息。③ 审核租赁合同并要求承租人采取提供预付押金等真实、有效的担保方式，防止承租人拖欠租赁款、损坏车辆、违章驾驶，或者利用车辆进行抵押、转卖、转租、犯罪等不法活动。④ 增强保险意识。在购买交强险的基础上，补充购买意外伤害险、车辆盗抢险等商业保险，或安装车辆防盗装置。防止租车期间发生车辆被盗，以及交通事故中承租人受到伤害或造成他人伤害的风险。⑤ 及时终止合同。承租人在租赁期间发生意外或租车合同到期后，应及时出具书面租赁合同终止书。因为租赁期间届满，承租人继续使用租赁物，出租人没有提出异议的，原租赁合同继续有效，租赁期限为不定期。因此，个人出租车辆一定要慎之又慎。

4. 学开车时发生交通事故，谁来承担责任?

《道路交通安全法实施条例》规定，在道路上学习机动车驾驶技能应当使用教练车，在教练员的随车指导下进行，与教学无关的人员不得乘坐教练车。学员在学习驾驶中有道路交通安全违法行为或者造成交通事故的，由教练员承担责任。因此，学员在驾驶过程中发生交通事故，应当由教练员承担责任。

这项规定重在提醒教练员应尽的义务。教练员对学员应当严格按照顺序进行教学，遵守交通管理部门指定的路线、时间；学员在道路上学习机动车驾驶技能时，应当使用教练车，教练员随车进行指导，排除无关人员的干扰。如果学员的违法行为或者造成交通事故是当事人故意所为，或者是当事人重大过失的结果，教练员已经尽到注意义务，或者采取了必要的制止措施，但仍没有避免违法行为或者事故的发生，则可以减轻或者免除教练员的责任。

5. 驾校学员在学习期间致第三方损伤，谁来赔偿?

驾校学员在正常的驾驶培训过程中发生交通事故致第三方损伤，一般情况下，学员不需要承担赔偿责任。如果交通事故造成的损失小，教练员可以自行承担。但如果交通事故造成的损失大，超出了教练员的能力范围，怎么办？对此，驾校学员和教练员都应有风险防范意识。

实践中发生此类事故时，除非学员存在违法行为或者重大过失、故意所为，一般由为教练车承保的保险公司在保险赔偿范围内予以赔偿，不足部分由教练员、驾校承担。因为通常驾校会考虑可能面临的风险，给学习车辆投保商业第三者责任险。考虑成本支出，一般驾校投保都是有限额的，当发生严重的交通事故时，商业保险获得的赔偿可能不足。另外，教练员与驾校之间多为挂靠关系，可能会签订《承包协议》与《安全责任书》，约定在驾校学员驾车发生意外时，驾校不承担责任，由教练员承担损失。

遇到上述情况，驾校学员可以在教练员无力承担的情况下，追加驾校为连带责任人。因为交通事故是教练员履行职务时发生的，驾校对于其雇用的教练员在从事职务行为时应当承担雇主责任，事后，驾校可以向有过错的教练员追偿。即使双方订立了内部协议，驾校也可以在赔偿后向教练员追偿，但不能用来对抗约定以外的当事人。

专题六 消费者权益保护

一、怎样行使消费者权利？

1. 哪些人能够行使消费者权利？

想要了解如何行使消费者权利，我们必须首先明确消费者权利的享有者仅限于消费者。消费者是以生活消费需要为目的，购买、使用商品或者接受服务的人。消费者购买、使用的商品或接受的服务均用于个人或家庭需要。需要注意的是，农民在购买、使用直接用于农业生产的生产资料时，虽然是为了农业生产，但参照《消费者权益保护法》，他们也享有消费者权利。农民购买直接用于农业生产的机械、农药、化肥、种子等生产资料时，虽然是基于农业生产的目的，但交易中农民同样会因欠缺经营者所具备的知识、信息等，成为与消费者一样的弱势群体。因此，农民无论是进行生活消费还是进行直接用于农业生产的交易，都能够被纳入消费者权益保护的范畴，享有消费者权利。

消费者的范围是否包括单位取决于地方立法。因为《消费者权益保护法》对此并未作出明确的规定，但广东、浙江、新疆、重庆等省、自治区、直辖市的地方立法均明确规定，消费者既包括自然人，也包括单位。比如，《浙江省实施〈中华人民共和国消费者权益保护法〉办法》第 2 条第 2 款规定："消费者为生活消费需要购买、使用商品或者接受服务，其权益受《中华人民共和国消费者权益保护法》和本办法等法律、法规的保护。单位为职工生活需要购买商品或者服务的，依照本办法规定执行。"目前，全国除四川省明确规定消费者仅指自然人外，其他省份的相关地方立法中均未将单位排除在消费者范围之外。这意味着，如果单位为员工购买了生活用商品或服务，那么作为购买者的单位和作为使用者的员工都可以依据《消费者权益保护法》进行维权，毕竟购买者的单据是主张权利的重要证据。

获得商品或服务的交易为有偿交易。《消费者权益保护法》保护的是消费者或农民与经营者之间的双向义务关系，因此，消费者权利的实现与经营者义务的履行密切相关。如果消费者或农民所获得的商品、服务或农业生产资料是完全免费的、无偿赠与的行为，那么这种单项义务行为就不属于《消费者权益保护法》的调整范围，消费者或农民可以寻求民法保护。

享有消费者权利并不仅限于有偿交易成立后。无论消费者或农民与经营者之间的交易是否成立，都不会影响某些消费者权利的享有和行使，如保障安全权、自主选择权等。

消费者权利的享有者既包括购买者本人，也包括购买者以外的其他使用者。

2. 逛商场不消费能享受消费者权利吗?

很多人逛商场不一定会购物，那么不消费还能享受消费者权利吗？实际上，逛商场不消费，同样能享受消费者人身、财产安全不受侵害的权利。保障安全权作为消费者最重要、最基本的权利，必须依靠经营者的相应法定义务来落实。因此，经营者无论是在生产、销售等前消费环节，还是在交易完成后商品或服务的使用环节，都负有保证其所提供的商品或者服务符合保障人身、财产安全要求的义务；如果商品或服务存在使用风险，经营者还必须通过真实的说明和明确的警示，标明正确使用商品或者接受服务的方法以及防止危害发生的方法。特别是宾馆、商场、餐馆等公共场所的经营者，对可能进入本场所的公众都应当尽到安全保障义务。比如，在发生的电梯“吃人”事件中，并不以受害人是否进行了消费为追责前提，而是直接追究商场未尽到安全保障义务的法律责任。

消费者逛商场时虽然不消费，但也能享受受尊重权、知情权和自主选择权。这意味着消费者有权在购买、使用商品和接受服务时，享有其人格尊严、民族风俗习惯得到尊重的权利，同时有权结合商品或服务的信息，根据自身意愿，自主选择商品品种、服务方式；有权自主决定购买或者不购买任何一种商品；有权接受或者不接受任何一项服务。为保证人们比较、鉴别和挑选的自由，经营者应当提供与商品、服务相关的，真实、全面的信息；不得虚假宣传进行误导；不得违背购买者的意愿搭售商品或提出其他不合理的条件；不得进行欺骗性的有奖销售或以有奖销售为手段推销质次、价高的商品；不得进行奖金超过 5 000 元的有奖销售等，而诱使消费者作出错误或不理智的判断。

3. 超市搜身侵犯了消费者的哪些权利?

无论超市等经营者出于什么原因，搜查消费者的身体及其携带的物品，或因此对消费者进行侮辱、诽谤都是违法的。消费者作为自然人，不仅享有《宪法》赋予公民受国家尊重和保障的人格尊严和人身自由的权利，而且享有《民法典》所保护的人格权，还享有《消费者权益保护法》赋予消费者在购买、使用商品和接受服务时的受尊重权。因此，遭遇超市搜身的消费者有权要求超市经营者承担赔礼道歉、消除影响、恢复名誉等侵权责任，并要求赔偿物质损失和相应的精神损害赔偿。

假如消费者离开超市时，电子安检门警报响了，超市保安是否有权搜身呢？消费者因在交易中的弱势地位受到法律的特别保护，也并不意味着经营者的合法权益因此受损。超市可以选择与消费者沟通了解情况，双方确有分歧，需要确定消费者是否有盗窃行为的，可以报警，请公安机关的民警持相关证件来处理消费者的违法行为。

需要注意的是，有的消费者为了自证清白，愿意配合超市保安搜身，那么事后能否要求超市经营者承担相应责任呢？答案是肯定的。只要经营者有侮辱、诽谤、搜查身体、侵犯人身自由等侵害消费者或者其他受害人人身权益的行为，受害人无论是否主动配合，都可以要求精神损害赔偿，除非受害人事后也主动放弃追究经营者的责任。

4. 消费者如何行使知情权？

在交易关系中，消费者处于弱势地位的一个重要因素，是消费者与经营者之间对商品或服务信息掌握程度的失衡。因此，法律规定，经营者应当向消费者主动履行告知义务，同时赋予消费者知情权，支持消费者向经营者询问或要求其提供真实、全面的信息。真实意味着经营者所提供的信息不得虚假或者引人误解；全面并不要求经营者提供商品或服务的全部信息，重点是提供可能影响消费者保障安全权、自主选择权的重要信息。

只有正确行使知情权，才能最大限度地保障自主选择权的实现。因此，消费者还必须发挥自身的主观能动性，杜绝“占便宜”“天上掉馅饼”“有病乱投医”等不良心理，学会辨别夸大失实、语言模糊、令人误解的，通过诽谤、诋毁竞争对手的产品来宣传自己产品的虚假广告和信息，避免上当受骗。

消费者行使知情权，至少应当主动关注和确认以下信息：① 商品或服务的基本信息，如名称、商标、产地、生产经营者的名称等。其中，产地和生产经营者的名称与维权索赔密切相关，因此，需要特别关注。② 商品或服务的性状信息，包括商品的用途、性能、规格、等级、所含成分、有效期限、使用说明、检验证书等；特别是对于有使用风险的商品，消费者可以通过销售人员当面演示、索取说明书或操作试用等方式进行了解，以避免在使用中出现危险。③ 售后信息，包括售后服务的电话、方式、价格等，以更好地实现商品或服务的使用价值。

5. 怎样行使消费者损害求偿权？

在消费者的维权“法宝”中，损害求偿权非常重要，消费者无论是受到人身伤害，还是发生财产损失，都可以依法向经营者要求赔偿。享有损害求偿权的人包括商品的购买者、使用者，服务的接受者，第三人。假设王某在商场花 99 元购买了一个暖水瓶，王某的妻子于某和邻居李某在正常使用中，该暖水瓶发生爆炸，于某和李某都被炸伤，且房屋多处受损，那么，王某作为购买者，于某作为使用者，邻居李某作为在事故发生现场而受到损害的第三人，都可以在各自的损失范围内，向销售者（商场）或生产者（暖水瓶厂家）行使损害求偿权。

损害求偿权包括以下内容：

（1）生命健康损害赔偿。具体包括受害人的医疗费、护理费、交通费等为治疗和康复支出的合理费用，以及因误工减少的收入；造成残疾的，还应当赔偿残疾生活辅助具费和残疾赔偿金；造成死亡的，还应当赔偿丧葬费和死亡赔偿金。

（2）精神损害赔偿。经营者有侮辱、诽谤、搜查身体、侵犯人身自由等侵害消费者或者其他受害人人身权益的行为，造成严重精神损害的，受害人可以要求精神损害赔偿。在真实判例中，也有因伤遭受毁容等重伤的受害人，由于所承受的巨大精神压力和痛苦而获得精神损害赔偿。

（3）财产损失赔偿。这主要是指直接损失及可得利益的间接损失，经营者应当依照法律规定或者当事人的约定，向消费者承担修理、重作、更换、退货、补足商品数量、退还货款和服务费用或者赔偿损失等民事责任。经营者如果收了预付款，但没有履行约定，应当按照消费者的要求履行约定或者退回预付款，并承担预付款的利息、消费者必须支付的合理费用。

（4）惩罚性赔偿。上述三种赔偿都以实际损失为标准进行计算，在惩罚性赔偿规则下，消费者可以要求有欺诈等行为的经营者增加超出实际损害的赔偿。

二、惩罚性赔偿如何适用？

1. 什么是惩罚性赔偿？

惩罚性赔偿是指经营者提供商品或服务存在欺诈等情形时，消费者可以依法要求超出损失部分的额外赔偿，从而起到惩罚、遏制违法经营者的作用，督促经营者规范其行为。依据不同情形，消费者可以选择适用不同法律。

《民法典》侵权责任编中确立了惩罚性赔偿制度，规定：“明知产品存在缺陷仍然生产、销售，或者没有依据前条规定采取有效补救措施，造成他人死亡或者健康严重损害的，被侵权人有权请求相应的惩罚性赔偿。”《消费者权益保护法》针对包括产品责任在内的经营者欺诈行为，将过去的“退一赔一”改为“退一赔三”。《中华人民共和国食品安全法》（简称《食品安全法》）将不符合食品安全标准的惩罚性赔偿标准定为“退一赔十”。此外，最高人民法院通过司法解释，针对商品房买卖合同纠纷和缺陷医疗产品纠纷设置了双倍惩罚性赔偿制度。

2. “退一赔三”和“退一赔十”适用的情形有什么区别？

“退一赔三”和“退一赔十”是对有欺诈行为的经营者，适用惩罚性赔偿规则计算获赔金额的简称，“退”的是消费者已经为商品或服务支付的价格，“赔”的是消费者要求增加赔偿金额的计算标准。二者的区别主要在于适用的范围、主体和情形不同。“退一赔三”适用于整个消费领域的消费者，针对经营者存在“商业欺诈”的情形；“退一赔十”仅适用于食品领域的消费者，针对食品生产经营者存在不符合食品安全标准的情形。

此外，二者适用的法律和增赔的金额不同。“退一赔三”源于《消费者权益保护法》第55条第1款的规定：“经营者提供商品或者服务有欺诈行为的，应当按照消费者的要求增加赔偿其受到的损失，增加赔偿的金额为消费者购买商品的价款或者接受服务的费用的三倍；增加赔偿的金额不足五百元的，为五百元。法律另有规定的，依照其规定。”比如，在上面的案例中，假设王某购买的暖水瓶并未发生爆炸，但能够证明经营者生产或销售暖水瓶有欺诈行为，如该暖水瓶没有合格证等，在这种情形下，王某除了可以要求经营者退还购买暖水瓶的99元外，还可以额外要求增加暖水瓶价款3倍的赔偿。由于法律规定增加赔偿的金额不足500元的，为500元，因此，王某能够索赔500元。

“退一赔十”源于《食品安全法》第148条第2款的规定：“生产不符合食品安全标准的食品或者经营明知是不符合食品安全标准的食品，消费者除要求赔偿损失外，还可以向生产者或者经营者要求支付价款十倍或者损失三倍的赔偿金；增加赔偿的金额不足一千元的，为一千元。但是，食品的标签、说明书存在不影响食品安全且不会对消费者造成误导的瑕疵的除外。”在上面的案例中，假设王某购买的不是暖水瓶，而是99元的烤鸭，他在食用时发现烤鸭存在不符合食品安全标准或者经营者制作烤鸭时使用了不符合食品安全标准的添加剂等，在这种情形下，王某除要求退还购买烤鸭的99元，以及治疗由此导致的腹泻的医疗费用等实际损失外，还可以向生产者或经营者要求支付价款10倍或者损失3倍的惩罚性赔偿；假如增加赔偿的金额不足1 000元，王某可以额外索赔1 000元。需要说明的是，假如食品的标签、说明书存在不影响食品安全且不会对消费者造成误导的瑕疵，以上的10倍索赔就无法成立。

两种惩罚性赔偿的规则容易混淆，比如，经营者对所销售的食品进行虚假宣传，或者采取以次充好等手段欺骗消费者等，在这种情况下，究竟是适用“退一赔三”还是“退一赔十”呢？这时只需要区分以下内容：① 食品不符合安全标准，适用《食品安全法》的“退一赔十”；② 食品符合安全标准，适用《消费者权益保护法》的欺诈条款，由生产者或者销售者承担3倍的惩罚性赔偿责任，如对保健食品进行虚假宣传，假冒他人品牌、厂名或厂址的食品等。

3. 双倍惩罚性赔偿适用于哪些情形？

双倍惩罚性赔偿主要适用于缺陷商品、服务和医疗产品导致消费者或受害者死亡或者健康严重损害的情形，以及商品房买卖合同纠纷。

（1）双倍惩罚性赔偿适用于缺陷商品和服务纠纷。即经营者明知商品或服务存在缺陷，仍然向消费者提供，造成消费者或者其他受害人死亡或者健康严重损害的情形。比如，在上面的案例中，王某购买的暖水瓶在正常使用时发生爆炸，如果能证明经营者（商场或生产厂家）明知暖水瓶存在缺陷，仍然进行销售，造成了死亡或者健康严重损害的后果，那么王某、于某和邻居李某就有权在要求获得生命健康损害赔偿、财产损失赔偿和精神损害赔偿的基础上，再索赔所受损失2倍以下的惩罚性赔偿。

（2）双倍惩罚性赔偿适用于缺陷医疗产品纠纷。《最高人民法院关于审理医疗损害责任纠纷案件适用法律若干问题的解释》明确规定，医疗产品的生产者，明知医疗产品存在缺陷仍然生产；或者医疗产品的销售者，明知医疗产品存在缺陷仍然销售的，造成患者死亡或者健康严重损害，患者请求生产者或者销售者赔偿损失及所受损失2倍以下的惩罚性赔偿的，人民法院应予支持。

（3）双倍惩罚性赔偿适用于商品房买卖合同纠纷。《最高人民法院关于审理商品房买卖合同纠纷案件适用法律若干问题的解释》规定，因经营者恶意违约，无法取得房屋的买受人可以请求解除合同、返还已付购房款及利息、赔偿损失，并且可以请求出卖人承担不超过已付购房款1倍的赔偿。经营者恶意违约的情形包括：商品房买卖合同订立后，出卖人未告知买受人又将该房屋抵押给第三人；商品房买卖合同订立后，出卖人又将该房屋出卖给第三人。故意隐瞒没有取得商品房预售许可证明的事实或者提供虚假商品房预售许可证明；故意隐瞒所售房屋已经抵押的事实；故意隐瞒所售房屋已经出卖给第三人或者为拆迁补偿安置房屋的事实。需要注意的是，该规则仅适用于商品房买卖合同纠纷，不适用于集资房、房改房、二手房的买卖纠纷。

4. “知假买假”能索要惩罚性赔偿吗？

1994年《消费者权益保护法》施行后，“退一赔一”的惩罚性赔偿衍生出职业打假人，他们所代表的民间力量被消费者视为“打假英雄”，不同人民法院的判例大相径庭，这也引发了“知假买假”能否获得惩罚性赔偿的激烈讨论。“知假买假”从客观上制约了假冒伪劣商品的流通，倒逼经营者注重商品质量，从而助力普通消费者减小买到各类假货、“山寨货”的概率，使消费者对“知假买假”的态度变得宽容。

自2014年3月15日起施行的《最高人民法院关于审理食品药品纠纷案件适用法律若干问题的规定》进一步明确：因食品、药品质量问题发生纠纷，购买者向生产者、销售者主张权利，生产者、销售者以购买者明知食品、药品存在质量问题而仍然购买为由进行抗辩的，人民法院不予支持。此举在食品、药品领域把重典治乱落到实处，支持“知假买假”，通过加大经营者违法成本遏制欺诈乱象。

一些职业打假人通过大规模采购有瑕疵的商品，对经营者进行要挟甚至敲诈的乱象受到市场监督管理部门的重视。自2020年1月1日起施行的《市场监督管理投诉举报处理暂行办法》对以“打假”等名义实施恶意投诉的行为进行了规制，其明确规定“不是为生活消费需要购买、使用商品或者接受服务，或者不能证明与被投诉人之间存在消费者权益争议”而发起的投诉，市场监督管理部门不予受理。

5. 如何认定经营者的欺诈行为？

一般情况下，消费者要求惩罚性赔偿的重要条件是经营者提供商品或服务时有欺诈行为。根据《消费者权益保护法》《侵害消费者权益行为处罚办法》等相关规定，经营者的行为是否构成欺诈可以结合以下因素进行判断。

首先，经营者在提供商品或服务时的行为有以下情形，可以认定为欺诈行为：① 在销售的商品中掺杂、掺假，以假充真、以次充好、以不合格商品冒充合格商品；② 销售国家明令淘汰并停止销售的商品；③ 提供的商品或服务中故意使用不合格的计量器具或者破坏计量器具的准确度；④ 骗取消费者价款或者费用而不提供或者不按照约定提供商品或服务；⑤ 从事服务业的经营者，从事为消费者提供修理、加工、安装、装饰装修等服务的经营者谎报用工用料，故意损坏、偷换零部件或材料，使用不符合国家质量标准或者与约定不相符的零部件或材料，更换不需要更换的零部件，或者偷工减料、加收费用，损害消费者权益；⑥ 从事房屋租赁、家政服务等中介服务的经营者提供虚假信息或者采取欺骗、恶意串通等手段损害消费者权益。

其次，经营者向消费者提供有关商品或服务的信息存在虚假或者引人误解的宣传，可以认定为欺诈行为。其具体包括：① 不以真实名称和标记提供商品或服务；② 以虚假或者引人误解的商品说明、商品标准、实物样品等方式销售商品或提供服务；③ 做虚假或者引人误解的现场说明和演示；④ 采用虚构交易、虚标成交量、虚假评论或者雇用他人等方式进行欺骗性销售诱导；⑤ 以虚假的“清仓价”“甩卖价”“最低价”“优惠价”或者其他欺骗性价格表示销售商品或者提供服务；⑥ 以虚假的“有奖销售”“还本销售”“体验销售”等方式销售商品或提供服务；⑦ 谎称正品来销售“处理品”“残次品”“等外品”等商品；⑧ 夸大或隐瞒所提供的商品或者服务的数量、质量、性能等与消费者有重大利害关系的信息误导消费者；⑨ 以其他虚假或者引人误解的宣传方式误导消费者。需要注意的是，对于经营者的欺诈宣传行为，即使消费者没有损失或者损害发生，只要经营者的行为足以误导消费者，就可以被认定为欺诈。

最后，结合经营者的行为和主观态度来判断其行为是否构成欺诈。如果有以下行为，经营者不能证明自己确非欺骗、误导消费者而实施此种行为的，应当承担欺诈消费者行为的法律责任：① 销售的商品或者提供的服务不符合保障人身、财产安全的要求；② 销售失效、变质的商品；③ 销售伪造产地，伪造或者冒用他人的厂名、厂址，篡改生产日期的商品；④ 销售伪造或者冒用认证标志等质量标志的商品；⑤ 销售的商品或者提供的服务侵犯了他人注册商标专用权；⑥ 销售伪造或者冒用知名商品特有的名称、包装、装潢的商品。

三、网络消费应注意哪些法律问题?

1. 电子商务平台承担哪些义务和责任?

从表面上看，活跃在网络中的消费行为是独立进行交易活动的，实际上，它们都离不开各电子商务平台所提供的网页空间、虚拟经营场所、交易规则、信息发布等服务。《消费者权益保护法》《中华人民共和国电子商务法》(简称《电子商务法》) 等法律、法规明确了电子商务平台所负的义务和责任。

(1) 审核登记义务。电子商务平台经营者应当要求申请进入平台销售商品或者提供服务的经营者提交其身份、地址、联系方式、行政许可等真实信息，进行核验、登记，建立登记档案，并定期核验更新。电子商务平台经营者在其平台上开展自营业务的，应当以显著方式区分标记自营业务和平台内经营者开展的业务，不得误导消费者。对关系消费者生命健康的商品或服务，电子商务平台经营者对平台内经营者的资质未尽到审核义务，或者对消费者未尽到安全保障义务，造成消费者损害的，依法承担相应的责任。

(2) 协查义务。电子商务平台经营者应当积极协助工商行政管理部门查处网上违法经营行为，提供在其平台上涉嫌违法经营的经营者的登记信息、交易数据等资料，不得隐瞒真实情况；为网络商品交易提供网络接入、支付结算、物流、快递等服务的有关服务经营者，应当积极协助工商行政管理部门查处网络商品交易相关违法行为，提供涉嫌违法经营的网络商品经营者的登记信息、联系方式、地址等相关数据资料，不得隐瞒其真实情况。

(3) 承担自营业务民事责任。电子商务平台经营者对其标记为自营的业务，依法承担商品销售者或者服务提供者的民事责任。

(4) 赔偿责任。消费者通过电子商务平台购买商品或接受服务，其合法权益受到损害的，可以向销售者或服务提供者要求赔偿。电子商务平台经营者不能提供销售者或服务提供者的真实名称、地址和有效联系方式的，消费者也可以向电子商务平台提供者要求赔偿；电子商务平台经营者作出更有利于消费者的承诺的，应当履行承诺。电子商务平台经营者赔偿后，有权向销售者或服务提供者追偿。电子商务平台经营者明知或应知销售者或服务提供者利用其平台侵害消费者合法权益，未采取必要措施的，依法与该销售者或服务提供者承担连带责任。

2. 网络消费后悔了怎么办?

在人们的生活中，以网络、电视、电话、邮购等方式销售商品或提供服务的情形越来越多。为此，《消费者权益保护法》规定了“消费者有权自收到商品之日起七日内退货”条款，赋予消费者后悔权，作为保障知情权、自主选择权的延伸，对由于容易陷入冲动、不知情、判断错误等，错选了不需要的商品或服务的消费者进行救济。对于这项权利，只要符合法定条件，无须说明理由，消费者就能够单方行使。

消费者行使后悔权时，需要注意以下几个方面：① 消费者有权自收到商品之日起 7 日内无理由退货，网络商品经营者应当自收到退回商品之日起 7 日内，返还消费者支付的商品价款。② 消费者退回的商品应当完好，退回商品的运费由消费者承担；经营者和消费者另有约定的，按照约定。③ 消费者定做的商品、鲜活易腐商品、计算机软件等数字化商品、在线下载或消费者拆封的音像制品、交付的报纸和期刊等，根据商品性质并经消费者在购买时确认不宜退货的商品，不适用无理由退货。

3. 网络消费中货物损毁、灭失怎么办？

在网络购物过程中经常出现快递公司将货物损毁、灭失的问题，那么究竟由谁来承担责任呢？

（1）法定情形。货物交付之前由出卖人承担，交付之后由买受人承担。在卖家与买家之间没有另外约定的情况下，货物在快递过程中毁损、灭失的风险是否由卖家转移到买家，取决于快递公司是否已经将货物交付给买家。网络消费中，交易双方约定的交付地点为快递单上写明的收货地址。因此，卖家承担货物损毁、灭失的风险和责任，并不止于将货物交给快递公司时，而是要一直延续到货物被送交收货地的买家。

（2）约定情形。一般以电商平台规定为准。网上购物的消费者务必认真阅读电商平台规定，因为关于货物的风险转移问题，当事人有约定的以约定为准。比如，淘宝网规定：除非法律规定或者交易双方另有约定，货物毁损、灭失的风险，在货物交付（收货人签收）之前由发货人承担，交付（收货人签收）之后由收货人承担；在承运人责任导致货物毁损、灭失的情况下，发货人向承运人追偿不影响交易纠纷的处理，发货人应承担相应损失。京东网上购物商城规定：商品毁损、灭失等的风险自收货人签收商品后由卖家转移给收货人。在这两种情形下，货物运输途中商品的损毁、灭失风险由卖家承担责任。

亚马逊网上购物平台规定：客户自亚马逊网上购物平台购买商品的货物所有权与风险自货物离开配送中心后转移给客户。在这种情形下，货物运输途中商品的损毁、灭失风险由买家承担责任。

明确风险承担者后可以确定，由不可抗力、货物本身的自然性质或合理损耗，以及托运人（卖家）的过错导致的货物损毁、灭失，由卖家承担重新发货、退还价款等责任。如果有证据证明运输过程中，由快递公司的过错导致货物的毁损、灭失，由快递公司赔偿卖家的损失。快递行业实行保价制度，卖家可以依据保价的金额要求快递公司赔偿，或按照货物的实际价值请求赔偿。如果快递公司投保了相关的保险，最终将由保险公司在保险额度范围内进行赔偿。

4. “网络刷单”是否要承担法律责任?

入驻电商平台的店家，为了形成本店及其商品较好的客户评价或网络搜索排名等有利形象，人为地增加虚构销量或不购物却增加好评的行为称为“网络刷单”。这种行为既破坏了市场经济的正常交易规则，又损害了消费者的正当权益，“网络刷单”人要承担相应的法律责任。

（1）民事责任。“网络刷单”行为足以误导消费者，从而使消费者的合法权益受到损害的，可以认定为《消费者权益保护法》中规定的欺诈行为，消费者可以向网络卖家或者网络交易平台提供者主张“退一赔三”的惩罚性赔偿，其中，网络卖家和“网络刷单”人承担共同侵权责任。

（2）行政责任。网络卖家的“网络刷单”行为以虚构的销量和好评信息误导消费者的，根据《反不正当竞争法》的规定，对实施“网络刷单”行为的网络卖家及“网络刷单”人，应当责令其停止违法行为，消除影响，可以根据情节处以1万元以上20万元以下的罚款。或根据《消费者权益保护法》的规定，由工商行政管理部门对实施“网络刷单”行为的网络卖家进行处罚，具体包括：可以根据情节单处或者并处警告，没收违法所得、处以违法所得1倍以上10倍以下的罚款，没有违法所得的，处以50万元以下的罚款；情节严重的，责令停业整顿、吊销营业执照。

（3）刑事责任。2017年，全国首例因组织“刷单炒信”而获刑的案件宣判，意味着“网络刷单”情节严重的，构成非法经营罪，“网络刷单”组织者将面临5年以上有期徒刑，并处违法所得1倍以上5倍以下罚金或者没收财产等法律责任。

5. 网络代购的消费者应当注意哪些问题?

网络代购的背后暗藏诸多风险，消费者应尽量选择正规电商平台进行交易。如今流行的微信朋友圈代购主要是个人行为，多采用微信转账等私下交易，如果消费者对卖家不了解，则最好不要购买，以避免遭遇假冒伪劣产品或因缺乏监管等情形无法维权。

根据《电子商务法》的规定，所谓正规电商平台，需要具备采购国和中国双方的营业执照，有完善的退换货流程服务和投诉解决的畅通渠道，其正规性对消费者而言，最重要的是出现争议时便于维权。即使消费者愿意通过朋友等选择个人代购，如果其在正规电商平台上有备案登记或注册，消费者也要确认代购者是否具备相应资质、是否为可信任的正规网店。消费者可以通过正规电商平台，查询确认代购者留存的准确的店铺名称、经营者名称、住所地及联系方式，从而避免发生争议时无法行使消费者权利。

非正规电商平台的交易者不具备代购资质，后期会加大消费者维权的难度，还有可能涉嫌走私、逃税等违法行为。所以，喜欢代购的消费者需要提前明确货源入关税费，避免涉嫌逃税。消费者可以参考《海关总署关于调整进出境个人邮递物品管理措施有关事宜的公告》

等规定，具备识别网络代购商品是否通过合法途径进入国内的基本常识，避免被不良代购者蒙骗。如果消费者个人购买量大，超过了海关总署规定的数额，代购者走私或入关手续导致偷逃国家税金，消费者会面临行政处罚，甚至刑事犯罪等法律风险。所以，消费者选择代购时，务必选择正规电商平台。

即使正规电商平台能够给消费者提供畅通的维权渠道，也并不意味着消费者可以高枕无忧，因此，寻求网络代购的消费者应当做好充分的维权准备，以防万一：① 尽量保存委托购买过程中的交易记录，如聊天记录，以及付款凭证等证据，证明代购者与消费者之间所建立的消费关系，一旦出现争议，消费者无论选择协商、投诉、仲裁或诉讼等解决途径，都需要这些证据；要使用电商平台提供的聊天系统进行沟通，这既可以保证购物过程中的完整记录，也可以有效提示和拦截站外钓鱼网站。② 为防止商品质量出现问题，消费者应要求代购者提供相关购买凭证以及商家的联系方式，并保留邮寄凭证，以备查询。③ 消费者代购时最好选择第三方担保支付，在收到商品并查验之后再确认支付。④ 签收代购商品前，消费者要仔细检查商品，这样可以尽早确认商品是否存在瑕疵，并可以商品存在瑕疵为由拒绝签收，要求代购者退款。同时，快递员也可以为商品存在瑕疵提供佐证。为此，消费者应当与代购者确认签收前检查代购商品的权利，不要选择他人代为签收，或选择寄放点签收。如果快递员不同意消费者检查商品，那么消费者可以直接拒绝签收。⑤ 出现代购争议时，消费者可以通过电商平台或快递单上的信息与代购者取得联系，进行协商；协商未果的，可以在电商平台投诉进行处理；还可以向当地消费者协会或监管部门投诉处理。如果通过以上方式均不能处理，消费者可以通过仲裁或诉讼等司法途径解决。如果电商平台不能向消费者提供代购者的真实名称、地址和有效联系方式，那么消费者也可以向电商平台要求赔偿。⑥ 对于代购商品出现的任何问题，一定要通过官方渠道核实。消费者不要随意点击陌生链接和下载非官方购物平台提供的 App。最重要的是，自己的个人信息不要随便泄露给陌生人，自己收到的验证码是自己财产资金的最后一道防线，一定不要轻易透露。

四、消费者维权之路可以与谁同行？

1. 保护消费者权益有哪些生力军？

保护消费者权益如同没有硝烟的战场，消费者并非孤军奋战，战斗力量主要来自以下生力军：

一是消费者及其组织的自我保护。这是消费者保护的原始主力。消费者虽然很关注个体权利的实现，但力量不易凝聚，也难以与经营者的强势地位相抗衡，有必要将消费者集结为社团力量。因此，我国依法成立了以中国消费者协会为代表的消费者组织，它作为不以营利为目的的社会团体，通过对商品或服务进行社会监督等方式保护消费者的合法权益。

二是国家对消费者权益的保护。在现代市场经济社会中，国家干预已成为保护消费者权利的重要手段。由于生产者、经营者与消费者之间实力悬殊，消费者经常处于弱势地位，长此以往，不仅难以保障消费者的合法权益，整个经济环节也会因不健康的消费断链而崩溃。因此，国家必须采取强制措施，以保护消费者的权益和保障消费环节的健康发展。

国家保护消费者权益的方式包括立法保护、行政保护和司法保护三个层面。国家通过立法机关制定、颁布、修改、废止相关的法律、法规，建立消费者保护法律体系。同时，国家行政机关通过规范市场消费环境等的行政执法和监督，搭建保护消费者合法权益的法律执行框架，其中，工商行政管理机关是中国政府中主管市场监管和行政执法的职能部门，也是《消费者权益保护法》的主要行政执法机关。司法机关通过审判活动对消费者提供司法保护，消费者既可以通过向人民法院起诉保护自己的权益，也可以通过具有准司法性质的仲裁程序保护自己的权益；当经营者严重侵犯消费者权益，触犯刑律时，司法机关可追究其刑事责任。

三是经营者的保护。经营者和消费者是矛盾统一体中的两个方面，经营者要从消费者身上实现利润，必须赢得消费者的认可。明智的经营者通过行业协会有组织地、主动地加强自律，排斥不良经营行为，支持、参与消费者权益保护活动，这在客观上对保护消费者权益起到了积极作用。

四是社会舆论力量。以大众传播媒介为代表的社会舆论力量，以其公开、广泛传播和影响舆论等鲜明特点，能够对损害消费者合法权益的行为起到很好的舆论监督作用。

2. 中国消费者协会有哪些职责？

中国消费者协会以其卓越的消费维权工作，成为消费者心目中的“娘家”，所设立的分支机构遍布全国 31 个省、自治区、直辖市和 3 000 多个县。无论是在城市街道，还是在农村乡镇，我们都能看到消费者协会分会。村委会、居委会、行业管理部门、高等院校、厂矿企业中设立的监督站、联络站等各类基层网络组织众多。

这些组织机构只为履行法律赋予中国消费者协会的公益性职责。这些职责具体包括：① 向消费者提供消费信息和咨询服务，提高消费者维护自身合法权益的能力，引导文明、健康、节约资源和保护环境的消费方式。② 参与制定有关消费者权益的法律、法规、规章和强制性标准。③ 参与有关行政部门对商品或服务的监督、检查。④ 就有关消费者合法权益的问题，向有关部门反映、查询，提出建议。⑤ 受理消费者的投诉，并对投诉事项进行调查、调解；除了人们熟悉的“12315”投诉热线，中国消费者协会还建立了方便、快捷的网络维权站点，中国消费者协会投诉和解监督平台提供了“与经营者协商和解”的途径，兼有听取、征求、分析消费者对商品和服务质量的意见与建议的责任，发挥了社会监督作用。⑥ 投诉事项涉及商品或服务质量问题的，可以委托具备资格的鉴定人鉴定，鉴定人应当告知鉴定意见。⑦ 就损害消费者合法权益的行为，支持受损害的消费者提起诉讼。

⑧ 对损害消费者合法权益的行为，通过大众传播媒介予以揭露、批评。每年中国消费者协会都会携手中央电视台举办“3·15”晚会，用真相直击侵犯消费者权益的行为、商贩、企业，及时普及新制定或新完善的法律、法规，让消费者学会使用法律武器来维护自身权益。

中国消费者协会应当认真履行以上职责，听取消费者的意见和建议，接受社会监督，引导广大消费者合理、科学地消费，促进社会主义市场经济健康发展。

3. 国家如何为消费者提供行政保护?

在国家保护消费者权益的队伍中，最庞大、覆盖范围最广的莫过于各级人民政府行政部门。各级工商行政管理部门、技术监督部门、卫生监督部门、物价管理监督部门、进出口商品检验部门和其他有关行政部门依法在各自的职责范围内，采取措施，保护消费者的合法权益。

工商行政管理部门是保护消费者权益的主要职能部门，作为管理市场秩序的综合性行政执法部门，涉及各种市场主体、不同层次的市场、几乎各类交易行为。其管理职能与消费者的权益关系最为广泛、密切。工商系统遍及城乡的执法机构和执法队伍为方便消费者申诉、迅速处理权益之争、打击违法行为提供了条件。

为打通政府各行政部门的维权“瓶颈”，原工商、质监、食品药品、物价、知识产权、“双打办”等投诉举报电话平台统一整合到了全国“12315”平台。消费者在商标、广告、合同管理、制售假冒伪劣商品、市场交易竞争等方面遇到纠纷和争议时，可以通过向经营者上级主管部门或国家有关管理部门申诉、投诉等方式寻求行政保护。

4. 经营者是否有保护消费者个人信息的义务?

现在个人信息被泄露或被非法买卖的现象越来越多，各种骚扰电话和短信严重干扰了消费者的正常生活。我国法律、法规对消费者个人信息的保护都有规定，但现实中消费者个人信息权利受到侵害而提起诉讼的案件仍屡见不鲜。

《消费者权益保护法》规定，经营者收集、使用消费者个人信息，应当遵循合法、正当、必要的原则，明示收集、使用信息的目的、方式和范围，并经消费者同意。经营者收集、使用消费者个人信息，应当公开其收集、使用规则，不得违反法律、法规的规定和双方的约定收集、使用信息。

经营者因其经营性质掌握了大量的个人信息，因此，更要有相应的能力保护好消费者的个人信息免遭泄露，这既是其社会责任，也是其应尽的法律义务。如果存在泄露消费者隐私信息的高度可能的情形，而现有证据又不能证明经营者尽到了相应义务，应认定经营者存在过错，应当承担侵犯隐私权的侵权责任。

经营者及其工作人员对收集的消费者个人信息必须严格保密，不得泄露、出售或者非法向他人提供。经营者应当采取技术措施和其他必要措施，确保信息安全，防止消费者个人信息泄露、丢失。在发生或者可能发生信息泄露、丢失的情况时，经营者应当立即采取补救措施。经营者未经消费者同意或请求，或者消费者明确表示拒绝的，不得向其发送商业性信息。

网络用户、网络服务提供者利用网络侵害他人民事权益的，应当承担侵权责任。网络用户利用网络服务实施侵权行为的，被侵权人有权通知网络服务提供者采取删除、屏蔽、断开链接等必要措施。

5. 个人信息遭泄露后，消费者有哪些维权渠道?

个人信息遭泄露后，消费者应当做好证据保全工作，通过以下渠道维权：

（1）通过“12315”平台投诉。该平台作为消费者广泛参与的执法监督体系，能够对消费者个人信息遭泄露的问题提供快速救助。消费者既可以通过拨打投诉热线“12315”（异地拨打需要加区号）进行投诉，也可以通过登录网站（http://www.12315.cn）进行投诉。消费者可以依据《民法典》《消费者权益保护法》的规定，要求侵权人赔礼道歉、消除影响、恢复名誉、赔偿损失等，此外，根据《全国人民代表大会常务委员会关于加强网络信息保护的决定》，遭遇信息泄露的个人有权立即要求网络服务提供者删除有关信息或者采取其他必要措施予以制止。

（2）消费者可以向公安部门、互联网管理部门、工商部门、中国消费者协会、行业管理部门和相关机构进行投诉举报。违法和不良信息举报中心专职接受和处置社会公众对互联网违法和不良信息的举报。违法和不良信息举报中心的举报热线为“12377”，网址为http://www.12377.cn。

（3）喜欢使用微信的消费者，可以关注“App个人信息举报”微信公众号（公众号ID：app_grxxjb）。全国信息安全标准化技术委员会、中国消费者协会、中国互联网协会、中国网络空间安全协会成立的App专项治理工作组，于2019年3月1日正式上线该公众号来受理对App违法违规收集使用个人信息的举报。同时，该公众号还会发布对App隐私政策和个人信息收集情况的评估及处置结果。

用户关注“App个人信息举报”微信公众号后，点击“我要举报”，便可查看“举报指南”，然后填写举报信息，包括App名称、问题描述等，在进行问题描述时，需要用户简要描述App问题的基本情况、App的版本号，以及来源的应用商店等，必要时可提供相关截图。

五、如何解决消费者权益争议?

1. 消费者应该向谁索赔?

消费者索赔主体的确定关系到消费者权益争议的最终解决及消费者合法权益的完全落

实。消费者索赔主体主要包括以下内容：

（1）商品的生产者、销售者和服务者。消费者在购买、使用商品时，其合法权益受到损害的，既可以向销售者要求赔偿，也可以向生产者要求赔偿。属于生产者责任的，销售者赔偿后，有权向生产者追偿；属于销售者责任的，生产者赔偿后，有权向销售者追偿。消费者在接受服务时，其合法权益受到损害的，可以向服务者要求赔偿。

（2）原企业分立、合并后，接受原企业权利义务的新单位。这里的原企业既可以是商品的生产者，也可以是商品的销售者或提供服务的经营者。该规定是为了避免消费者遭受损失后，因原企业分立或合并而投诉无门或相互推诿，因此，《消费者权益保护法》明确指出，在这种情况下，接受原企业权利义务的新单位为承担赔偿责任的主体。

（3）营业执照的出借人、出租人。实践中，很多经营者为了省事就租赁他人的营业执照，一旦发生问题就溜之大吉。由于消费者缺乏必要的知识，索赔权也不能很好地落实。因此，消费者可以向营业执照的出借人、出租人要求赔偿。

（4）展销会的举办者、柜台出租者。由于经营者租用他人的经营场地或通过商品展销会进行经营活动，对于这些流动性大的短期行为，为避免消费者遭遇产品质量问题或人身、财产伤害等问题时，出现因商品的生产者、销售者及服务提供者撤展或移至其他地方，无法主张相应权利的情形，法律规定，消费者可以直接要求展销会的举办者、柜台出租者承担责任，给予先行赔偿。

（5）广告经营者。广告内容直接关系到消费者的知情权及自主选择权，广告经营者为商家发布虚假信息，进行虚假、诱骗性宣传，损害消费者利益，消费者或受害人找不到侵权人时，可以直接向广告经营者索赔。

2. 消费者权益争议有哪些解决途径？

消费者在购买、使用商品和接受服务的过程中与经营者发生的消费者权益争议，可以通过以下五种途径进行解决：

（1）协商和解。消费者权益争议发生后，消费者与经营者可以在自愿互谅的基础上，通过对话，摆事实、讲道理，分清责任，从而使争议得到合理的解决。但是双方的协商和解应坚持原则、合乎法律，互谅互让应有限度。消费者如果发现经营者有假冒他人商标，在商品中掺杂、掺假，出售不符合保障人身、财产安全要求的商品等严重的违法行为，为避免公众利益受损，应当终止协商，选择投诉途径，使经营者受到应有的惩处。

（2）请求消费者协会调解。消费者权益争议发生后，消费者与经营者对争议所持的观点和认识的差距较大，没有协商的基础，在此情况下，就有必要借助第三者的力量居中调解，使争议得到妥善的解决。《消费者权益保护法》规定，消费者协会具有调解消费者权益争议的职能。据此，消费者与经营者对争议不能协商和解时，消费者可以请求消费者协会居中调解。如果调解达成协议，消费者协会应当制作调解书，双方应按调解书载明的内容履行各自的义务。

（3）向有关行政部门投诉。消费者权益争议发生后，消费者又不能与经营者达成和解时，消费者可以向有关行政职能部门提出投诉，以求得到行政保护。《消费者权益保护法》第 32 条规定：“各级人民政府工商行政管理部门和其他有关行政部门应当依照法律、法规的规定，在各自的职责范围内，采取措施，保护消费者的合法权益。有关行政部门应当听取消费者和消费者协会等组织对经营者交易行为、商品和服务质量问题的意见，及时调查处理。”消费者在向行政部门投诉时，应当按商品和服务的性质，向具有相关职能的行政部门提出，如消费者买到变质食品的争议，应当向食品监督管理部门提出投诉。

（4）根据与经营者达成的仲裁协议提请仲裁机构仲裁。这是消费者和经营者在争议发生之前或争议发生之后达成申请仲裁的协议，自愿将消费者权益争议交由第三方作出裁决，以解决争议的方式。根据双方之间达成的申请仲裁的协议，仲裁机构即可受理他们之间的纠纷。仲裁机构依据《仲裁法》的规定，在查明案件事实、分清责任的基础上，先进行调解，调解成功的，可以制作调解书。如调解不成，依法裁决，调解书与裁决书有同样的法律效力，具有强制执行力。如果一方不履行义务，权利人可以向人民法院申请强制执行。

（5）向人民法院提起诉讼。消费者权益争议是一种民事权益的纠纷，消费者在自己的合法权益受到经营者的不法侵害后，可以依照法律的规定，向人民法院提起民事诉讼，请求司法保护。

3. 消费者协会对哪些消费者投诉不予受理？

消费者协会受理投诉的范围边界可从不受理的情形进行划定：① 没有明确的被投诉方；② 经营者之间的争议；③ 经营者事前已经向消费者真实地说明商品存在瑕疵等情况；④ 争议各方已经达成和解（调解）协议并履行，且无新理由和相关依据的；⑤ 消费者提供不出任何必要证据的；⑥ 人民法院、有关行政部门、仲裁机构已受理、处理的；⑦ 法律、法规明确规定应由指定部门处理的；⑧ 不属于《消费者权益保护法》调整范围的其他情况。

消费者协会在接到投诉后的 7 个工作日内按规定作出是否受理的决定。不予受理的，出具不予受理的函件。投诉案件受理后，一般应在 15 个工作日内进行调解。案情复杂、情况特殊的，征得双方同意后，可延长 3 个月。

4. 消费者通过仲裁解决争议的优势是什么？

我国的仲裁机构称为仲裁委员会。《仲裁法》第 14 条规定：“仲裁委员会独立于行政机关，与行政机关没有隶属关系。仲裁委员会之间也没有隶属关系。”由此可见，依据《仲裁法》所成立的仲裁委员会具有民间性质，是独立的第三方机构。

与诉讼相比，利用仲裁的方式解决纠纷有以下优势：① 方便、灵活，可信度强。在进行某项活动之前，或者在发生纠纷以后，当事人双方可以约定发生的纠纷由哪个仲裁机构、哪个仲裁员来裁决。因为仲裁机构和仲裁员是由双方当事人自己选定的，所以双方对其有信任感。② 程序简化，案件审结快，仲裁实行一裁终局制度。仲裁机构作出裁决以后，当事人即使不服，也不能上诉或者申诉，不像采用诉讼方式解决纠纷那样，打完一审官司后还可能打二审官司，打完二审官司后还可能申请再审，甚至是申诉。当然，如果认为仲裁的结果违反法律规定，可以向人民法院申请撤销仲裁裁决。③ 由于仲裁实行的是一裁终局制度，所以具有时间短、速度快的特点，而打一场官司需要很长时间。④ 仲裁没有级别管辖和地域管辖，当事人可在全国范围内自主选择仲裁机构。⑤ 仲裁案件不公开审理，可以保护当事人的商业秘密、信誉等权利。

5. 消费者权益争议发生后，消费者应如何举证？

消费者进行投诉或维权，一般应由消费者进行举证，即“谁主张，谁举证”，所以，消费者在购买商品或接受服务时，一定要向经营者索要购物凭证或者服务单据，作为日后维权的证据。经营者也有义务向消费者提供购物凭证或服务单据。《消费者权益保护法》第 22 条规定：“经营者提供商品或者服务，应当按照国家有关规定或者商业惯例向消费者出具发票等购货凭证或者服务单据；消费者索要发票等购货凭证或者服务单据的，经营者必须出具。”

但是在下列商品或服务消费中，应由经营者进行举证，即举证责任倒置。《消费者权益保护法》第 23 条第 3 款规定：“经营者提供的机动车、计算机、电视机、电冰箱、空调器、洗衣机等耐用商品或者装饰装修等服务，消费者自接受商品或者服务之日起六个月内发现瑕疵，发生争议的，由经营者承担有关瑕疵的举证责任。”以上所列的商品属于耐用商品。对于这些耐用商品或者装修装饰等服务，因为消费者不掌握相关技术等信息，举证往往比较困难，所以，2013 年 10 月修正的《消费者权益保护法》将消费者“拿证据维权”改变为经营者“自证清白”，这更有利于提高消费者维权的积极性。

专题七 劳动法律风险防范

一、就业应聘应注意哪些法律问题?

1. 就业协议与劳动合同是一回事吗?

就业协议是全国普通高等学校毕业生就业协议书的简称，由各省、自治区、直辖市教育主管部门或就业主管部门统一制作，明确学校、毕业生、用人单位三方在毕业生就业工作中的权利和义务的书面表现形式。签约后，学校、毕业生、用人单位各留存一份，就业协议能解决应届毕业生的户籍、档案、保险、公积金等问题。

劳动合同是劳动者与用人单位建立劳动关系、明确双方权利义务关系的合同。劳动合同以书面形式订立，其中，载明合同的期限、工作内容、劳动保护和劳动条件、劳动报酬、劳动纪律、合同终止等条款。

由于就业协议是普通高校应届毕业生到用人单位正式签订劳动合同前的过渡，到单位报到、用人单位正式接收后就业协议自行终止，就业协议维护的是双方确定选择意向到正式签订劳动合同期间的权益。就业协议经三方盖章和签字后生效，用人单位和毕业生依照约定履行报到和接收手续，任何一方反悔都要按照约定支付违约金。实践中，不少单位为了留住学生，以高额违约金约束毕业生。在协商中，最好不约定违约金，或力争将违约金降到最低。

毕业生如果不满意已签订协议的工作，则应向原用人单位提出解除协议的申请，然后向学校申请新的就业协议。同时，每份协议都对应一份协议的条形码，一旦被用人单位或学校发现造假，则会留下信用不良的记录。建议学生在毕业前，通过家长、朋友、网络等多了解用人单位的情况，与用人单位商量能否先去实习，双方满意后再签订就业协议，可以多找几家用人单位进行比较和选择。

毕业生持就业协议报到后，应当与用人单位签订劳动合同，正式确立毕业生与用人单位的劳动关系。签订劳动合同时，原就业协议中约定的岗位、工资待遇等应作为签订劳动合同的依据。若对于相同事项，劳动合同与就业协议不一致，以后签订的劳动合同为准。

2. 如何区分劳动合同和劳务合同?

劳动关系和劳务关系的不同，会使劳动者在服务期间所享受的待遇，以及在出现如工伤或侵权伤害时所依据的法律也完全不同。因此，明确判断劳动合同和劳务合同，对于劳动者来说，是降低法律风险、保护自身合法权益的重要能力。

建立劳动关系应当订立劳动合同，劳动合同是劳动者与用人单位确立劳动关系、明确双方权利和义务的协议。劳务合同是指双方当事人约定一方为他方提供劳务，他方给付报酬的合同。劳动合同与劳务合同的主要区别如表 7-1 所示。

表 7-1 劳动合同与劳务合同的主要区别

项目	劳动合同	劳务合同
主体资格	一方是法人或其他组织，另一方是劳动者	公民、法人和其他组织都可以
法律关系	行政隶属关系和平等财产关系	平等财产关系
待遇	包括工资报酬、工伤保险等社会保险及其他福利待遇	当事人协商确定，一般只包括劳动报酬
合同内容	法律明确规定	双方当事人协商
适用法律	劳动法律	民事法律
法律责任	行政责任、民事责任或刑事责任	一般只承担民事责任

需要注意的是，虽然签订的是劳务合同，但在履行过程中，如果劳动者作为用工单位中的一员，接受单位的管理和支配，使用单位提供的工具、生产资料或办公环境，遵守单位的规章制度进行劳动，则构成事实上的劳动关系，所签订的劳务合同属于以合法形式掩盖非法目的，归于无效。劳动者可以要求用工单位按劳动合同履行义务，发生争议时，可以向当地劳动争议仲裁委员会提起劳动仲裁。

无论签订的是就业协议还是劳动合同，除了要正确区分所签订合同的类型，还应当注意常见法律风险的防范。

3. 如何防范单位扣押证件财物的法律风险?

劳动者应聘时，有的企业可能出现滥用强势地位，要求应聘者留下身份证或毕业证等证件或财物，在劳动合同上签字后再还给应聘者的情况；还可能采用收取服装费、住宿费、培训费等变相方法，限制劳动者合理流动。《劳动合同法》规定，用人单位招用劳动者，不得扣押劳动者的身份证和其他证件，不得要求劳动者提供担保或者以其他名义向劳动者收取财物。在这种情况下，劳动者可以向劳动行政部门举报（全国统一的劳动行政部门咨询投诉电话为“12333”)，并要求拿回证件或财物。劳动行政部门会责令单位限期改正并予以处罚，由劳动行政部门责令限期退还给劳动者本人，并以每人 500 元以上 2 000 元以下的标准处以罚款；给劳动者造成损失的，应承担赔偿责任。

4. 如何防范就业歧视的法律风险?

劳动者在应聘工作时，可能遭遇基于户籍、性别、宗教、民族、身体健康状况、年龄等没有法律上合法目的和原因的区别对待，受到用人单位的排斥等，这些违反就业平等权的行为被视为就业歧视。

在中国，最为严重的是户籍歧视。其表现为招聘中企业提出“本市户口优先”，或者要求应聘者必须具有本地户口，歧视农村户口和外来人口。其次是性别歧视。虽然《劳动法》《妇女权益保障法》《女职工劳动保护特别规定》都明确规定，应当保障妇女权益，强调妇女享有与男性平等的就业权利，但由于妇女在体力、社交等方面的劣势，就业领域内仍存在比较严重的性别歧视。最后是年龄歧视。中国就业结构年轻化的趋势使招聘中出现几近苛刻的年龄界限。比如，有的企业招聘 35 岁以下的员工，将一大批年龄较大的求职者排斥在外。还有对劳动者外貌、身体缺陷等方面的歧视，使部分劳动者无法享有平等的就业机会。

为保证劳动者获得平等的就业机会和公平的就业条件,《劳动法》《中华人民共和国就业促进法》(简称《就业促进法》)都赋予劳动者依法享有平等就业和自主择业的权利，规定用人单位应当向劳动者提供平等的就业机会和公平的就业条件。如果在招聘时，以性别为由拒绝录用妇女或者提高对妇女的录用标准，以及在劳动合同中限制女性职工结婚、生育等，这些均属于就业歧视。遭遇就业歧视的劳动者可以通过人力资源和社会保障部的来访接待窗口或拨打“12333”、妇女维权公益服务热线“12338”、职工维权热线“12351”等渠道举报投诉，还可以寻求民事诉讼途径解决。2018 年,《最高人民法院关于增加民事案件案由的通知》增加了“平等就业权纠纷”案由，如果遇到就业歧视，劳动者可以向人民法院提起诉讼，维护自身权利。

5. 如何防范不履行如实告知义务引起的法律风险?

应聘者填写基本信息登记表时，应当如实告知学历、职业证书、工作经历、身体健康等基本情况，并由本人签字确认所填信息的真实性，也可以要求单位提供真实的、与工作相关的信息。如果签订劳动合同后，用人单位发现劳动者提供了虚假信息，可认定劳动合同无效。

劳动者签订新的劳动合同前，应当与原用人单位解除或者终止劳动合同，否则，按照《劳动合同法》的规定，给原单位造成损失的，应当与新单位共同承担赔偿责任。因此，劳动者与原单位解除或者终止劳动合同，应当确认劳动者对原单位不负有保守商业秘密和竞业禁止等劳动合同义务，在取得终止、解除劳动合同或者开除、解聘等书面证明后，再与其他单位订立新的劳动合同，以防止出现原单位要求赔偿的法律风险。

用人单位招用劳动者时，应当如实告知劳动者工作内容、职业危害、安全生产状况、劳动报酬，以及劳动者要求了解的其他情况。如果用人单位隐瞒真实情况，诱使对方作出错误的判断而签订劳动合同，同样可以认定劳动合同无效。

二、签订劳动合同应注意哪些问题?

1. 签订程序应当注意哪些法律风险？劳动者的基本权利有哪些？

签订劳动合同时，劳动者除了要认真阅读条款，还需注意签订程序中的法律风险。第一，劳动合同必须由用人单位的法定代表人或者委托代理人和劳动者亲自签章，并加盖用人单位公章或者劳动合同专用章，才能认定为有效。第二，合同参考文本中的空栏，由双方协商确定后填写清楚，无须填写的空栏，要画斜杠表示空白。第三，本单位工会或劳动者推举的代表与用人单位可依法就工资、工作时间、休息休假、劳动安全卫生、保险福利等事项集体协商，签订集体合同。劳动者个人与用人单位订立劳动合同的各项劳动标准，不得低于集体合同的约定。第四，双方经协商一致后，对劳动合同参考文本条款的修改或未尽事宜的约定，可在经协商一致后另行签订补充协议；另行签订的补充协议作为劳动合同的附件，与劳动合同一并履行。第五，劳动合同存在部分无效条款，不影响其他部分效力，劳动合同仍然有效。

无论是否签订劳动合同，劳动者的合法权利都是受法律保护的。劳动者的基本权利主要包括：① 劳动者有平等就业和自由选择职业的权利。具有劳动能力的公民，不分民族、种族、性别、宗教信仰，都平等享有参加社会劳动的权利，以及根据自己的意愿选择适合职业的权利。这也是实现劳动者其他权利的前提和基础。前述所提的就业歧视就是因侵犯劳动者的平等就业权而违法的。② 劳动者有获得劳动报酬的权利。劳动报酬包括工资和其他合法劳动收入。《劳动法》规定，工资分配应当遵循按劳分配原则，实行同工同酬。工资应当以货币形式按月支付给劳动者本人，不得克扣或者无故拖欠。劳动者在法定休假日和婚丧假期间以及依法参加社会活动期间，用人单位应当依法支付工资。③ 劳动者有休息、休假的权利。《劳动法》规定的休息、休假时间包括工作间歇、两个工作日之间的休息时间、公休日、法定节假日，以及年休假、探亲假、婚丧假、事假、生育假、病假等。④ 劳动者有劳动安全卫生保护权利。用人单位必须建立、健全劳动安全卫生制度，严格执行国家安全卫生规程和标准，为劳动者提供符合国家规定的劳动安全卫生条件和必要的劳动防护用品，对从事特种作业的人员进行专门培训，防止劳动过程中出现事故，减少职业危害。⑤ 劳动者有接受职业技能培训的权利。针对准备就业的人员和已经就业的劳动者，以培养其基本的职业技能或提高其职业技能为目的，进行技术业务知识和实际操作技能教育和训练。⑥ 劳动者享受社会保险和福利的权利。劳动者在遇到年老、患病、工伤、失业、生育等劳动风险时，有获得物质帮助和补偿的权利。享受社会保险和福利的权利实际上是享受劳动报酬权的延伸和补充。⑦ 劳动者有提请劳动争议处理的权利。这是劳动者维护自己合法劳动权益的有效途径和保障措施。用人单位与劳动者发生劳动争议时，劳动者可以依法申请调解、仲裁，提起诉讼。⑧ 劳动者还享有法律、法规规定的其他劳动权利，包括组织和参加工会的权利，参与民主管理的权利，提出合理化建议的权利，进行科学研究、技术革新和发明创造的权利等。

需要注意的是，权利和义务是相辅相成的。因此，劳动者在享受权利的同时，还必须履行完成约定的劳动任务，提高职业技能，执行劳动安全卫生规程，遵守劳动纪律和职业道德等相应的义务。

2. 不签订书面劳动合同会有什么后果？

《劳动法》明确规定，用人单位与劳动者应当自用工之日起 1 个月内订立书面劳动合同。不签订书面劳动合同的情形有以下两种：

第一种情形是出于用人单位的原因，在不签订书面劳动合同的情形下，用人单位从用工之日后的第二个月起承担双倍工资的法律风险；单位不与劳动者订立书面合同满 1 年，视为与劳动者订立无固定期限劳动合同，具体看劳动者是否主张这些权益。需要注意的是，有的用人单位与劳动者签订劳动合同后不给劳动者留存，也是违法的，劳动合同文本应当由用人单位和劳动者各执一份。

第二种情形是劳动者故意拒绝用人单位签订或者拖延签订劳动合同，法律风险就发生了转移。《劳动合同法实施条例》第 5 条规定：“自用工之日起一个月内，经用人单位书面通知后，劳动者不与用人单位订立书面劳动合同的，用人单位应当书面通知劳动者终止劳动关系，无需向劳动者支付经济补偿，但是应当依法向劳动者支付其实际工作时间的劳动报酬。”

3. 劳动合同有哪些必不可少的条款？

《劳动法》规定，劳动合同必备条款有：劳动合同期限；工作内容；劳动保护和劳动条件；劳动报酬；劳动纪律；劳动合同终止的条件；违反劳动合同的责任。劳动者可以对照自己的劳动合同，如果存在遗漏必备条款的情形，由劳动保障部门责令改正；因此致使劳动者损害的，用人单位应当承担赔偿责任。

对比《劳动法》，《劳动合同法》对劳动合同的必备条款的规定中，增加了用人单位和劳动者的基本情况、工作地点、社会保险和职业危害防护等内容。在劳动标准上，如果劳动合同约定不明或者没有约定，则明确要求用人单位与劳动者重新协商；如果协商不成，则依据集体劳动合同；如果集体劳动合同也没有约定或者没有集体劳动合同的，则依据国家有关规定实行同工同酬。

4. 如何防范劳动合同约定条款中存在的法律风险?

在劳动合同中，除了法定条款，用人单位与劳动者还可以约定试用期、培训、保守秘密、补充保险和福利待遇等其他事项，这些内容就是约定条款。其内容可以扩展到规章制度、工资拒付通知、送达、告知、劳动合同组成、劳动合同未约定事项的处理方式等劳动合同双方认为需要补充约定的任何事项。

（1）试用期条款的规定及风险防范。《劳动合同法》规定，劳动合同期限 3 个月以上不满 1 年的，试用期不得超过 1 个月；劳动合同期限 1 年以上不满 3 年的，试用期不得超过 2 个月；3 年以上固定期限和无固定期限的劳动合同，试用期不得超过 6 个月。同一用人单位与同一劳动者只能约定一次试用期。以完成一定工作任务为期限的劳动合同或者劳动合同期限不满 3 个月的，不得约定试用期。

试用期包含在劳动合同期限内，劳动合同仅约定试用期的，试用期不成立，该期限为劳动合同期限。劳动者在试用期的工资不得低于本单位相同岗位最低档工资或者劳动合同约定工资的 80%，并不得低于用人单位所在地的最低工资标准。

（2）培训协议的规定及风险防范。用人单位为劳动者提供专项培训费用，对其进行专业技术培训的，可以与劳动者订立培训协议或条款，约定服务期。劳动者违反服务期约定的，应当按照约定向用人单位支付违约金。

违约金的数额不得超过用人单位提供的培训费用；用人单位要求劳动者支付的违约金不得超过服务期尚未履行部分所应分摊的培训费用；用人单位与劳动者约定服务期的，不影响按照正常的工资调整机制提高劳动者在服务期期间的劳动报酬。

需要注意的是，即使用人单位使用自行制定的劳动合同文本，也应当符合《劳动合同法》禁止约定免除用人单位法定责任、排除劳动者权利的条款。劳动者应当知道：禁止约定的条款出现在劳动合同中，即使劳动者签字表示认可，仍然可以主张为无效条款。

5. 签订无固定期限劳动合同有哪些好处?

用人单位与劳动者签订无固定期限劳动合同，意味着签署了一份没有确定终止时间的劳动合同。对于劳动者来说，签订无固定期限劳动合同的好处很多。比如，能够让劳动者拥有稳定的工作环境；用人单位不能以员工不能胜任工作等理由终止劳动合同，只能按照解除劳动合同的相关规定处理，并须支付员工补偿金；用人单位在进行“经济性裁员”时，签订了无固定期限劳动合同的人员应在“优先留用”之列；等等。这些可以视为用人单位的一项隐性福利。

能够订立无固定期限劳动合同的情形有：① 用人单位与劳动者协商一致；② 劳动者在用人单位连续工作满 10 年；③ 连续订立两次固定期限劳动合同；④ 用人单位初次实行劳动合同制度或者国有企业改制重新订立劳动合同时，劳动者在该用人单位连续工作满 10 年且距法定退休年龄不足10年；⑤ 用人单位自用工之日起满1年不与劳动者订立书面劳动合同的，视为用人单位与劳动者已订立无固定期限劳动合同，这是对用人单位的一种惩罚性措施。

需要注意的是，无固定期限劳动合同不等于“铁饭碗”，如果出现以下情况，用人单位可以按照法定程序解除劳动合同：① 劳动者出现严重违反用人单位规章制度的；② 严重失职，营私舞弊，给用人单位造成重大损害的；③ 劳动者同时与其他用人单位建立劳动关系，对完成本单位的工作任务造成严重影响，或者经用人单位提出，拒不改正的；④ 被依法追究刑事责任的。

三、劳动者为什么要参加社会保险？

社会保险作为保障劳动者基本生活的重要制度，能够在劳动者暂时失去劳动岗位，或者由于健康等原因造成收入损失或丧失劳动能力的情况下为其提供补偿，还具有实现收入再分配、调节劳动力资源配置等功能。其具体内容主要体现在《中华人民共和国社会保险法》(简称《社会保险法》)、《实施〈中华人民共和国社会保险法〉若干规定》等法律、法规中。

1. 什么是“四险一金”？由谁缴纳？

根据《国务院办公厅关于全面推进生育保险和职工基本医疗保险合并实施的意见》，我国已经将生育保险全面并入职工基本医疗保险，以前俗称的“五险一金”改为“四险一金”，即基本养老保险、基本医疗保险、失业保险、工伤保险和住房公积金。其中，基本养老保险、基本医疗保险和失业保险的社会保险费由用人单位和个人共同缴纳，工伤保险完全由用人单位承担。用人单位未按时足额缴纳社会保险费的，由社会保险费征收机构责令限期缴纳或者补足，并对用人单位进行处罚。对于建立社会保险个人账户，由劳动关系所在单位到当地社会保险经办机构办理，工资发放单位需要向社会保险经办机构提供个人的工资收入等基础数据。因此，用人单位不能以劳动者的外地户口、档案未迁到、尚在试用期或未签订书面劳动合同等借口拒绝缴纳。

“一金”的缴纳由国家机关、国有企业、城镇集体企业、外商投资企业、城镇私营企业以及其他城镇企业、事业单位、民办非企业单位、社会团体与在职职工共同缴存，需要连续正常缴费1年以上才可以办理购房住房公积金贷款。单位应当自职工录用之日起30日内，到住房公积金管理中心办理缴存登记，并持住房公积金管理中心的审核文件，到受委托银行办理职工住房公积金账户的设立或者转移手续。单位不办理住房公积金缴存登记或者不为本单位职工办理住房公积金账户设立手续的，由住房公积金管理中心责令限期办理；逾期不办理的，可处以罚款或申请人民法院强制执行。

2. 社会保险有什么作用？劳动者能否签约放弃？

社会保险制度按照“社会风险，社会化解”的原则，对年老、疾病、失业、伤残、剩余等社会风险提供物质帮助。对劳动者而言，参加社会保险的好处很多：首先，社会保险在劳动者发生丧失劳动能力、暂时失去劳动岗位或健康原因造成损失等情况时，可以提供收入或补偿。比如，在劳动者失业无收入时，失业保险可以为其生活居住提供基本生活保障；如果缴纳了养老保险，劳动者年老体衰时，只要达到法定年龄或条件，就可以按月领取养老金。其次，在很多城市，社会保险与购房、落户、子女教育等资格相关。劳动者如果不缴纳社会保险，就会丧失购房或落户资格等。最后，支付社会保险的收入不需要缴纳个人所得税。根据我国税法的规定，单位为个人缴付和个人缴付的社会保险费用，可以从纳税义务人的应纳税所得额中扣除。

有些单位或劳动者出于各种原因，在签订劳动合同时，约定自愿放弃办理社会保险，这项条款有效吗？《劳动合同法》规定，用人单位为劳动者缴纳社会保险是法定义务，双方约定不缴纳或少缴纳社会保险属于免除法定义务，是无效条款，视为由于用人单位原因导致未缴纳或未足额缴纳社会保险，劳动者可以解除劳动合同，要求用人单位补缴费用并支付经济补偿。

3. 怎么查询社会保险账号和金额？

很多劳动者都参加了社会保险，知道社会保险的缴纳是与工资挂钩的，他们能够从每月工资单上看到当月所缴纳的社会保险金额，却不清楚社会保险余额是多少。其实，查询社会保险账号和金额的途径较多：① 到社会保险中心查询。劳动者如果对自己的社会保险账号不清楚，可以携带身份证到各区社会保险经办机构业务办理大厅查询；很多城市还会在社会保险经办机构业务办理大厅内设有社会保险查询系统，劳动者可以通过刷社会保障卡或根据屏幕提示输入卡号或身份证号进行查询。② 上网查询。登录所在城市的人力资源和社会保障局官网或社会保险网的服务平台，输入本人的身份证号和密码，可以查询本人参加保险的信息。③ 电话咨询。劳动者可以拨打电话“12333”进行政策咨询和信息查询。④ 社会保险经办机构寄送。有的社会保险经办机构会主动或应要求向用户邮寄个人账户信息，需要这项服务的劳动者可以与当地的社会保险经办机构进行沟通，只需及时告知相关部门收件人的姓名或地址等基本信息。

4. 社会保险断缴有什么影响？辞职后还有必要继续缴纳吗？

长时间不缴费参加社会保险会造成累计缴费年限中断，直接影响享受相应社会保险的待遇。基本养老保险属于多缴多得、长缴多得，如果退休前缴费不满足够期限，会影响退休金的申领和金额；基本医疗保险关系到住院报销待遇、门诊报销待遇，只有正常缴费，才能正常报销。

缴费参加社会保险往往还被赋予了证明作用，现在很多城市在积分落户、购房资格、购车摇号、子女上学等方面，会要求劳动者在当地有社会保险连续或累计缴费记录，并达到一定年限。要求连续缴费年限的，如果断缴，相应年限就要清零重新计算。

从社会保险断缴产生的影响来看，劳动者辞职以后，无论是否二次就业，都应当继续缴费参加基本养老保险和基本医疗保险。劳动者没有工作单位的，可以按照灵活就业人员的标准缴纳基本养老保险和基本医疗保险；找到新的工作单位以后，可以将灵活就业的社会保险转移到新的工作单位继续参加社会保险，达到有效累积年限的作用。

综上所述，如果要享受全面的社会保障待遇，特别是将来有充足的基本养老金，最好从就业就开始连续缴费参加社会保险。

5. 领取基本养老金应当符合什么条件？

劳动者缴纳基本养老保险的主要作用在于劳动者年老或丧失劳动能力时，能够获得社会保险经办机构按月或一次性以货币形式支付的退休养老金，用于保障基本生活需要。这种作用的发挥基于国家、集体、劳动者三方的共同努力，特别是劳动者从年富力强时，就要为保证老有所养积累足够的基本养老保险。需要符合什么样的条件才能领取基本养老金呢？

享受这一待遇的条件为：① 参保人必须达到法定退休年龄，不得提前支取；② 参保人的最低缴费年限达到 15 年，这包含公务员、事业单位工作人员视同缴费的年限。领取按月发放的基本养老金，计发月数根据职工退休时城镇人口的平均预期寿命、本人退休年龄、利息等因素计算，退休后死亡的参保人亲属还能领取丧葬费、抚恤金。

对于基本养老保险缴费不足 15 年的，可以通过其他方式享受基本养老保险：第一种方式是参保人达到法定退休年龄时，累计缴费不足 15 年的，可以延长缴费至满 15 年。第二种方式是《社会保险法》实施前参保、延长缴费 5 年后仍不足 15 年的，可以一次性缴费至满 15 年。第三种方式是参保人达到法定退休年龄后，累计缴费不足 15 年的，可以申请转入户籍所在地新型农村社会基本养老保险或者城镇居民社会基本养老保险，享受相应的基本养老保险待遇；未转入的，个人可以书面申请终止职工基本养老保险关系，个人账户储存额一次性支付给本人。

不少人认为，参加基本养老保险缴费时间达 15 年以后，就可以不缴费了。这种想法是错误的。基本养老金由基础养老金和个人账户养老金组成。对于个人账户养老金，随着缴费年限的增加，个人账户的总额会相应增加；基础养老金的月标准以退休时上年度全省在岗职工月平均工资和本人指数化月平均缴费工资的平均值为基数，缴费满 15 年本人平均缴费指数按照 15%计算，以后每多缴 1 年增发 1 个百分点，上不封顶。因此，要改善退休以后的退休待遇，缴费年限已满 15 年但未达到法定退休年龄的，应尽量延长自己的缴费年限。

四、劳动者出现工伤如何处理?

为保障工作中因遭受事故伤害、患职业病的职工获得医疗救治和经济补偿，促进工伤预防和职业康复，社会保险制度设置了工伤保险，由用人单位缴纳，社会保险经办机构向劳动者本人或其供养的直系亲属提供物质帮助。

1. 哪些情形可以认定为工伤?

劳动者因工负伤的，应当享受工伤待遇。认定为工伤的情形包括应当认定为工伤和应当视同工伤两种。

应当认定为工伤的情形包括：① 在工作时间和工作场所内，出于工作原因受到事故伤害的；② 工作时间前后在工作场所内，从事与工作有关的预备性或者收尾性工作时受到事故伤害的；③ 在工作时间和工作场所内，因履行工作职责受到暴力等意外伤害的；④ 患职业病的；⑤ 因工外出期间，由于工作原因受到伤害或者发生事故下落不明的；⑥ 在上下班途中，受到非本人主要责任的交通事故或者城市轨道交通、客运轮渡、火车事故伤害的；⑦ 法律、行政法规规定应当认定为工伤的其他情形。

应当视同工伤的情形包括：① 在工作时间和工作岗位，突发疾病死亡或者在 48 小时内经抢救无效死亡的；② 在抢险救灾等维护国家利益、公共利益活动中受到伤害的；③ 职工原在军队服役，因战、因公负伤致残，已取得革命伤残军人证，到用人单位后旧伤复发的。

不得认定为工伤或者视同工伤的情形包括：① 故意犯罪的；② 醉酒或者吸毒的；③ 自残或者自杀的。

职工在工作时间和工作场所内受到伤害，只要用人单位或者社会保险行政部门没有证据证明是非工作原因导致的，就可认定为工伤。职工因工外出期间死因不明，用人单位或者社会保障部门提供的证据不能排除非工作原因导致死亡的，应当依据规定，认定为工伤。

2. 怎样提出工伤申请?

《工伤保险条例》规定，发生工伤后，职工所在单位、工伤职工及其家属，以及工伤职工所在单位的工会组织均可向社会保险行政部门提出工伤申请。实践中，工伤职工可以先去人力资源和社会保障局确认单位是否为自己购买了工伤保险。单位已购买工伤保险的，可要求单位在 1 个月内申报工伤；单位若逾期没有提出申请，在此期间发生的工伤待遇等费用由该单位自行负担。如果单位没有为职工购买工伤保险，则需尽快收集劳动关系证据，1 年之内申报工伤。需要注意的是，不管单位有无购买工伤保险，职工都可以申报工伤，因为不排除今后会出现并发症或伤情复发的可能。若申报工伤，人力资源和社会保障局存档之后还可以要求单位继续承担赔偿责任。

单位和个人申请工伤鉴定须提供以下资料：① 工伤认定申请表。受伤害职工应当如实记录事故发生的时间、地点、原因，以及伤害程度等基本情况；② 受伤害职工的身份证复印件；③ 劳动合同文本复印件或其他建立劳动关系的有效证明；④ 医疗诊断证明或者职业病诊断证明书（或者职业病诊断鉴定书）及初次治疗病历复印件。如果工伤认定申请人提供的材料不完整，那么社会保险行政部门应当一次性书面告知工伤认定申请人需要补正的全部材料。工伤认定申请人按照书面告知要求补正材料后，社会保险行政部门应当受理。

3. 工伤医疗期有多长时间？

工伤医疗期实际上是指《工伤保险条例》规定的停工留薪期，是对职工因工作遭受事故伤害或者患职业病，需要暂停工作接受工伤医疗，原工资、福利、保险等待遇不变的期限。工伤医疗期一般不会超过 12 个月，伤情严重或者情况特殊，经设区的市级劳动能力鉴定委员会确认的，可以适当延长，但延长不得超过 12 个月。如果工伤职工在工伤医疗期满后仍需治疗，则继续享受工伤医疗待遇。如果生活不能自理的工伤职工在停工留薪期需要护理，则由所在单位负责。

在此期间，工伤职工无须上班，若单位要求其上班，员工亦可拒绝。在工伤医疗期内，单位需按照员工受伤前 12 个月平均工资待遇发放工资。很多单位提出只发底薪或按最低工资标准发放工资，这些都是不合法的。在工伤医疗期内，如果员工需住院治疗，则最好住院治疗。这是因为，对于住院期间的伙食补助费、陪护人员的误工费，工伤职工都可以要求单位支付；若未住院，则这两项都比较难以争取。

4. 怎样进行工伤鉴定？是不是越早越好？

工伤医疗期满后，劳动者可以向人力资源和社会保障局指定的鉴定机构提出劳动能力鉴定申请。很多劳动者认为，鉴定越早越好。实际上，有些损害会发生在一定时间以后，如果过早鉴定，不利于观察伤情及损害结果；不少地区以鉴定时间作为医疗终结期，如果过早鉴定，工伤医疗期内的待遇也将提前终止。为了自己的健康，建议工伤职工安心接受治疗，待身体大致康复后再申请鉴定。

若对鉴定结果有异议，劳动者可在收到结果之日起 15 日内向上一级劳动能力鉴定委员会申请重新鉴定。未鉴定为伤残的，只能要求停工留薪期（工伤医疗期）的工资、住院期间的伙食补助费、误工费及医疗费。若被鉴定为伤残并评定等级，则工伤职工可以去人力资源和社会保障局办理理赔手续。

5. 工伤职工可以获得的赔偿有哪些？

工伤职工可以向单位要求以下项目的赔偿：

第一，停工留薪期（工伤医疗期）的工资。工伤职工可以要求单位按月支付停工留薪期（工伤医疗期）的工资。金额按本人工资（工伤职工因工作遭受事故伤害或者患职业病前 12 个月平均月缴费工资，以下所指本人工资与此相同）计算。停工留薪月数由鉴定部门根据伤情的具体情况确定。

第二，一次性伤残就业补助金。如果因工致残被鉴定为五、六级伤残，由工伤职工本人提出，与用人单位解除或者终止劳动关系的，以及因工致残被鉴定为七至十级伤残，劳动合同期满终止或者工伤职工本人提出解除劳动合同的，由用人单位支付一次性伤残就业补助金。

第三，一次性伤残补助金。根据《工伤保险条例》的规定，工伤职工一次性伤残补助金的具体给付金额如表 7-2 所示。

表 7-2　工伤职工一次性伤残补助金的具体给付金额

劳动伤残级别	一次性伤残补助金	伤残津贴	备注
一级	27 个月的本人工资	本人工资的 90%	在保留劳动关系的基础上这两项都可以主张赔偿；伤残津贴实际金额低于当地最低工资标准的，由工伤保险基金补足差额
二级	25 个月的本人工资	本人工资的 85%	
三级	23 个月的本人工资	本人工资的 80%	
四级	21 个月的本人工资	本人工资的 75%	
五级	18 个月的本人工资	本人工资的 70%	这两项只能选择其一
六级	16 个月的本人工资	本人工资的 60%	
七级	13 个月的本人工资	—	
八级	11 个月的本人工资	—	
九级	9 个月的本人工资	—	
十级	7 个月的本人工资	—	

第四，一次性工伤医疗补助金。工伤职工因工致残被鉴定为五、六级伤残，由工伤职工本人提出，与用人单位解除或者终止劳动关系的，以及工伤职工因工致残被鉴定为七至十级伤残，劳动合同期满终止或者工伤职工本人提出解除劳动合同的，还可以要求从工伤保险基金中一次性支付医疗保障费用。

对于以上三项一次性补助金，在解除劳动关系之前，人力资源和社会保障局只赔付一次性伤残补助金；解除劳动关系后，由单位支付一次性伤残就业补助金，人力资源和社会保障局支付一次性工伤医疗补助金；单位未买工伤保险的，均由单位承担。各省以工伤职工所在地的具体规定为准。

第五，生活护理费。工伤职工已经评定伤残等级并经劳动能力鉴定委员会确认需要生活护理的，从工伤保险基金中按月支付生活护理费。生活护理费按照生活完全不能自理、生活大部分不能自理或者生活部分不能自理三个不同等级支付，其标准分别为统筹地区上年度职工月平均工资的 50%、40%或者 30%。

比较特殊的情形是职工因工外出期间发生事故下落不明的，从事故发生当月起 3 个月内照发工资，从第4个月起停发工资，由工伤保险基金向其供养亲属按月支付供养亲属抚恤金。工伤职工生活有困难的，可以预支一次性工亡补助金的50%。工伤职工被人民法院宣告死亡的，按照职工因工死亡的规定处理。

五、劳动争议如何解决？

1. 哪些纠纷属于劳动争议？

不是所有与劳动关系有关的纠纷都是劳动争议，我们必须明确劳动争议的范围。劳动争议包括以下内容：因确认劳动关系发生的争议；因订立、履行、变更、解除和终止劳动合同发生的争议；因除名、辞退和辞职、离职发生的争议；因工作时间、休息休假、社会保险、福利、培训以及劳动保护发生的争议；因劳动报酬、工伤医疗费、经济补偿或者赔偿金等发生的争议；法律、法规规定的其他劳动争议。

为了弄清楚劳动争议的范围，最高人民法院的司法解释进一步规定了不属于劳动争议的情形：① 劳动者请求社会保险经办机构发放社会保险金的纠纷。② 劳动者与用人单位因住房制度改革产生的公有住房转让纠纷。③ 劳动者对劳动能力鉴定委员会的伤残等级鉴定结论或者对职业病诊断鉴定委员会的职业病诊断鉴定结论的异议纠纷。④ 家庭或者个人与家政服务人员之间的纠纷。⑤ 个体工匠与帮工、学徒之间的纠纷。⑥ 农村承包经营户与受雇人之间的纠纷。⑦ 劳动者以用人单位的工资欠条为证据直接向人民法院起诉，诉讼请求不涉及劳动关系其他争议的，视为拖欠劳动报酬争议，按照普通民事纠纷受理。⑧ 用人单位与其招用的已经依法享受养老保险待遇或领取退休金的人员发生用工争议，向人民法院提起诉讼的，人民法院应当按劳务关系处理。

2. 劳动争议有哪些解决途径？

劳动争议是劳动关系当事人之间的纠纷，可以选择不同的途径进行处理：① 协商。由劳动者与用人单位直接进行协商，用以处理劳动争议。② 劳动争议调解。调解是处理劳动争议的基本方法或途径之一，这里专指企业内部的调解委员会所进行的调解活动。③ 劳动争议仲裁。由劳动争议仲裁机构依法对争议双方当事人的争议案件进行处断。仲裁因为具有灵活、方便等特点，所以成为劳动争议处理必经的前置程序。④ 劳动争议诉讼。这是人民法院按照民事诉讼法规定的程序，以劳动法规为依据，按照劳动争议案件进行审理的活动。

以上四种解决途径的先后顺序是：劳动争议当事人不愿协商、调解或者协商、调解不成的，可以向劳动仲裁机构申请劳动争议仲裁。劳动争议仲裁是提起诉讼的前置程序，当事人不能直接向人民法院起诉。

3. 劳动争议协商解决有哪些好处?

发生劳动争议时，最直接的解决方案是劳动者与用人单位直接进行协商，寻找纠纷解决的具体方案。与其他纠纷不同的是，劳动争议当事人的一方为用人单位，另一方为用人单位的职工，因双方已经发生一定的劳动关系，相互有所了解，所以发生纠纷后最好先协商，通过自愿达成协议来消除隔阂。

协商程序不是处理劳动争议的必经程序，双方可以协商，也可以不协商，完全出于自愿，任何人都不能强迫。

4. 劳动争议如何调解解决?

劳动纠纷的一方当事人可以就已经发生的劳动纠纷向劳动争议调解委员会申请调解。《劳动法》规定，在用人单位内，可以设立劳动争议调解委员会负责调解本单位的劳动争议。劳动争议调解委员会委员由单位代表、职工代表和工会代表组成，成员应当具备一定的法律知识和实际工作能力，了解本单位的具体情况。除因签订、履行集体劳动合同发生的争议外，均可由劳动争议调解委员会进行调解。

劳动争议调解委员会在接受争议双方当事人调解申请后，首先要查清事实、明确责任，然后根据有关法律和集体合同或劳动合同的规定，通过说服、劝导等方法，促使双方当事人自愿达成解决劳动争议的协议。与协商程序一样，调解程序由当事人自愿选择，且调解协议不具有强制执行力，一方如果反悔，同样可以向仲裁机构申请仲裁。

5. 怎样提起劳动争议仲裁?

劳动者提起劳动争议仲裁需要提交以下材料：① 劳动争议仲裁申诉登记表。② 申诉书（详细陈述申诉理由和要求，一式两份或按被诉人人数提供）。③ 申诉人身份证明及复印件。④ 有委托代理人的，需当面签字确定并提交《授权委托书》，注明委托事项，同时提交受委托代理人的身份证复印件。⑤ 被诉人在工商行政管理局注册的信息资料。⑥ 申诉人与被诉人存在劳动关系的证明材料，如劳动合同、暂住证、工作证、厂牌、工卡、工资表、入职登记表、押金收据，以及被处罚凭证和被开除、除名、辞退、解除劳动关系的通知等。申诉人提交证明材料时，应附原件及复印件各一份，审核后原件会被退回。除了以上证明材料，还应当制作《提交证据材料清单》，一式两份。

对于劳动争议裁决，一方当事人不服的，可以自收到仲裁裁决书之日起 15 日内向人民法院提起诉讼。一方当事人在法定期限内既不起诉，又不履行仲裁裁决的，另一方当事人可以申请人民法院强制执行。但是，如果出现以下情形，则仲裁裁决书为终局裁决，自作出之日起发生法律效力，当事人不能再提起诉讼：① 追索劳动报酬、工伤医疗费、经济补偿或者赔偿金，不超过当地月最低工资标准 12 个月金额的争议；② 因执行国家的劳动标准在工作时间、休息休假、社会保险等方面发生的争议。

劳动争议仲裁不收费，劳动争议仲裁委员会的经费由财政予以保障。

申请劳动争议仲裁的时效期间为 1 年，从当事人知道或者应当知道其权利被侵害之日起计算。劳动关系存续期间因拖欠劳动报酬发生争议的，劳动者申请仲裁不受 1 年的限制，但是，劳动关系终止的，应当自劳动关系终止之日起 1 年内提出。

专题八 犯罪与刑罚

一、我们距离犯罪很远吗？

1. 群成员传播淫秽视频，群主为何同罪？

如今，微信群、QQ 群、微博群等即时通信工具已经成为自媒体时代的社交圈子，利用这种社交圈子实施如网络诈骗、传销、暴恐、传授犯罪方法、传播谣言、传播淫秽物品、发红包赌博、销售伪劣商品、非法经营、侵犯知识产权等违法犯罪行为的现象也越来越多。远离犯罪，不仅要警惕自己成为被害人，而且要警惕自己成为犯罪人。

近年来，人民法院审判了几起“群成员犯罪，群主同罪”的案件。比如，浙江省云和县人民法院曾判决一起利用微信群传播淫秽视频的案件，群主因没有阻止群成员的违法传播行为，被认定为传播淫秽物品罪的共犯。

对此，有人提出疑问：群主本身并没有传播行为，群主对其他人发送的信息也没有作删除或屏蔽他人屏幕处理，怎么就构成传播淫秽物品罪的共犯了呢？首先，即使没有积极的行为，也可能构成不作为犯罪，即行为人在能够履行自己应尽义务的情况下不履行该义务，可能涉嫌不作为犯罪。群主的作为义务来源于其之前创建群的行为，虽然群主自己没有发布淫秽视频，但作为群的创建者，一般也是群的日常管理者，群主可以删除群成员，即可以通过“踢人”的手段，将违法者赶出群，但群主什么都没有做，放任了群成员传播淫秽视频的行为。其次，将群主作为共犯处理的法律依据主要是 2010 年《最高人民法院、最高人民检察院关于办理利用互联网、移动通讯终端、声讯台制作、复制、出版、贩卖、传播淫秽电子信息刑事案件具体应用法律若干问题的解释（二）》。该司法解释第 3 条规定，利用互联网建立主要用于传播淫秽电子信息的群组，成员达 30 人以上或者造成严重后果的，对建立者、管理者和主要传播者适用传播淫秽物品罪。当然，该司法解释并不适用于偶然的或个别人的传播行为，群主之所以成为共犯，是因为该群已被认定为“主要用于传播淫秽电子信息的群组”。

2. 遇到“送钱”的自动取款机，取钱会有牢狱之灾吗？

生活中，人们偶尔也会遇到“天上掉馅饼”的“好事”，因为一念之差而吃大亏的大有人在。比如，2007 年发生在广州的许霆案。许霆到银行准备取款 1 000 元，自动取款机出款 1 000 元后，他的银行卡里却只扣了 1 元。之后，许霆在 3 个时间段先后取款 170 次，共计取款 17.4 万元，并携款潜逃，后被抓获。广州市中级人民法院一审以盗窃罪判处许霆无期徒刑，舆论哗然。本案可谓一波三折，历经两次上诉，一次发回重审，经最高人民法院核准，最终以盗窃罪判处许霆有期徒刑 5 年，并处罚金 2 万元。

对于许霆案，很多人表示不理解。有人说：“假如我是许霆，可能也会这么做。”由此认为这是刑事司法出了问题；也有人认为自动取款机发生故障本是银行自身的责任，许霆的行为应该属于不当得利，把钱还给银行便是，怎么就犯罪了呢？

我们认为，许霆第一次取款和后续的 170 次取款，其行为的性质是不一样的。虽然从行为表现上看，在多次取款中，许霆都是“插卡—输密码—输金额—取钱”，但在第一次取款时，许霆并不知道自动取款机有故障，多得的 999 元具有被动性，确实属于民事上的不当得利，返还即可。但对于后续的 170 次取款，许霆是在明知自动取款机发生故障的情况下恶意为之，具有“非法占有”的主观故意，属于以作为的方式实施了非法占有的行为。在刑事司法中，行为人主观要素的改变对行为性质的法律评价具有重要影响，违法不仅要考察客观行为表现，而且要考察主观意图。比如，医生给病人开感冒药，属于正常的治疗行为，但医生明知病人患有心脏病，这种感冒药会诱发心脏病而导致病人死亡，医生仍然故意开药，这就属于杀人行为。

所以，许霆以非法占有为目的，在明知自动取款机发生故障的情况下，恶意取款 17.4 万元，数额巨大，构成盗窃罪无疑。

3. 纠缠、骚扰前女友涉嫌寻衅滋事罪吗？

近年来，寻衅滋事罪成为热点问题。有人专门罗列了一些让人意想不到的寻衅滋事犯罪案例，如“85 岁老妇频繁上访”“20 岁小伙街头涂鸦”“微信留言辱警”“网上发文失察”“吃瓜群众幸灾乐祸”“网上泄愤”“胡编乱造”“酒后撒泼”等，都因涉嫌寻衅滋事罪被刑事追究。寻衅滋事罪也因此被诟病为“口袋罪”，因为该罪的内涵太模糊，几乎可以涵盖社会生活中的一切不轨行为，这与罪刑法定原则要求的明确性相违背。有学者提议废除该罪名，但也有学者为之辩护，认为该罪可以实现处罚的兜底性，弥补其他罪名的打击不足。

那么，到底什么是寻衅滋事罪呢？从历史沿革看，寻衅滋事罪源自 1979 年《刑法》中的流氓罪（聚众斗殴、寻衅滋事、侮辱妇女或者进行其他流氓活动，破坏公共秩序，情节恶劣的行为，其刑罚最高为死刑），现行《刑法》废除了流氓罪，分别规定了聚众斗殴罪、寻衅滋事罪和强制猥亵、侮辱妇女罪。其中，寻衅滋事罪沿袭了流氓罪的主要成分。

根据《刑法》及其司法解释的规定，破坏社会秩序的寻衅滋事行为有以下四种：① 随意殴打他人，情节恶劣；② 追逐、拦截、辱骂、恐吓他人，情节恶劣；③ 强拿硬要或者任意损毁、占用公私财物，情节严重；④ 在公共场所起哄闹事，造成公共场所秩序严重混乱。另外，编造虚假信息，或者明知是编造的虚假信息，在信息网络上散布，或者组织、指使人员在信息网络上散布，起哄闹事，造成公共秩序严重混乱的，也以寻衅滋事罪定罪处罚。

从司法实践看，寻衅滋事的行为类型主要有以下三种：①“无事生非型”，即行为人为寻求刺激、发泄情绪、逞强耍横等，无事生非的。②“小题大做型”，即行为人因日常生活中的偶发矛盾纠纷，借故生非的（但矛盾系由被害人故意引发或者被害人对矛盾激化负有主要责任的除外）。③“拒不改正型”，即行为人因婚恋、家庭、邻里、债务等纠纷，实施殴打、辱骂、恐吓他人或者损毁、占用他人财物等行为的，一般不认定为“寻衅滋事”，但经有关部门批评制止或者处理处罚后，继续实施上述行为，破坏社会秩序的除外。

所以，采用长期电话骚扰、言语威胁、随意殴打、围堵拦截、恐吓被害人及亲友等手段纠缠、骚扰前女友，经有关部门批评制止或处理处罚后仍不改正的，可以寻衅滋事罪定罪量刑。

4. 行人或非驾驶者也会触犯交通肇事罪吗？

很多人认为交通肇事罪是机动车驾驶人专属的，作为弱势群体的行人怎么会触犯此罪呢？各地都在积极倡导文明行车，“斑马线前礼让行人”，于是，不少行人开始在人行横道线上作出各种“理直气壮”的事情，如“闲庭信步”、无视红绿灯，甚至无视人行横道线。那么，行人违反交通法规，真的只有警告、罚款，而不会被定罪量刑吗？

答案是否定的。行人不遵守交通运输管理法规，如闯红灯、翻越隔离栅栏等，造成一定程度的交通事故的，也将依法追究相应的刑事责任。比如，2017 年广东省中山市一位行人在交通信号灯是红灯的情况下横过马路，并同时使用手机，结果与行驶中的摩托车发生碰撞，造成摩托车乘客死亡。该行人以交通肇事罪被判处有期徒刑 10 个月，缓刑 1 年。

可见，交通肇事罪的主体主要是交通运输人员，但也可以是非交通运输人员。比如，在高速公路上实施“拉车乞讨”等行为，引起交通事故，也可能构成交通肇事罪。另外，根据司法解释，单位主管人员、机动车辆所有人或机动车辆承包人指使、强令他人违章驾驶造成重大交通事故的，以交通肇事罪定罪处罚。车主将自己的机动车交给醉酒者、无驾驶资格者驾驶，没有防止伤亡结果发生的，驾驶者与车主都成立交通肇事罪。

行人务必牢记以下几点：应当在人行道内行走；通过路口或横过马路时，应当走人行横道线或过街设施；通过有交通信号灯的人行横道线时，应当按照交通信号灯指示通行；不得跨越、倚坐道路隔离设施，不得扒车、强行拦车；不得进入高速公路。

5. 偷回自己的财产算盗窃吗?

众所周知，盗窃他人的财产，且数额达到法律规定的标准，即构成盗窃罪。但偷回本来就属于自己的财产也会涉嫌盗窃罪，可能很多人都不理解。事实上，出于非法占有的故意，偷回处于他人合法占有之下的本人财物，数额较大的，同样构成盗窃罪。这里，特别要注意以下两点：

一是财产处于他人合法占有之下。实践中，本人所有的财物可能因为他人代为保管、出借、质押和留置、查封和扣押等司法行为而处于他人的合法占有之下，他人在对财产合法占有的同时，也要承担财物灭失的风险以及相应的赔偿责任。盗窃罪侵犯的是他人的财产权利，这种财产权利不仅要从所有关系上理解，而且应当从占有关系上理解。也就是说，刑法不仅保护所有权，而且保护占有权。但如果财产处于他人非法占有之下，如甲的财物被乙偷走，甲没有报警而是悄悄偷回，显然，甲不可能构成盗窃罪。

二是行为人必须出于非法占有的故意。如果财产所有权人偷回自己的财物，事后明确告知，并没有向财产合法占有人要求赔偿等行为，则他人的财产权利不可能遭受损失，行为人当然不构成盗窃罪。比如，财产所有权人将放在宾馆、超市柜台代为保管的财物偷偷取走，只是为了省事，或者因为自己的保管凭证丢失而无法通过正当方式取回财物，则不存在非法占有的故意；但如果事后要求代管人赔偿损失，则可推断其主观上具有非法占有的故意。

另外，还有一种有意思的情况就是“黑吃黑”。比如，甲的财物被乙偷走，丙又从乙那里偷了该财物，丙是否构成盗窃罪呢？我们认为，虽然乙对该财物的占有是非法的，不会受到法律保护，但丙以非法占有的故意，实施了秘密窃取的行为，侵害了甲的财产所有权，数额达到法定标准的，当然构成盗窃罪。

二、罪与非罪如何判断?

1. 违法就是犯罪吗?

我们常说“违法犯罪”，很多人也因此误以为违法就是犯罪，其实两者并不等同。违法是指一切违反国家法律的行为，其外延很广，可以是违反宪法、民商法、刑法、行政法、经济法、诉讼法等任何法律规定，并为此承担相应的法律责任。而犯罪是具有严重社会危害性，触犯刑法，应当受到刑罚惩罚的行为。犯罪必然是违反刑法的规定。可见，犯罪一定是违法，但违法不一定是犯罪，只有严重的违法才是犯罪，判断严重程度的标准就是刑法的规定。

刑法涉及社会生活的方方面面，是其他部门法贯彻实施的最后保障，其他部门法保护和调整的社会关系最终都有可能需要刑法保护和调整。比如，《民法典》婚姻家庭编中规定了夫妻之间、父母子女之间有相互扶助的义务，若有虐待行为，就是违法，需要承担相应的民事责任。同时，《刑法》还规定了虐待罪，如果虐待情节严重，就可能构成犯罪，需要承担相应的刑事责任。而刑事责任承担的主要方式就是刑罚，是对犯罪人人身自由、财产权利、政治权利的限制和剥夺，甚至直接剥夺犯罪人的生命。正是因为刑法的调整手段具有严厉性，所以刑法能保障其他部门法的实施。

《刑法》对犯罪作了定性和定量两个方面的界定。比如，秘密窃取公私财物的性质是盗窃，但并不是所有的盗窃行为都构成盗窃罪。构成盗窃罪一般都需要“数额较大”，也就是说，还要考察盗窃“量”的问题。《刑法》中关于“罪量”的规定，除了要考虑“数额”，还要考虑犯罪情节、造成后果等。对于达不到《刑法》规定的“罪量”标准的违法行为，一般都是通过《治安管理处罚法》来调整的，行为人将承担相应的行政责任。比如，行为人盗窃 200 元，不构成盗窃罪，但是行为人可能需要为其盗窃违法行为承担警告、具结悔过、罚款，甚至拘留的行政责任。

2. 醉驾是犯罪，抽烟为何不入刑?

《刑法修正案（八)》规定，醉酒后在道路上驾驶机动车构成危险驾驶罪，醉驾犯罪只需要驾驶者的血液酒精含量达到法定标准即可构成，而不需要考察是否造成危害结果。抽烟有害身体健康，尤其是二手烟对健康的危害不容小觑。近年来，我国出台了不少禁止在公共场所抽烟的规定，但即使违反这一规定，也不构成犯罪。那么，为什么没有造成危害结果的醉驾是犯罪，侵害公众身体健康的抽烟却不入刑呢?

刑法是规定犯罪与刑罚的法律，适用刑罚是犯罪的主要法律后果，其本质是给受刑人带来痛苦。在现代文明社会，人们逐渐认识到，刑罚并不能解决所有问题，它是国家治理中不得已的最后手段，刑法必须遵循谦抑性原则，即刑法应依据一定的规则控制处罚范围和处罚程度；对于已经确定为犯罪的行为，如果以较轻的刑事责任方式足以抑止某种犯罪行为，就不要采用较重的刑事责任方式。

那么，在什么条件下，可以把某种行为规定为犯罪，动用刑法呢?根据张明楷教授的观点，动用刑法至少应该具备以下条件：① 该行为严重侵犯法益，具有严重的社会危害性，大多数人不能容忍这种行为，且主张以刑法进行规制。② 适用其他制裁方式不足以抑止这种行为，不足以保护合法权益，只能动用刑法进行规制。③ 运用刑法处罚这种行为，不会导致禁止对社会有利的行为，不会使公民的自由受到很大限制。④ 对这种行为在刑法上能够进行客观的认定和公平的处理。⑤ 刑法处罚这种行为具有预防或抑止该行为的效果。

醉驾入刑是对我国日趋严重的醉驾、飙车等危险驾驶行为导致严重交通事故状况的国家治理。我国法律规定，在道路上醉酒驾驶机动车的，处拘役，并处罚金。何谓醉驾?目前，在司法实践中，以每百毫升血液的酒精含量达 80 毫克以上为标准。虽然该标准的适用合理性还有待商榷和完善，但自醉驾入刑以来，酒后驾车危害公共安全的状况有了明显改善。反观禁烟，到底有多少人不能容忍在公共场所抽烟的行为，并主张用刑法来规制呢？对公共场所抽烟的问题是否穷尽了其他治理办法且无效呢？用刑罚来处罚在公共场所抽烟的行为，是否过分限制了公民的自由？使用什么标准来确定抽烟入刑的程度？通过刑罚来制裁真的能够预防和抑止人们在公共场所抽烟吗？这些问题可能都没有肯定的答案，这也是抽烟不入刑的原因所在。

3. 不懂法，是无罪辩护的理由吗？

在现实生活中，我们常常会遇到一种情况：一个人实施了刑法禁止的行为，却没有认识到自己行为的违法性，即存在违法性认识错误。比如，处于离婚诉讼期间的丈夫自认为强奸罪不适用于夫妻关系而强行与妻子发生性关系；教师误以为自己有体罚学生的权利；防卫者误以为自己可以对侵害行为采取任何强度的反击；维权者误以为可以在公共场所起哄闹事或到非信访接待场所上访；妻子误以为“暴力捉奸”无可厚非而非法侵入他人住宅；甚至有人误以为只要没有造成实质性的危害后果，就不构成犯罪；等等。那么，违法性认识错误对定罪量刑有何影响？是“不知法者不为罪”，还是“不知法者不免责”呢？“不知法”真的可以成为无罪辩护的理由吗？

对此，理论上有两种截然不同的观点：20 世纪八九十年代，我国普遍的说法是“违法性认识不要说”，即成立犯罪不需要行为人认识到违法性。“不知法者不免责”，“不知法”本身就意味着对法律的漠视和不敬，行为人也不能以法律认识错误为借口逃避法律的追究。2000 年以来，学界出现了“违法性认识必要说”的主张，认为公民对法律的不知乃至误解均是国家“不教之过”，对不知法者动用刑罚严重违反了责任主义原则，甚至认为“不知法者不为罪”。随着法定犯时代的到来，各种行政犯罪、经济犯罪、环境犯罪、社会治安犯罪等刑事立法激增，每个人都要知道刑法规定是不现实的。如果强行要求所有人在任何场合都认识法律，这是不可能的。所以，越来越多的人认识到“不知法者不为罪”与“不知法者不免责”不是绝对的二元对立，在违法性认识错误不可避免的场合，不知法可以成为罪责的阻却事由。

在我国目前的司法实践中，对违法性认识错误不可避免的认定还基本持一种谨慎的限缩性态度，惩罚不知法者的违法行为的公平性问题也颇受媒体关注。比如，天津的一位老太太在市场上摆气球射击摊儿，因其 6 支枪形物被鉴定为枪支，一审被判犯非法持有枪支罪，处以有期徒刑 3 年 6 个月，二审改判有期徒刑 3 年，缓刑 3 年。对于枪支，我国目前司法实务中的认定标准是枪口比动能≥1.8 焦耳/平方厘米，它是以能对人的眼睛造成轻伤以上伤害为标准来判断杀伤力的（能击穿皮肤造成轻伤以上伤害需要 10~15 焦耳/平方厘米，能造成伤亡丧失战斗力需要达到 78 焦耳/平方厘米）。由此，一般人并不真正知道什么是枪，如非法持有枪支罪、非法走私武器罪等相关枪支犯罪时有发生，舆论争议也颇大。《最高人民法院、最高人民检察院关于涉以压缩气体为动力的枪支、气枪铅弹刑事案件定罪量刑问题的批复》规定："对于非法制造、买卖、运输、邮寄、储存、持有、私藏、走私以压缩气体为动力且枪口比动能较低的枪支的行为，在决定是否追究刑事责任以及如何裁量刑罚时，不仅应当考虑涉案枪支的数量，而且应当充分考虑涉案枪支的外观、材质、发射物、购买场所和渠道、价格、用途、致伤力大小、是否易于通过改制提升致伤力，以及行为人的主观认知、动机目的、一贯表现、违法所得、是否规避调查等情节，综合评估社会危害性，坚持主客观相统一，确保罪责刑相适应。"

4. 正当防卫如何认定?

《刑法》规定了各种犯罪的构成要件，但并不是符合构成要件就必然构成犯罪，构成犯罪还必须"不法"且"有责"。正当防卫就是违法的重要阻却事由，《刑法》第 20 条对此作了明确规定，但在司法实践中，正当防卫的认定很少，该条款一度被诟病为"僵尸条款"。直至近几年，从"辱母杀人案"被告人于某最终被认定为防卫过当，到"昆山反杀案"犯罪嫌疑人于某某被认定为正当防卫，不负刑事责任，我国的正当防卫制度逐渐复苏。

关于正当防卫的司法认定，特别需要关注以下问题：

（1）如何认定存在"现实的不法侵害"？不法侵害是否只能是侵害他人健康生命权的行为？不法侵害是否必须达到犯罪标准？对于动物伤人，能正当防卫吗？我们认为，所谓"不法"，不仅包括侵害他人健康生命权的行为，而且包括侵害他人财产权及其他权利的行为；不仅包括犯罪行为，而且包括一般的违法行为。但并非对任何违法犯罪行为都可以进行防卫，而只能对那些具有攻击性、破坏性、紧迫性和持续性的不法侵害，在采取正当防卫可以减轻或避免法益侵害结果的情况下，才适合正当防卫。关于动物伤人，要看具体情况。如果是野生动物侵害法益，理当可以反击，但不属于正当防卫，可能成立紧急避险；如果是动物饲养人唆使动物侵害他人，此时该动物是饲养人进行不法侵害的工具，打死打伤该动物，属于以造成不法侵害人财产损失的方法进行正当防卫；如果是动物自发伤人，虽然饲养人主观上没有过失，但其客观上的管理疏忽行为也是不作为的侵害行为，此时打死打伤该动物，也属于对管理者的正当防卫。

（2）如何认定"不法侵害正在进行"？"不法侵害正在进行"是构成正当防卫的时间条件，即不法侵害已经开始，尚未结束。但是，何谓"开始"？何谓"结束"？理论上有不同的观点。一般认为，不法侵害从"着手"开始，对预备行为不能进行正当防卫，不法侵害已经不可能继续侵害或威胁法益即为"结束"。比如，在即成犯的情况下，不法侵害人已被制服、已经丧失侵害能力或自动中止了不法侵害等就意味着不法侵害已经结束。但对不法侵害财产的行为人，在被当场发现并受到追捕时，一般认为其不法侵害行为一直延续到其将所取得的财物藏匿至安全场所为止，在此之前，追捕者可以使用强力将财物取回。比如，抢劫犯使用暴力强取财物后，被害人或第三人当场追击使用暴力夺回财物的，属于正当防卫。而当不法侵害属于持续犯（如非法拘禁）时，只要行为仍在持续，不法侵害就没有结束，被害人在持续过程中都可以进行正当防卫。近年来，我国司法实践对正当防卫时间要件的认定不再局限于某一时间节点，而把“不法侵害正在进行”视为整个过程。判断不法侵害属于“正在进行”还是已经“结束”，不仅要考察侵害行为是否已经“停下”这一客观状态，而且要考察侵害行为在当时有无继续进行的可能性。如果不法侵害仅仅是迫于防卫行为而暂停，不能排除侵害行为有继续实施的可能，则不能认定不法侵害已经结束，此时应允许正当防卫。

（3）如何把握正当防卫的限度？“没有明显超过必要限度造成重大损害”是构成正当防卫的限度条件。所谓“必要限度”，一般认为，以制止不法侵害、保护法益的合理需要为标准，具体应结合案件分析不法侵害行为的危险程度、侵害者的主观内容，以及双方的手段、强度、人员多少与强弱、现场所处的客观环境和形势等综合判断。同时，应衡量防卫行为所保护的法益性质与防卫行为所造成的损害后果，不能为了保护微小法益而造成不法侵害者重伤或死亡。从我国的司法实践看，往往存在以下误区：一是过分要求防卫行为与侵害行为的手段相等，如不法侵害人没有使用刀具等凶器，而防卫人使用了刀具等工具，造成不法侵害人伤害的，就简单认定为防卫行为超过了必要限度。二是防卫行为造成不法侵害人伤亡，除非属于特殊防卫，否则都视为超过必要限度，出现“死者为大”的处理态势。三是用事后的理性人视角来判断防卫行为是否超过必要限度，而无视防卫人当时所处的身体和心理状况。四是将不法侵害者已经造成的侵害与防卫人造成的侵害进行简单比较，而无视不法侵害者的侵害行为可能造成的侵害。

（4）何谓特殊正当防卫？一般正当防卫需要限度条件，但对正在进行行凶、杀人、抢劫、强奸、绑架以及其他严重危及人身安全的暴力犯罪，采取防卫行为，造成不法侵害人伤亡的，不属于防卫过当，不负刑事责任，这就是特殊正当防卫。结合司法实践，对特殊正当防卫适用条件的理解应注意以下几点：一是针对非暴力犯罪、一般违法暴力行为、轻微暴力犯罪以及一般暴力犯罪实施的防卫行为，不适用特殊正当防卫的规定。二是在通常情况下，“行凶”包含杀人和伤害界限不明，但有很大可能造成他人重伤或死亡的行为。“杀人”限于故意杀人。三是并不是对于行凶、杀人、抢劫、绑架等暴力犯罪进行防卫都不存在防卫过当，只有这些暴力犯罪严重危及人身安全，才适用特殊正当防卫的规定。比如，以一般暴力行为实施绑架，但并不以杀害或重大伤害相威胁，没有严重危及人身安全，对之进行防卫造成不法侵害人死亡的，不适用特殊正当防卫的规定。四是严重危及人身安全的暴力犯罪并不限于行凶、杀人等列举的犯罪，还可能是抢劫枪支弹药、放火、爆炸等犯罪。

三、此罪与彼罪如何区分？

1. 拘禁他人并向其勒索财物，如何定罪？

犯罪的客体即犯罪侵害的法益，是区分此罪与彼罪的首要标准，《刑法》分则根据犯罪同类客体的不同，将犯罪分为 10 类，每类犯罪又因为直接客体的不同，分为各个具体的罪名，分别规定了不同的法定刑。

拘禁他人并向其勒索财物，主要涉及抢劫罪与绑架罪的界定。抢劫罪属于《刑法》分则规定的第五类犯罪，即侵犯财产罪，其法定刑，一般情况下处 3 年以上 10 年以下有期徒刑，并处罚金；具有如入户抢劫等法定情形时，处 10 年以上有期徒刑、无期徒刑或者死刑，并处罚金或者没收财产。绑架罪属于《刑法》分则规定的第四类犯罪，即侵害公民人身权利、民主权利罪，其法定刑，一般情况下处 10 年以上有期徒刑或者无期徒刑，并处罚金或者没收财产；情节较轻的，处 5 年以上 10 年以下有期徒刑，并处罚金；杀害被绑架人的，或者故意伤害被绑架人，致人重伤、死亡的，处无期徒刑或者死刑，并处没收财产。

因为抢劫罪与绑架罪往往同时侵犯他人的人身权利和财产权利，所以它们很容易被混淆。抢劫是以非法占有为目的，当场采用暴力、胁迫和其他方法强行将公私财物抢走的行为；绑架是以暴力、胁迫或者麻醉方法强行掳走他人，以此向被害人亲友索取钱物的行为。两罪的本质区别在于是否向第三人勒索财物，以作为释放被绑架人条件的赎金。从社会危害性看，是否向第三人勒索，危害性差别较大。绑架罪除直接侵害被害人的人身权利之外，还侵犯了第三人的自决权，其在对救人与破财作出两难选择的同时，往往还会涉及更为深远的道德和法律问题。

因此，抢劫罪与绑架罪侵害的主要法益是不同的。拘禁他人并向其勒索财物因为没有直接影响案外第三人的利益，应该判定为抢劫罪，而非绑架罪。

2. 拾得他人的银行卡并猜对密码冒名取款，如何定罪？

行为方式和手段的不同是区分此罪与彼罪的主要标准。比如，《刑法》分则规定的第五类侵犯财产罪共 13 个具体罪名，侵犯的法益都是财产权利，主观上都是故意，且大多以“非法占有”为目的，区别的关键在于行为方式和手段。

行为人拾得他人的银行卡并猜对密码冒名取款，应该如何定罪？关于这个问题，常常出现以下四种分歧。第一种观点认为，拾得他人的银行卡，并未占有或控制银行卡里的钱财，但猜对密码，盗用失主名义取款，主观上具有非法占有的目的，客观上实施了秘密窃取的行为，数额较大的，构成盗窃罪。第二种观点认为，银行卡是行为人拾得的，其提取存款的行为属于侵占他人财物，拒不退还，数额较大的，构成侵占罪。第三种观点认为，行为人拾得银行卡后，以非法占有为目的，采用隐瞒真相的欺骗手段冒取银行卡里的钱款，数额较大的，构成诈骗罪。第四种观点认为，行为人猜对密码冒名取款的行为属于诈骗，而且属于信用卡诈骗罪的行为方式之一，即“冒用他人的信用卡”，基于特别法优先于一般法的原则，应构成信用卡诈骗罪。

在司法实践中，拾得他人的银行卡并猜对密码冒名取款，数额较大的，构成信用卡诈骗罪。因为行为人的关键行为在于“冒名取款”，其行为性质应该是诈骗。盗窃是“秘密窃取”，即行为人采取财物所有人、保管人未发觉的手段、方法，将财物据为己有；诈骗是“虚构事实或隐瞒真相骗取”，即行为人让被害人基于错误认识处分财产；侵占是“将代为保管的他人财物、遗忘物或者埋藏物非法占为己有，拒不交还”。三者的区别关键在于被害人参与的自愿程度，其中，盗窃的被害人是不自愿的；侵占的被害人虽然自愿将自己财物的占有权委托给被告人，但对被告人后继的“拒不退还”是非自愿的；而诈骗对自己财物的转移名义上是自愿的。“冒名取款”实际上是行为人采取欺瞒的方法，使银行误认为持卡人是银行卡权利人，从而错误地支付款项的行为，属于诈骗行为。

3. 公司员工监守自盗，如何定罪?

犯罪的主体是犯罪构成的必备要件之一，除一般主体之外，某些犯罪的主体必须具有特殊的身份，如国家机关工作人员、关押的罪犯、现役军人、亲属等。因此，对于某些犯罪来说，犯罪的主体也是区分此罪与彼罪的标准。

公司员工监守自盗，可能涉嫌贪污罪、职务侵占罪或者盗窃罪。从行为方式看，三者都可以是“秘密窃取，非法占为己有”，其区别的关键在于犯罪主体的身份。对盗窃罪的犯罪主体没有限制，即一般犯罪主体；职务侵占罪的犯罪主体是公司、企业或其他单位的人员；而贪污罪的犯罪主体必须是国家工作人员和受国家机关、国有公司、企业、事业单位或人民团体委托，经营管理国有财产的人员，以及与上述人员勾结，伙同贪污时作为共犯处理的其他人员。构成职务侵占罪和贪污罪的，行为人必须“利用职务上的便利”，即利用职务上主管、管理、经手公私财物的权力及方便条件。其具体有以下三种情况：一是行为人对财物在一定范围内具有审查、批准、调配、处置、适用、决策等“主管”的权利；二是行为人具有直接以管理和保管财物为工作内容或工作职责的“管理”权利；三是行为人在财物的加工、修理、装配等过程中，对经手的财物具有直接的控制与独立支配的权利。特别要注意的是，“利用工作上的便利”与“利用职务上的便利”不同，工作上的便利往往指因工作关系而熟悉本单位的环境，便于出入本单位，易于接近作案目标等一切便利条件。

所以，关于公司员工的行为是否属于监守自盗，要看具体情形。首先要明确公司员工的身份性质是否为国家工作人员或经营管理国有财产的人员，以此判断是否构成贪污罪。其次要判断公司员工的职权（主管、管理和经手）与其监守自盗的行为是否相关，以此确定是否为职务犯罪。如果公司员工仅仅是利用工作上的便利，如主要负责出入车辆管理和人员登记的保安在夜间巡逻时秘密窃取本单位仓库里的财物，数额较大的，应该以盗窃罪定罪量刑。

4. 交通肇事后将被害人带离现场遗弃致人死亡，如何定罪?

罪过也是犯罪构成的必备要件，罪过包括犯罪的故意和犯罪的过失两种形式。罪过的形式不同，犯罪的性质也不同。我国刑法以处罚故意犯罪为原则，以处罚过失犯罪为例外，因为主观罪过轻重不同，刑法对过失犯罪规定的法定刑明显轻于相应的故意犯罪的法定刑。比如，关于故意杀人罪和过失致人死亡罪、放火罪和失火罪、爆炸罪和过失爆炸罪等，在行为主体、方式和结果都相同的情况下，主观上的罪过形式是区分此罪与彼罪的标准。

交通肇事后将被害人带离现场遗弃致人死亡，往往有两种定罪意见：一种意见认为，交通肇事后将被害人带离现场遗弃，致使被害人得不到及时救助而死亡，行为人具有放任被害人死亡的故意，所以应以故意杀人罪处罚；另一种意见认为，行为人将被害人带离现场遗弃，其目的是逃避交通肇事后的责任，属于交通肇事罪规定的“因逃逸致人死亡”情形，应当认定为交通肇事罪，加重量刑。

《刑法》第 133 条对交通肇事罪作了明确规定：“违反交通运输管理法规，因而发生重大事故，致人重伤、死亡或者使公私财产遭受重大损失的，处三年以下有期徒刑或者拘役；交通运输肇事后逃逸或者有其他特别恶劣情节的，处三年以上七年以下有期徒刑；因逃逸致人死亡的，处七年以上有期徒刑。”交通肇事罪是过失犯罪，过失包括疏忽大意的过失和过于大意的过失两种，即行为人应当预见自己的行为可能发生危害社会的结果，因为疏忽大意而没有预见，或者已经预见而轻信能够避免，以致发生这种结果的情形。交通肇事罪规定中“因逃逸致人死亡的”特别加重情形，应限于过失致人死亡。而故意杀人罪中的“故意”也包括直接故意和间接故意两种。直接故意是明知自己的行为会导致他人死亡的结果，行为人希望这种结果发生的主观状态；间接故意是明知自己的行为可能会发生他人死亡的结果，行为人放任这种结果发生的主观状态。

根据我国相关司法解释的规定，行为人在交通肇事后为掩盖罪行、毁灭证据，逃避法律追究，将被害人带离事故现场后隐藏或遗弃，致使被害人无法得到救助而死亡或严重残疾的，以故意杀人罪或者故意伤害罪处罚。

5. 伪造证件招摇撞骗，如何定罪？

实践中常常存在一人之行为构成数个犯罪的情况，包括行为人的一个行为触犯数个罪名和数个行为触犯同一罪名或数个罪名两种情形。比如，关于牵连犯，即行为人以实施某一犯罪为目的，而其犯罪的方法行为或结果行为又触犯了其他罪名的情况。牵连犯必须具有两个以上的犯罪行为，数个犯罪行为之间必须具有牵连关系，数个行为必须触犯不同的罪名。那么，对于牵连犯，应该如何定罪量刑呢？《刑法》对此的规定比较特殊，既有实行数罪并罚的规定，也有从一重罪处断的规定。比如，《刑法》第 198 条规定，投保人、被保险人故意造成财产损失的保险事故，骗取保险金，或者投保人、受益人故意造成被保险人死亡、伤残或者疾病，骗取保险金，同时构成其他犯罪的，依照数罪并罚的规定处罚。《刑法》第 399 条规定，司法工作人员收受贿赂，其行为构成受贿罪的，依照处罚较重的规定定罪处罚。如果《刑法》没有明文规定，则应按照刑法理论，对牵连犯从一重罪处断。

伪造证件招摇撞骗是典型的牵连犯，属于目的和手段的牵连，招摇撞骗是目的，伪造证件是手段，即行为人为了谋取非法利益，通过伪造证件，假冒国家机关工作人员的身份或职称进行诈骗，涉嫌伪造证件罪和招摇撞骗罪。伪造证件罪是《刑法》第 280 条规定的选择性罪名之一，伪造证件罪的量刑标准是伪造证件的种类和情节，如果伪造的是国家机关证件，一般处 3 年以下有期徒刑、拘役、管制或者剥夺政治权利，并处罚金；情节严重的，处 3 年以上 10 年以下有期徒刑，并处罚金。如果伪造的是居民身份证、护照、社会保障卡、驾驶证等依法可以用于证明身份的证件，一般处 3 年以下有期徒刑、拘役、管制或者剥夺政治权利，并处罚金；情节严重的，处 3 年以上 7 年以下有期徒刑，并处罚金。而招摇撞骗罪在《刑法》第 279 条中有所规定："冒充国家机关工作人员招摇撞骗的，处三年以下有期徒刑、拘役、管制或者剥夺政治权利；情节严重的，处三年以上十年以下有期徒刑。冒充人民警察招摇撞骗的，依照前款的规定从重处罚。"

可见，《刑法》对于伪造证件罪和招摇撞骗罪的牵连关系并没有如何定罪处罚的明文规定。因此，对于伪造证件招摇撞骗，应根据具体的情节，按照牵连犯从一重罪处断。

四、刑罚如何裁量？

1. 哪些情节影响量刑？

量刑是在定罪的基础上，决定是否对犯罪人判处刑罚、判处何种刑罚、判处多重的刑罚，以及是否立即执行刑罚。影响量刑的情节有法定和酌定之分，法定量刑情节是《刑法》明文规定在量刑时应当予以考虑的各种事实要素，酌定量刑情节是人民法院在审判经验中总结出来的，在刑罚裁量时灵活掌握、酌情适用的情节。

《刑法》总则对刑罚原则、制度、方法及其适用条件作了一般规定，如对预备犯、未遂犯、中止犯、未成年犯罪人，以及共同犯罪中的主犯、从犯、教唆犯、胁从犯的处罚原则，有关自首、立功、累犯、缓刑和数罪并罚等制度，有关从重、从轻、减轻，以及免除刑罚处罚的规定。《刑法》分则针对各种具体犯罪的法定刑及其量刑幅度作了具体规定。

影响量刑的酌定情节主要包括犯罪动机、犯罪手段、犯罪时间和地点、犯罪结果、犯罪的客体、犯罪前的表现、犯罪后的态度等。比如，预谋杀人一般比义愤杀人的动机更为恶劣，极其残忍的犯罪手段比一般的犯罪手段危害更大；同样是强奸犯罪，在光天化日的公共场所实施比在私下隐蔽场所实施的危害更大；造成多人伤亡的犯罪结果无疑更为严重；侵害病人、残疾人、未成年人、老人、孕妇等弱者比侵害一般人要更严重；有前科劣迹的罪犯比偶尔失足的犯罪要更严重；犯罪后拒不交代、逃避法律制裁的与主动坦白、积极退赃的相比，前者人身危险性更大。这些情节都会影响量刑。

另外，具有从重处罚情节和从轻处罚情节的，应在法定刑的限度之内判处刑罚。比如，教唆不满 18 周岁的人犯罪的，应当从重处罚，这是指在法定刑幅度内选择比没有这个情节的类似犯罪相对重一些的刑种或刑期。具有减轻处罚情节的，应在法定量刑幅度的下一个量刑幅度内判处刑罚。比如，故意伤害罪的最低法定刑是3年以下有期徒刑、拘役或管制，致人重伤的法定刑是3~10年有期徒刑，已满75周岁的人故意犯罪是可以从轻或减轻处罚的情节。比如，76周岁的甲故意伤害乙，致乙重伤，若对甲从轻量刑，即在3~10年有期徒刑幅度内靠近3年量刑；若对甲减轻量刑，即可判处甲3年以下有期徒刑、拘役或管制。

2. 被害人谅解有何意义？

被害人谅解是指被害人或其家属出于被告人认罪悔罪、赔偿损失、赔礼道歉或其他正当原因，而对被告人表示谅解。我国刑法并没有将被害人谅解作为法定量刑情节予以规定，但因为取得被害人谅解是犯罪人重要的悔罪表现，赔偿损失和赔礼道歉也减轻了犯罪行为的社会危害性。《最高人民法院、最高人民检察院关于常见犯罪的量刑指导意见（试行）》把被害人的谅解作为酌定量刑情节予以规定：“对于积极赔偿被害人经济损失并取得谅解的，综合考虑犯罪性质、赔偿数额、赔偿能力以及认罪悔罪表现等情况，可以减少基准刑的40%以下；积极赔偿但没有取得谅解的，可以减少基准刑的30%以下；尽管没有赔偿，但取得谅解的，可以减少基准刑的20%以下。对抢劫、强奸等严重危害社会治安犯罪的，应当从严掌握。”

被害人谅解与刑事和解不同。刑事和解是指在刑事诉讼中，加害人以认罪、赔偿、道歉等形式与被害人达成和解后，国家专责机关对加害人不追究刑事责任、免除处罚或从轻处罚的一种制度。《刑事诉讼法》专门规定了当事人和解的公诉案件诉讼程序，它有严格的范围限制，但被害人谅解可以适用于所有有具体被害人的犯罪案件。被害人谅解属于当事人的“私了”，刑事和解则是国家司法机关主持下的案件处理程序。刑事和解在量刑从宽幅度上也比被害人谅解要大。《最高人民法院、最高人民检察院关于常见犯罪的量刑指导意见（试行）》规定：“对于当事人根据刑事诉讼法第二百八十八条达成刑事和解协议的，综合考虑犯罪性质、赔偿数额、赔礼道歉以及真诚悔罪等情况，可以减少基准刑的50%以下；犯罪较轻的，可以减少基准刑的50%以上或者依法免除处罚。”

3. 累犯、再犯、惯犯有何区别？

累犯是法定的量刑情节，是指因犯罪受过一定的刑罚处罚，在刑罚执行完毕或赦免以后，在法定期限内又犯一定之罪的情形。累犯在客观上表现为再次犯罪，是一种人身危险性较大的犯罪人类型，各国刑法都确立了对累犯从重处罚的刑罚制度。《刑法》对累犯作了一般累犯和特别累犯之分。一般累犯是指已满18周岁的人因故意犯罪被判处有期徒刑以上刑罚的犯罪分子，在刑罚执行完毕或赦免以后，在5年内再犯应当判处有期徒刑以上刑罚的故意犯罪的情形。特别累犯是指危害国家安全犯罪、恐怖活动犯罪、黑社会性质的组织犯罪的犯罪分子，在刑罚执行完毕或赦免以后，在任何时候再犯上述任一类罪行的情形。

除“累犯”之外，我们平常还有“再犯”“惯犯”的说法，三者并不相同。再犯有广义和狭义之分，广义的再犯即再次犯罪的人，也就是有前科的人，包括累犯，累犯是再犯中最严重的；狭义的再犯是指累犯以外的其他重新犯罪的人。凡是曾被人民法院依法定罪并判处刑罚的人，都是有前科的人。累犯必定是有前科的人，但有前科的人未必都是累犯，也可能是其他再犯。惯犯与累犯在犯罪学上常常相提并论，都强调犯罪人的人身危险性较大，需要特殊预防。但在刑法学上，两者截然不同。惯犯是指在审判之前的一个相当长的时间内反复实施某一犯罪行为，这些反复实施的犯罪行为是未经处理的。所以，惯犯往往被作为一种犯罪类型，讨论的往往是构成几个犯罪的问题。而累犯是特殊的犯罪人类型，讨论的是前后两个犯罪的关系。

4. “坦白从宽”如何理解？

“坦白从宽，抗拒从严”是我国长期以来司法实践中的一项刑事政策，《刑法修正案(八)》明确把坦白规定为一种法定的从轻处罚情节。所谓坦白，就是如实供述自己的罪行，即基本的犯罪事实。对于坦白的犯罪分子，可以从轻处罚，因其坦白避免了特别严重后果发生的，可以减轻处罚。

坦白不同于自首。自首有一般自首和特别自首之分。一般自首是指犯罪以后自动投案，如实供述自己的罪行；特别自首是被采取强制措施的犯罪嫌疑人、被告人和正在服刑的罪犯，如实供述司法机关还未掌握的本人其他罪行。可见，坦白与一般自首的区别在于是否自动投案，自动投案后坦白就是一般自首；如果犯罪嫌疑人没有自动投案而主动如实交代罪行，则是坦白。坦白与特别自首的区别在于，后者如实供述的必须是司法机关还未掌握的本人其他罪行，如果交代的是司法机关已经掌握或同种罪行，则是坦白。对于自首的犯罪分子，可以从轻或减轻处罚，其中，犯罪较轻的，可以免除处罚。

坦白并不意味着不能辩解。辩解是在认罪的基础上，对罪轻所作的辩解，或者是在对其行为作了如实供述的基础上，对行为的性质所作的辩解。比如，犯罪嫌疑人如实供述了将他人杀死的事实，同时又辩称是正当防卫杀人，不负刑事责任。虽然这种辩解依法不能成立，但只要其如实供述了犯罪事实，也应认定为坦白。

坦白也不同于认罪认罚。《刑事诉讼法》确立了认罪认罚从宽制度，犯罪嫌疑人、被告人自愿如实供述自己的罪行，承认指控的犯罪事实，愿意接受处罚的，可以依法从宽处理。一般来讲，坦白情节是认罪认罚程序的必要但不充分要件。也就是说，构成认罪认罚的，必定构成坦白；但认定为坦白的，并不意味着一定构成认罪认罚。比如，甲如实供述了盗窃图书的事实，但他并不认为自己构成盗窃罪，也不接受3年有期徒刑的量刑建议。此时，甲具有坦白情节，可以从轻处罚，但不适用认罪认罚从宽制度。认罪认罚程序与自首、立功等法定从宽情节并存，可以叠加享受量刑从宽，但坦白包含在认罪认罚之中，坦白情节与认罪认罚不能叠加从宽。

5. 一人犯数罪怎么并罚?

一人犯数罪并不是对数罪所判刑罚进行简单相加，而是对犯罪分子所犯数罪，依照《刑法》分则的相关规定，一个罪一个罪地确定其罪名、量定刑罚，然后根据数罪并罚的法定原则，决定执行的刑罚。《刑法》规定，数罪并罚的原则有限制加重原则、吸收原则和并科原则。① 当判决宣告的数个主刑为有期徒刑、拘役、管制时，采用限制加重原则合并处罚，即在数罪的总和刑期以下，数罪中最高刑期以上，酌情决定执行的刑期。有期徒刑总和刑期不满 35 年的，最高不能超过 20 年；总和刑期在 35 年以上的，最高不能超过 25 年；拘役最高不得超过 1 年，管制最高不得超过 3 年。② 当判决宣告中有数个死刑或最高刑为死刑，以及有数个无期徒刑或最高刑为无期徒刑时，采用吸收原则，即只执行一个死刑或无期徒刑。③ 当判决宣告中有主刑，也有附加刑时，采用并科原则，即主刑和附加刑都执行。④ 当数罪中有判处有期徒刑和拘役时，采用吸收原则，即只执行有期徒刑；当数罪中有判处有期徒刑和管制，或者拘役和管制时，采取并科原则，即有期徒刑、拘役执行完毕后，管制仍须执行。

特别要注意的是，发现漏罪的并罚和再犯新罪的并罚是不同的。发现漏罪，采用的是“先并后减”的计算方法；再犯新罪，采用的是“先减后并”的计算方法。比如，一种情况是，甲犯抢劫罪被判有期徒刑 10 年，在刑罚执行 8 年以后，发现他在判决宣告以前还犯有强奸罪没有处理，即出现漏罪情况，该强奸罪应该被判有期徒刑 6 年，则对甲的数罪并罚应在 10 年以上 16 年以下决定执行的刑期，再减去已执行的 8 年。也就是说，甲需要继续执行的刑罚最长是 8 年，最短是 2 年。另一种情况是，甲犯抢劫罪被判有期徒刑 10 年，在刑罚执行 8 年以后，又犯强奸罪，即出现再犯新罪的情况，该强奸罪应该被判有期徒刑 6 年，则对甲的数罪并罚应先减去已执行的 8 年，将甲所犯抢劫罪的刑罚没有执行完毕的 2 年与其犯强奸罪所判的 6 年合并，总和刑期是 8 年，并罚时，应在 6 年以上 8 年以下决定应执行的刑期。也就是说，甲需要继续执行的刑罚最长是 8 年，最短是 6 年。

五、刑罚如何执行?

1. 刑罚由谁执行?

我国刑罚包括主刑和附加刑，其中，主刑包括管制、拘役、有期徒刑、无期徒刑和死刑五种；附加刑包括罚金、没收财产、剥夺政治权利、驱逐出境四种。刑罚的种类不同，负责执行的主体也不同。

（1）监狱是刑罚执行的专责机关，负责有期徒刑、无期徒刑、死刑缓期 2 年执行刑罚的执行。

（2）公安机关负责被判处管制、拘役、剥夺政治权利等刑罚的执行。
（3）人民法院负责罚金、没收财产、死刑的执行。
（4）社区矫正机构负责管制等刑罚的执行。

2. 我国的死刑如何适用?

死刑是剥夺犯罪分子生命的刑罚方法，包括死刑立即执行和死刑缓期执行。关于死刑的存废问题由来已久，我国现阶段持保留死刑的基本立场，但严格限制死刑的适用。

《刑法》规定，死刑只适用于罪行极其严重的犯罪分子。有三类罪犯不适用死刑：① 犯罪的时候不满 18 周岁的人。只要实施犯罪行为的当天不满 18 周岁，就不适用死刑，而不管审判的时候是否已满 18 周岁。18 周岁指实足年龄，一律按照公历的年、月、日计算，即从 18 周岁生日的第二天起，才认为已满 18 周岁。② 审判时怀孕的妇女。“审判时”是指从羁押到执行的整个刑事诉讼过程，而不仅仅指人民法院的审理阶段。怀孕的妇女因涉嫌犯罪在羁押期间自然流产的也视为审判时怀孕的妇女，不适用死刑。③ 审判时已满 75 周岁的人，但以特别残忍手段致人死亡的除外。“以特别残忍手段致人死亡”是指以肢解、残酷折磨、毁人容貌等特别残忍手段致被害人死亡。

虽然死刑立即执行与死刑缓期执行只是死刑执行方法上的区别，但一死一生相差悬殊。被判处死刑缓期执行的犯罪分子，在死缓期满后，有三种处理方法：① 在死刑缓期执行期间如果没有故意犯罪，2 年期满后，减为无期徒刑。② 在死刑缓期执行期间如果确有重大立功表现，2 年期满后，减为 25 年有期徒刑。③ 在死刑缓期执行期间，如果故意犯罪，情节恶劣，报请最高人民法院核准后执行死刑；对于故意犯罪未执行死刑的，死刑缓期执行的期间重新计算，并报最高人民法院备案。

3. 无期徒刑就是终身监禁吗?

无期徒刑是剥夺犯罪分子终身自由，实行监禁的一种刑罚种类，关押没有期限。但在实际执行中并不是一直关押到死，而是给予悔过自新的机会，进行劳动教育和改造。被判处无期徒刑的犯罪分子在执行期间，如果认真遵守监规，接受劳动教育和改造，确有悔改和立功表现，就可获得减刑或假释的机会。所以，大多数被判处无期徒刑的犯罪分子，经过一段时间的改造，都会依法被减为有期徒刑，有的还得到了假释。

终身监禁是英美法系刑罚中监禁刑的一种，即对犯罪人监禁终身，限制其人身自由直至死亡的刑罚。《刑法修正案（九）》设立了终身监禁制度，但它只是一种刑罚执行措施，并不是一种新的刑罚种类。我国的终身监禁是指对贪污、受贿行为，罪行极其严重，判处死缓 2 年期满，依法减为无期徒刑的，不得适用减刑和假释。终身监禁的适用对象仅在于那些判处死刑立即执行过重，判处一般死缓又偏轻的重大贪污、受贿罪犯。

4. 缓刑就是“不用坐牢”吗?

缓刑是一种附条件不执行原判刑罚的制度，它不同于监外执行，也不意味着一定“不用坐牢”。

一般的缓刑，是指对于被判处拘役、3年以下有期徒刑的犯罪分子，根据其犯罪情节和悔罪表现，认为暂缓执行原判刑罚，确实不致再危害社会的，规定一定的考验期，暂缓其刑罚的执行，考验期内实行社区矫正，如果被宣告缓刑者在考验期内没有再犯新罪或者未被发现判决宣告前还有其他罪没有判决，也没有违反法律、行政法规或国务院有关部门关于缓刑的监督管理规定等情节严重的行为，缓刑考验期满，原判刑罚就不再执行的制度。也就是说，如果在缓刑考验期出现再犯新罪、发现漏罪、严重违法或违反禁止令的情形，就要宣告撤销缓刑，执行原判刑罚。原判刑罚一般在监内执行，但也可能在监外执行。

监外执行是相对于监内执行而言，在监外执行刑罚的一种刑罚执行制度。《刑法》规定，对于被判处有期徒刑或者拘役的罪犯，如果有严重疾病需要保外就医，妇女怀孕或正在哺乳自己的婴儿，以及生活不能自理，适用暂予监外执行不致危害社会的情形，可以暂予监外执行。对适用保外就医可能有社会危险性的罪犯，或者自伤自残的罪犯，不得保外就医。罪犯确有严重疾病，必须保外就医的，由省级人民政府指定的医院诊断并开具证明文件。

5. 没收财产是没收犯罪人的合法财产还是违法财产?

没收财产是我国刑罚体系中附加刑的一种，是将犯罪人所有财产的一部分或全部强制无偿地收归国有的刑罚方法。没收财产的刑罚只能适用于《刑法》分则明文规定可以判处没收财产的那些犯罪，主要包括危害国家安全罪、破坏社会主义市场经济秩序罪、侵犯财产罪、贪污贿赂罪。

没收财产事实上是没收犯罪人合法所有且没有用于犯罪的财产。没收财产不同于没收犯罪物品。《刑法》第64条规定：“犯罪分子违法所得的一切财物，应当予以追缴或者责令退赔；对被害人的合法财产，应当及时返还；违禁品和供犯罪所用的本人财物，应当予以没收。没收的财物和罚金，一律上缴国库，不得挪用和自行处理。”据此，追缴犯罪所得的财物，不属于没收财产；没收违禁品和供犯罪所用的本人财物，也不属于没收财产。

没收财产只能没收犯罪人已经拥有、现实存在的财产，而不可能没收犯罪人将来可能拥有的财产。判处没收部分财产的，应当明确指出没收的具体财物或者金额。没收全部财产的，应当对犯罪分子个人及其扶养的家属保留必要的生活费用。在判处没收财产时，不得没收属于犯罪分子家属所有或应有的财产。

特别应注意的是，人民法院在作出没收财产的判决后，在判决执行前或者执行过程中，对于犯罪人以前所负的正当债务，需要以没收的财产偿还的，经债权人请求，应当偿还。

专题九 公权力运作与救济

一、"拘留"究竟是什么?

在生活中,人们说到拘留,通常会问:"我该怎么办?""我会不会坐牢?"要想弄明白拘留产生的影响,就要根据不同的拘留类型来判断相应的法律后果。

1. 怎样确定拘留的类型?它们的法律后果都一样吗?

拘留分为行政拘留、司法拘留、刑事拘留三种。

行政拘留是行政机关对于违法行为人进行一定时间内限制其人身自由的行政处罚措施。《治安管理处罚法》《道路交通安全法》《环境保护法》《中华人民共和国网络安全法》(简称《网络安全法》)、《中华人民共和国海关法》(简称《海关法》)等行政法律都规定了行政拘留。

司法拘留是指人民法院对妨害诉讼情节严重的人,在一定期间内限制其人身自由的一种强制措施,主要法律依据有《民事诉讼法》《行政诉讼法》《刑事诉讼法》。

刑事拘留是指刑事侦查机关(国家安全部门、公安机关和检察机关)在刑事案件侦查中,遇到法定的紧急情况时,对现行犯或重大嫌疑分子采取的临时剥夺其人身自由的强制措施,主要法律依据为《刑事诉讼法》。

确定拘留的类型,可以通过告知被拘留人及其家属的决定机关及其制作的法律文书进行判断。行政拘留由公安机关出具《行政处罚决定书》,以电话或书面形式通知被拘留人的家属。司法拘留由人民法院制作《拘留决定书》,当场宣读并告知被拘留人,被拘留人交由公安机关看管。刑事拘留由刑事侦查机关出具《拘留证》,并在 24 小时内向被拘留人家属邮寄《拘留通知书》,并请其家属书面签收《拘留通知书》。

虽然拘留都由公安机关执行,但不同类型拘留的决定机关不同,法律后果也各有所异。行政拘留由公安机关决定和执行,属于最终的行政处罚结果,期满即释放,一般不会有后续的强制措施。司法拘留由人民法院决定，无论是诉讼参与人还是案外人，只要严重妨碍诉讼正常进行都可以适用，具有排除妨害的惩罚性。刑事拘留由刑事侦查机关决定，本身不具有惩罚性，仅为临时性的强制措施，主要为了防止犯罪嫌疑人逃跑、自杀或者继续危害社会，保证刑事诉讼的顺利进行，后续可能被公诉机关提起公诉。

实践中，行政拘留和刑事拘留可能相互转换。如果办案机关发现了新的证据表明被拘留人可能涉嫌其他犯罪，行政拘留会转为刑事拘留，进入刑事诉讼程序；如果办案机关发现被拘留人不构成犯罪，刑事案件会转为行政案件，那么嫌疑人的刑事拘留将变更成行政拘留，转为行政处罚。

2. 拘留时间有多长?

不同类型的拘留都会在相关法律文书中写明拘留时间，不得超出法律明文规定的最长羁押时间。行政拘留不超过 15 天，多个违法行为合并执行不超过 20 天。司法拘留不超过 15 天，在拘留期间，被拘留人承认并改正错误的，人民法院可以决定提前解除拘留。刑事拘留一般情况下不超过 3 天，可延长至 7 天；如果有流窜作案、多次作案、结伙作案，可以向检察院申请延长至 30 天，检察院有 7 天时间进行审核，所以，刑事拘留最长可达 37 天。判决生效后，刑事拘留的期限可以折抵刑期。在行政拘留与刑事拘留互相转换的情况下，已执行拘留时间也可以相互折抵。

3. 拘留记录存档对个人有什么影响?

在构建诚信中国的今天，人们很关心拘留会不会存档？一般来说，不同拘留类型存档的方式不同，产生的影响也有所不同。

在行政拘留中，被拘留人的行为违法但不构成犯罪，公安机关依规定将违法记录留在内部档案长期保存，便于检索被拘留人今后是否违法犯罪。司法拘留与之类似，由司法机关内部记录保存，不会放到个人档案中。内部档案与个人档案不同，根据法律规定，对于违法记录，非司法机关是不可以查询的。这两种类型的拘留，只要被拘留人不再违法犯罪，对个人未来发展没有影响。

刑事拘留产生的影响最大，一旦被拘留人的犯罪事实被认定，不仅公安机关、司法机关内部档案会有记录，而且个人档案也会留下记录。被拘留人不仅要承担刑事责任，而且会在个人信用上留下永久污点，重新融入社会将有一定困难。不排除生活中有的单位不区分拘留类型，只要发现有拘留记录，就将被拘留人开除或不予录用。这也说明无论拘留记录是否放入个人档案，最好都别以身试法。

4. 拘留期间，亲属可以探望吗？被拘留人可以请假吗?

《拘留所条例实施办法》规定，拘留所保障被拘留人在拘留期间的通信、会见权利。司法拘留和行政拘留一般允许亲属、朋友探望，但刑事拘留期间，亲友一律不准探望，除非嫌疑人出现重大的身体健康问题等特殊情况。

亲友会见被拘留人，需要在公安机关规定的时间段内，办理探视手续，经审核后，持有效身份证件按照探视时间在拘留所的会见区进行。经被拘留人或者其亲友申请，有条件的拘留所可以安排被拘留人进行远程视频会见。

亲友探视时，可以携带必要的生活用品、衣服、食品，需要拘留所民警检查同意。被拘留人会见次数一般不超过 2 次，每次会见的人数不超过 3 人，会见时间不超过 30 分钟。有特殊情况要求在非会见日会见或者增加会见次数、人数和延长时间的，应当经拘留所领导批准。

拘留期间遇有参加升学考试、子女出生或者近亲属病危、死亡等情形的，被拘留人或者其近亲属可以提出请假出所的申请，拘留所提出审核意见，由拘留决定机关在提出申请的 12 小时内决定是否批准。请假出所的时间不计入拘留期限。

5. 拘留期间，可以会见律师吗？

拘留期间，被拘留人可以会见律师。《拘留所条例实施办法》规定，律师应当持身份证、律师执业证书、律师事务所证明和委托书或者法律援助公函办理会见手续，拘留所民警查验后填写会见被拘留人登记表，进行会见安排。律师会见被拘留人不受次数和时间的限制，但应当在正常工作时间进行，并遵守拘留所会见管理规定。律师违反会见管理规定的，拘留所可以予以警告或者责令停止会见。

刑事拘留期间，根据《刑事诉讼法》的规定，只有辩护律师可以同在押的犯罪嫌疑人、被告人会见和通信。辩护律师提出会见并按要求办理相关手续，拘留所应当及时安排，不得超过 48 小时。但是，涉及危害国家安全犯罪、恐怖活动犯罪、特别重大贿赂犯罪案件，在侦查期间辩护律师会见在押的犯罪嫌疑人，应当先经侦查机关许可后办理会见手续。辩护律师会见犯罪嫌疑人、被告人时不被监听。

二、罚金与罚款是一回事吗？

罚金与罚款一字之差，但罚金比罚款的惩戒程度要严重。从表面上看，二者都是剥夺财产，实际上，它们是两个不同的概念，必须进行区分。

1. 什么是罚金和罚款？罚款有哪些种类？

罚金属于刑事处罚，是人民法院判处犯罪人或犯罪单位向国家缴纳一定数额金钱的财产附加刑，既可以附加于主刑适用，也可以独立适用。

罚款属于行政处罚，分为两种类型：一种是行政罚款，是行政机关决定对违反行政法规的人或单位向国家缴纳一定数额金钱的行政处罚方式；另一种是司法罚款，是人民法院在民事诉讼、行政诉讼中责令妨害诉讼的人或单位缴纳一定数额金钱的强制措施，目的是制裁妨害诉讼的行为，防止妨害诉讼行为的再次发生。

2. 区分罚金与罚款的标准有哪些?

不同的处罚方式适用不同的处罚对象，惩罚力度、缴纳方式等也有差别。我们可以根据罚金和罚款在决定机关、出具的法律文书以及所适用的法律、法规等方面的不同进行判断。

罚金主要适用于违反刑事法律的犯罪分子，决定机关是人民法院，所适用的法律依据是《刑法》《刑事诉讼法》，所出具的法律文书是《刑事判决书》。

罚款适用于违反行政法律、法规，尚未构成犯罪的一般违法分子。司法罚款的决定机关是人民法院，所适用的法律依据是《民事诉讼法》《行政诉讼法》，所出具的法律文书是《决定书》。行政罚款的决定机关是主管行政机关、法律法规授权的组织或者受行政机关委托的组织，所适用的法律依据是《行政处罚法》或相关行政法律规范，所出具的法律文书是《行政处罚决定书》。

3. 罚金怎么缴纳?

对于缴纳罚金，当事人应该到作出判决的人民法院缴纳。缴纳罚金前，当事人可以先与承办法官联系，也可以直接持《刑事判决书》，到人民法院的诉讼费用窗口办理罚金缴纳。

《刑事诉讼法》《刑法》规定，当事人应当在《刑事判决书》所规定的期限内，持《刑事判决书》办理一次或分期缴纳。期满后仍不缴纳的，强制缴纳。由人民法院采取查封、变卖犯罪分子的财产或扣发工资等强制缴纳；遭遇不能抗拒的灾祸，缴纳确实有困难的，经人民法院裁定，可以延期缴纳、酌情减少或者免除。

对于不能全部缴纳罚金的，人民法院在任何时候发现被执行人有可以执行的财产，应当随时追缴。

4. 罚款怎么缴纳?

缴纳行政罚款，按照《行政处罚法》的规定，除当场收缴外，当事人应当自收到《行政处罚决定书》之日起 15 日内，到指定的银行办理缴纳手续。银行应当收受罚款，并将罚款直接上缴国库。当场收缴罚款时，执法人员应向当事人出具罚款收据；否则，当事人有权拒绝缴纳。

对于缴纳司法罚款，当事人直接持人民法院写明罚款金额的《决定书》，到人民法院的诉讼费用窗口办理罚款缴纳。

罚款应当及时、足额缴纳。除当事人经申请获得批准后，可以暂缓或分期缴纳罚款以外，到期不缴纳罚款的，每日按罚款数额的 3%加处罚款。人民法院可以强制执行，行政机关还可以根据法律规定，将查封、扣押的财务拍卖或者将冻结的存款划拨抵缴罚款，或者申请人民法院强制执行。

5. 罚款能否抵扣罚金?

根据我国现行法律及相关司法解释的规定，已经执行的罚款能够折抵罚金，但对于行政机关已经作出罚款决定，但尚未被执行完毕的罚款能否折抵罚金，目前还有争议。《行政处罚法》第35条第2款规定，违法行为构成犯罪，人民法院判处罚金时，行政机关已经给予当事人罚款的，应当折抵相应罚金。其中，对于“行政机关已经给予当事人罚款的”，通常理解是指行政机关在刑事判决之前已经作出罚款的行政处罚决定，与是否已经执行完毕无关。但《最高人民法院关于适用〈中华人民共和国刑事诉讼法〉的解释》第523条第2款规定：“行政机关对被告人就同一事实已经处以罚款的，人民法院判处罚金时应当折抵，扣除行政处罚已执行的部分。”据此解释，明确能够折抵罚金的是“行政处罚已执行的部分”，至于未被执行的部分罚款，能否抵扣罚金并不明确。

那么罚金能否折抵罚款呢?司法实践中出现过这样的案例：行政机关作出了罚款决定，但未被执行，人民法院基于同一事实判处罚金，判处罚金时没有用行政罚款折抵，且罚金数额少于行政罚款数额。行政机关还能追缴罚款吗?对此仍有争议。目前，我国法律并没有“用罚金折抵罚款”的相关规定。

三、人民警察有哪些权力?

人民警察是我国重要的治安行政力量，国家在赋予人民警察权力的同时，也通过《中华人民共和国人民警察法》(简称《人民警察法》)等规定，将人民警察的一切活动置于规范之中。

1. 人民警察有哪些种类?

人民警察担负着维护国家安全和社会秩序、保护公民合法权益、保护公共财产、制止和惩治违法犯罪活动的重大责任。这个庞大的群体有细致的分工，《人民警察法》规定，人民警察包括公安机关、国家安全机关、监狱、劳动教养管理机关的人民警察和人民法院、人民检察院的司法警察。下面简单介绍日常生活中常见的警种。

(1) 交通警察，隶属于公安机关的交通管理部门。其主要职责是维护交通秩序，处理交通事故，查纠道路交通违法行为，负责机动车的登记管理等工作。

(2) 治安警察，隶属于公安机关的治安管理部门。其主要职责是对社会进行公开管理，包括预防、发现和制止违法犯罪；维护公共场所的治安秩序；管理特种行业；管理危险物品；处理一般违法案件；领导治安联防队等工作。

（3）户籍警察，隶属于公安机关户口管理部门。其主要职责包括户口登记、户口迁移、有关身份证的管理问题等工作。

（4）巡逻警察，隶属于各级公安机关内的治安警察巡逻队，在一定路线或一定地段采用巡逻方式维护辖区内的治安秩序。其主要职责包括预防和制止治安案件和突发性事件；劝解、制止公共场所发生的民事纠纷；为社会和公民提供救助和服务等工作。巡逻警察一般配有警用摩托车、警用巡逻车等。

（5）刑事警察，隶属于公安机关专门负责刑事案件的职能部门。其主要职责包括分析、研究刑事犯罪情况；组织、协调侦破刑事案件；本辖区内的禁毒、反黑、反恐和经济犯罪侦查防范工作；涉外刑事案件、对外警务的联络和接洽等工作。

（6）司法警察，隶属于人民法院、检察院、监狱等司法机关。其主要职责包括警卫法庭，维持法庭秩序；押解犯人出庭受审；执行搜查、拘传、送达；协助执行人员执行人民法院的判决和裁定，协助检察人员进行侦查活动等工作。

为了保证国民安全，人民警察除了以上的类型，还包括特警、海警、空警等。当人们遇到紧急情况需要帮助时，不必考虑其分工，可以向任何类型的人民警察求助。

2. 常见的治安管理处罚措施有哪些？

在日常生活中，扰乱公共秩序的行为、妨害公共安全的行为、侵犯人身权利和财产权利的行为、妨害社会管理的行为都具有社会危害性。这些行为根据《刑法》的规定构成犯罪的，依法追究刑事责任；尚不够刑事处罚的，由公安机关根据《治安管理处罚法》给予治安管理处罚。

治安管理处罚权由公安机关行使，具体的处罚措施包括警告、罚款、行政拘留及吊销公安机关发放的许可证。对违反治安管理的外国人，可以附加适用限期出境或者驱逐出境。

（1）警告，属于治安管理处罚力度最轻的措施，具有谴责、告诫和制裁的作用，适用于情节轻微或未构成实际危害结果的违法行为，对当事人起到申明违法行为，并告知以后不得再犯，否则会受到更严厉的处罚的作用。警告可以口头作出，也可以书面作出。《行政处罚决定书》中作出的警告属于书面警告，公安机关保留存根后，应当场交付当事人。

（2）罚款，属于财产罚，由公安机关向违反治安管理的人强制收取一定数量的金钱。对于不同的违法行为，有不同的罚款标准，治安管理处罚的罚款在 1 000 元以下。

（3）行政拘留，在短期内剥夺违法者的人身自由，是治安管理处罚中最严厉的强制性惩罚措施。

（4）吊销公安机关发放的许可证，适用于枪支、放射性物品、旧金属收购业、典当业、民用爆炸物品等治安管理所覆盖的经营活动行业或单位。如果有违反治安管理规定且情节严重的情形，县级以上公安机关可以采取该措施剥夺违法者的经营权，要求其停止经营活动。

公安机关在使用以上治安管理处罚措施的同时，还应当收缴所查获的毒品、淫秽物品等违禁品，赌具、赌资，吸食、注射毒品的用具，以及直接用于实施违反治安管理行为的本人所有的工具，并按照规定处理。对于违反治安管理所得的财物，公安机关将追缴并退还给被侵害人；没有被侵害人的，公安机关会将之登记造册，公开拍卖或者按照国家有关规定进行处理，所得款项将上缴国库。

3. 刑事侦查手段主要有哪些?

刑事侦查手段是侦查机关在办理案件过程中，依法进行的专门调查活动。使用刑事侦查手段，侦查人员一般不得少于 2 人，并应向当事人出示公安机关的证明文件和工作证件。刑事侦查手段主要有以下内容：

（1）讯问犯罪嫌疑人。这项措施必须由侦查人员负责进行，犯罪嫌疑人被送交看守所羁押以后，侦查人员对其进行讯问，并且应当在看守所内进行。对不需要逮捕、拘留的犯罪嫌疑人，公安机关可依法将其传唤到所在市、县内的指定地点或其住处进行讯问，由犯罪嫌疑人在《传唤通知书》上签名（盖章）、按手印，并填写到案时间。讯问持续时间一般不超过 12 小时，最长不得超过 24 小时。严禁侦查人员刑讯逼供或使用威胁、引诱、欺骗以及其他非法方法获取供述。如果讯问未成年的犯罪嫌疑人，侦查人员一般应通知其家长、监护人或者教师到场。讯问结束后，讯问笔录应当交犯罪嫌疑人核对，允许犯罪嫌疑人提出补充、改正。经确认无误后，侦查人员应当在笔录上签名，犯罪嫌疑人也应当签名、按手印，犯罪嫌疑人可以请求自行书写供述。讯问时可以全程进行录音或录像，并保持完整性。

（2）询问证人、被害人。询问地点可以在证人、被害人所在单位或者住所，也可以通知证人、被害人到公安机关提供证言。如果涉及证人、被害人的隐私，公安机关应当予以保密。

（3）勘验或检查。从公民的义务出发，任何单位和个人都有义务保护犯罪现场，并且立即通知公安机关派人员勘验或检查与犯罪有关的场所、物品、人身、尸体。应当由女侦查人员或女医师检查妇女；如果犯罪嫌疑人拒绝依法进行人身检查，侦查人员认为有必要的，可以强制检查；对于死因不明的尸体，公安机关有权决定解剖，并通知死者家属到场。为查明案情，公安机关可以依法进行侦查实验，但禁止一切足以造成危害、侮辱人格或有伤风化的行为。

（4）搜查。公安机关可以依法对犯罪嫌疑人及可能隐藏罪犯或犯罪证据的人进行人身、物品、住处和其他有关地方的搜查；在执行逮捕、拘留时，遇有紧急情况，不另用搜查证也可以进行搜查；应当由女侦查人员搜查妇女的身体；搜查时，应当有被搜查人或其家属、邻居等其他见证人在场。搜查的情况应写成笔录，由侦查人员和被搜查人或者他的家属、邻居或者其他见证人签名或盖章。

（5）查封、扣押。公安机关在侦查活动中发现的、可用以证明犯罪嫌疑人有罪或者无罪的各种财物、文件，应当查封、扣押。任何单位和个人有义务按照公安机关的要求，交出可以证明犯罪嫌疑人有罪或者无罪的物证、书证、视听资料。对查封、扣押的财物、文件，侦查人员应与在场见证人和被查封、扣押的财物、文件持有人查点清楚，当场开列清单并一式二份，由侦查人员、见证人和持有人签名或盖章，一份交给持有人，另一份附卷备查。侦查人员根据侦查犯罪的需要，还可以依法查封、扣押邮件、电报；查询、冻结犯罪嫌疑人的存款、汇款、债券、股票、基金份额等财产。

（6）通缉。公安机关对在逃的犯罪嫌疑人，可以在自己管辖的地区以内发布通缉令；或在自己管辖的地区以外，报请有权决定的上级机关发布通缉令。

4. 人民警察使用警械和武器有什么要求与限制？

人民警察正确使用警械和武器既是依法履行职责的保障，也是防止职权滥用，保护公民、法人和其他组织合法权益的必然要求。根据《中华人民共和国人民警察使用警械和武器条例》的规定，按照规定装备的警械有警棍、催泪弹、高压水枪、特种防暴枪、手铐、脚镣、警绳等；武器有枪支、弹药等致命性警用武器。人民警察使用警械和武器有以下要求与限制：

（1）人民警察在结伙聚众扰乱公共场所秩序，危害公共安全、社会秩序和公民人身安全的行为等情形下，经警告无效，方可使用警棍、催泪弹、高压水枪、特种防暴枪等驱逐性、制服性警械，并且应当以制止违法犯罪行为为限度；当违法犯罪行为得到制止时，应当立即停止使用警械。

（2）人民警察遇有可能脱逃、行凶、自杀、自伤或者有其他危险行为的违法犯罪分子，可以使用手铐、脚镣、警绳等约束性警械，但不得故意造成他人的人身伤害。

（3）人民警察发现实施犯罪的人是怀孕妇女、儿童时，不得使用武器，但实施者使用枪支、爆炸、剧毒等危险物品实施暴力犯罪除外。同时，在群众聚集或者存放大量易燃、易爆、剧毒、放射性等危险物品的场所，人民警察一般不使用武器，但如果发现对于某些犯罪分子，不使用武器予以制止，将发生更为严重的危害后果的除外。

（4）人民警察在犯罪分子停止实施犯罪，服从人民警察命令，或者犯罪分子失去继续实施犯罪能力的情形下，应当立即停止使用武器。

（5）人民警察违法使用警械、武器，造成不应有的人员伤亡、财产损失，构成犯罪的，应依法追究刑事责任；尚不构成犯罪的，依法给予行政处分。对受到伤亡或者财产损失的人员，由人民警察所属机关依照《国家赔偿法》的有关规定给予赔偿。

5. 在执法现场人民警察说的话你听懂了吗？

人民警察是国家公务员，行使职权时所说的每句话都代表国家。执法现场既要求违法者配合执法，也要求执法者根据“谁执法，谁普法”的原则，对其他旁观者进行普法教育。我们可以通过几句常用语来理解其背后的深意。

第一句话：“我是××公安局（交警队）民警，现依法对你进行处罚，请配合执法。”这句话既表示执法过程的启动，也说明了执法者的主体身份，当事人应听从人民警察的命令并主动配合。如果需要身份确认，人民警察会手持警官证进行出示，但不会直接交给当事人。

第二句话："你的言行已经涉嫌阻碍执行公务，请立即停止违法行为，否则我们将依法采取相应措施。"这既是对嫌疑人的警告，也是采取下一步行动的提前告知。这句话表明警察有强制执法的权力，涉嫌阻碍执行公务的当事人也有主动停止违法行为的选择，应及时停止。

第三句话："现在依法对你进行口头传唤，请立即停止违法行为并到派出所（交警大队）接受调查，否则我们将依法对你强制传唤。"这句话表明人民警察对现场发现的违法嫌疑人使用口头传唤，当事人如果有异议，可以在接受调查的过程中进行申辩，但无权因此拒绝配合现场执法。对无正当理由不接受传唤，或者逃避传唤的当事人，人民警察可以依法使用手铐、警绳等约束性警械，进行强制传唤。

第四句话："我们执法全程录音、录像，请注意你的言行。"这句话说明执法记录仪会记录执法全过程，起到收集固定证据的作用。同时，这也是在告知当事人，执法录像对执法者和违法者都会有监督、震慑、保护的作用，可以依法通过媒体进行曝光。

第五句话："请注意你的拍摄围观方式，干扰正常执法、对视频恶意修改剪辑断章取义都是违法行为。"这句话是告知执法现场的围观群众可以进行拍摄，但不得干扰正常执法，或对拍摄视频进行恶意修改剪辑断章取义，否则将构成阻碍执行公务并承担法律责任。

第六句话："你可以拨打'110'或通过其他方式行使你的监督权，但现在你必须服从并配合执法工作。"公民在执法现场，应当服从并配合公安机关的执法工作。如果对执法过程和行政处罚存在异议，不要与执法者发生正面冲突，事后可以拨打"110"向督察部门反映情况或申请行政复议等。

四、不服国家机关的处理怎么办?

拥有行政管理职权的机关、组织和个人在执法时如果实施不当的行政行为，对当事人利益造成侵害怎么办？根据《行政诉讼法》《行政复议法》及相关规定，当事人可以通过提起行政诉讼或行政复议来维护自身的合法权益。

1. 如何提起行政诉讼?

提起行政诉讼，一般需要满足以下条件：① 原告是行政行为的相对人以及其他与行政行为有利害关系的公民、法人或者其他组织；② 有明确的被告；③ 向人民法院递交书面起诉状有具体的诉讼请求和事实根据；④ 属于人民法院受案范围和受诉人民法院管辖；⑤ 交纳诉讼费。原告根据《诉讼费用交纳办法》的规定预交诉讼费用：商标、专利、海事行政案件每件交纳 100 元；其他行政案件每件交纳 50 元；行政赔偿案件不收费。涉及财产内容的案件根据诉讼请求的金额或者价额，按比例分段累计交纳。

提起行政诉讼，还要注意诉讼时效：① 直接向人民法院提出起诉的，应当在知道作出具体行政行为之日起 3 个月内提出。② 申请行政复议，复议机关逾期不作决定的，复议期满之日起 15 日内向人民法院起诉；不服复议决定的，可以在收到复议决定书之日起 15 日内向人民法院起诉。

需要注意的是，诉讼期间，一般不停止具体行政行为的执行，除非被告或人民法院在原告的申请下，认为需要停止执行。

2. 如何申请行政复议?

申请行政复议，应当满足以下条件：① 申请人是认为具体行政行为直接侵犯其合法权益的公民、法人或者其他组织；② 有明确的被申请人；③ 有具体的复议请求和事实依据；④ 属于《行政复议法》规定的行政复议受理范围；⑤ 在法定期限内申请复议。

依法申请行政复议时，申请人可以书面申请，也可以口头申请。口头申请的，复议机关应当场记录申请人的基本情况，行政复议请求，申请行政复议的主要事实、理由和时间，同时，当场制作行政复议申请笔录并交申请人核对或者向申请人宣读，由申请人签字确认。申请人还可以委托代理人代为参加行政复议，委托代理人应出具书面委托书。

需要注意的是，行政复议机关受理行政复议申请，不得向申请人收取任何费用。复议机关已依法受理行政复议的，或者依法应当先申请行政复议，对复议决定不服再向人民法院提起行政诉讼的，在法定期限内不得向人民法院提起行政诉讼；公民、法人或者其他组织向人民法院提起行政诉讼，人民法院已经依法受理的，不得申请行政复议。

3. 行政调解协议与行政裁决有什么不同?

虽然行政调解协议与行政裁决都是行政机关解决争议所形成的文书，但反悔或不履行行政调解协议，要提起民事诉讼，而不服行政裁决，则要提起行政诉讼。

行政调解属于行政部门居间解决所参与民事争议的方法，在当事人自愿申请的基础上，说服和疏导当事人平等协商、互让互谅，通过达成协议来解决争议。行政调解一般用于乡镇人民政府和街道办事处等基层人民政府调解民事纠纷和轻微刑事案件；工商行政管理机关解决法人之间和个体工商户、公民和法人之间的经济纠纷；公安机关处理交通事故、损毁他人财物等违反《治安管理处罚法》的行为；婚姻登记机关处理自愿离婚申请等情形。当事人调解不能达成协议的，行政机关应当告知当事人保障权利和救济渠道，不能强行调解；达成协议的，应当制作调解书，当事人在反悔或不履行行政调解的情况下，必须提起民事诉讼。

行政裁决具有强制力，由行政主体依照法律授权，对平等主体之间特定的民事纠纷和争议进行审查作出的具体行政行为，不服行政裁决的，可以提起行政诉讼。它主要适用于当事人因某一财产的所有权或者使用权的归属发生争议，如土地、草原、水、滩涂、森林、矿产等自然资源的归属引起的纠纷；城市房屋拆迁争议等法定情形。

4. 起诉、上诉、抗诉、申诉有何区别?

当事人可以要求由不同机构来解决行政争议。当事人要求政府机关来处理会形成行政复议；要求人民法院作出裁判就会产生行政诉讼。行政诉讼的不同程序，在不同主体的参与下，会产生起诉、上诉、抗诉、申诉等不同的诉讼行为。很多人不清楚它们的具体含义而随意乱用，下面简单介绍它们的含义。

起诉，是开启一审程序的钥匙。行政争议的当事人以具体的行政机关侵犯了自己的合法权益为由，依法提交请求人民法院给予救济的起诉书。根据不告不理原则，人民法院是不会主动调整、干预行政争议的。只有通过当事人的起诉行为，人民法院才会通过国家权力确认行政争议的是与非。

上诉，是开启二审程序的钥匙。上诉由不服第一审人民法院对行政案件所作裁判的当事人，在裁定书送达之日起 10 日内，或判决书送达之日起 15 日内，向上一级人民法院提起，要求第一审人民法院的上一级人民法院对一审未生效的裁判进行审理，逾期不提起上诉的，人民法院的第一审裁判发生法律效力。

抗诉，可以依二审程序或审判监督程序两种方式提出。人民检察院认为同级人民法院的行政判决有错误，可能损害国家利益、社会公共利益的，可以要求上一级人民法院对原审裁判予以改判。抗诉的对象包括未生效的判决和已经生效的判决。

申诉，是开启审判监督程序的钥匙，当事人或者他们的近亲属对已经生效的判决认为确有错误的，可以提请原审人民法院或者上级人民法院重新审理。

5. 信访应该注意哪些方面?

《信访工作条例》规定，信访工作是党的群众工作的重要组成部分，是党和政府了解民情、集中民智、维护民利、凝聚民心的一项重要工作，是各级机关、单位及其领导干部、工作人员接受群众监督、改进工作作风的重要途径。信访应该注意以下方面：

（1）采取书面形式。信访人可以通过书信、电子邮件、传真等书面形式记录信访事项，还可以登录国家信访局官方网站等，直接进行在线投诉或建议。无论采取什么方式进行信访，都应尽量采取书面形式，如实反映情况。

（2）实名信访。信访人提出投诉请求的，应当载明信访人的姓名或名称、住址，以及请求、事实和理由。因为信访机关不受理匿名、事实不清、责任主体不明的信访事项，所以，信访内容不得捏造、歪曲事实，不得诬告、陷害他人，信访人采用实名形式更有利于信访机关核实、受理。

（3）选择适当的信访机关。信访人采用走访形式提出信访事项，应向依法有权处理的本级或者上一级机关提出，并到有关机关设立或者指定的接待场所提出；多人采用走访形式提出共同信访事项的，应当推选不超过 5 人的代表。信访人采用走访形式提出涉及诉讼权利救济的信访事项，应当按照法律、法规规定的程序向有关政法部门提出。

（4）遵纪守法。信访人在信访过程中，应当遵守法律、法规，自觉维护社会公共秩序和信访秩序，不能损害国家、社会、集体的利益和其他公民的合法权利，不在国家机关办公场所周围、公共场所非法聚集，不能围堵、冲击国家机关，不能拦截公务车辆，或者堵塞、阻断交通；不能携带危险物品、管制器具；不能侮辱、殴打、威胁国家机关工作人员，非法限制他人人身自由，或者毁坏财物；不能在信访接待场所滞留、滋事，或者将生活不能自理的人弃留在信访接待场所；不能作出煽动、串联、胁迫、以财物诱使、幕后操纵他人信访或者以信访为名借机敛财等扰乱公共秩序、妨害国家和公共安全的行为。

五、怎样申请国家赔偿?

在行政执法的过程中，人们最痛恨权力滥用。国家机关及其工作人员违法行使职权侵犯公民、法人或者其他组织的合法权益并造成损害时，当事人可以基于《宪法》尊重和保障人权的要求，按照《国家赔偿法》及其司法解释的规定获得国家赔偿。下面将介绍发生哪些情形可以申请国家赔偿、怎样赔偿。

1. 国家承担赔偿责任的情形有哪些?

国家赔偿分为行政赔偿和刑事赔偿两种。

行政赔偿的情形分为两类。一类是侵犯人身权的。它包括：① 违法拘留或者违法采取限制公民人身自由的行政强制措施的；② 非法拘禁或者以其他方法非法剥夺公民人身自由的；③ 以殴打、虐待等行为或者唆使、放纵他人以殴打、虐待等行为造成公民身体伤害或者死亡的；④ 违法使用武器、警械造成公民身体伤害或者死亡的；⑤ 造成公民身体伤害或者死亡的其他违法行为。另一类是侵犯财产权的。它包括：① 违法实施罚款、吊销许可证和执照、责令停产停业、没收财物等行政处罚的；② 违法对财产采取查封、扣押、冻结等行政强制措施的；③ 违法征收、征用财产的；④ 造成财产损害的其他违法行为。

刑事赔偿的情形包括：① 对没有犯罪事实或者没有事实证明有犯罪重大嫌疑的人错误拘留的；② 对没有犯罪事实的人错误逮捕的；③ 依照审判监督程序再审改判无罪，原判刑罚已经执行的；④ 刑讯逼供或者以殴打等暴力行为或者唆使他人以殴打等暴力行为造成公民身体伤害或者死亡的；⑤ 违法使用武器、警械造成公民身体伤害或者死亡的；⑥ 违法对财产采取查封、扣押、冻结、追缴等措施的；⑦ 依照审判监督程序再改判无罪，原判罚金、没收财产已经执行的。

另外，人民法院在民事诉讼、行政诉讼过程中，违法采取对妨害诉讼的强制措施、保全措施或者对判决、裁定及其他生效法律文书执行错误，造成损害的，赔偿请求人要求赔偿的程序，适用刑事赔偿程序的规定。

2. 应当向哪个国家机关请求赔偿?

赔偿义务机关可以根据“谁侵害，谁赔偿”来判断，分为以下几种情形：① 侵权机关。行政机关及其工作人员行使职权侵犯公民、法人和其他组织的合法权益造成损害的，该行政机关为赔偿义务机关。② 共同侵权机关。两个以上行政机关共同行使职权时侵犯公民、法人和其他组织的合法权益造成损害的，共同行使行政职权的行政机关为共同赔偿义务机关。③ 被授权的组织。法律、法规授权的组织在行使授予的行政权力时侵犯公民、法人和其他组织的合法权益造成损害的，被授权的组织为赔偿义务机关。④ 委托的机关。受行政机关委托的组织或个人在行使受委托的行政权力时侵犯公民、法人和其他组织的合法权益造成损害的，委托的行政机关为赔偿义务机关。⑤“继承”机关或撤销机关。赔偿机关被撤销的，继续行使其职权的行政机关为赔偿义务机关；没有继续行使其职权的行政机关的，撤销该赔偿义务机关的行政机关为赔偿义务机关。⑥ 加重损害机关。经复议机关复议的，最初造成侵权行为的行政机关为赔偿义务机关，但复议机关的复议决定加重损害的，复议机关对加重的部分履行赔偿义务。

3. 申请国家赔偿有时间限制吗?

第一，申请国家赔偿，一定要在法律规定的时限内进行，否则会丧失胜诉权。关于 2 年的时限，自赔偿请求人知道或者应当知道国家机关及其工作人员行使职权时的行为侵犯其人身权、财产权之日起计算，但被羁押等限制人身自由期间不计算在内。

第二，赔偿义务机关应当自收到申请之日起 2 个月内，作出是否赔偿的决定。赔偿义务机关应当充分听取赔偿请求人的意见，并可以与赔偿请求人就赔偿方式、赔偿项目和赔偿数额等问题进行协商。

第三，赔偿义务机关逾期不予赔偿的，或者赔偿请求人对赔偿数额有异议的，可以自期间届满之日起 3 个月内向人民法院提起诉讼。

4. 申请国家赔偿收费吗？有哪些步骤?

申请国家赔偿不收费，并由各级人民政府按照《国家赔偿费用管理条例》保障依法向赔偿请求人赔偿的费用。申请国家赔偿的步骤如下：

首先，提出申请。由赔偿请求人向赔偿义务机关提出申请，也可以在行政复议或者行政诉讼时，一起提出赔偿申请。申请书应载明受害人的基本信息，明确具体的请求，提出申请的事实和理由，并附上相应的证据。

其次，作出决定。赔偿义务机关在收到申请之日起 2 个月内，作出是否赔偿的决定。如果决定赔偿，应当制作赔偿决定书，并从作出决定之日起 10 日内送达赔偿请求人；如果决定不予赔偿，应当从作出决定之日起 10 日内书面通知赔偿请求人，说明不予赔偿的理由。对于行政诉讼中的赔偿判决，当事人有权上诉；赔偿委员会作出的赔偿决定是发生法律效力的决定，当事人必须执行。

再次，提起诉讼。赔偿请求人对赔偿方式、赔偿项目、赔偿数额有异议的，或者赔偿义务机关作出不予赔偿决定的，赔偿请求人可以自赔偿义务机关作出赔偿或者不予赔偿决定之日起 3 个月内，向人民法院提起诉讼。如果赔偿义务机关从收到申请之日起 2 个月内，没有作出任何决定，当事人可以自期限届满之日起 3 个月内，向人民法院提起诉讼。

最后，要求履行。赔偿请求人可以提供生效的判决书、复议决定书、赔偿决定书或者调解书，向赔偿义务机关申请支付赔偿金。赔偿义务机关应当自收到支付赔偿金申请之日起 7 日内，向财政部门提出支付申请。财政部门自收到支付申请之日起 15 日内，向赔偿请求人支付赔偿金。

5. 国家赔偿有哪些项目？赔偿金额是多少？

《国家赔偿法》规定的赔偿从精神和物质两个层面平复当事人的损失。

精神层面的赔偿是指致人精神损害的，在侵权行为影响的范围内，为受害人消除影响，恢复名誉，赔礼道歉；造成严重后果的，应当支付相应的精神损害抚慰金。国家赔偿精神损害抚慰金不得少于 1 000 元，也不得高于人身自由赔偿金、生命健康赔偿金总额的 35%。受害人有过错的，可以根据其过错程度减少或者不予支付精神损害抚慰金。

物质层面的赔偿以支付赔偿金为主要方式，能够返还财产或者恢复原状的，予以返还财产或者恢复原状。不同情形下的具体赔偿项目和标准如下：

（1）侵犯公民人身自由的，每日赔偿金按照国家上年度职工日平均工资计算。

（2）侵犯公民生命健康权，造成身体伤害的，应当支付医疗费、护理费、误工费；造成部分或者全部丧失劳动能力的，应当支付医疗费、护理费、残疾生活辅助具费、康复费等因残疾而增加的必要支出和继续治疗所必需的费用，以及残疾赔偿金。残疾赔偿金根据丧失劳动能力的程度，按照国家规定的伤残等级确定，最高不超过国家上年度职工年平均工资的 20 倍。

（3）侵犯公民、法人和其他组织的财产权造成损害的，应当返还收缴财产；解除对财产的查封、扣押、冻结；造成财产损坏或者灭失的，能够恢复原状的恢复原状，不能恢复原状的，按照损害程度给付相应的赔偿金；财产已经拍卖或者变卖的，给付拍卖或者变卖所得的价款，变卖的价款明显低于财产价值的，应当支付相应的赔偿金；吊销许可证和执照、责令停产停业的，赔偿停产停业期间必要的经常性费用开支；返还执行的罚款或者罚金、追缴或者没收的金钱，解除冻结的存款或者汇款的，应当支付银行同期存款利息；财产有其他损害的，按照直接损失给予赔偿。

专题十 证据裁判

一、哪些可以作为证据？

1. 复印件能作为证据吗？

证据必须客观真实，原件在复印的过程中，完全可能被篡改造假。所以，复印件必须与原件核对一致才能作为证据使用。

根据我国法律及相关司法解释的规定，当事人向人民法院提供证据，应当提供原件或者原物。如需自己保存证据原件、原物或者提供原件、原物确有困难的，可以提供经人民法院核对无异的复印件或者复制品。书证、物证、视听资料进行质证时，当事人有权要求出示证据的原件或者原物，除非出示原件或者原物确有困难并经人民法院准许出示复印件或者复制品的，或者原件或原物已不存在，但有证据证明复印件、复制品与原件或原物一致。

所以，在原件丢失或不存在的情况下，复印件作为有效证据的关键在于能够证明其与原件一致。提供复印件的当事人必须提供原件的佐证材料或原件来源线索，并查证属实，或者有其他证明材料可以证明复印件真实有效的，比如有无利害关系的知情人、见证人证明等。当然，如果对方当事人认可，复印件也可以作为证据使用。

2. 私自录音录像能作为证据吗？

录音录像作为视听资料，是法定的证据种类。生活中人们遇到纠纷，也往往会拿智能手机录音录像来存证，但私自录音录像资料未必能作为定案的根据。

首先，证据必须具有合法性，不仅要求证据形式合法、主体合法，而且要求取证形式和程序合法。《民事诉讼法》相关司法解释明确规定，对以严重侵害他人合法权益、违反法律禁止性规定或者严重违背公序良俗的方法形成或者获取的证据，不得作为认定案件事实的根据。未取得当事人同意的私自录音录像很可能侵害当事人隐私或违背公序良俗，或者采用暴力、胁迫、欺诈等手段进行录音录像，其证据合法性有待商榷。其次，证据必须具有客观性，录音录像等视听资料容易被剪辑或伪造，其真实性往往需要鉴定。只有在经过鉴定证实未经剪辑、拼凑、篡改和臆造，并有其他相关证据相印证的情况下，才可认定其效力。因此，提交录音录像证据，必须出示录音录像的原始载体，比如录音笔、手机、照相机等。最后，证据必须具有关联性，录音录像等视听资料的内容必须与案件有关联，私自录音录像资料对于证明案件事实的重要性大小，往往也是其能否被作为证据采纳的重要考量因素。

在诉讼实践中，影响私自录音录像合法性的因素主要是场合、手段和内容。在公共场所取得的私自录音录像，其合法性相对较强；在别人工作处或住所等私密的谈话空间取得或以偷拍、偷录、给手机植入病毒等秘密窃取方式取得的录音录像资料，不被采信的可能性较大。如果偷录者本身也参与了对话，且话题与案件相关，录音录像资料被认定为证据的可能性较大。被录者不同意偷录，但在有其他无利害关系人在场并证实私录过程真实的情况下，作为证据采信的可能性较大。

3. 手机短信、微信聊天记录能作为证据吗?

手机短信、微信聊天记录等作为电子证据，是我国法定的新型证据种类，能够作为证据使用，但手机短信存在极易被修改的特性，一般情况下，不能单独作为认定案件事实的证据，应结合其他证据予以补充。

目前对手机短信真实性的争议主要是短信发送人是否确定和短信内容是否真实。对于手机短信发送人可以通过实名制 SIM 卡锁定手机短信的用户身份，但无法对手机用户的操作行为进行认证，所以还需要证明手机没有丢失，确实是本人所为，没有被木马病毒控制等情况。短信的内容在手机上是可以任意修改的，公证机构出具的公证书只能保证该电子证据在公证时及公证后状态的稳定性，而不能确定公证前电子证据是否经过篡改。而且，电信服务商有个人隐私保护的规定，其提供的 6 个月以内的短信发送明细只有发送的记录，没有接收的记录，也没有短信的内容。

对于微信聊天记录，主要也是真实性和关联性问题。因为微信不是实名制，如果不能证明微信使用人就是当事人，则微信证据在法律上与案件无法产生关联性。目前司法实践中对微信使用人的身份确认问题主要有四种途径：对方当事人的自认；微信头像或微信相册照片的辨认；网络实名、电子数据发出人认证材料或机主的身份认证；软件供应商腾讯公司的协助调查。

一般来讲，当事人自行提交的手机短信和微信聊天记录等证据，人民法院不会直接采纳，除非对方当事人认可。而来自公证机构、鉴定机构、网络服务商和电信服务商等第三方机构的手机短信、微信聊天记录等电子证据，因为其中立地位和技术条件，人民法院往往会相互核对以审查其真实性，从而决定是否予以采纳。所以，当事人若想以手机短信、微信聊天记录作为证据提交，建议还是对信息的内容和存储信息的设备进行公证，并申请调取网络服务商或电信服务商的相关信息。

4. 自认可以直接作为定案根据吗?

自认是指在诉讼过程中当事人对不利于自己事实的承认。一方当事人只要在诉讼过程中，包括在证据交换、询问、调查过程中，或在起诉状、答辩状、代理词等书面材料中，陈述于己不利的事实，或者对于己不利的事实明确表示承认，另一方当事人就无须举证证明，人民法院可以将自认直接作为定案根据。如果一方当事人对于另一方当事人主张的于己不利的事实既不承认也不否认，经审判人员说明并询问后，仍然不明确表示肯定或否定的，视为对该事实的承认。当事人委托诉讼代理人参加诉讼的，诉讼代理人的自认也视为当事人的自认，除非授权委托书对此予以明确排除。

但是，当事人的自认不能与客观事实相违背，自认的事实与已经查明的事实不符的，人民法院不予确认。如果存在有损国家公共利益、涉及身份关系、有关公益诉讼、当事人恶意串通损害他人利益等情况，当事人的自认不能直接作为定案的根据，人民法院必须依职权查明事实真相。

当事人的自认也可以在法庭辩论终结前撤销，但必须经对方当事人同意，或者自认是在受胁迫或重大误解情况下作出的，人民法院才会准许。

5. 刑讯逼供取得的证据必然排除吗?

刑讯逼供是国家司法工作人员采用肉刑、变相肉刑或精神折磨等方法获取供述的一种极恶劣的刑事审讯方法，是冤假错案发生的重要原因。《刑事诉讼法》及相关司法解释明确规定，严禁刑讯逼供和以威胁、引诱、欺骗以及其他非法方法收集证据，不得强迫任何人证实自己有罪。对一切案件的判处都要重证据、重调查研究，不轻信口供。

据此，通过刑讯逼供取得的口供一律不得作为定案的根据。即采用暴力、威胁、非法限制自由等方法获取的犯罪嫌疑人、被告人供述和辩解，证人证言，被害人陈述等言词证据，一律排除。其中，暴力指的是采用殴打、违法使用戒具等暴力方法或者变相肉刑，威胁指的是以暴力或者严重损害本人及其近亲属合法权益等进行威胁，通过暴力或威胁使犯罪嫌疑人、被告人遭受难以忍受的痛苦而违背意愿作出的供述，应当予以排除。

刑讯逼供一般都是针对犯罪嫌疑人和被告人实施，但有时也可能针对证人和被害人，由此取得的证人证言和被害人陈述，也是不能作为定案根据的。

通过口供取得的物证、书证、视听资料和电子数据等实物证据是否也应该排除呢?对此，美国刑事司法中有一个“毒树之果”的理论，认为如果证据的来源（树）受到污染，那么任何从它获得的证据（果实）也是被污染的，在诉讼审理的过程中就不能被采纳。以非法手段所获得的口供就是“毒树”，而以此所获得的第二手证据就是“毒树之果”。“毒树之果”作为非法证据排除的规则，对遏制办案人员刑讯逼供，保护刑事被告人的基本权利具有进步作用，但同时，对于惩罚犯罪也具有消极影响。所以，“毒树之果”的适用也有例外，比如必然发现的例外、违法被消除的例外和独立来源的例外。从我国目前的立法和司法实践看，通过刑讯逼供取得的实物证据，只要证据客观真实，一般不予排除。

二、举证是谁的责任？

1. 举证责任是确定的吗？

举证责任，一般又称证明责任，主要解决各类诉讼中的案件事实应当由谁提供证据加以证明的问题。所谓“举证责任之所在，败诉之所在”，举证责任分配在法律适用中具有至关重要的作用。举证责任包括两层含义，即主观责任和客观责任。前者是指当事人对自己的主张有提出证据予以证明的责任，也称行为责任，其目的是使法官的心证达到证明标准；后者是指如果案件事实真伪不明，负有举证责任的一方当事人须承担败诉的法律后果，也称结果责任。

客观举证责任一般都是根据实体法规范在诉讼前就已经被“客观”地确定下来，而且只能由当事人的一方承担而不会同时分配给双方，也不会在双方当事人之间发生转移。对于民事诉讼的客观举证责任分配，一般情况为“谁主张，谁举证”，特殊情况下，实行举证责任倒置。行政诉讼的举证责任分配以被告承担举证责任为原则，即被告对作出的具体行政行为负有举证责任，应当提供作出该具体行政行为的证据和所依据的规范性文件；当然，这并不意味着原告就不需要向人民法院提供任何证据，比如在起诉被告不作为的案件中，原告须证明其提出申请的事实；在一并提起的行政赔偿诉讼中，原告须证明因受被诉行为侵害而造成损失的事实等。刑事诉讼的举证责任分配，公诉案件中被告人有罪的举证责任由人民检察院承担，自诉案件中被告人有罪的举证责任由自诉人承担；审判人员、检察人员、侦查人员必须依照法律程序，收集能够证实犯罪嫌疑人、被告人有罪或无罪、犯罪情节轻重的各种犯罪证据；缺乏罪证的自诉案件，如果自诉人无法提供补充证据，则应当说服自诉人撤回自诉，或者裁定驳回。

2. 何谓“谁主张，谁举证”？

“谁主张，谁举证”是《民事诉讼法》所规定的“当事人对自己提出的主张，有责任提供证据”的精练表达，也被普遍认为是我国举证责任分配的基本规则。该规则有利于减轻人民法院收集证据的重负，提高当事人举证的积极性。但该规则在学界遭受了持续而严厉的批评，主要是“主张”的含义不清，导致无法明确划分证明责任。比如，在原告请求被告返还借款的案件中，如果原告“主张”借款合同成立，而被告“主张”借款合同不成立，那么到底“谁”提出了“主张”？“谁”又应当负举证责任？为此，有学者针对“主张”含义不清的问题，建议通过区分否认与抗辩、事实性主张和法律性主张、主张与反驳等方法来界定“主张”的内涵。

根据现行的《民事诉讼法》及其司法解释，一般情况下，主张法律关系存在的当事人，应当对产生该法律关系的基本事实承担举证证明责任；主张法律关系变更、消灭或者权利受到妨害的当事人，应当对该法律关系变更、消灭或者权利受到妨害的基本事实承担举证证明责任。

有些事实，当事人无须举证证明。比如，一方当事人在法庭审理中，或者在起诉状、答辩状、代理词等书面材料中，对于己不利的事实明确表示承认的，另一方当事人无须举证证明。又如，自然规律以及定理和定律、众所周知的事实、根据法律规定推定的事实、根据已知的事实和日常生活经验法则推定出的另一事实、已为人民法院发生法律效力的裁判所确认的事实、已为仲裁机构生效裁决所确认的事实、已为有效公证文书所证明的事实等。

3. 什么情况下，举证责任会倒置?

所谓举证责任倒置，是指根据法律规定，通常情况下本应承担举证责任的提出主张的一方当事人基于某种事由不负举证责任，而由他方当事人就某种事实存在或不存在承担举证责任，如果该方当事人不能就此举证证明，则推定原告的事实主张成立的一种举证责任分配制度。

民事诉讼的举证责任倒置突出体现在侵权诉讼中，具体情形有：① 因新产品制造方法发明专利引起的专利侵权诉讼，由制造同样产品的单位或个人对其产品制造方法不同于专利方法承担举证责任；② 高度危险作业致人损害的侵权诉讼，由加害人就受害人故意造成损害的事实承担举证责任；③ 因环境污染引起的损害赔偿诉讼，由加害人就法律规定的免责事由及其行为与损害结果之间不存在因果关系承担举证责任；④ 建筑物或者其他设施以及建筑物上的搁置物、悬挂物发生倒塌、脱落、坠落致人损害的侵权诉讼，由所有人或管理人对其无过错承担举证责任；⑤ 饲养动物致人损害的侵权诉讼，由动物饲养人或管理人就受害人有过错或第三人有过错承担举证责任；⑥ 因缺陷产品致人损害的侵权诉讼，由产品生产者就法律规定的免责事由承担举证责任；⑦ 因共同危险行为致人损害的侵权诉讼，由实施危险行为的人就其行为与损害结果之间不存在因果关系承担举证责任；⑧ 因医疗行为引起的侵权诉讼，由医疗机构就医疗行为与损害结果之间不存在因果关系及不存在医疗过错承担举证责任。

举证责任倒置还体现在劳动争议、消费者权益保护、国家赔偿等案件中，主要是为了实现举证责任的“平等”，以提高诉讼效率。比如，劳动者主张加班费的，应当就加班事实的存在承担举证责任，但劳动者有证据证明用人单位掌握了加班事实存在的证据，用人单位不提供的，由用人单位承担不利后果。为解决处于弱势地位的消费者举证难的问题，《消费者权益保护法》将消费者“拿证据维权”转换为经营者“自证清白”。《国家赔偿法》规定，被限制人身自由的公民“非正常死亡”的赔偿，由有关机关负责举证。

4. 法官能调查取证吗？

在职权主义诉讼模式的国家，法官调查取证权被依法规定为法官职权的组成部分，这有利于查明客观事实，实现实体正义。但这种法官职权受到了当事人主义诉讼模式国家的批判，认为法官调查取证不利于发挥当事人作为诉讼主体的积极性，延长了诉讼审理期限、降低了民事诉讼效率、浪费了司法资源，法官自行收集的证据往往没有质证的机会，偏袒一方当事人，造成司法不公。我国属于职权主义诉讼模式的国家，同时，基于我国当前公民诉讼能力普遍低下、律师制度和法律援助有待进一步发展、当前的社会环境为民事诉讼取证设置了众多障碍等现状，《民事诉讼法》规定了法官调查取证的制度。

法官调查取证包括法官依据职权主动调查取证和由当事人申请法官调查取证两种情形。当事人及其诉讼代理人由于客观原因不能自行收集的证据（比如证据由国家有关部门保存，当事人及其诉讼代理人无权查阅调取的，或证据涉及国家秘密、商业秘密或者个人隐私等情形），或者人民法院认为审理案件需要的证据（比如涉及可能损害国家利益、社会公共利益的，当事人有恶意串通损害他人合法权益可能的，涉及依职权追加当事人、中止诉讼、终结诉讼、回避等程序性事项等情形），人民法院应当调查收集。人民法院应当按照法定程序，全面、客观地审查核实证据。人民法院有权向有关单位和个人调查取证，有关单位和个人不得拒绝。人民法院对有关单位和个人提出的证明文书，应当辨别真伪，审查确定其效力。

当事人及其诉讼代理人由于客观原因不能自行收集的证据，可以在举证期限届满前书面申请人民法院调查收集。人民法院调查收集证据，应当由两人以上共同进行。调查材料要由调查人、被调查人、记录人签名、按手印或者盖章。

5. 逾期举证有何后果？

基于诉讼效率的考虑，《民事诉讼法》规定了举证时限制度，即要求当事人对自己提出的主张及时提供证据。人民法院在审理前的准备阶段确定当事人的举证期限，第一审普通程序案件不少于 15 日，当事人提供新的证据的第二审案件不少于 10 日。当事人在该期限内提供证据确有困难的，可以向人民法院申请延长期限，人民法院根据当事人的申请适当延长。举证期限也可以由当事人协商，并经人民法院准许。举证期限届满后，当事人对已经提供的证据，申请提供反驳证据或者对证据来源、形式等方面的瑕疵进行补正的，人民法院可以酌情再次确定举证期限。

关于逾期举证的法律后果，我国最高人民法院于 2001 年 12 月颁布的《最高人民法院关于民事诉讼证据的若干规定》作了“证据失权”的解释，即当事人在举证期限内不提交证据材料的，视为放弃举证权利，对当事人逾期提交的证据材料，除对方当事人同意质证外，人民法院审理时不组织质证，当事人在举证期限届满后提供的证据不是新证据的，人民法院不予采纳。但该规定在司法实践中的适用并不理想，不仅没有解决诉讼拖延和证据突袭的问题，而且不少法官出于实体正义的考虑对逾期举证的当事人也不严格适用“证据失权”的制裁。

2012 年，《民事诉讼法》（第二次修正）中关于当事人逾期举证的规定，不是“视为放弃举证权利”，而变为了“说明理由”，对逾期举证的法律后果是具体根据逾期举证的理由，承担训诫、罚款、证据失权、赔偿必要费用等法律后果。对于逾期提供的证据，只有在当事人存在故意或者重大过失且该证据与案件基本事实无关的情况下，人民法院才不予采纳。如果当事人由于客观原因逾期提供证据，或者对方当事人对逾期提供证据未提出异议，视为未逾期。当事人非因故意或者重大过失逾期提供的证据，人民法院应当采纳，并对当事人予以训诫。当事人因故意或者重大过失逾期提供的证据，但该证据与案件基本事实有关的，人民法院应当采纳，并对当事人予以训诫、罚款，罚款数额可以结合当事人逾期提供证据的主观过错程度、导致诉讼迟延的情况、诉讼标的金额等因素确定。另一方当事人也可对逾期举证方主张赔偿因逾期提供证据致使其增加的交通、住宿、就餐、误工、证人出庭作证等必要费用。

三、证据证明要达到何种程度？

1. 证据能还原“客观真实”吗？

在证据法学中，一直存在客观真实论与法律真实论之争，主要涉及证明标准、认识论、诉讼价值观等争论。客观真实论强调世界是可认知的，通过证据收集等活动可以查明案件事实的全部原貌，司法裁判所认定的事实应达到客观真实的程度，从而实现实体公正。法律真实论认为时间是不可逆的，人对案件事实的认知存在局限性，诉讼除了实体公正还有程序公正、诉讼效率等价值追求，通过证据收集等活动只能达到法律真实，即诉讼认识主体运用证据对案件事实的认定符合实体法和程序法的规定，从而达到法律上认为是真实的程度。

我国向来有“重实体、轻程序”的传统，司法理论与实务中长期奉客观真实论为圭臬，关于证明标准的法律表达是“以事实为根据，以法律为准绳”“案件事实清楚，证据确实、充分”。但随着法治理念的发展和司法制度改革的推进，法律真实论越来越被认可。根据 2001 年通过的《最高人民法院关于民事诉讼证据的若干规定》，法官作出裁判的依据在于所能查明的相关证据能够证明案件的事实，这也就确立了民事诉讼应达到法律真实的证明标准。2012 年，《刑事诉讼法》进行了修改，专门对“证据确实、充分”作了解释，明确了刑事证明标准应达到“排除合理怀疑”，即追求的不是绝对的客观上的真实，而是裁判者内心确信的一种真实状态。

所以，从某种程度上讲，法律上的事实并不是对“客观真实”的绝对还原，也不一定是你所经历的客观事实，而是按照法律规定由证据证明的事实。作为法治国家的公民，必须具备较强的证据意识，才能预防法律风险，维护合法权益。负有证明责任的诉讼一方对其主张的事实只有证明达到了证明标准所要求的程度，其证明责任才可以卸除。裁判者只有确信案件证明达到证明标准的要求，才会对案件事实作出肯定性认定。

2. 何谓“证据确实、充分”？

“案件事实清楚，证据确实、充分”，这是《刑事诉讼法》所规定的有罪证明标准，该标准通常被解释为客观真实的证明标准，它要求裁判者据以裁判的案件事实必须与案件客观事实相符合，证据对案件事实的证明必须达到与客观事实相符的程度才符合定罪的要求。长期以来，该证明标准在理论界和实务界都饱受质疑。一方面，何谓“确实、充分”没有具体的操作性解释，很难给办案人员以实际指导；另一方面，该证明标准是以发现“客观真实”为目的，诉讼活动往往以惩罚犯罪为主要目标，以犯罪追究的效果为诉讼的考量标准，重打击犯罪、轻保护人权，如超期羁押、非法取证等程序违法情形往往被以打击犯罪的需要掩盖，在一定程度上促成了冤假错案。

2012 年，《刑事诉讼法》进行了修改，专门对“证据确实、充分”作了具体解释，将其具体化为三个证据条件：① 定罪量刑的事实都有证据证明；② 据以定案的证据均经法定程序查证属实；③ 综合全案证据，对所认定事实已排除合理怀疑。由此，对刑事诉讼定罪量刑的证据作了定性和定量的要求，“确实”是对质的规定，要求定案证据都须经法定程序查证属实，以程序和结果保证证据具有法定的证据能力；“充分”是对量的规定，要求与定罪量刑有关的全部证明对象都有证据证明。这不仅体现了证据裁判、程度法定、证据质证等证据法原则，而且强调了证据的综合运用法则。“综合全案证据，对所认定事实已排除合理怀疑”，包含了证实和证伪两个过程，从证实的角度要求全案证据之间应当相互印证；从证伪的角度要求用以定案的证据之间没有矛盾或者矛盾得到合理排除，同时，对案件事实的认定不能违背逻辑规则和经验法则，证据链的构建必须基于客观的证据解释和科学的逻辑经验推理。

3. 公说公有理、婆说婆有理，怎么办？

在民事诉讼中，一方当事人在举证证明自己主张的同时，另一方当事人往往会提出抗辩或反证，因而出现“公说公有理，婆说婆有理”的情况。对此，法官如何形成“内心确信”并作出裁判？负有举证责任的一方当事人对其主张的事实需要证明达到哪种程度才能避免败诉风险？

关于民事诉讼的证明标准，以德国为代表的大陆法系国家并没有精确化的表述，而是定位于法官的内心确信，这也体现了其对发现真实的高度重视；在英美法系国家，因对抗制的庭审方式、陪审团集体裁决的决策机制、纠纷解决在英美审判制度中的基础性地位，其民事诉讼的证明标准最终落脚于盖然性优势。

近年来，我国对民事诉讼证明标准作了体系化的探索，根据2022年发布的《最高人民法院关于适用〈中华人民共和国民事诉讼法〉的解释》，民事诉讼的证明标准有以下三个层次：①“排除合理怀疑”标准。当事人对欺诈、胁迫、恶意串通事实的证明，以及对口头遗嘱或者赠与事实的证明，人民法院确信该待证事实存在的可能性能够排除合理怀疑的，应当认定该事实存在。②“高度盖然性”标准。对负有举证证明责任的当事人提供的证据，人民法院经审查并结合相关事实，确信待证事实的存在具有高度可能性的，应当认定该事实存在。③“盖然性占优”标准。对一方当事人为反驳负有举证证明责任的当事人所主张事实而提供的证据，人民法院经审查并结合相关事实，认为待证事实真伪不明的，应当认定该事实不存在。

4. “刑事无罪、民事有责”是怎么回事?

在司法实践中，有一种判决结果比较特殊，容易让人不解，即基于同一案件事实，刑事判决持否定态度，认定无罪，而民事判决持肯定态度，判决承担相应的民事责任。最典型的案例就是美国的辛普森杀人案。辛普森被指控杀人，控方出示了血手套、DNA 检测结果等一系列证据，辩方律师对证据的真实性和合法性一一驳斥，使指控证据的可信度大大降低，陪审团最终裁决辛普森没有杀人，无罪。之后，被害人家属向辛普森提起了民事赔偿诉讼，基于同样的证据，经过事实调查与法庭辩论，陪审团认为辛普森具有杀害被害人的较大可能性，一致裁决辛普森对2名被害人之死承担民事赔偿责任，向2名被害人家属支付总计3 350万美元的赔偿金。

很多人对这种刑事无罪、民事有责的判决表示不理解，有人把原因归结为刑事诉讼和民事诉讼的审判主体不一致，但我国有刑事附带民事诉讼制度，即使在同一份判决书中也存在刑事无罪、民事有责的情形。所以，真正的原因在于刑事诉讼和民事诉讼的证明标准不一样。刑事诉讼的证明标准一般都是“排除合理怀疑”或“内心确信”，而民事诉讼的证明标准多为“高度盖然性”或“盖然性占优”。因为刑事诉讼是国家和犯罪嫌疑人、被告人的对抗，刑事责任可能剥夺人的生命、自由及重大财产利益，一旦发生错误往往无法弥补或损失惨重，各国立法都选择了较高的证明标准以避免发生错误。民事责任往往只涉及平等主体之间财产关系与人身关系的处理，不会涉及生命与自由等更高阶位的法律利益，适当降低证明标准不仅是法律对人认识能力和理性能力局限性的不得已选择，而且是诉讼效率、当事人主义诉讼价值观的体现。

5. “零口供”能否定案?

口供作为一种法定的证据种类，称为“证据之王”，对证明案件事实具有独特的证据价值。在我国的刑事司法实践中，有比较长的一段时间普遍存在轻信口供的错误证据观，甚至为了追求口供采取刑讯逼供等非法手段。但近些年来，口供的证据地位逐步下降，“零口供”定案在我国司法实践中也越来越多见。

所谓“零口供”，即犯罪嫌疑人对自己涉案行为只作无罪的辩解，拒绝作有罪供述或者保持沉默的情形。《刑事诉讼法》规定，对一切案件的判处都要重证据、重调查研究，不轻信口供。只有被告人供述，没有其他证据的，不能认定被告人有罪和处以刑罚；没有被告人供述，证据确实、充分的，可以认定被告人有罪和处以刑罚。可见，认罪口供并非定罪必要条件，即使是“零口供”，只要其他证据确实、充分，能够形成完整的证据链条，排除合理怀疑认定犯罪事实，同样可以定罪处罚。

对口供证据价值的重新定位主要基于两个原因：一是法定证据种类多元化，口供的证据优势减弱。随着科学技术的发展和侦查能力的提高，直接载明犯罪信息的书证和物证的证明力越来越强，鉴定意见、勘验检查笔录具有较强的科学性，视听资料、电子证据比传统证据更具直观性，而口供具有明显的不稳定性和主观性，证明力相对较弱。二是随着民主法治的发展，现代刑事诉讼理念追求打击犯罪和保障被告人基本人权的平衡，甚至以保障被告人基本人权为前提和基础。慎重对待“零口供”问题有利于保护人权，可以有效遏制刑讯逼供现象，防止冤假错案。

四、“科学证据”怎么回事?

1. 哪些是“科学证据”?

“科学证据”不是严格意义上的证据种类，只是一种笼统的说法，指的是那些根据技术或特别知识作出的而且其证明价值依赖于科学方法的言词或意见证据，包括精神病学、心理学、毒物学、化学、法医病理学等学科的专家意见，以及照相、录像、显微分析、中子活化分析、指纹、DNA、枪弹、可疑文书、测谎和车速检测等内容。

一般而言，科学证据具有客观性、系统性、可检验性、价值中立性、进步性、工具性和学科互涉性等特征。科学证据在英美法系国家主要表现为“专家意见”，在大陆法系国家则主要表现为“鉴定意见”。

2. “科学证据”科学吗?

通常“科学证据”被认为是客观的、科学的和不偏不倚的。随着科技的进步，各国的司法实践都越来越倚重科学证据，即通过科技手段对证据进行收集、检验和分析，从而形成鉴定意见以帮助法官进行判断与决策。然而，美国的错案研究表明，60%的案件都涉及有缺陷的鉴定意见，其中部分错案完全是由于错误的鉴定意见而形成的。我国司法实践中也普遍存在轻信科学证据的倾向，比如，把种属认定结论误读为同一认定结论，把倾向性鉴定意见误读为确定性鉴定结论，把试用期科学证据误读为成熟期科学证据等，由此导致了冤假错案的发生。

所以，“科学证据必然科学”，这是对科学证据的误读。科学证据以科学技术手段为基础，但科学及其技术受到发展水平和人类认识能力的限制而存在错误的风险，在一定时期获得普遍认同的科学及其技术也会被推翻或修正。科学证据也因此存在失真的风险，其相对于常规证据的优势不是绝对的，从本质上讲，科学证据只是一种专家意见，对科学证据的采纳和采信都必须严格遵守证据规则，只有法官才拥有裁判的权力。

3. 鉴定意见能直接作为定案的根据吗？

作为一种法定的证据种类，“鉴定意见”不再具有“鉴定结论”的效力，而要像其他证据一样，在证明力和证据能力方面经受法庭上的审查过程。如果鉴定意见在证明力和证据能力上存在缺陷，法庭有权作出否定性的判断，甚至可以将那些违法所得的鉴定意见作为“非法证据”，并将其排除于法庭之外。所以，对于司法裁判者而言，鉴定意见不是“科学的判决”，鉴定人更不是“科学法官”，鉴定意见并不具有预定的法律效力，不能直接作为定案的根据。

虽然鉴定意见通常具有书面的表达形式，但它不是书证，不属于实物证据，其本质是言词证据。因此，鉴定人应该出庭作证，就鉴定事项如实答复当事人的异议和审判人员的询问，当庭答复确有困难的，经人民法院允许，可以在庭审结束后书面答复，必要时再次组织质证。经人民法院通知，鉴定人拒不出庭作证的，鉴定意见不得作为定案的根据，鉴定人可能被有关主管部门或组织予以处罚。鉴定人由于不能抗拒的原因或者有其他正当理由无法出庭的，人民法院可以根据情况决定延期审理或者重新鉴定。

鉴定意见必须符合法定要求，比如鉴定机构和鉴定人具有法定资质、检材充足可靠、鉴定意见的形式要件完备、鉴定程序合法合规、鉴定的过程和方法符合相关专业的规范要求、鉴定意见明确、鉴定意见与案件待证事实具有关联性等，否则，鉴定意见不得作为定案的根据。

4. 如何申请司法鉴定程序？

在刑事诉讼中，鉴定被视为侦查机关的重要侦查手段之一，公诉案件中如涉及专门性问题，是否鉴定、委托哪个机构鉴定，均由侦查机关决定，犯罪嫌疑人、被告人只能消极等待被告知鉴定意见，至多只能在被告知具体鉴定意见后，提出补充鉴定或重新鉴定的申请。

在民事诉讼中，司法鉴定程序的启动由人民法院依当事人申请决定或依职权决定。委托的鉴定机构由双方当事人协商确定，协商不成由人民法院指定，人民法院依职权委托鉴定，也应询问当事人的意见。

司法鉴定的事项主要包括法医类、物证类和声像资料类三种，即包括法医病理鉴定、法医临床鉴定、法医精神病鉴定、法医物证鉴定和法医毒物鉴定；文书鉴定、痕迹鉴定和微量鉴定；对录音带、录像带、磁盘、光盘、图片等载体上记录的声音、图像信息的真实性、完整性及其所反映的情况过程进行的鉴定和对记录的声音、图像中的语言、人体、物体作出种类或者同一认定。

民事诉讼当事人申请司法鉴定必须遵守法定程序：① 当事人申请鉴定一般应当在举证期限届满前提出。② 当事人申请鉴定应当预交鉴定费用，并提交相关材料。人民法院依职权委托司法鉴定的，由人民法院确定费用缴付人。③ 当事人对鉴定意见有异议，可以申请重新鉴定，如果存在鉴定程序严重违法、鉴定意见明显依据不足、鉴定机构和鉴定人不具备相应鉴定资格等情形，人民法院应当准许重新鉴定。④ 司法鉴定机构接受鉴定委托时应签订鉴定委托协议，但究竟是应该和当事人签订委托书，还是和人民法院签订委托书，我国目前司法实践中各地做法不一。

5. 何谓专家辅助人？

《民事诉讼法》和《刑事诉讼法》都确立了专家辅助人制度。在刑事诉讼中，公诉人、当事人和辩护人、诉讼代理人可以申请法庭通知有专门知识的人出庭，就鉴定人作出的鉴定意见提出意见。在民事诉讼中，当事人可以申请人民法院通知有专门知识的人出庭，就鉴定人作出的鉴定意见或者专业问题提出意见。人民法院可以对出庭的具有专门知识的人进行询问。经法庭准许，当事人可以对出庭的具有专门知识的人进行询问，当事人各自申请的具有专门知识的人可以就案件中的有关问题进行对质。

专家辅助人不同于证人，我国的证人仅指因耳闻目睹而了解案件事实情况的第三人，其证言为体验性的客观陈述。而专家辅助人因接受当事人的聘请而介入诉讼，专家辅助人对案件专门性问题的解释是一种推断性的意见陈述。

专家辅助人不同于鉴定人，两者在参诉方式和立场定位上存在很大差异。在当事人通知专家辅助人出庭的申请获得人民法院同意后，委托专家辅助人的主体是当事人而不是人民法院，因此，专家辅助人可以有立场倾向性。

专家辅助人不同于诉讼代理人和辩护人，诉讼代理人、辩护人是以委托人或当事人的名义，在授权范围内参与整个诉讼，解决各类诉讼事务；而专家辅助人则是凭借其掌握的专门知识，完全以自己的名义，并仅限于在庭审的举证和质证阶段，辅助委托人或当事人就诉讼中涉及的专门性问题作出解释说明，或者帮助委托人或当事人质疑或挑战有关的鉴定意见或其他专家意见。

专家辅助人制度意义重大，不仅弥补了现行鉴定制度的不足，保障了当事人举证责任的履行，而且解决了庭审时质证虚化，有利于发挥质证的实质功效，能够帮助法官解决专门性问题，为法官自由心证的形成和证据认定奠定基础，同时有利于充实当事人的诉讼权利，均衡双方的诉讼力量。

五、谁来作证？

1. 哪些人是证人？

证人是诉讼外了解案件情况并提供证言的第三人。首先，证人必须了解案件情况。我国法律规定，只要知道案件情况，不论其性别、职业、社会地位、文化程度、宗教信仰、政治态度、健康状况如何，都可充当证人。其次，证人必须是在诉讼外了解案件情况的人。参与案件办理的司法工作人员、诉讼代理人、辩护人、鉴定人等在诉讼过程中也了解案件情况，不属于证人，但如果其在诉讼开始之前就了解案件情况，就应当优先作为证人，并不得参与案件的办理。最后，在我国证人必须是当事人以外的人，如果与案件的裁判结果有切身的利害关系，就只能是当事人，而非证人。共同犯罪案件的同案被告人也不能互为证人。

特别需要注意的是：① 证人必须具有辨明是非和正确表达的能力。生理上、精神上有缺陷或者年幼，不能辨别是非、不能正确表达的人，不能作为证人，但间歇性精神病患者可以在精神正常的情况下作证，聋人和盲人可以分别就其看到和听到的事实作证，年幼的人如果能辨别是非、正确表达，也可以作为证人。② 证人只能就其所知悉的案件事实陈述意见，证人的证言只能是体验性的客观陈述，证人的猜测性、评论性、推断性的证言，不得作为证据使用，但根据一般生活经验判断符合事实的除外。③ 在我国，目前刑事诉讼中只接受自然人（公民）作为证人，不接受单位作为证人，即单位不能以单位名义提供证人证言。但在民事诉讼和行政诉讼中，个人、单位均可以证人身份出庭作证。④ 证人在感知、记忆、陈述案件情况的过程中，充斥着主客观的矛盾，所以，对证人的证言不能盲目轻信，也不能简单否定，应结合本案其他证据全面审查核实才能作为定案的根据。

2. 公民有作证的义务吗？

我国法律规定了公民的作证义务。特别是在刑事诉讼中，证人无正当理由拒绝出庭作证时，除非是被告人的配偶、父母和子女，人民法院可以强制证人作证，并且可以根据情节，对拒绝出庭作证或强制出庭后拒绝作证的，予以训诫和 10 日以下的司法拘留。

但在我国民事诉讼中，证人拒绝作证并没有相应的法律责任，世界上大多数法治国家也都确立了民事诉讼证人免证特权。因为民事纠纷在本质上是私权纠纷，证人拒绝作证的私权利与查明案件真相的要求应得到同等的保护，法律不能强求证人不计任何经济成本和情感成本来支持出庭作证。同时，要求证人必须如实作证的义务与证人的其他社会角色也可能存在尖锐冲突，比如，基于人情伦理，我国自古有“亲亲相隐”的制度，当证人与民事诉讼当事人一方具有配偶、近亲属等关系的，证人因作证可导致其利益受损或可能遭受其他不利后果时，应该赋予其免证特权。又如，基于职务或业务原因作证易损害职业道德的（如医生、律师、神职人员等），均可享有免征特权。《律师法》规定，律师应当保守在执业活动中知悉的国家秘密、商业秘密，不得泄露当事人的隐私。律师对在执业活动中知悉的委托人和其他人不愿泄露的有关情况和信息，应当予以保密。但是，委托人或者其他人准备或者正在实施危害国家安全、公共安全以及严重危害他人人身安全的犯罪事实和信息除外。

3. 证人必须出庭作证吗？

证人作证主要有出具书面证人证言和证人出庭作证两种形式，采用哪种形式作证由法官视案件审理的具体需要而定。近年来，我国司法改革全面推进“以审判为中心”“实现庭审实质化”，提高证人出庭率是重要方面。但无论哪种形式的证人证言都必须经过法庭质证，查实后才能作为定案的根据。

在我国的民事诉讼中，经人民法院通知，证人应当出庭作证，但是如果存在证人由于健康原因不能出庭、由于路途遥远和交通不便不能出庭、由于自然灾害等不可抗力不能出庭等情形，经人民法院许可，可以通过书面证言、视听传输技术或者视听资料等方式作证。

在我国刑事诉讼中，公诉人、当事人或者辩护人、诉讼代理人对证人证言有异议，且该证人证言对案件定罪量刑有重大影响，人民法院认为证人有必要出庭作证的，证人应当出庭作证。经人民法院通知，证人没有正当理由不出庭作证的，人民法院可以强制其到庭，但是被告人的配偶、父母、子女除外。证人没有正当理由拒绝出庭或者出庭后拒绝作证的，予以训诫，情节严重的，经院长批准，处以 10 日以下的司法拘留。被处罚人对拘留决定不服的，可以向上一级人民法院申请复议，但复议期间不停止执行。

4. 如何保护证人？

证人保护制度是提高证人出庭率的保障，很多国家和地区都制定了专门的证人保护法，以保护证人的合法权益免受非法侵害。就证人保护的主体范围而言，通常包括证人、证人的近亲属以及与证人密切相关的其他人。就证人保护的客体范围而言，通常包括证人的人身安全、证人的财产和名誉等权益。就证人保护的措施而言，通常包括证人信息保密措施、特殊的作证方式、证人匿名隐藏等。各国的证人保护一般以预防性保护为主，主要由国家机关和相关部门负责，同时吸纳一些民间组织作为有效补充。

《刑事诉讼法》对证人保护的机构、保护对象和范围、保护措施都作了明确规定。人民法院、人民检察院和公安机关应当保障证人及其近亲属的安全。对于危害国家安全犯罪、恐怖活动犯罪、黑社会性质的组织犯罪、毒品犯罪等案件，证人、鉴定人、被害人因在诉讼中作证，本人或者其近亲属的人身安全面临危险的，人民法院、人民检察院和公安机关应当采取如不公开真实姓名、住址和工作单位等个人信息，不暴露外貌、真实声音等出庭作证措施，禁止特定的人员接触证人、鉴定人、被害人，对人身和住宅采取专门性保护措施等。证人、鉴定人、被害人认为因在诉讼中作证，本人或者其近亲属的人身安全面临危险的，可以向人民法院、人民检察院、公安机关请求予以保护。人民法院、人民检察院、公安机关依法采取保护措施，有关单位和个人应当配合。证人因履行作证义务而支出的交通、住宿、就餐等费用，应当给予补助。证人作证的补助列入司法机关业务经费，由同级政府财政予以保障。有工作单位的证人作证，所在单位不得克扣或者变相克扣其工资、奖金及其他福利待遇。

《民事诉讼法》主要对证人作证的经费问题和如实作证义务作了具体规定。证人因履行出庭作证义务而支出的交通、住宿、就餐等必要费用以及误工损失，由败诉一方当事人负担。当事人申请证人作证的，由该当事人先行垫付；当事人没有申请，人民法院通知证人作证的，由人民法院先行垫付。具体费用标准按照机关事业单位工作人员差旅费用和补贴标准计算，误工损失按照国家上年度职工日平均工资标准计算。人民法院在证人出庭作证前应当告知其如实作证的义务以及作伪证的法律后果，除无民事行为能力人和限制民事行为能力人以外，证人都应签署如实作证保证书，否则不得作证，并自行承担相关费用。

5. 证人作伪证有何后果?

证据是人民法院用来查明案件真实情况的依据，也是作出正确裁判的基础。证据一旦虚假，将会带来严重的后果，不仅妨害人民法院的审判活动，影响办案质量和办案效率，损害司法权威，而且会侵害对方当事人的合法权益。因此，我国法律明确规定，证人必须如实作证，证人出庭作证要求签署如实作证保证书。

在民事诉讼中，证人有意作伪证或者隐匿罪证，人民法院可以根据行为人的情节轻重予以罚款、拘留，构成犯罪的，依法追究刑事责任。但从我国的司法实践看，人民法院对作伪证者处以罚款、拘留的较多，而追究作伪证者刑事责任的较少。

在刑事诉讼中，证人对与案件有重要关系的情节，故意作虚假证明，意图陷害他人或者隐匿罪证的，可能被判处 3 年以下有期徒刑或者拘役，情节严重的，可判处 3 年以上 7 年以下有期徒刑。

特别需要注意的是，如何界定伪证？对此，理论上有主观说和客观说的争论。主观说认为，伪证是指证人所陈述的事实内容违反了证人的主观记忆和体验，或者证人所陈述的内容与其记忆中的事实和体验不相符。客观说认为，伪证是指证人所陈述的事实内容违反了客观的真实性。一般来讲，伪证是指内容与客观事实不符或相反的证据，如果证人没有作伪证的故意，却出于其感知信息的偏差、记忆信息的失真或信息表达的差错的原因，客观上出现虚假陈述的结果，则不需要负法律责任。

参考文献

[1] 孙笑侠，夏立安．法理学导论．北京：高等教育出版社，2004.

[2] 卓泽渊．法学导论．2 版．北京：法律出版社，2014.

[3] 张文显．法理学．4 版．北京：高等教育出版社，2011.

[4] 张建飞．法学概论．北京：北京大学出版社，2004.

[5] 张建飞，俞丹．实用法律基础．2 版．北京：法律出版社，2013.

[6] 张千帆．宪法学．北京：法律出版社，2004.

[7] 胡建淼，江利红．行政法学．5 版．北京：中国人民大学出版社，2022.

[8] 胡锦光，莫于川．行政法与行政诉讼法概论．3 版．北京：中国人民大学出版社，2017.

[9] 张明楷．刑法学．5 版．北京：法律出版社，2016.

[10] 陈兴良．规范刑法学：教学版．北京：中国人民大学出版社，2014.

[11] 高杉峻．民商法实务精要．北京：北京大学出版社，2015.

[12] 王利明，杨立新，王轶，等．民法学．5 版．北京：法律出版社，2017.

[13] 刘纪伟．律师来了：婚姻家庭纠纷律师答疑．北京：法律出版社，2018.

[14] 中华全国律师协会女律师协会．婚姻家庭：继承案件热点问题评析．北京：人民法院出版社，2018.

[15] 范健，王建文．商法学．4 版．北京：法律出版社，2015.

[16] 李双元，欧福永．国际私法学．3 版．北京：北京大学出版社，2015.

[17]《国际经济法》编写组．国际经济法．北京：高等教育出版社，2016.

[18] 樊崇义．刑事诉讼法学．4 版．北京：法律出版社，2016.

[19] 王亚新，陈杭平，刘君博．中国民事诉讼法重点讲义．北京：高等教育出版社，2017.

[20] 张卫平．民事诉讼法．4 版．北京：法律出版社，2016.